स्त्री-कविता
पक्ष और परिप्रेक्ष्य

रेखा सेठी

राजकमल प्रकाशन

SBN : 978-93-89577-21-1

मूल्य : ₹695

पहला संस्करण : 2019

प्रकाशक : राजकमल प्रकाशन प्रा. लि.
1-बी, नेताजी सुभाष मार्ग, दरियागंज
नई दिल्ली-110 002
द्वारा प्रकाशित

शाखाएँ : अशोक राजपथ, साइंस कॉलेज के सामने, पटना-800 006
पहली मंजिल, दरबारी बिल्डिंग, महात्मा गांधी मार्ग, इलाहाबाद-211 001
36 ए, शेक्सपियर सरणी, कोलकाता-700 017

वेबसाइट : www.rajkamalprakashan.com
ई-मेल : info@rajkamalprakashan.com

मुद्रक : बी.के. ऑफसेट
नवीन शाहदरा, दिल्ली-110 032

STREE KAVITA : PAKSH AUR PARIPREKSHYA
Criticism by Rekha Sethi

क्रम

नेपथ्य से...

बात भूमिका की, बिना किसी भूमिका के...

सीधी बात यही है कि इस अध्ययन का आधार बिन्दु स्त्री-रचनाशीलता को समझने की कोशिश है, विशेषत: उनके स्त्रीत्व के सन्दर्भ में। इस उद्देश्य को पाने के लिए स्त्री रचनाकारों की कविताओं का गम्भीर पाठ किया गया तथा स्त्री-कविता के मुद्दों और कवयित्रियों की रचना-प्रक्रिया पर विस्तृत साक्षात्कार लिए गए। सैद्धांतिक पृष्ठभूमि की दृष्टि से स्त्री-विमर्श एवं स्त्रीवादी आन्दोलनों में उभरे विचारों से एक परिप्रेक्ष्य प्रस्तुत हुआ। यह पुस्तक इसी वैचारिक मन्थन का परिणाम है। स्त्री-कविता की पहचान और उसके भीतर के द्वंद्व को लेकर जो बिम्ब मन में बनता है उसमें उलझे धागों की माफ़िक कई कोर-किनारे एक साथ हैं। उनके बीच व्यवस्था लाने के लिए किसी एकसूत्रता की कोशिश करना व्यर्थ है, यद्यपि कहीं न कहीं कोई आन्तरिक तारतम्यता अवश्य बनी हुई है। मेरे ज़ेहन में अक्सर यह सवाल उठता रहा कि इन कवयित्रियों द्वारा रचित कविताओं में उनके भीतर की स्त्री, अपने व्यक्तित्व की कितनी परतें खोल पाती है? इन रचनाकारों का स्त्रीत्व उनकी कविताओं को कितनी दूर तक प्रभावित करता है? अपनी अभिव्यक्ति को औज़ार की तरह इस्तेमाल करने वाली स्त्री-कविता का कितना हिस्सा अभी भी नेपथ्य की ओट में है? स्त्री रचनाकारों का रचना-धर्म, स्त्री-विमर्श की उठती लहरें, साहित्यिक आलोचना के स्थापित मानदंडों से कैसे टकराती हैं? ऐसे अनेक सवाल मन को घेरे रहे। इन्हीं के समकक्ष थे स्त्री-जीवन के अन्तर्विरोधों से जुड़े वे यक्ष-प्रश्न जिनका सामना हर स्त्री को कभी न कभी करना पड़ता है।

साहित्य की दुनिया में नब्बे के बाद से अस्मितावादी साहित्य का नया उभार नई दिशाओं की ओर संकेत कर रहा था। स्त्री, दलित, अल्पसंख्यक, आदिवासी—सभी वर्गों ने अपनी अभिव्यक्ति को हाशिये से केन्द्र में लाने के लिए सशक्त रचनाएँ प्रस्तुत कीं तथा साहित्य के स्थापित मानदंडों को चुनौती दी। इस साहित्यिक माहौल में स्त्री-कविता भी अपने लिए नई ज़मीन तैयार करती दिखाई पड़ती है। स्त्री-विमर्श ने इसे अलग ढंग से पोषित करते हुए पैनी धार दी। स्त्री रचनाकार अपनी अस्मिता के प्रति सचेत होकर सामाजिक भेदभाव की नीतियों को प्रश्नांकित करने लगीं।

इसके बावजूद, ऐसा नहीं था कि इस कविता का भाव जगत यहीं तक सीमित रहा हो लेकिन चर्चा के केन्द्र में यही सरोकार रहे। ज़ाहिर तौर पर इसके दो प्रभाव हुए। कुछ स्त्री रचनाकारों ने अपने लिए यह दायरा चुन लिया और दूसरी तरफ़, आलोचना में भी इस कविता का मूल्यांकन सीमित दृष्टि से होने लगा। ऐसे में यह प्रश्न स्वाभाविक है कि यदि इस साहित्य को अस्मिता के लेंस से न देखकर, साहित्य की सतत प्रवाहमान परम्परा में देखा जाए तो उसके परिणाम क्या होंगे?

इसी विचार से प्रेरित हो मैंने 'स्त्री-कविता की पहचान' शीर्षक से एक प्रोजेक्ट पर काम करना शुरू किया। इस पर काम करते हुए मेरे भीतर स्त्री-कविता और उसकी पहचान को लेकर कई सवाल उठे। मेरा यह मानना है कि अब तक सभी स्त्री-रचनाकारों की कविताओं को केवल, स्त्री विमर्श के दायरे में रखकर देखा गया है। उनकी कविताएँ अक्सर स्त्री विमर्श की प्रपत्तियों में उदाहरण-स्वरूप रखी गई हैं और उन कविताओं के परिदृश्य से बाक़ी सरोकारों को ग़ायब कर दिया गया। इसलिए स्त्री-कविता में अपनी पुख़्ता पहचान बनाने की स्पर्धा रही है। स्त्री-कविता के वजूद और उसके अन्तर्विरोधों से सीधे मुठभेड़ करने का यह मौक़ा, मुझे उन गहराइयों तक ले गया जिनके होने का अहसास मुझे पहले नहीं था।

सबसे पहली दुविधा स्त्री-कविता, पदबंध के चुनाव को लेकर रही। मैंने स्त्री रचनाकारों की कविताओं पर अपने अध्ययन को केन्द्रित करने के कारण ही इसे स्त्री-कविता कहना उपयुक्त समझा लेकिन यह शंका बनी रही कि कविता के सन्दर्भ में 'स्त्री-कविता' से किस वैशिष्ट्य का बोध होगा? यह स्त्रियों की कविता है, स्त्री-मन की कविता या फिर स्त्री के प्रति सहानुभूतिपूर्ण स्वर की कविता, इस पर एकमत नहीं हुआ जा सकता। इस दृष्टि से 'स्त्री-कविता' का कोई निश्चित आशय नहीं है, हालाँकि ये सभी अन्तर्ध्वनियाँ इस पदबंध में समाहित हैं। स्त्री-कविता का सम्बन्ध लैंगिक अस्मिता से अधिक उसके सामाजिक-सांस्कृतिक बोध तथा साहित्यिक परम्परा की विशिष्ट अभिव्यक्ति से है।

हिन्दी की स्त्री-कविता को समझने के जो प्रयास हुए उनमें सुमन राजे की पुस्तक 'हिन्दी साहित्य का आधा इतिहास' विशेष स्थान रखती है। इसमें वैदिक युग से आधुनिक समय तक की स्त्री काव्य परम्परा के स्रोतों का अन्वेषण किया गया है। इसी के समानान्तर जगदीश्वर चतुर्वेदी तथा सुधा सिंह के सम्पादन में 'स्त्री काव्यधारा' के अन्तर्गत स्त्री-कविता की वृहद् परम्परा को आदिकाल से आधुनिक काल तक खोजने और प्रस्तुत करने का महत्त्वपूर्ण कार्य किया गया। इन रचनाओं में स्त्री-कविता अभिधान किसी न किसी रूप में प्रयुक्त हुआ है। इन्हीं के गम्भीर विश्लेषण के आलोक में मैंने पाया कि उनकी दृष्टि में स्त्री रचनाकारों द्वारा रचे गए

साहित्य या कविता को ही स्त्री-कविता कहा गया है। स्त्री-कविता को समझने के लिए यह एक ज़रूरी आयाम है।

इस पुस्तक में, स्त्री-कविता के प्रमुख सवालों पर बातचीत करते हुए, कविता और जेंडर के सम्बन्धों को समझने की कोशिश हुई है। हिन्दी की सात कवयित्रियों पर विस्तृत लेख उनकी कविताओं को समझने के साथ-साथ उस दुनिया का लेखा-जोखा भी हैं जहाँ स्त्री और उसके परिवेश के बीच अलग-अलग सम्बन्ध पनपते हैं। इन कवयित्रियों में शामिल हैं...गगन गिल, कात्यायनी, अनामिका, सविता सिंह, नीलेश रघुवंशी, निर्मला पुतुल और सुशीला टाकभौरे। ये सभी एक अर्थ में, वर्तमान साहित्यिक परिदृश्य में विविध स्त्री स्वरों का प्रतिनिधित्व कर रही हैं जिससे स्त्री-कविता के विविध पक्ष उभरते हैं। स्त्री-कविता के इन्हीं पक्षों को केन्द्र में रखते हुए स्त्री-कविता का एक परिप्रेक्ष्य भी बनता है। 'स्त्री-कविता : पक्ष और परिप्रेक्ष्य' इसी पर आधारित है। स्त्री-कविता के इस विविधवर्णी संसार को आलोचना के विचार क्षेत्र में प्रतिष्ठित करना ही इस अध्ययन का उद्‌देश्य है।

यहाँ, अध्ययन पद्धति पर बात करना भी आवश्यक है। सैद्धांतिक पृष्ठभूमि रचनाओं की आलोचना में अनुस्यूत है लेकिन प्रत्यक्ष तौर पर सैद्धान्तिकी के दबाव में रचनाओं के मूल्यांकन से बचने की कोशिश है। पूरी पुस्तक में व्याख्या और विश्लेषण की पद्धति प्रमुख है, जिसे आलोचनात्मक प्रविधि के रूप में सायास प्रयोग किया गया। जैसे स्त्री लेखन निजी सन्दर्भों से राजनीतिक बयान बनता है, उसी तरह स्त्री आलोचना के लिए यह अनिवार्य है कि वह रचना का पाठ-अन्त:पाठ करते हुए, अन्त:सूत्र की तरह व्याप्त उन बारीक़ियों को रेखांकित करे जो साहित्य की इतिहास परम्परा के भाष्य में अदृश्य रह जाती हैं। इस पुस्तक में विभिन्न कवयित्रियों पर जो अलग-अलग अध्याय हैं उनमें ख़ासा विस्तार इसी दृष्टि से है कि छोटे-छोटे विवरणों को शामिल किया जा सके। इन अध्यायों में स्त्री-कविता के विभिन्न पक्ष सजीव हुए हैं और पूरा परिप्रेक्ष्य प्रस्तावना में प्रस्तावित है।

इन रचनाकारों के रचना-संसार और स्त्री-कविता सम्बन्धी उनकी सोच का पता हमें उनसे हुई बातचीत में मिलता है जिसका संकलन 'स्त्री-कविता : पहचान और द्वंद्व' पुस्तक में किया गया है। उनकी बातों से उनकी कविताओं का मिलान करने पर उनके रचना-जगत को समझने में सहायता मिलती है। कभी-कभी मुझे लगता है कि अभी भी बहुत-सी बातें हैं जो अनकही रह गईं। सम्भवत: फिर कभी उन्हें जानने-समझने का ऐसा ही कोई दूसरा अवसर मिलेगा। आशा करती हूँ कि स्त्री-कविता के अध्ययन की दिशा में यह अध्ययन सार्थक भूमिका निभाएगा। यह पुस्तक स्त्री-रचनाशीलता के माध्यम से साहित्य और जेंडर के सम्बन्ध को समझने का उपक्रम है, उसका निष्कर्ष नहीं। आलोचक की निर्वैयक्तिकता व स्त्रीत्व की

साझेदारी के बीच संतुलन साधने की चुनौती भी बराबर बनी रही। इस दृष्टि से यह पुस्तक स्त्री-रचनाशीलता को लेकर गहरे आत्ममन्थन का परिणाम है। यह अध्ययन तीन खंडों में हुआ है। पहला खंड 'स्त्री कविता : पक्ष और परिप्रेक्ष्य' के रूप में आपके सामने है। इसी का दूसरा खंड 'स्त्री कविता : पहचान और द्वंद्व' शीर्षक से प्रकाशित है, जिसमें विभिन्न स्त्री एवं पुरुष रचनाकारों से स्त्री कविता को लेकर साक्षात्कार लिये गए हैं जिससे स्त्री कविता की अवधारणा और सैद्धांतिकी को स्थिर किया जा सके।

इन कवयित्रियों के रचना-संसार और स्त्री-कविता सम्बन्धी उनकी सोच का पता हमें उनसे हुई बातचीत में मिलता है। उनकी बातों से उनकी कविताओं का मिलान करने पर उनके रचना-जगत को समझने में सहायता मिलेगी। इस सारे प्रयत्न की सार्थकता इस बात में है कि मूल्यांकन की उदार कसौटियों का निर्माण हो सके जिसमें सबका स्वर शामिल हो।

इस अध्ययन की तीसरी कड़ी 'स्त्री-कविता : संचयन' के रूप में प्रस्तावित है, जिसमें यह कोशिश रहेगी कि कुछ ऐसे नामों को शामिल किया जा सके जिनका कवित्व समय की गहराती परछाइयों में विलुप्त हो गया है।

इस बीच, इस अध्ययन के कुछ अंश पत्रिकाओं में प्रकाशित हुए हैं। अधिकांश साक्षात्कार भारतीय ज्ञानपीठ द्वारा प्रकाशित पत्रिका, 'नया ज्ञानोदय' में प्रकाशित हुए हैं, जिनको हिन्दी पाठक समाज ने उत्साह के साथ पढ़ा है। 'सुशीला टाकभौरे की कविताओं में दलित और स्त्री प्रश्न' तथा निर्मला पुतुल की कविताओं पर केन्द्रित लेख, 'आदिवासी पीड़ा और प्रतिरोध के स्वर' 'स्त्रीकाल' पत्रिका में प्रकाशित हुए हैं। 'वागर्थ', 'आजकल' पत्रिकाओं में भी स्त्री-कविता पर परिचर्चा और लेख प्रकाशित हुए हैं।

2015 में लंदन स्थित इम्पीरियल कॉलेज में हुए अन्तर्राष्ट्रीय सम्मेलन में मुझे एक शोधपत्र प्रस्तुत करने का अवसर मिला, जिसका शीर्षक है 'Feminist Voices from the Margins of Caste and Class: In the Context of Contemporary Hindi Poetry।' वहाँ साहित्यिक चर्चाओं में यह समझने का अवसर मिला कि विश्व के दूसरे हिस्सों में हिन्दी की स्त्री-कविता के विषय में जानकारी बहुत कम है। इस पर और काम करने की आवश्यकता है। फ़िलहाल इस शोधपत्र का प्रकाशन 'The International Journal of Civic, Political and Community Studies' में हुआ है।

मेनचेस्टर विश्वविद्यालय में सोशल वर्क की प्रोफ़ेसर सुर्यिया नायक के साथ काम करने का भी अवसर मिला। साहित्यिक पाठ सामाजिक संघर्ष में जो भूमिका निभाता है उसको केन्द्रित करते हुए, 2018 में सुर्यिया नायक तथा रेचल रॉबिन्स द्वारा सम्पादित एवं रतलज यू.के. द्वारा प्रकाशित पुस्तक Intersectionality in Social Work : Activism and Practice in Context में उनके साथ एक अध्याय 'Textual practice as intersectional practice : Situated caste and gender knowledge in India' लिखने का भी अवसर हुआ। ये सभी कार्य इस अध्ययन की उपज हैं। जैसा पहले कहा, प्रश्न अधिक हैं, उत्तर कम...इस दृष्टि से यह अध्ययन अभी जारी है...

इस अध्ययन के लिए दिल्ली विश्वविद्यालय के हिन्दी विभाग की सहमति मिली उसके लिए मैं हिन्दी विभाग के अध्यक्ष तथा विभागीय शोध समिति की आभारी हूँ। इन्द्रप्रस्थ कॉलेज में भाषा एवं साहित्य के क्षितिज को विस्तृत करने के लिए प्राचार्या, डॉ. बाबली मोइत्रा सराफ़ प्रतिबद्ध हैं, इस कार्य के लिए उनकी सम्मत्ति तथा सहयोग का विशेष महत्त्व है, उसके लिए उनको धन्यवाद। मेरी मित्र, डॉ. रेखा उप्रेती, जिनसे शोध और अध्ययन को लेकर निरन्तर संवाद बना रहता है, उनका स्नेहपूर्ण स्मरण। इन्द्रप्रस्थ कॉलेज के हिन्दी विभाग के सभी साथियों, मित्रों तथा परिवार-जनों का धन्यवाद जिनके सहयोग के बिना यह कार्य सम्भव नहीं हो पाता। राजकमल प्रकाशन के प्रबन्ध निदेशक श्री अशोक महेश्वरी तथा सत्यानन्द निरुपम एवं उनकी टीम का आभार कि उन्होंने इस परियोजना में रुचि दिखाई और उसे इस रूप में आने का अवसर मिला।

यह अध्ययन, मैं अपनी माँ एवं बेटी तनया को समर्पित करती हूँ जिनके बीच होने से मुझे स्त्री-अस्मिता के भिन्न धरातलों तथा समय की यात्रा में हुई ऐतिहासिक उपलब्धियों का बोध होता रहता है।

—रेखा सेठी

नई दिल्ली
अक्टूबर, 2019

स्त्री-कविता
पक्ष और परिप्रेक्ष्य

स्त्री-कविता : स्वप्न और सरोकार

1

सामाजिक व्यवहार की विविध अभिव्यक्तियों में सत्ता और दमन के अनेक पूर्वाग्रह इस रूप में विन्यस्त हैं कि उनसे स्त्री जीवन में कई दुश्वारियाँ पनपती हैं। यह स्थिति शब्द और कर्म के साहित्यिक-सामाजिक क्षेत्र में जो रूप धरती है स्त्री रचनाशीलता उसी की पहचान है। इस सन्दर्भ में अस्मितामूलक विमर्श स्त्री की हाशियाकृत उपस्थिति को केन्द्र में लाने का अभियान अवश्य है लेकिन कुछ ख़ास मुद्दों को ही प्रश्रय देने के कारण उसका दायरा सीमित है। जैसे किसी भी स्त्री अध्ययन में, बुनियादी सन्दर्भ पितृसत्ता रहने से लिंगाधारित असमानता की व्याख्या 'स्त्री बनाम पुरुष' के रूप में होने लगती है, जबकि यह समस्या का सरलीकृत पाठ ही है। वास्तव में स्त्री की सामाजिक स्थिति, उसकी भौतिक उपस्थिति और उसके समय को परिभाषित करने की कोशिश, तह-दर-तह लिपटी हुई बहुपरतीय जटिलताओं का पता देती है।

स्त्री-अध्ययन की दिशा में एक नया मोड़ 1989 में के.डब्ल्यू. क्रेनशॉ द्वारा प्रस्तावित 'थियोरी ऑफ़ इंटरसेक्शनेलिटी' के साथ आता है जिसकी चर्चा हिन्दी में कम हुई है। इस सैद्धान्तिकी की विशेषता यह है कि इसमें इस बात पर बल दिया गया कि किसी भी सामाजिक अध्ययन में लिंग या जेंडर को असमानता के एकमात्र आधार के रूप में नहीं पढ़ा जा सकता। व्यक्ति की सामाजिक स्थिति (Social Position) व भौतिक उपस्थिति (Location) जहाँ से वह संसार को संबोधित कर रहा है, उसके प्रति होने वाले भेदभाव को समझने में मदद करते हैं। हमारी सामाजिक-राजनीतिक संरचनाओं में अनेक प्रकार की हिंसा अन्तर्निहित है। नस्ल, जाति, वर्ग की विभाजक रेखाएँ एक ही समय में एक-दूसरे पर से गुज़रती हैं। ये सभी अन्तर्धाराएँ हिंसा और दमन के नए भाष्य रचती हैं, इनकी पहचान लिंगाधारित विषमताओं को समझने का सही परिप्रेक्ष्य प्रस्तुत करती है क्योंकि समाज की सभी स्त्रियाँ सम-वर्ग नहीं हैं। जाति या वर्ग के आधार पर वे भी दूसरे वर्ग व जाति की महिला के साथ वैसा ही असमान व्यवहार करती हैं जैसा पुरुष उन जातियों और

वर्गों के साथ करता रहा है। स्वयं पुरुष की स्थिति भी ऐसी ही है। शोषित वर्ग में अवस्थित होने से दमन की पीड़ा झेलता पुरुष अपने वर्ग की स्त्री को वंचित रखने की प्रक्रिया में उसी प्रकार शामिल हो जाता है जैसे अन्य वर्गों के पुरुष। सामाजिक संरचनाएँ सत्ता और वर्चस्व के आधार पर स्त्री-स्त्री, स्त्री-पुरुष के बीच अनेक प्रकार के पदानुक्रम स्थापित करती रहती हैं। स्त्री-रचनाशीलता की सार्थकता, इन संरचनाओं में अन्तर्निहित हर प्रकार के शोषण को रेखांकित कर उसके विरुद्ध लोकमत का निर्माण करने में है।

हिन्दी की स्त्री-कविता अपने स्तर पर इन सभी प्रश्नों को संबोधित करती रही है। स्त्री-संघर्ष का इतिहास लम्बा सफ़र तय कर चुका है। अपने होने और जताने को लेकर स्त्री-अस्मिता के उभार से जन्मे इस संघर्ष का विकास अनेक दिशाओं में हुआ। राष्ट्रीय प्रतिनिधित्व में भागीदारी से लेकर आर्थिक संसाधनों में बराबर अधिकार की माँग कमोबेश विश्व के सभी हिस्सों से उठी। स्त्रीवाद की विभिन्न धाराएँ इन्हीं माँगों में से बला-बल के आधार पर एक-दूसरे से पृथक् होती हैं। उदार स्त्रीवाद, रेडिकल स्त्रीवाद, मार्क्सवादी स्त्रीवाद आदि सभी धाराओं में स्त्री-मुक्ति के किसी एक पक्ष को केन्द्र में रखकर लैंगिक असमानताओं से मुक्ति का आह्वान किया गया। ये सभी प्रयत्न इस मुक्ति अभियान के सार्थक पड़ाव हैं लेकिन इनके अपने-अपने पक्ष इतने हावी हैं कि उनमें पूरा परिप्रेक्ष्य नहीं उभर पाता। अस्मितामूलक संघर्ष केवल एक सीमा तक ही परिवर्तन में सहायक हो सकते हैं। इसलिए एक ऐसा स्त्रीवाद आवश्यक है जिसका बल तमाम सामाजिक असमानताओं को सन्दर्भ बनाता हो। स्त्री-साहित्य ने यह काम बख़ूबी किया है लेकिन सम्भवत: हमारी आलोचना के पास स्त्री-रचनाशीलता की परख के लिए सही मानक उपलब्ध नहीं हैं।

इंटरसेक्शनैलिटी की सैद्धान्तिकी के बीज ब्लैक फेमिनिज़्म में हैं। 1851 सोजर्नर ट्रुथ के प्रसिद्ध भाषण 'Ain't I a woman–क्या मैं स्त्री नहीं हूँ?' जिसमें उन्होंने यह सवाल उठाया था कि क्या ब्लैक महिला, महिला नहीं है और क्या महिला आन्दोलन का सरोकार उनके जीवन से जुड़ा नहीं है? क्या उनकी माँगें महिला अधिकारों में कोई जगह नहीं रखतीं? जो सवाल सोजर्नर ट्रुथ ने उठाए उससे यह सिद्ध हुआ कि स्त्रीवाद का सम्बन्ध स्त्रियों के लिंग से अधिक उनकी सामाजिक प्रतिष्ठा से जुड़ा हुआ था। क्रेनशॉ के लिए महत्त्वपूर्ण था यह बताना कि कैसे ब्लैक महिलाओं के प्रति हिंसा की घटनाएँ अधिक होती थीं, क्योंकि उनका सम्बन्ध उनके लिंग की अपेक्षा उनके वर्ग व नस्ल से अधिक था। उनके लिए समाज प्रदत्त निश्चित भूमिकाओं को निभाना अनिवार्य था। भारत में भी जाति और वर्ग के आधार पर ऐसा भेदभाव व्यापक रूप से मौजूद है। जो स्त्रियाँ लिंग, जाति, वर्ग इन सभी आधारों पर दोहरा-तिहरा अभिशाप झेलते हुए, समाज की हाशियाकृत-बहिष्कृत स्थिति में

हैं, उनकी स्थिति के विश्लेषण और मुक्ति के रास्ते ढूँढ़ने में इंटरसेक्शनैलिटी का सिद्धान्त कारगर हो सकता है।

कैथी डेविस का मानना है कि इंटरसेक्शनैलिटी की सीमाएँ निश्चित नहीं हैं और दृष्टि का यह खुलापन ही इसकी गम्भीरता का प्रमाण है। सामाजिक न्याय की सभी स्थितियों में इस सिद्धान्त की साहित्यिक एवं समाजशास्त्रीय भूमिका विमर्श में बहुत कुछ जोड़ सकती है। इंटरसेक्शनैलिटी की दृष्टि से साहित्यिक कृतियों को पढ़ने से उनके भीतर छिपी अनेक व्यंजनाएँ व उनके अन्त: पाठ उजागर हो सकते हैं। स्त्री भाषा वैज्ञानिकों ने साहित्यिक रचना के पाठ की प्रविधि में इस बात पर बहुत बल दिया कि किसी भी रचना का अर्थ, साहित्यिक, सामाजिक एवं सांस्कृतिक सभी स्तरों पर गतिशील रहता है। जूडिथ बटलर तथा जूलिया क्रिस्टोवा ने भाषा के डिकोडीकरण के माध्यम से इन्हीं छिपे हुए अर्थों को अनावृत करने की बात कही है। आलोचना की दुनिया में जूडिथ बटलर तथा जूलिया क्रिस्टोवा की विश्लेषण पद्धतियों का ख़ासा प्रभाव पूरी दुनिया में रहा, क्योंकि इसने साहित्यिक कृति को उसके सीमित दायरे से निकाल कर पाठ की सामाजिक सांस्कृतिक महत्ता को प्रतिष्ठित किया।

भारत जैसे बहुलतावादी देश में लिंग, जाति, वर्ग के अनेक समीकरण सामाजिक संरचना का जटिल जाल बुन देते हैं जिसमें स्त्रियों की स्थिति को भी उनकी भिन्न अस्मिताओं के समंजन में ही पहचाना जा सकता है। विशेष रूप से दलित एवं आदिवासी स्त्री रचनाकारों की कविता उनके लैंगिक दमन के साथ-साथ उनके वर्गगत शोषण को भी अभिव्यक्त करती है। उनका स्त्रीवाद विषम सामाजिक व्यवस्था का प्रतिकार है। इंटरसेक्शनैलिटी हमें वह परिप्रेक्ष्य देती है जिसमें हम इन रचनाकारों की कविता में असमानता की पीड़ा के पाठ को समझकर सामाजिक तनावों को सुलझाने की कोशिश करें। हमारे समाज में दलित व आदिवासी जन समाज की स्थिति उन लोगों से बेहतर नहीं है जिन्हें अपनी त्वचा के रंग के कारण सामाजिक सहभागिता से बहिष्कृत किया गया। इंटरसेक्शनैलिटी ने इन पुरानी समस्याओं के समाधान की दृष्टि से वैचारिक विमर्श के आधार को विस्तृत किया है। यह वंचित जन समाज के सशक्तीकरण की प्रस्तावना भी है, क्योंकि इसकी स्थापना यह भी है कि लेखन संघर्ष का ही एक रूप है।

स्त्री रचनाशीलता में स्त्री अनुभव, स्त्री स्वर, स्त्री दृष्टि की अपनी महत्ता है लेकिन असली चुनौती इस बहुलतावादी समाज की अन्तर्वर्ती जटिलताओं की पहचान करने की है। 'जो है' उससे अधिक महत्त्वपूर्ण है उन सामाजिक प्रक्रियाओं को अनावृत करना जो उस समाज के ऐसा होने के लिए उत्तरदायी हैं। पितृसत्ता और उसका विरोध जितना बड़ा सत्य है उतना ही बड़ा सत्य समाज का वह ढाँचा है, जो पितृसत्ता या मातृसत्ता जैसे वर्चस्वमूलक साँचे गढ़ता है। स्त्री साहित्य के छोटे-छोटे

विवरणों में सामाजिक असमानताओं का परस्पर गुँथा हुआ वह रूप दिखाई देता है जिसमें स्थितियों और व्यक्तियों का ऐसा अनुकूलन है कि सामाजिक अन्तर्विरोध सहज व सामान्य दिखने लगते हैं। स्त्री-साहित्य इन आत्मगत ब्यौरों के तहत उन अन्तर्विरोधों को उजागर करता है। यह एक बदला हुआ दृष्टिबोध है।

विकसनशील समाज के लिए गतिशील समता का बोध आवश्यक है। समता की कोई भी अवधारणा स्थिर व स्थाई नहीं हो सकती। सामाजिक, आर्थिक, राजनीतिक, तकनीकी आदि अनेक कारणों से सामाजिक संरचनाएँ लगातार गतिशील परिवर्तनों की साक्षी रहती हैं। स्त्री-पुरुष की जीवन-स्थितियाँ भी इन परिवर्तनों के साथ चक्राकार-सी घूमती और बदलती रहती हैं। स्त्री-साहित्य, लगातार इन बदलती हुई परिस्थितियों व उनकी टकराहट में रूप धरती मन:स्थितियों के द्वंद्व को प्रस्तुत करता रहा है। इस अर्थ में उसे एक सामाजिक पाठ के रूप में पढ़ा जा सकता है। बदलती सदियों में स्त्रियों ने अपने मन की परतों में बहुत गहरे दबी सच्चाइयों को कहना सीखा है, जिनके विषय में सोचने पर भी पहरा था। इसलिए सामाजिक समता के सवालों और लैंगिक दृष्टि से उसके परिवर्तनशील समीकरणों को स्त्री साहित्य में रेखांकित कर पाना इस साहित्य को पढ़ने की पहली माँग है।

स्त्री साहित्य, साहित्यिक रचना व आलोचना में एक प्रकार का दख़ल है जिसने स्थापित मानकों को पलटकर ऐसा हस्तक्षेप करने की कोशिश की है जिनसे उन स्थापनाओं की वास्तविकता उजागर हुई, साथ ही स्त्री के लिए यह उसके सामर्थ्य की अभिव्यक्ति तथा अपने खोए स्वत्व को पाने का प्रयत्न है। यह अकारण नहीं है कि आज सभी भाषाओं में रचने वाली स्त्रियों की संख्या पहले की अपेक्षा कहीं अधिक है। उसका महत्त्व इस दृष्टि से भी है कि वह स्त्री की निजी दुनिया का साक्षात्कार भर नहीं है, बल्कि विश्व के विस्तृत सामाजिक-राजनीतिक लैंडस्केप पर लिंगाधारित असमानताओं के स्याह-सफ़ेद को देखने-परखने-समझने की सामाजिक अन्त:प्रक्रिया है। स्त्री-रचनाशीलता की असली पहचान साहित्यिक पाठ की तहों में गहरे बसी उन आंतरिक सच्चाइयों से बनती है जिनका सामना हर स्त्री अपने जीवन में बार-बार करती है लेकिन जिसे तार-तार उधेड़ने का दायित्व स्त्री रचनाकारों ने उठाया। सामाजिक वर्ग-विभेद पर होने वाली असमानताओं को समझ पाना आसान नहीं है। अनेक व्यवस्थाओं द्वारा उन स्थितियों का ऐसा अनुकूलन किया जाता है कि जाने-अनजाने वह स्थितियाँ सामान्य लगने लगती हैं और उनके पार देखने का साहस, दुस्साहस बन जाता है। स्त्री व स्त्रीत्व की अनेक छवियाँ इसी अनुकूलन का परिणाम हैं। जाति व वर्गगत असमानता भी इसी प्रक्रिया में रची जाती है। साहित्यिक रचनाओं के सामाजिक पाठ ऐसी अर्थ-व्यंजनाओं को केन्द्र में लाने का उपक्रम हैं। साहित्य की सार्थकता सामाजिक अनुकूलन करने वाली द्वंद्वात्मक संरचनाओं को चुनौती देने की क्षमता पर आधारित है। स्त्री-साहित्य इसी अर्थ में विलक्षण है

कि वह सामाजिक विषमता के द्वैत को लिंगाधारित विषमता का अतिरिक्त आयाम देता है और लिंगाधारित असमानता को इकहरे प्रस्तुत न करके अन्य सामाजिक विषमताओं के परिप्रेक्ष्य में उसकी जटिलताओं को सामने लाता है।

स्त्री-साहित्य का मुखर स्वर दुविधा, असमंजस और वैषम्य से बुना जाकर विरोध के साहस और मुक्ति की आकांक्षा का प्रतिस्थापक बनता है। स्त्री की साहित्यिक संरचना का यह ग्राफ़ कमोबेश रूप में थेरीगाथाओं के समय से आज तक साहित्यिक अन्तर्धारा में समाहित है, जिसे बदलते समय के साथ और शिद्दत से महसूस किया जा रहा है। भारतीय साहित्य में भले ही आलोचनात्मक प्रतिमान के रूप में उसकी स्थापना बहुत बाद में हुई किंतु लिंगाधारित असमानता और विषमता का अहसास स्त्री-रचनाशीलता के साथ प्रारम्भ से जुड़ा हुआ है, इसलिए उसे पश्चिम से आई सैद्धान्तिकी के रूप में आँकना सर्वथा उचित नहीं होगा। यह सही है कि भारतीय दृष्टि में अध्ययन का सन्दर्भ व्यक्ति-अस्मिता की अपेक्षा सामूहिक सामाजिक उपस्थिति है जिससे स्त्री का अस्तित्व उसकी पारिवारिक भूमिकाओं में परिभाषित होता रहा। वहाँ परिवार और पारिवारिक सम्बन्ध, चिन्तन तथा विमर्श का सन्दर्भ बिन्दु बनते हैं। स्त्री की पारिवारिक-सामाजिक स्थिति उसकी निजता पर से गुज़रने वाली अन्तर्वेधी (Intersectional) रेखा है। निजता एवं सामाजिक-पारिवारिक अवस्थिति की द्वंद्वात्मक टकराहट स्त्री-लेखन में आदिकाल से सुनी जा सकती है। परिवार-पितृसत्ता दमन के एजेंट भी हैं और सामाजिक प्रतिष्ठा के मानक भी। इसी से स्त्री-लेखन का स्वर द्वंद्व और असमंजस भरा है। पारिवारिक हिंसा, दमन की पीड़ा और उससे निष्पन्न अन्तर्विरोधों को स्त्री-रचनाकारों की कृतियों में सुना जा सकता है। बलाघात का अन्तर अवश्य है, कहीं अश्रुपूर्ण वेदना से भरा मुलायम स्वर है तो कहीं आक्रोश-भरी उग्रता, लेकिन दोनों ही स्थितियों में असमानता को लक्षित करना कठिन नहीं है। सैद्धान्तिकी का व्यवस्थित ढाँचा भले ही बीसवीं शताब्दी के उत्तरार्द्ध में सामने आया लेकिन उसकी पृष्ठभूमि चिरकाल से स्त्री-साहित्य का मेरुदंड रही है। इसलिए साहित्यिक आलोचना की परम्परा में उसे अनुपस्थित रखना आलोचना की सीमा हो सकती है, रचना की नहीं।

2

स्त्री-कविता का यह अध्ययन सात कवयित्रियों पर केन्द्रित है जो समकालीन होते हुए भी स्त्री-अस्मिता के अलग-अलग मायनों के साथ कविता रच रही हैं। इनके लेखन में अपनी निजी और सामाजिक स्थिति का बयान है जहाँ कोई भी विषय वर्जित नहीं। चाहे वह उसके अपने बन्धन और मुक्ति के सवाल हों या देश और विश्व की

राजनीति के... प्रेम, कामना और देह के सवालों पर भी वह बिना किसी झिझक अपनी बात रख रही हैं। कविता और भाषा के सवाल भी उसकी वैचारिक परिधि में हैं तो प्रकृति और उसके दमन की चिन्ताएँ भी। स्त्री रचनाशीलता, स्त्री-चेतना एवं स्त्रीवादी दृष्टि में महीन अन्तर विद्यमान है। यह सभी कवयित्रियाँ स्त्री रचनाशीलता के कैनवस को प्रस्तुत करती हैं। सबकी कविता में स्त्री-चेतना के अन्त:सूत्र व्याप्त हैं लेकिन स्त्रीवाद से सबका रिश्ता एक जैसा नहीं है बल्कि अनामिका और सविता सिंह को छोड़कर बाकी सब ने स्वयं को स्त्रीवाद और स्त्री विमर्श की चर्चाओं से अलग रखना बेहतर समझा। इसके कारण अपनी जगह है लेकिन महत्त्वपूर्ण यह है कि अपने निजत्व तथा सामाजिक यथार्थ को देखने का दृष्टिबोध जो इन्हें एक दूसरे से अलग करता है वही स्त्री-कविता की विविधता की पहचान है।

गगन गिल हिन्दी कविता का वह स्वर है जिसे वादों–विमर्शों के सींखचों में न बाँधा जा सकता है, न आँका जा सकता है। अपने ही दायरों को लाँघ जाने वाली उनकी कविता आलोचना–मानकों के लिए चुनौती बन जाती है। गगन का सारा बल कविता के सार्वभौम रूप को व्याख्यायित करने पर है। रवीन्द्रनाथ ठाकुर की प्रशंसा में वे उन्हें 'ए ग्रेट ह्युमनाइज़्ड माइंड' कहती हैं, उनके अपने साहित्य की धुरी भी उसी मानवीय विवेक पर टिकी हुई है, जिसे स्त्री-पुरुष के लिंगाधारित चौखटों में बाँधना मुश्किल है। गगन के लिए कविता का अर्थ, कविता को किन्हीं हदबन्दियों में क़ैद करने का नहीं है। वे मानती हैं कि कविता एकान्त रचती है पर उस एकान्त का दायरा असीम तक विस्तृत है। कविता स्वयं भले ही समाज में हाशिए पर रहती आई हो लेकिन उसकी चिन्ता का केन्द्र सदा से मनुष्य रहा है। कविता अपने सच्चे अर्थ में मनुष्य के मनुष्यत्व की तलाश है। कविता में ढलकर यही एकान्त, स्वप्न और सत्य के समंजन का गहन अनुभव बन पाठक के समक्ष नया सौन्दर्य-बोध उपस्थित करता है। सब कुछ पहचाना हुआ होकर भी अद्वितीय है जो देर तक मन की परतों से झाँकता रहता है। इस अर्थ में कविता मुक्ति है।

मानवीय अस्तित्व के गम्भीर प्रश्नों को संबोधित करना गगन को प्रिय है। उसके साथ ठेठ भारतीय समाज में स्त्री-जीवन के असमंजस भरे स्त्री–अनुभव की अभिव्यक्ति भी उनकी कविताओं में सब ओर पसरी पड़ी है, सामान्यत: जिसका कोई संज्ञान नहीं लेता। जिस तरह जेंडर, वर्ग आदि के स्टीरियोटाइप बन जाते हैं, उसी तरह कवियों और कविता के भी। स्त्री-अनुभव की बात करते ही स्त्री के कुछ विशेष अनुभव ही रेखांकित किए जाते हैं और किन्हीं विशेष कवयित्रियों के नाम ही लिए जाते हैं। गगन निश्चित ही उस कोटि में नहीं हैं, स्वयं उन्होंने भी अपने को उससे अलग रखा लेकिन सामाजिक असमानताओं से उपजे दु:ख और पीड़ा का स्त्री अनुभव गगन की कविताओं में व्यापक अभिव्यक्ति पाता है। अन्तर केवल इतना है कि उनका कवि-स्वभाव विस्तार में जाने का नहीं है जिससे स्त्री-कविता

में जो ब्यौरे मिलते हैं, वे यहाँ नहीं हैं। 'एक दिन लौटेगी लड़की', 'अँधेरे में बुद्ध', 'यह आकांक्षा समय नहीं', 'मैं जब तक आई बाहर'...सभी रचनाओं में स्त्रीत्व का अन्तर्बोध सूक्ष्म चेतना की तरह व्याप्त है।

गगन के ही दूसरे छोर पर हैं...कात्यायनी, जिनकी चिन्ता के केन्द्र में व्यक्ति और व्यवस्था का द्वंद्वपूर्ण सम्बन्ध है। उनकी कविताएँ स्त्री जीवन से आगे बढ़कर गहरे अर्थों में राजनीतिक कविताएँ हैं जो भारतीय लोकतंत्र में नागरिक अधिकारों की चेतना को प्राथमिक मानती हैं। स्वार्थ लिप्सा से चरमराती व्यवस्था में छले गए जन साधारण की पक्षधरता में आवाज़ उठाती हैं। कात्यायनी की कविता की पहचान उनकी गहरी सामाजिक संपृक्ति तथा प्रखर राजनीतिक चेतना से ही बनती है। उन्होंने न केवल स्त्री की दोयम स्थिति के विरुद्ध आवाज़ उठाई बल्कि समाज के तमाम शोषित, वंचित जन-समाज के प्रति अपनी अटूट मानवीय प्रतिबद्धता अभिव्यक्त की है। स्त्री को एक स्वाधीन और स्वायत्त आधुनिक नागरिक की भूमिका में देखने की कामना के कारण कात्यायनी की स्त्री-दृष्टि, स्त्री को उसके पराधीनता और दमन के सीमित संसार से बाहर निकालकर उसको लोकतांत्रिक चेतना के स्तर पर प्रतिष्ठित करने का प्रयास करती है। उनकी कविताओं की स्त्री, जीवन के अनेक मोर्चों पर एक साथ सक्रिय है।

स्त्री के स्त्रीकरण की प्रक्रिया के भीषण दु:ख का हाहाकार कात्यायनी की कविता में नहीं है, बस एक विडम्बना है जो व्यक्ति के स्त्री होने को एक त्रासदी में बदल देती है। पूँजी के तमाम हस्तक्षेप जिन मानव विरोधी सामाजिक संरचनाओं को प्रोत्साहित करते हैं, कात्यायनी अपने जीवन और साहित्य में लगातार उनसे संघर्ष करती रही हैं। स्त्री जीवन की विडम्बनाओं को बाज़ार आधारित व्यवस्था ने जिस तरह विकट किया है, उनकी कविता उसकी भी साक्षी है। उनकी कविताओं में स्त्री जीवन का यथार्थ, निरीहता या निराशा उत्पन्न नहीं करता क्योंकि वहाँ सीमाओं के साथ-साथ सम्भावनाओं की भी पहचान है। मुक्ति की आकांक्षा और उस लक्ष्य को पा जाने की तदबीरें, संशयों के कुहासे को साफ़ कर मंज़िलों की राह रोशन करती हैं। स्त्री जीवन के कंट्रास्ट का ग्राफ़ इन कविताओं में बिना किसी लाग-लपेट के झलकता है। प्रतिकूल परिस्थितियों के बावज़ूद अदम्य जिजीविषा के सहारे स्त्री अपना स्पेस पा लेती है। 'सात भाइयों के बीच चंपा' कात्यायनी की कविताओं में स्त्री-संघर्ष का रूपक है।

नब्बे के दशक में जिस स्त्रीवाद को व्यापक स्वीकृति मिली उसकी पहचान अनामिका और सविता सिंह की कविताओं से बनती है। इन्होंने, कविता की दुनिया में स्त्री-स्वर को विशिष्ट पहचान दी। इनकी कविताओं में पितृसत्ता के विरोध के साथ-साथ मानव मुक्ति का बड़ा कैनवास उभरता है, लेकिन यह भी सच है कि इन कविताओं को आलोचना के सीमित साँचे का शिकार होना पड़ा, उन्हें केवल

स्त्रीवादी नज़रिए से पढ़ा गया, बल्कि कहीं-कहीं तो स्त्री विमर्श की प्रपत्तियों के उदहारण स्वरूप उनकी कविताओं को उद्धृत कर छुट्टी पा ली गई, जबकि दोनों कवयित्रियों की रचनाएँ स्त्री रचनाशीलता के नए इलाक़े की ओर गतिशील होती हैं, जिसकी साझेदारी दुनिया के समस्त दमित-वंचित समाजों से है। कविता-भाषा के स्तर पर भी इन्होंने अपने काव्य क्षितिज का विस्तार किया।

यह स्त्रीवादी स्वर गहरे आत्मबोध व अस्वीकार का स्वर है। सविता सिंह की कविता 'मैं किसकी औरत हूँ' और अनामिका की 'भामती की बेटियाँ' साहित्य में नई औरत की पहचान को रेखांकित करती हैं। तमाम अपवाद का जोखिम उठा कर एक स्त्री का कहना कि वह किसी की औरत होने के लेबल को पीछे छोड़ आई है और अपनी सामाजिक स्वीकृति के लिए किसी पुरुष या परिवार की राह नहीं देखती, कविता के इतिहास में क्रान्तिकारी घटना है। इस स्त्री का अस्तित्व आत्मबोध की चेतना से जगमगाता है, जिसको आधार बना वह अपने लिए नई दुनिया सँजोने की कोशिश कर रही है। इन कविताओं का 'मैं' स्त्री के बहुवचन रूप से जुड़ा है। अपनी आशाओं-आकांक्षाओं में वह अपने पूर्व की स्त्रियों व बाद में आने वाली स्त्रियों से समान रूप से जुड़ी है। सुधीश पचौरी इसे हिन्दी की स्त्री-कविता में एक 'ब्रेक' की तरह देखते हैं जिसमें कच्ची प्राथमिक सहजानुभूति की जगह पक्की संरचनाएँ, व्याख्यामूलकता से आगे विमर्शात्मकता की स्थापना करती हैं। उनके अनुसार यह कविता इस अर्थ में राजनीतिक कविता है कि वह अपने स्वत्व की पहचान से आगे जाकर उसे सम्भव करती है। "यही हिन्दी के प्रचलित मर्दवाद का डर है कि ये कविताएँ सचमुच स्त्री को उसके नियंत्रण से बाहर कर देती हैं।"

आत्म की चेतना से दीप्त स्वयंसिद्धा होने का साहस अनामिका की कविताओं में भी मुखर रहता है। 'भामती की बेटियाँ' अपना इतिहास और अपना प्रारब्ध लिखने को स्वयं सन्नद्ध हैं..."मैं चैन की साँस लूँगी/ कृपा नहीं, प्रेम का प्रसाद भी नहीं लेंगी/ भामती की बेटियाँ/ ग्रन्थ अपने स्वयं ही रचेंगी/ लगातार/ इस तरह / हर युग में।" इस सन्दर्भ में देखें तो 'दरवाज़ा', 'स्त्रियाँ', 'बेजगह' जैसी कविताएँ अनामिका की पहचान बन गईं। 'स्त्रियाँ' कविता में उन्होंने स्त्री को देखने, सुनने और समझने की जो नई दिशा प्रस्तावित की उसके पोर-पोर में आत्मसम्मान भरी आश्वस्ति झलकती है। अनामिका की कविता की शक्ति उनके बिम्ब हैं और उन्होंने अनेक कविताओं में स्त्री जीवन की विडम्बना व अन्तर्विरोध को बखूबी उभारा। इनमें स्त्री जीवन की वंचना और पीड़ा के बिम्ब एक नई करवट लेते हैं। अनामिका ने 'स्त्रीत्व का मानचित्र' लिखकर स्त्रीवादी आलोचना की शुरुआत भी की और कविता में भी स्त्री के सामाजिक जीवन के लिए नया सौन्दर्यशास्त्र प्रस्तुत किया।

अनामिका और सविता सिंह दोनों के ही यहाँ स्त्रीत्व का एक ख़ास घेरा है। स्त्री सम्बन्धी कविताओं की लगभग पूरी सीरीज़ वहाँ है। (सविता ने तो स्वयं को

घोषित तौर पर स्त्रीवादी कहा भी) लेकिन दोनों के यहाँ स्त्रीवाद की अभिव्यक्ति एक-दूसरे से बहुत भिन्न रूप में होती है। अनामिका के यहाँ लोक-संस्कृति का ठाठ है जिसमें परम्परा, श्रुति-स्मृति जीवन्त होकर वर्तमान और अतीत को एक धागे में बाँधते हैं और सविता सिंह की स्त्री अपने हाड़-मांस के दैहिक अस्तित्व को जताने के साथ अपने सामाजिक अधिकारों की बात रख रही है। वह अपनी सीमाओं को लाँघती हुई प्रकृति से एकमेक हो जाती है।

सविता की कविताओं में स्त्री का इंटलैक्चुअल एकान्त है। एकान्त इस अर्थ में नहीं कि वहाँ स्त्री की बहुवचन छवि न हो। ऐसे में तो बल्कि वहाँ नाम लेकर आप कुसुम, सुमन, विमला, नीता, सारा, रूथ को आवाज़ दे सकते हैं। नामों से बँधे परिभाषित पात्र, साझी नियति के संगी-साथी, जिन्हें सविता बड़े जतन से अपनी कविताओं में समेट लाई हैं लेकिन हाशिए उलाँघने की कोशिश उनके यहाँ बाहर की अपेक्षा भीतर घटती है। यह एक सजग स्त्री का एकान्त है जो नींद, रात और सपनों में परवान चढ़ता है।

अनामिका के यहाँ यह 'जतन' नहीं है। स्त्रियों का हँसता-बोलता मुहल्ला है जहाँ माएँ, मौसियाँ बोलती-बतियाती अपने सुख-दुःख की साझेदारी कर रही हैं। उनकी बन्दिशें भी साझी हैं और मुक्ति भी। मुक्ति अगर कहीं है भी तो इसी बहनापे की भावना में है। अनामिका इस बहनापे को बहुत महत्त्व देती हैं। वे बार-बार कहती रही हैं कि स्त्रीवाद ने एक चटाई बिछाई है जिस पर सब साथ हो सकते हैं, अर्थात् स्त्रीवाद हर प्रकार के सत्ताक्रम के बरक्स समानता व सहभागिता की प्रतिष्ठा है।

सहभागिता की भावना सविता सिंह की कविताओं में भी है। स्त्रियों की कथा कहने का ज़िम्मा कवयित्री ने खुद अपने ऊपर लिया है। सड़क पर बँधी रस्सी पर नाच दिखाने वाली औरत से लेकर सिल्विया प्लाथ तक, सबकी कहानी वह कविताओं में बना लेती हैं लेकिन इन कहानियों में कवयित्री की सजग मध्यस्थता बनी रहती है जिससे लौकिक परिस्थितियों की पगडंडियाँ जिस स्वप्न समय में घुल जाती हैं उसमें स्त्रीत्व का दर्शन उभरता है।

अनामिका की कविता भी इस तरह की उड़ान भरती है। स्त्री-संसार में जिसे वे चटाई बिछाना कहती हैं वैसा ही उनकी कविताओं में भी होता है—परम्परा, मिथक, इतिहास और लोक सब एक ही जगह आ बैठते हैं। भाषा की रुनझुन में अलग-अलग धागे एक बिन्दु पर एकतान होते हुए...।

बहरहाल, ये दोनों कवयित्रियाँ हमारे समय की महत्त्वपूर्ण रचनाकार हैं जिन्होंने स्त्री-रचनाशीलता को वह शिखर प्रदान किया जो उससे पूर्व दुर्लभ रहा। इस कविता का गर्मजोशी से स्वागत हुआ और आने वाली कविता के लिए भी वह प्रतिमान बनी। बाद के समय में एक पूरी पीढ़ी हक़ से अपनी बात कहने के लिए उठ खड़ी हुई। आज जिस तादाद में स्त्रियाँ लिख रही हैं वह अप्रतिम है। इन युवा स्त्रियों

को लिखने का साहस मिले और इनकी बात सुनी जाए इन दोनों सम्भावनाओं की आधारभूमि सविता सिंह व अनामिका की कविता ने तैयार की। यह इस कविता का ऐतिहासिक योगदान है। इन दोनों का रचना संसार एक अर्थ में, स्त्री-कविता के व्यवस्थित अध्ययन का प्रस्थान बिन्दु है और सन्दर्भ बिन्दु भी।

नीलेश रघुवंशी, सुशीला टाकभौरे और निर्मला पुतुल भी इस परियोजना में शामिल हैं जो अलग-अलग पृष्ठभूमि से आती हैं। उनकी कविताओं में स्त्री-अस्मिता, एकांगी न होकर, सामाजिक भेद-भाव की अनेक परतों से जुड़ी हुई है, जिससे उनकी कविताओं में स्त्रीवाद के मायने बदल जाते हैं। स्त्री जीवन के विडम्बनात्मक चित्र उनकी कविताओं में भी भरपूर मात्रा में हैं किन्तु उनकी प्रवृत्ति, वर्ग और जाति के पदानुक्रम से निर्मित, सामाजिक वर्ग-विभेद को केन्द्र में रखने की है।

नीलेश रघुवंशी की निम्न-मध्यमवर्गीय चेतना ने उन्हें समाज को देखने-परखने का अलग नज़रिया दिया। उनके काव्य-संसार में स्त्री की जिस छवि से हमारा परिचय होता है वह उस लड़की की है जो शिक्षा से उपजे आत्मविश्वास को लेकर दुनिया मुट्ठी में करने निकली है। वह अपने छोटे-छोटे सुख-दुःख में सुखी और दुखी होती है, हैरान-परेशान भी लेकिन निराश कभी नहीं। अपनी सकारात्मक टोन में ये कविताएँ स्त्री जीवन का एक नया सौन्दर्यशास्त्र रच रही हैं। सहज जीवन-बोध तथा अपने परिवेश को देखने की निस्संग-दृष्टि से रची उनकी कविताएँ समकालीन हिन्दी कविता में एक नया अध्याय जोड़ती हैं।

नीलेश की कविता स्त्री-कविता का नया प्रस्थान बिन्दु इसलिए भी है कि वह स्त्रीत्व को नए सामाजिक बोध से पढ़ती हैं। उनकी अधिकांश कविताओं का अन्तर्पाठ सामाजिक वर्ग-विषमता को काव्य-विमर्श के केन्द्र में स्थापित करता है। असमानता पर टिकी हमारी सामाजिक व्यवस्था में शोषण के कई रूप हैं। जाति, वर्ग, धर्म, शैक्षिक स्तर आदि पर आधारित असमानताएँ अनेक रूपों में प्रत्यक्ष होती हैं। 'जेंडर' उनमें से केवल एक है। समाज के विभिन्न वर्ग वही शोषण, वही गुलामी सहते दिखते हैं जो किसी अन्य सन्दर्भ में स्त्रियों के हिस्से रही है। स्त्रियों ने जिस दोयम दर्जे की स्थिति को झेला, उस पायदान पर केवल स्त्रियाँ ही नहीं समाज का एक बड़ा तबका है। कवयित्री की सहानुभूति उन सबसे है। सम्भवत: इसीलिए वर्ग का सवाल उनके यहाँ जेंडर से बड़ा है। स्त्री-अधिकारों की ज़मीन सिर्फ़ स्त्री की स्वतंत्र अस्मिता को जताने से पूरी तरह तैयार नहीं होगी। उसका आधार सामाजिक-आर्थिक मुख्यधारा में बराबर की भागीदारी से ही निर्मित हो सकता है। उनकी कविता उस शिक्षित, युवा स्त्री-मन की सकारात्मक अन्तर्ध्वनि है जो अपने साहस से एक नए समाज की संकल्पना करता है।

विमर्शों की दुनिया में सुशीला टाकभौरे की कविता दोराहे पर खड़ी प्रतीत होती है। दलित व स्त्री अस्मिता की स्वतंत्र राहें जैसे एक-दूसरे से होकर गुज़रें...

अस्मिता के इन उलझे सवालों तथा स्त्री-कविता की सामाजिक भूमिका पर उनकी कविताओं में गम्भीरता से विचार किया गया। सुशीला टाकभौरे, अपनी पहचान मात्र स्त्री के रूप में न कर, दलित अस्मिता से जोड़कर करती हैं। उनके अनुसार, 'एक दलित स्त्री अपने जीवन में सबसे अधिक पीड़ा झेलती है'। हिन्दी के दलित साहित्य में जिन महिला रचनाकारों ने दलित और स्त्री अस्मिता के लिए ज़मीन तैयार की उनमें सुशीला टाकभौरे का सक्रिय हस्तक्षेप रहा। वे मानती हैं कि दोहरी विषमता को झेलती हुई दलित स्त्री के आइकॉन फुले और अम्बेडकर हैं, क्योंकि उन दोनों ने ही भारतीय समाज में जातिगत भेदभाव और उत्पीड़न के खिलाफ़ गहराई से लिखने और बोलने के साथ-साथ प्रतिरोध की ऐतिहासिक ज़िम्मेदारी को निभाया। दलित स्त्री-कविता ने वर्ण, वर्ग, जाति, लिंग आदि सभी प्रकार की असमानताओं के विरुद्ध आवाज़ उठाई है। यह संघर्ष हर स्तर पर समतामूलक समाज की माँग को लेकर आगे बढ़ रहा है, सुशीला टाकभौरे की कविता इस संघर्ष में शामिल है। उन्होंने दलित वर्ग के भीतर लिंग आधारित अन्तर्विरोधों को गहराई से महसूस किया और बेझिझक बयान किया।

स्त्री-कविता की पहचान के लिए सुशीला जी की कविताओं का चुनाव विशेष दृष्टि से हुआ है। यह कविता उस अर्थ में स्त्री विमर्श के प्रचलित मुहावरे में फिट नहीं होती। स्त्री के शोषण-उत्पीड़न के विरुद्ध सशक्त स्वर बुनते हुए भी इस कविता को सिर्फ़ 'जेंडर-लेंस' से नहीं देखा जा सकता। अपने समय की अन्य कवयित्रियों के समान इनके यहाँ स्त्री विमर्श को लेकर कोई सहमति-असहमति भी नहीं है, ऐसे में स्त्री विमर्श और स्त्री-कविता की उनके यहाँ क्या अवधारणा है यह समझना ज़रूरी है। उनके शब्दों में, "स्त्री-कविता का आशय यही है—स्त्री द्वारा स्त्री के हित में लिखी गई कविता। स्त्री-कविता में स्त्री अपने मन की भावनाओं को, अपने दुख-सुख, आशा-अपेक्षाओं को चित्रित करती है।...यदि स्त्री-कविता को चिरजीवी बनाना है, तो उसे समय के साथ भी चलना होगा और अपनी समकालीन 'पुरुष कविता' में उठाए गए विषयों पर भी ध्यान देना होगा। ताकि स्त्री-कविता केवल स्त्री तक सीमित न रहे, उसमें पूरे समाज का बिम्ब दिखे और वह समाज के हर वर्ग के लिए प्रेरणादायी बनकर अपनी सफलता का संदेश दे।... स्त्री यदि क्रान्ति की दिशा में स्त्री-कविता लिखे तो समाज पर उसका असर जल्दी होगा और सामाजिक परिवर्तन जल्दी होगा।"

निर्मला पुतुल की कविताओं में आदिवासी स्त्री-जीवन के असंख्य आख्यान हैं। घर और घर से बाहर जिस गहरे दुःख के अभिशाप को आदिवासी स्त्री निरन्तर झेलती है ये कविताएँ उसका बयान हैं। अपने एक लेख 'झारखंडी महिलाओं का पलायन एवं उनका शोषण' में आदिवासी महिलाओं के जीवन यथार्थ के विषय में वे लिखती हैं—"आदिवासी महिलाएँ जिनके पास भूख है, भूख में दूर तक पसरी

ऊबड़-खाबड़ धरती है, सपने हैं, सपनों से दूर तक पीछा करती अधूरी इच्छाएँ हैं, जिसकी लिजलिजी दीवारों पर पाँव रखकर वे भागती हैं, बेतहाशा, कभी पूरब तो कभी पश्चिम की ओर...।" यह टिप्पणी जहाँ आदिवासी स्त्री की सामाजिक स्थिति का निष्कर्ष है, वहीं निर्मला पुतुल की अपनी कविताओं में स्त्री-जीवन पढ़ने की कुंजी भी है। इन कविताओं में बार-बार बलात्कार का शिकार होती या फिर घरेलू श्रम की मंडी में बेच दी जाती आदिवासी लड़कियों की पीड़ा व्यक्त हुई है।

स्त्री-कविता की पहचान करते हुए निर्मला पुतुल की कविताओं को शामिल करने के दो उद्देश्य हैं। एक तो स्त्री के दोहरे हाशियाकरण से जो जटिलताएँ उत्पन्न होती हैं उनको समझने की कोशिश तथा दूसरे यथार्थ और विचार की टकराहट को किस तरह पढ़ा जाए यह समझने का प्रयत्न करना। उनकी कविताएँ, आदिवासी स्त्री के संघर्षों की दर्दनाक कथाएँ रचती हैं, लेकिन उनसे यह पूछने पर कि स्त्री और आदिवासी स्त्री होने की पीड़ा में किसकी पीड़ा बड़ी है, उन्होंने इन दोनों वर्गों के बीच जिस साम्य-सूत्र की बात रखी उसे सुनकर मैं एकबारगी चौंकी। उन्होंने कहा कि अन्तर केवल इतना है कि 'उच्च वर्ग की स्त्री, रसोई या बेडरूम में प्रताड़ित होती है जबकि आदिवासी स्त्री, फुटपाथ पर मार खाती है।' उनका यह कथन, स्त्री-जीवन की इस विडम्बना की पुष्टि करता है कि अपमान की पीड़ा का अन्त:सूत्र, सम्भवत: सभी स्त्रियों को एकसाथ जोड़ता है। वर्ग और वर्ण के भेद के बावजूद पीड़ा वह केन्द्रीय तत्त्व है जो दुनिया की तमाम स्त्रियों को संघर्ष के रास्ते पर साथ ले आता है।

इस तरह मेरे सामने, ये सात कवयित्रियाँ अपने काव्य-जगत के साथ मौज़ूद थीं। उनके अपने विशिष्ट अनुभव, उनके कविता-संसार में स्पष्टता से झाँक रहे थे। मेरे लिए यह देखना बहुत दिलचस्प रहा कि इन सातों कवयित्रियों की कविताओं की परछाइयाँ, एक-दूसरे को छू भी रही थीं और स्त्री-अस्मिता के मुद्दे पर अलग-अलग भी दिखायी दे रही थीं क्योंकि स्त्रीत्व या स्त्रीवाद की कोई समरूप एकायामी अवधारणा नहीं है। उसमें, उनकी अस्मिता के न जाने कितने ही रंग-रूप दिखाई देते हैं। वह जीवन के सारे घटना-क्रमों को अपने-अपने शिल्प के मुहावरों में कुछ इस तरह रच रही हैं कि उससे स्त्री-अस्मिता के विस्तृत परिदृश्य का ठीक-ठीक पता मिलता है। उनके लिए स्त्रीत्व की तलाश उस मानवीय अस्तित्व की तलाश है जिसमें उनका स्त्री पक्ष है और साथ ही उसके पार भी बहुत कुछ है।

इन कवयित्रियों के रचना संसार को क़रीब से पढ़ते हुए यह अनुभव हुआ कि स्त्री रचनाशीलता स्त्रीवाद का पर्याय नहीं है। एक समाज में रहते हुए स्त्री-पुरुष, व्यक्ति-रूप में एक ही यथार्थ के साझीदार हैं। ऐसे में, स्त्री-कविता के अन्तर्गत पढ़ी जाने वाली स्त्री रचनाकारों की कविताओं के मूल्यांकन का आधार मात्र स्त्रीवाद की कसौटियाँ नहीं हो सकती। स्त्री-पक्ष के पार एक साधारण अनुभव प्राथमिक है,

उसकी पहचान स्त्री-कविता की असली पहचान होगी। इस पुस्तक में जहाँ इस बात पर ध्यान केन्द्रित है कि स्त्री-कविता की प्रमुख हस्ताक्षर रही रचनाकारों के काव्य-जगत की विविधता को उभारा जाए, वहीं इस बात पर भी है कि समान विषयों पर इनकी स्वचेतना के अनुरूप इनकी काव्यानुभूति की बनावट कितनी करवटें बदलती है, कुछ उसका भी एहसास मिले। इन रचनाकारों के कविता फलक का आधा हिस्सा यदि स्त्री पक्ष को सामने लाता है तो लगभग उतना ही सामाजिक-राजनीतिक, प्रेम-प्रकृति, परम्परा-इतिहासबोध, कविता और भाषा के सवालों से रूबरू होता है। इस पुस्तक में कोशिश यही है कि कविताएँ अपने सर्जक को समझने की जो दृष्टि देती हैं, उसी से उसके संसार में प्रविष्ट हुआ जाए। व्याख्या और विश्लेषण की इस पद्धति से इन रचनाओं को क़रीब से समझने-महसूसने का जो अवसर मिला उससे स्त्री-कविता का दिशा-बोध भी स्पष्ट होने लगा। सबकी अपनी दृष्टि, अपने द्वंद्व हैं और अपनी-अपनी सामर्थ्य भी। उनकी कविता निजी व सामाजिक स्थितियों के प्रति उनके रेस्पोंसेज़ से बनती है। मेरा यह सारा प्रयास, स्त्रीवाद के सरल मुहावरे से बचते हुए, सही समझ और संवेदनशीलता से स्त्री-कविता को पढ़ने का है, जिससे सम्भवत: अध्ययन और आलोचना की नई दिशाएँ खुलेंगी। इन सात कवयित्रियों के माध्यम से स्त्री-अस्मिताओं का वह कोलाज बनता है जिसमें इस कविता के विविधतापूर्ण ग्राफ़ को आँका जा सके। बीसवीं सदी के उत्तरार्द्ध में सांस्कृतिक बहुलताओं की व्यापक स्वीकृति के कारण स्त्रीवादी चिन्तन भी इन विविधताओं को विमर्श के विस्तार का आधार बनाता है।

3

स्त्री-अस्मिता की निश्चित सीमाएँ नहीं हैं, उसका सम्बन्ध लैंगिक अन्तर्धाराओं से जुड़ा होकर भी उससे मुक्त है। अपने मानवीय अस्तित्व को पहचानने की प्रक्रिया में स्त्री जिस भी स्तर पर अपने 'स्व' को टटोलती है, वह सब उसके भीतर समाहित है। समाज की चिन्तनशील मनीषी इकाई के रूप में, उसकी संवेदनशीलता, सामाजिक ताने-बाने में जब उसे अपनी सही जगह तलाशने को प्रेरित करती है तो उसका अस्मिता-बोध उसी में रूप ग्रहण करता है। इसके साथ-साथ परिवार, समाज, राजनीति, अर्थतंत्र, पर्यावरण—अनेक ऐसे मुद्दे हैं जिन पर स्त्री की निजी राय हो सकती है। उन सबसे वह स्वयं को कैसे जुड़ा हुआ महसूस करती है यह सब भी उसके अस्मिता-बोध में शामिल है। स्त्री की देह, मन, मस्तिष्क एक ही इकाई हैं, इससे उसकी पहचान सबको साथ मिलाकर बनती है, खंड-खंड नहीं। स्त्री-अस्मिता के नाम पर बहुत बार उसके किसी एक ही पक्ष को देखा गया है जिससे कुछ

अलग तरह के साँचे निर्मित होने लगते हैं और स्त्री का व्यक्तित्व बन्द दराज़ों में बँटा-बँटा-सा दिखाई पड़ने लगता है। स्त्री मुक्ति का सपना इन सभी दायरों से मुक्त होने का सपना है...अपने भरे-पूरे होने का एहसास...सब कुछ साथ लाकर, साथ पाकर जीने का एहसास। इसी परिकल्पना में स्त्री-अस्मिता का पूर्णत्व छिपा है।

अस्मिताओं की प्रतिष्ठा के इस दौर में, वर्ग, जाति तथा अन्य आधारों पर स्त्री की अनेक अस्मिताएँ हो सकती हैं। वह अपने स्त्रीत्व को बचाए रखते हुए अपनी इन अस्मिताओं को भी शामिल करने की आकांक्षी है क्योंकि ये, अलग-अलग न होकर एक ही दर्द की स्वर-लिपियाँ हैं। अपना होना—'मैं' की ही अभिव्यक्ति नहीं समवेत स्वरों का राग है। आर्थिक दृष्टि से पिछड़े वर्ग हों या दलित, आदिवासी—इन वर्गों में पुरुषों की स्थिति भी बहुत बेहतर नहीं है। स्त्री और पुरुष दोनों समान शोषण के साझीदार हैं। इसलिए इन वर्गों की अस्मिता को स्त्रियाँ अपनी पहचान से अलग नहीं कर पातीं। उनका स्त्रीत्व उसमें एक और आयाम जोड़ता है। वे वंचितों में और अधिक वंचित हैं। सामाजिक स्तर पर वर्ग-विभेद झेलने वाले पुरुष भी यह नहीं समझ पाते कि वे लिंग के आधार पर अपने साथ खड़ी स्त्री के प्रति अन्याय न करें, उन्हें लगता है कि उनकी तरफ़ से कोई भेद-भाव नहीं है पर अन्दरूनी स्तर पर स्त्री पर पुरुष की सत्ता सदा हावी रहती है। मुक्ति का एहसास, मुक्ति देने से भी विकसित होता है। अस्मिता और मुक्ति हर स्थिति में एक-दूसरे के पूरक हैं।

स्त्री-चेतना का इतिहास हमें बताता है कि शिक्षा के प्रसार से इस चेतना में इज़ाफ़ा हुआ। खुद के बूते अपनी पहचान के लिए बेचैन स्त्री, पारम्परिक रूढ़ियों के ख़िलाफ़ नए रास्ते बनाने की कोशिश करने लगी। समझौतों के विपरीत असंतोष के एहसास से विद्रोह की चिंगारी सुगबुगाने लगी। स्त्री-अस्मिता के अन्तर्गत अपने 'मैं' की तलाश स्त्री-पुरुष असमानता पर केन्द्रित अवश्य है किन्तु उसका लक्ष्य उस नई सामाजिक व्यवस्था का निर्माण है जो स्त्री के प्रति सहृदय व सहानुभूतिपूर्ण हो, जिसमें उसे अपने व्यक्तित्व के विकास के उचित अवसर मिलें। वह अपने लिए एक नया संसार रच सके। नई उड़ान भर सके, उसका अपना क्षितिज हो जिसमें कुंठाएँ, बाधाएँ निरस्त हो जाएँ। स्त्री-कविता में स्त्रीत्व की अभिव्यक्ति के दो महत्त्वपूर्ण आयाम हैं—स्त्री-अस्मिता व स्त्री-यौनिकता।

स्त्री-कविता की असली चुनौती, परिवार और पितृसत्ता से निगोशिएट करने की है। पितृसत्ता का ढाँचा लगभग एक जैसा है लेकिन सब कवयित्रियों के पास उससे संवाद या उसका विरोध करने की अपनी प्रविधियाँ हैं। परिवार और अधिकार की टकराहट बहुत पैनी है। स्त्री की पारिवारिक कठिनाइयों के लिए दोषी पितृसत्ता का विरोध, स्त्री मुक्ति का अभियान है। अपने स्पेस, अपने अधिकार की माँग करना परिवार के ढाँचे में दरारें क्यों उत्पन्न कर देता है? प्रभा खेतान लिखती हैं, "पुरुष

प्रधान परिवेश में परवरिश स्त्री से 'अधिकारों का त्याग' माँगती है और स्वावलम्बन 'अधिकारों की चाह'। इन दोनों के बीच बँटी स्त्री निरन्तर तनाव झेलती है और टुकड़ा-टुकड़ा जीती है।" स्थितियों को समझने का यह अजब चक्रव्यूह है कि परिवार के आदर्श को स्त्री अधिकारों के विरुद्ध खड़ा किया जाए और फिर मातृत्व की महानता के नाम पर यह अपेक्षा की जाए कि स्त्री स्वेच्छा से दया, ममता, करुणा जैसे गुणों को चुनते हुए अपने किसी अधिकार की माँग न करे। महादेवी ने इस स्थिति की आलोचना की है और यह आग्रह किया है कि जब तक हम इस सोच से मुक्त नहीं होते तब तक स्त्री सशक्तीकरण की राह पर आगे नहीं बढ़ सकते। स्त्री मुक्ति का सपना अपने अधिकारों की माँग से जुड़ा है।

महादेवी ने यह सम्भावना भी व्यक्त की थी कि स्त्रियों के शिक्षित होने व उनको आर्थिक स्वतंत्रता मिलने से शायद सोच की दिशा बदल जाए। वर्जीनिया वुल्फ़ भी अपना एक कमरा और थोड़ी आर्थिक स्वतंत्रता ही माँग रही थी लेकिन इस माँग के इतने वर्ष बाद भी ये प्रश्न उलझे हुए हैं। परिवर्तन की गति बहुत धीमी है। स्त्री का आर्थिक-स्वावलम्बन आवश्यक है क्योंकि यही वह आधार है जिस पर स्त्री-शोषण की सांस्कृतिक-सामाजिक अधिरचना खड़ी है। जब तक स्त्री आर्थिक रूप से स्वतंत्र नहीं होगी तब तक उसमें अपनी अस्मिता के लिए चेतना नहीं आएगी और वैसे भी "सशक्तीकरण की सबसे बड़ी शर्त है चेतना, स्वावलम्बन और निज की पहचान, यानी स्वाभिमान अर्थात आत्मसम्मान। इसके बिना स्त्री-सशक्तीकरण सम्भव नहीं है" (रमणिका गुप्ता) समकालीन स्त्री-कविता में स्त्री के स्वावलम्बन और आश्वस्ति की भी अनेक प्रतिध्वनियाँ सुनाई पड़ती हैं।

इस पुस्तक में सातों कवयित्रियों के यहाँ पितृसत्ता के दबाव में शोषित स्त्री की अनेक छवियाँ हैं। इन कविताओं का सम्बन्ध कवि के स्त्रीवादी होने, न होने से नहीं है। स्त्री की सामाजिक स्थिति के आकलन में इन सच्चाइयों को अनदेखा करना असम्भव है। पितृसत्ता के जितने रूप इन कविताओं में हैं, उनकी लम्बी फेहरिस्त तैयार हो जाएगी। हर किसी के यहाँ इस सम्बन्ध में कुछ यादगार कविताएँ हैं।

पितृसत्ता का दमघोंटू एहसास हर जगह है। सबसे बड़ी दिक्कत यह है कि यह व्यवस्था स्त्री के अपनी तरह होने और जीने को ख़ारिज करती है। पितृसत्तात्मक व्यवस्था की आधारभूमि वह पारिवारिक ढाँचा है जहाँ शील और संस्कारों की महीन बुनावट, स्त्री को समझौते करना सिखाती है, उग्रता हटाकर मुलायम होना सिखाती है। अनामिका ने अपनी कविताओं में दैनंदिन स्थितियों का कोलाज बना दिया है, जो परिवार और समाज में स्त्री के स्त्रीकरण की प्रक्रिया को दृढ़ बनाती हैं। ये छोटे-छोटे ब्यौरे उन सामाजिक प्रक्रियाओं को समझने में मदद करते हैं जो सतह के भीतर अदृश्य रूप में सदा गतिमान रहते हैं। कवयित्री पतिव्रताओं के सौभाग्य की पोल खोलती है, जहाँ दाम्पत्य सम्बन्ध 'शासक और शासित' के समानान्तर

विकसित हुए हैं। जैसे ब्रिटिश राज में सूरज कभी नहीं डूबता, वैसे ही घर में स्त्री के लिए पति के आतंक का साया कभी ख़त्म नहीं होता—

स्वामी जहाँ नहीं भी होते थे
होते थे उनके वहाँ पंजे,
मुहर, तौलिये, डंडे,
स्टेम्प-पेपर, चप्पल-जूते,
हिचकियाँ-डकारें-खर्राटे
और त्यौरियाँ-धमकियाँ-गालियाँ खचाखच

इससे त्रासद स्थिति और क्या हो सकती है कि जिस पति के होने से पतिव्रता का सौभाग्य है, उसके साथ वह कैसा महसूस करती है, यह किसे, कैसे बताए। सम्बन्धों की यह घुटन पारिवारिक हिंसा व अपमान के असंख्य प्रकरणों द्वारा रची जाती है। अनामिका के यहाँ ऐसी स्थितियों के अनेकानेक उदाहरण हैं—

पीठ नीली,
चेहरा पीला,
लाल आँखें और
ज़ख़्म हरे—
कुदरत के सब रंगों की बोतल
उलट-पलट जाती है मुझ पर
उनके आते ही

पितृसत्ता का घेराव कुछ इस तरह है कि स्त्री के सपनों पर पहरा और उड़ान पर अंकुश है। सविता सिंह की कविता भी पितृसत्ता में स्त्री जीवन की त्रासदी को इस रूप में रखती है कि स्त्री मर्यादा स्त्री के शिकार का अस्त्र बन जाती है—

आज भी बेटियाँ कितना प्रेम करती हैं पिताओं से
वही जो बीच जीवन के उन्हें बेघर करते हैं
धकेलते हैं जो उन्हें निर्धनता के अगम अन्धकार में
कितनी अजीब बात है
जिनके सामने झुकी रहती है सबसे ज़्यादा गर्दन
वही उतार लेते हैं सिर

सविता की और भी अनेक ऐसी कविताएँ हैं जो अत्यन्त सटीक ढंग से उस पितृसत्तात्मक संरचना को उभारती हैं जहाँ स्त्री को स्त्री होने के कारण ही उसके मानवीय अधिकारों से बेदख़ल कर दिया जाता है।

स्त्री का स्त्रीकरण करने वाली पारिवारिकता अपने आप में एक प्रकार की हिंसा ही है। स्वयं को स्त्रीवाद के घेरे से मुक्त रखने का आग्रह करने वाली कवयित्री गगन गिल की कविताओं में भी इस स्थिति की आहट है। 'लड़की अभी उदास नहीं' तथा 'एक दिन लौटेगी लड़की' जैसी कविताओं को साथ रखकर देखने पर सामाजीकरण की यह क्रूर प्रक्रिया अवश्य अनावृत्त होती है। वो लड़की जो अभी उदास नहीं है उसके साथ क्या होगा? एक दिन जब यही लड़की लौटेगी तो हमेशा के लिए चुप कर दी गई होगी। अपने भीतर के अंधे कुएँ में झाँककर भी अपने प्रति हुई इस हिंसा के विषय में वह जान नहीं पाएगी—

एक दिन लौटेगी लड़की
हथेली पर जीभ लेकर
हाथ होगा उसका लहू से लथपथ
मुँह से टपका लहू कपड़ों में सूखा हुआ
× × ×
दिखने में तो बाहर से वह खुशमिजाज़ होगी
मुँह उसका ज़ुबान बिना आदी
आँखें उसकी दृश्यों से दूर
रंग उसके चेहरे में गड्डमड्ड

ज़ुबान के बारे में वह कभी नहीं सोचेगी
भूलकर भी नहीं

स्त्री की चुप्पी के ऐसे और भी बिम्ब हैं जो पारिवारिक व्यवस्था में मिलने वाली यातना को सामने लाते हैं। गगन गिल, कात्यायनी, नीलेश रघुवंशी, निर्मला पुतुल, सुशीला टाकभौरे या अन्य कोई कवयित्री, पितृसत्ता का यथार्थ अनिवार्यत: स्त्री अनुभव का हिस्सा है जिसे किसी न किसी रूप में स्त्री-कविता अभिव्यक्त करती है। कुछ कविताओं में माँ, मौसी, नानी का वर्णन स्त्री-वंचना के इतिहास को निजी बना देता है। वह अपने ही दु:ख का विस्तार है लेकिन इन कविताओं में माँ की सहज छवि दु:ख सहने या अनवरत श्रम में डूबे रहने की है। अपने त्याग के ताप से दीप्त, स्वयं वह उसमें सन्तुष्ट और तृप्त भले ही दिखती हो किन्तु बेटियों को असहज अवश्य करती है। संभ्रांत वर्गों में, वह मोती मानिक से सजी-धजी भी हो सकती है लेकिन जिन अदृश्य बेड़ियों का बोझ वह सहती है इन कवयित्रियों ने उसे लक्षित किया है। ऐसा नहीं है कि पुरुष कवियों के यहाँ माँ के बिम्ब न हों या उसकी विवशता का बोध उन्हें न होता हो लेकिन गृहस्थी के जो विवरण स्त्री-कवियों के यहाँ हैं वे पुरुषों के यहाँ नहीं हैं। पुरुष कवियों के यहाँ

माँ का बुढ़ापा, उसका अपनी सन्तान के लिए चिन्ता करना, ममता की विवशता आदि भावों को तो उजागर किया है लेकिन उसके कारणों की पड़ताल के रूप में गृहस्थी, घरेलू काम-काज या परिवार के महत्त्वपूर्ण फैसलों में माँ की लगभग बहिष्कृत स्थिति, पिता की प्रताड़ना आदि मर्मांतक पीड़ा बिन्दु पुरुषों की कविता में कम ही हैं। माँ बनने के अनुभव पर भी वहाँ कोई विशेष कविता मुझे याद नहीं पड़ती। यह बिन्दु महत्त्वपूर्ण है, क्योंकि स्त्री के स्त्रीकरण की प्रक्रिया की यह माइक्रो तस्वीर है जिससे उसकी अनवरत लाचारी और विवशता का स्थायी बिम्ब बनता है।

इस पितृसत्ता से निपटने की हर कवयित्री के पास अपनी स्ट्रेटेजीज़ भी हैं। आत्मबोध और आत्मबल के सहारे स्त्री अपने जीवन का इतिहास स्वयं लिखने को तत्पर है। वहाँ शोषण के बिम्ब हैं तो मुक्ति की तरकीबें भी। कविता लिखना भी ऐसी ही तरकीब है। कात्यायनी को स्त्री की इस भीतरी शक्ति पर बहुत भरोसा है तभी तो वे कहती हैं, 'इस स्त्री से डरो'

यह स्त्री
सब कुछ जानती है
पिंजरे के बारे में
जाल के बारे में
यंत्रणागृहों के बारे में
यंत्रणाघरों की बात छिड़ते ही
गाने लगती है
प्यार के बारे में
एक गीत
रहस्यमय है इस स्त्री की उलटबासियाँ
इन्हें समझो

इस स्त्री से डरो

पिंजरे और जाल की असलियत समझने वाली यह स्त्री, मुक्ति के रोमांच को भी समझती है। वह रोशनी की डोर पकड़े अँधेरों से लड़ना जानती है। इस स्त्री को अपनी सीमाओं के साथ-साथ सम्भावनाओं की भी पहचान है। मुक्ति की आकांक्षा और उस लक्ष्य को पा जाने की तदबीरें, संशयों के कुहासे को साफ़ कर मंज़िलों की राह रोशन करती हैं। स्त्री जीवन के कंट्रास्ट का ग्राफ़ स्त्री रचनाकारों की कविताओं में साफ़ झलकता है। प्रतिकूल परिस्थितियों के बावज़ूद अदम्य जिजीविषा के सहारे स्त्री अपना स्पेस पा लेती है, जैसे कि निर्मला पुतुल की कविताओं में।

यथार्थ की बेबाकी, दमन-प्रताड़ना का ऐसा चक्रव्यूह और उसके भीतर से उठने का साहस—

आज की तारीख़ के साथ
कि गिरेंगी जितनी बूँदें लहू की धरती पर
उतनी ही जन्मेंगी निर्मला पुतुल
हवा में मुट्ठी बँधे हाथ लहराते हुए।

पितृसत्ता के बावजूद स्त्री-कविता में पिता का चित्रण कम संवेदनशील नहीं है। पिता से उसका एक कोमल रिश्ता भी बनता है। नीलेश रघुवंशी ने विशेष रूप से अपनी बहुत-सी कविताओं में पिता का आभार व्यक्त किया है कि उन्होंने अपनी बेटियों को शिक्षा दी और उन्हें अपने रास्ते ख़ुद चुनने की स्वतंत्रता भी। टेलीफ़ोन पर बात करते या कम्प्यूटर के वजूद से स्वयं को विवश समझते पिता की इस बेटी को बहुत चिन्ता है। अपने पिता के जीवन की संघर्ष-साक्षी बेटी उनके जीवन को सुखी करना चाहती है। अपनी पहली पगार से उनके लिए पानदान ख़रीदना चाहती है। वह पिता की देह और मन पर पड़े घावों को अपने ममत्व से शीतल कर देने को तत्पर है।

इसी तरह रजतरानी मीनू की कविता 'पिता भी तो होते हैं माँ', मेरे ध्यान में आती है। इसमें पिता द्वारा मातृहीन बच्ची के पालन-पोषण के प्रति कृतज्ञता अभिव्यक्त की गई है। माँ के न होने से, पिता का रोल बदल गया है—

मैंने पापा की
आँखों में देखा
अपनी माँ का चेहरा
पापा माँ ही तो होते हैं

पिता, माँ की-सी कोमलता और साझेदारी से बेटी के मन में जगह बनाते हैं। स्त्रियों द्वारा रचित अनेक कविताओं के बीच यह कविता मेरे ध्यान में बनी रही है, क्योंकि यह स्त्री-पुरुष जेंडर बाइनरीज़ के परे ममत्व के सच्चे मानवीय अनुभव को चित्रित करती है, जो अधिक महत्त्वपूर्ण व स्थायी है।

निर्मला पुतुल की कविताओं में सम्बन्धों के विलोम की सूक्ष्म पहचान है। उन्होंने अपनी अनेक कविताओं में कभी सीधे तो कभी सांकेतिक रूप में ऐसी घटनाओं का वर्णन किया जहाँ 'महज़ बोतल भर दारू और एक मुर्गे' के लिए प्रसव-पीड़ा सहकर जन्म देने वाली माँ अपनी बेटी को वहशी दरिंदों के हवाले कर देती है या फिर किसी छोटे-से एहसान के बदले बापू ने मूर्ख बनकर बाघ से दुष्ट आदमियों के हवाले कर दिया। अपना पति भी उसके साथ दरिंदगी कर सकता है। पीड़ा इस

बात की है कि आततायियों के चेहरे अलग से पहचाने जाने वाले चेहरे नहीं हैं। कौन किस भेष में स्त्री का सौदा कर देगा यह साफ़ नहीं। यह नृशंसता की सीमा है। इतना होने पर भी इन कविताओं में लोक संवेदना के राग-रंग से भरे पिता-बेटी के आत्मीय सम्बन्ध की झलक मिल जाती है। 'उतनी दूर मत ब्याहना बाबा' में बेटी बाप से आग्रह करती है कि उसका ब्याह इतनी दूर न कर दें कि वे एक-दूसरे के सुख-दुःख के भागीदार न हो पाएँ।

दरअसल झगड़ा पिता या भाई से नहीं है, झगड़ा, उस दमनकारी व्यवस्था से है जहाँ पुरुष पितृसत्ता का ऐसा उपयोग करता है जो स्त्री के लिए अन्यायपूर्ण व दमनकारी है। कहीं पिता, बेटी से अपने जीवन का रास्ता चुनने का अधिकार छीन लेता है। उसे चुप रखने की साज़िश रचता है। यहाँ तक कि परिवार के सम्मान के नाम पर उसकी हत्या कर देता है। इस तरह की असंख्य कहानियाँ स्त्री-जीवन की हक़ीक़त हैं। स्त्री की साहित्यिक दृष्टि रोमान से दूर हक़ीक़त पर टिकी है, इसीलिए ये सभी छोटे-बड़े आख्यान स्त्री-कविता में जगह पाते हैं लेकिन यह भी सत्य है कि जहाँ पुरुष स्त्री की तरह पालता है, सँभालता है, स्त्री की इच्छा आकांक्षाओं को महत्त्व देता है, उसे उसके हिस्से की धूप-छाँह में साँस लेने देता है, वहाँ स्त्री-कविता उसको भी दर्ज करती है।

माँ के प्रति भी रिश्ता केवल रूमानियत का नहीं है। स्त्री के स्त्रीकरण में माँ की अक्सर बहुत बड़ी भूमिका होती है। स्त्री-कविता की अनेक कविताओं में हमें अपने आसपास का स्वर सुनाई पड़ता है जिसमें लड़की को बरजा जा रहा है। जैसे—'जब कभी कविता लिखती है लड़की/कहा जाता है सीखो मशीन चलाना/सिलो कपड़े, बुनो स्वेटर' (नीलेश) ऐसी सभी हिदायतें लड़की को अन्य स्त्रियों से ही मिलती हैं। स्त्री-कविता की आइकोनिक कविता 'मैं किसकी औरत हूँ' में सविता सिंह ने बहुत ध्यान से स्त्री की स्थिति को लेकर जो द्वंद्व है उसे दो स्त्रियों के बीच संवाद के रूप में प्रस्तुत किया है। रेल में यात्रा करती बूढ़ी औरत के लिए नए समय की स्त्री अचम्भित करने वाली है। वह तो यह सोचती है कि जिस स्त्री का कोई परमेश्वर नहीं, कैसे कटेगा उसका जीवन। स्त्री का यह रूप स्त्री की समझ से परे है। पितृसत्ता बहुत बारीक़ी से स्त्रियों के ही माध्यम से अपना जाल बुनती है।

स्त्री रचनाकारों ने इसी स्थिति का वर्णन जिस गम्भीरता से अपनी कविताओं में किया है उतने ही तर्कसम्मत विवेक से अपने वैचारिक गद्य में भी प्रस्तुत किया है। विशेष रूप से अनामिका और सविता सिंह के लेखन में। अनामिका जिसे 'मन माँझने की ज़रूरत' कहती हैं वह दृष्टिबोध के अन्तर का ही आग्रह है। पुरुषों का डर केवल अपने विशेषाधिकार खो देने का है। उन्होंने बार-बार बल देकर कहा है कि स्त्रीवाद पुरुष-विरोध का पर्याय नहीं है। सविता ने भी अनेक साक्षात्कारों में इस बात पर बल दिया कि स्त्री सशक्तीकरण की मुहिम पुरुष को अशक्त बनाना नहीं है।

स्त्री-पुरुष दोनों अपनी देह और मन से अलग अवश्य हैं। उनका भिन्न होना ही सृष्टि का सौन्दर्य है। जैसे हम अन्य सभी भिन्नताओं, बहुलताओं को सेलिब्रेट करते हैं, वैसे ही लिंगाधारित भिन्नताएँ भी सेलिब्रेट होनी चाहिए। यूँ भी हम जिस संस्कृति के उत्तराधिकारी हैं उसमें अर्द्धनारीश्वर की संकल्पना सृष्टि की पूर्णता की अभिव्यक्ति है। नीलेश रघुवंशी ने माँ बनने के अनुभव पर इक्कीस कविताओं की सीरीज़ लिखी है। उसमें एक कविता में वे बच्चे के पिता पर भी अपना प्रेम ज़ाहिर करती हैं अर्थात् सृष्टि के विधान में स्त्री-पुरुष मिलकर एक इकाई रचते हैं। पुरुष, स्त्री के भाव संसार का अभिन्न हिस्सा है। उसका प्रेम और सौन्दर्य उसी में पूर्णता पाता है लेकिन सम्बन्धों के छोटे-बड़े ताने-बाने में बहुत बार ताक़त का विषम झुकाव, पारस्परिकता को तोड़कर उसे सत्ता-विमर्श में बदल देता है।

स्त्री-विमर्श की चर्चाओं में स्त्री ने अपनी यौनिकता को अपने तईं नए सिरे से पहचाना। नए युग की स्त्री ने बाहरी मानदंडों को नकार कर अपनी शर्तों पर जीवन जीने की जो पहल की उसमें ओढ़ी गई नैतिकता को अस्वीकार कर, देह की पवित्रता या यौन शुचिता के सवाल को नए दृष्टिबोध से प्रस्तुत किया। सविता सिंह की कविताओं में स्त्री का अपनी देह से अनोखा रिश्ता है। पूरी आत्मीयता के साथ वह देह के घावों को धोकर, दुःख के दाग मिटाकर उसे नए जीवन के लिए तैयार कर रही है। वह देह का निषेध न कर उसे स्वीकार करती है, उसे सहलाती है और उसमें सुखी होती है। सविता सिंह के बाद की कवयित्रियों में अपनी देह के प्रति और भी सहजता का भाव है।

इस सन्दर्भ में पिछले दिनों पढ़ी युवा कवयित्री अनुपम सिंह की कविता '**थोड़ा–थोड़ा कुछ और भी**' का ख़ास ज़िक्र करना चाहूँगी। समलैंगिकता को विषय बनाकर लिखी गई सम्भवत: यह अपनी तरह की अकेली कविता है। औरत का औरत की बाँहों में सुखी होना और किसी स्त्री का इसे लिखना कम जोखिम भरा नहीं है। यह कविता सामाजिक मान्यताओं को ही ध्वस्त नहीं करती, साहित्यिक मान्यताओं को भी चुनौती देती है—

हमने थोड़ा सपने जिये
थोड़ा सीखें छोड़ी
थोड़ा गुमान किया एक-दूसरे पर
जब शब्द नहीं थे हमारे पास
तब भी थे कुछ मुलायम भाव
जब बन रही हो भाषा की नई दुनिया
भाषा में स्थायी महत्त्व हो रात का
तो हिचक कैसी
कैसा अपराधबोध

हाँ
हम दो लड़कियाँ
थोड़ा–थोड़ा कुछ और भी थीं
हाँ
प्रेम में थीं
दो लड़कियाँ।

यह कविता समलैंगिकता के चित्रण में स्त्रीत्व और नैतिकता के संघर्षपूर्ण द्वंद्व की अपेक्षा इस सच्चाई को फोकस में लाती है कि स्त्री के स्त्री से सम्बन्ध में उसकी देह पर दाँतों या नाखूनों के निशान नहीं थे। स्त्री-पुरुष और स्त्री-स्त्री के सम्बन्धों के अन्तर को रेखांकित करते हुए प्रेमगत हिंसा के आन्तरिक रूप का संकेत करने वाली यह कविता स्त्री-यौनिकता का नया आयाम प्रस्तुत करती है। क़ैद कई तरह की होती है...सम्बन्धों में स्त्री का मन घुटता है तो देह में आत्मा का। स्त्री अस्मिता की पहचान इन बेड़ियों के पिघलने का एहसास है।

स्त्री देह व स्त्री यौनिकता का प्रश्न अत्यन्त संवेदनशील है, क्योंकि उसका सम्बन्ध स्त्री की इच्छाओं-कामनाओं से है तो वही देश दुनिया में स्त्री शोषण का बहुत बड़ा लोकेल भी है। युद्ध और हिंसा के समय में स्त्री देह का अतिक्रमण युद्ध नीति का हिस्सा होता है। गरिमा श्रीवास्तव की डायरी 'देह ही देश' बोसनिया की उन महिलाओं की आपबीती है जिन्होंने आज के समय में इतने क्रूर, अमानवीय शोषण को झेला लेकिन विश्व की शांति वार्ताओं या समझौतों में उनकी पीड़ा और अपमान कोई मुद्दा ही नहीं बनता। भारतीय समाज में भी सामाजिक ऑडिट करने वाली अनेक रिपोर्टों में साबित हो चुका है कि दलित या आदिवासी महिलाओं के दमन का एक रूप उनकी देह पर होने वाला अनाचार ही है। बहू जुठाई, सलाम आदि कई रस्में इस षडयंत्र की स्वीकृति के रूप में बनी हुई हैं। पिछड़े वर्गों के पुरुषों को सबक सिखाने की मंशा से स्त्री-देह को दमन के औज़ार की तरह इस्तेमाल किया जाना भी अपवाद नहीं है। स्त्री-देह पर होने वाले शोषण के घाव स्त्रियों ने अपने मन पर भी झेले हैं। नैतिकता के सामाजिक आदर्श भी कुछ इस तरह गढ़े गए हैं कि स्त्री स्वयं को शिकार न समझकर दोषी मानते हुए, अपराध-बोध का बोझ अपनी आत्मा पर ओढ़े जीती रही है।

स्त्री-विमर्श और स्त्री-कविता इन विषयों को अलग-अलग ढंग से बूझते- समझते हैं। विमर्श मुद्दों को समझने का दृष्टि-बोध देता है। उसमें विश्लेषण की बारीक़ियों के बावज़ूद चीज़ों को सतह पर देखा-परखा जाता है जबकि कविता उन स्थितियों और भावनाओं के बारीक़ रेशों को शब्दों-पंक्तियों के बीच बुन देती है। विमर्श में यह मुद्दा अपनी देह पर अपने अधिकार के रूप में अभिव्यक्त होता है, जो सही

होते हुए भी स्त्री सशक्तीकरण में वांछित भूमिका नहीं निभा पाता क्योंकि इसके भीतर भी शोषण की अनेक सम्भावनाएँ छिपी रहती हैं। दैहिकता के प्रति उसके रेस्पोंसेज़ के कारण स्त्री-विमर्श में एक फाँक पैदा होती है, सम्भवत: जिस वजह से दैहिकता व पारिवारिकता का कल्पित नैतिक द्वंद्व हमेशा रहा है। कृष्णा सोबती ने तो कई दशक पहले ही 'मित्रो' के माध्यम से 'देह की प्यास' को अभिव्यक्त किया लेकिन बाद की रचनाओं में यह स्थिति भिन्न रूप में दिखाई पड़ती है। विशेषत: कथा-साहित्य में स्त्री-रचनाकारों ने स्त्री के दैहिक सम्बन्धों के जो ब्योरे प्रस्तुत किए उनके वर्णन में शोख इठलाहट भरे डिटेल्स, 'मेल गेज़' या पुरुष दृष्टि से भिन्न नहीं हैं। सम्भवत: इसी से अनेक स्त्री रचनाकार स्वयं को इससे अलग कर लेती हैं और अपने साहित्य का मूल्यांकन स्त्री-विमर्श के घेरे में किए जाने पर असहज महसूस करती हैं, यानी स्त्री-विमर्श से प्रभावित साहित्य का जो स्वर एक तरफ़ रचनाकारों की पूरी पीढ़ी को प्रभावित कर रहा है, वह सभी शंकाओं से परे नहीं है। अनेक स्त्री रचनाकार, स्त्री-विमर्श को कविता की राजनीति के रूप में संदेह की दृष्टि से देखती हैं।

देह की रणनीति बढ़ते बाज़ारीकरण का भी एक हिस्सा है। विज्ञापन मीडिया और फिल्मों की दुनिया में बाज़ारवादी ताक़तों के लिए यह कहीं सरल है कि स्त्री की विवशता को उसका अपना चुनाव बनाकर प्रस्तुत करें। अंग-प्रदर्शन के सेक्स बाज़ार में स्त्री, स्वयं अधिक ऐन्द्रीय और सेक्सी दिखना चाहती है। शिकार और शिकारी की रेखाएँ परस्पर घुलकर एक धूसर इलाका खड़ा कर रही हैं जिसमें न प्रतिद्वंद्वी की पहचान है, न प्रतिरोध का स्वर। आभासी परदे का यथार्थ उत्तप्त कामनाओं का उत्तेजक यथार्थ है जिसमें स्त्री बराबर की भागीदार है। आभासी दुनिया के दबाव में अपनी दुनिया को भी ठीक से समझ नहीं पा रहे। हम उसी को अपना प्राप्य मानने लगते हैं जिसका हमने आजीवन विरोध किया, इसी से व्यवस्था नहीं बदल पाती। केवल मंच पर अभिनय करने वाले पात्र बदलते हैं। स्त्री जब अपनी मुक्ति की कल्पना करती है तो उसके सम्मुख पुरुष का उदाहरण रहता है। दैहिक सम्बन्धों में पुरुषों के स्वेच्छानुसार और वर्चस्व का जो मॉडल है स्त्री उसे अपनी देह पर अपने अधिकार की माफ़िक पढ़ने लगती है। इससे सारी स्थिति एक अलग ढंग से समस्याग्रस्त हो जाती है। ये सारे परिवर्तन हमारे सौन्दर्य-बोध को भी परिवर्तित कर रहे हैं। नीलेश रघुवंशी कैलेंडर पर हँसती औरत को देखकर उसकी वास्तविकता को आँकने की ज़रूरत महसूस करती हैं। कैलेंडर पर छपी मुस्कुराती स्त्री की तस्वीरें कैसा छद्‌म रचती हैं उसे देख कवयित्री ने लिखा—

कैसी पहेली है यह औरत
दुखों से कोसों दूर

शाम उसके पहलू में दुबकी
सुबह उसकी आहट की प्रतीक्षा में

नीलेश का स्त्रियों से आग्रह है कि 'अपनी उपस्थिति को सिर्फ़ मोहक और दर्शनीय मत बनने दिया करो' अर्थात् स्त्री के लिए उसकी दैहिकता उसके पूरे व्यक्तित्व या अस्मिता का पर्याय नहीं हो सकती क्योंकि स्त्री की वास्तविक छवि जीवन के अतिवादों के बीच अवस्थित है। हर रोज़ घर और दफ़्तर के बीच खटती हज़ारों-लाखों औरतें सदा स्वयं को बँटा-बँटा महसूस करती हैं। स्त्री-कविता का सौन्दर्य-बोध उन अनुभवों को केन्द्र में लाने का रहा है।

प्रेम स्त्री जीवन का बहुत बड़ा सच है। स्त्री-पुरुष सम्बन्धों में दैहिक सहवास की स्थितियाँ केवल नर और मादा का संग-साथ भर नहीं है, इसमें भावना की कई परतें विशेष सौन्दर्यानुभाव में परिवर्तित करती हैं। यह वासना या प्रजनन से अधिक स्त्री-पुरुष का प्रेम राग है। पुरुष से अधिक स्त्री का भावुक मन इन प्रेम की पगडंडियों पर खुद को भूलकर मन की कस्तूरी ढूँढ़ता फिरता है लेकिन जिन सम्बन्धों को वह अपनी इच्छा समझकर जीती है उसमें वह बहुत बार छली जाती है। विवाह एवं विवाहेत्तर सम्बन्धों में स्त्री की विवशता ही दिखाई पड़ती है। उसके मन में प्रेम की उन्मुक्त छवि राग-अनुराग के रंगों से रंगी जाती है, जबकि वास्तविक जीवन में दु:ख और अपमान ही उसके हिस्से में आते हैं। साठ के दशक के कथा साहित्य में अनेक रचनाओं का कथ्य स्त्री की परिस्थितियों और मन:स्थितियों के शाश्वत अन्तर्द्वंद से रचा जाता है। कविता में पीड़ा और वेदना का स्वर सम्भवत: इसी की प्रतिलिपि है। बाद की कविताओं में इसके और भी कई रंग उभरते हैं। यह अवश्य है कि इस कविता में प्रेम अतीन्द्रीयता के वायवीय धरातल से उठकर ऐन्द्रीय संसार में जगह पाता है जहाँ इच्छा, आकांक्षा और ऐन्द्रीयता को स्वीकार किया गया है।

गगन गिल की कविता में करुणा का महीन तार पूरी कविता में व्याप्त है इसलिए प्रेम इच्छा भी है और दर्शन भी। देह से विदेह होने तक और विदेह से देह तक आकांक्षा अन्तश्चेतना के कई स्तरों पर घटित होती है—

जिस एक काँटे से
बचने के लिए
तैरती रही मछली
समुंदर–दर–समुंदर उसकी देह में छिपा था

कात्यायनी के लिए प्रेम क्रान्ति का सपना है जिसे दुनियावी यथार्थ व जीवन-संघर्ष के स्तर पर अर्जित किया जाता है। वह मुक्ति और विवेक का दूसरा रूप है। कात्यायनी की दृष्टि सामाजिक वर्ग-वैषम्य पर इतनी अधिक है कि वे स्त्री-पुरुष के प्रेम के बीच दरार उपस्थित नहीं करतीं। वहाँ दोनों कॉमरेडशिप के बन्धन में बँधे

दुनिया को मुक्त करने का सपना देखते हैं। इसी भावना में उनका प्रेम पलता है। इन दोनों कवयित्रियों की दिशा एक-दूसरे से भिन्न अवश्य है लेकिन स्त्री-पुरुष प्रेम सम्बन्धों में लिंग आधारित असमानता का वर्णन नहीं है। सविता सिंह की कविता में प्रेम का यातनापरक रूप है। सिल्विया प्लाथ की त्रासदी से लेकर आम स्त्री के जीवन तक, पुरुष जिस तरह प्रेम को स्त्री पर अधिकार का अस्त्र बना देता है, उसकी पीड़ा उनकी कविताओं में अभिव्यक्त होती है। कवयित्री असमानता पर आश्रित इस प्रेम का निषेध करते हुए पूछती है कि क्या प्रकृति ने ऐसे पुरुष बनाए ही नहीं जो स्त्री को कोमलता से बाँहों में भर सके। उनके यहाँ प्रेम के जिस नए फ्रेम की स्वीकृति है, वह एक नए तरह का सौन्दर्य-बोध है—समानता और उन्मुक्तता भरा। एक कविता में वह लिखती हैं—'लाना मेरे लिए ख़ुद को / जैसे चिड़िया लाती है तिनका सँभाल कर'। वह उसी प्रेम को स्वीकार करती है जिसमें स्त्री-पुरुष की पारस्परिकता से निष्पन्न संवेदनात्मक तरलता प्रेम को नई सौन्दर्य-दृष्टि दे सके।

अनामिका की कविता का संसार तो सम्बन्धों के ताने-बाने से ही रचा गया संसार है। इन सम्बन्धों में असमान व्यवहार तथा स्त्री की भावना के अपमान और उससे जनित पीड़ा को तो उन्होंने भी रेखांकित किया है। पुरुष द्वारा स्त्री को अपना 'पिनकुशन' समझे जाने की पीड़ा उनकी कविताओं में शब्द-शब्द में बोलती है, लेकिन वे इन सम्बन्धों को पूरी तरह रिजेक्ट नहीं कर पाती। अपने व्यंग्यात्मक टोन में वे यह सम्भावना अवश्य जताती हैं कि पुरुष का स्त्री के प्रति मन बदलेगा या फिर एक तरह के मनुहार का टोन भी है कि देखो मेरे अन्तर्मन में झाँक कर मेरे भावगत सौन्दर्य को पहचानो। उनके लिए सम्बन्ध की पूर्णता स्त्री-पुरुष के रागात्मक अनुभव में ही है। वे इसे ही कविता में सिद्ध करने की कोशिश करती हैं और इसलिए विवाह सम्बन्ध के दमनकारी, हिंसात्मक रूप का अनुभव प्रस्तुत करते हुए भी उसमें अनास्था नहीं आने देतीं।

नीलेश ने जीवन की जिस सहजता को अपनाया है, प्रेम उसी का विस्तार है राग-अनुराग से भरा, विश्वास से छलकता। प्रेम की विषमता भरे डायनैमिक्स उनके यहाँ नहीं है। अलगाव और असमानता की जटिलताओं को उन्होंने प्रेम की अभिव्यक्ति में आरोपित नहीं किया। निर्मला पुतुल के यहाँ भी प्रेम राग में रंगे उद्दाम भावना के कुछेक बिम्ब हैं। सुशीला टाकभौरे की कविताओं के अध्ययन में तो मेरी नज़र से ऐसी कोई कविता नहीं गुज़री जिसमें प्रेम की रूपात्मक अभिव्यक्ति किसी भी फॉर्म में हुई हो।

समकालीन कविता में प्रेम जिस गहरे भाव-बोध से सृजित है उसमें रूप-सौन्दर्य की अनेक आकर्षक छवियाँ हैं। जब स्त्रियाँ प्रेम को कविता में लाती हैं तो पुरुष, सौन्दर्य का आलम्बन नहीं बनता। यदि गगन की कविता को अपवाद मान लें जहाँ

वह बौद्ध भिक्षु की त्वचा के प्रति आकर्षण अभिव्यक्त करती हैं, वहाँ भी यह देह के लौकिक तथा आध्यात्मिक अनुभव के बीच होने का दार्शनिक द्वंद्व है—

दिव्य यदि
वह है तो

मैला हो
सकता है क्या

छूने
भर से?

स्त्री-कविता में प्रेम की स्थिति भावनागत सौन्दर्य अर्जित करने की ओर झुकी हुई है जिसमें समता व संवेदनशीलता का कोमल आग्रह है। प्रेम के इस रूप में ही मानवीय एकसूत्रता की सम्भावनाएँ संलिप्त हैं। इस कविता का व्यापक लक्ष्य उस विश्व-बोध को अर्जित करना है जिसे अनामिका 'चटाई बिछाने' के रूप में सम्बोधित करती हैं और सविता सिंह 'नए सभ्यता विमर्श' के रूप में प्रस्तावित करती हैं, वह प्रेम के उन्मुक्त अहसास से ही सम्भव हो सकता है।

प्रेम की उन्मुक्तता प्रकृति के साहचर्य में रूपान्तरित होती है। स्त्री-कविता का प्रकृति से ग़हरा रिश्ता है। भूमंडलीकरण के साथ विकास का जो मॉडल खड़ा हुआ उसमें प्रकृति का दमन लगातार हो रहा है। प्रकृति पर नियंत्रण का तर्क उसी सत्ता-विमर्श के क़रीब है जो स्त्री स्वतंत्रता को बाधित करता है। इस अर्थ में स्त्री और प्रकृति दोनों एक हो जाते हैं—उद्दाम सत्ता-मद के शिकार। विश्व-भर की स्त्रियों ने इस स्थिति के विरुद्ध आवाज़ उठाई जिसका स्वाभाविक विस्तार इकोफेमिनिज़्म में हुआ। समकालीन स्त्री-कविता भी प्रकृति के प्रति अपनी चिन्ता को अभिव्यक्त करती है।

निर्मला पुतुल आदिवासी कवयित्री हैं। आदिवासी जन-समाज के मुद्दों में जल-जंगल-ज़मीन अहम मसला है। आदिवासियों का प्रकृति से साहचर्य उस पर अधिकार प्राप्त करने की ओर लक्षित नहीं है। उसका अस्तित्व उनकी जीवन-शैली में घुला-मिला है। इसलिए निर्मला पुतुल की कविता में कुल्हाड़ी के भय से त्रस्त पेड़ की चीत्कार सुनाई पड़ती है—

क्या तुमने कभी सुना है
सपनों में चमकती कुल्हाड़ियों के भय से
पेड़ों की चीत्कार?

कवयित्री उन सभी ताक़तों के विरुद्ध खड़ी होती है जो आदिवासियों को उनके जंगल और ज़मीन से बेदख़ल करने की साज़िश रचते हैं। उनकी कविताओं में प्रकृति के ख़ूबसूरत बिम्बों के साथ इस षड्यंत्र के खिलाफ़ आक्रामक विरोध दर्ज़ हुआ है। नीलेश रघुवंशी की कविताओं में भी प्रकृति के कुछ सुन्दर बिम्ब हैं जो जीवन की सहजता के पर्याय हैं।

सविता सिंह की कविताओं में प्रकृति का कोलाहल है। रात, नदी, सागर, चाँद के ढेरों बिम्ब इस कविता का कैनवस है, जहाँ वह अपने जीवन संघर्ष से मुक्त होकर अपने स्वतंत्र अस्तित्व को महसूस कर पाती है। वह जिस नए संसार की कल्पना करती है उस ओर जाने का माध्यम प्रकृति ही है। खुली हवाएँ, चिड़ियाँ, तितलियाँ इन सबका कविता में आना-जाना है क्योंकि सविता जब भी स्त्री-मुक्ति के विषय में सोचती हैं तो प्रकृति की उन्मुक्तता ही उस स्वतंत्रता का पैराडाइम है। सचेत स्तर पर इकोफ़ेमिनिज़्म के वैचारिक आग्रह से वह स्वयं को संबद्ध पाती हैं जिससे स्त्री और प्रकृति उनके लिए अभिन्न हैं। सविता सिंह की अधिकांश कविताओं में प्रकृति का सुन्दर विन्यास है।

स्त्री-कविता का सौन्दर्य-शास्त्र जिस आधार पर निर्मित है उसमें स्त्री-दृष्टि और स्त्री-भाषा पर विशेष बल दिया गया है। स्त्री-दृष्टि या स्त्री-भाषा साहित्य के रचना विधान को कैसे प्रभावित करती है यह सवाल स्त्री साहित्य की आलोचना को स्थिर करने में महत्त्वपूर्ण होगा। यह सवाल भी जेंडर और साहित्य के सम्बन्ध पर टिका है। यद्यपि हम मानते हैं कि साहित्य का कोई जेंडर नहीं होता यानी रचनाकार के जेंडर से लेखन अप्रभावित रहता है या रहना चाहिए तब भी समाज का जेंडर्ड स्ट्रक्चर उसे प्रभावित करता है। यथार्थ को देखने की स्त्री-दृष्टि पुरुष की दृष्टि से भिन्न है। स्त्री-दृष्टि प्राय: रचना के उस सब-टेक्स्ट या अन्त:पाठ को पकड़ती है जिस पर सम्भवत: पुरुष रचनाकार का ध्यान नहीं जाता। स्त्री रचनाकारों का आग्रह है कि स्त्री-दृष्टि सतह के पार की बारीक़ियों में जाती है। पूरी तस्वीर देखने में जो बारीक़ रेशे छूट जाते हैं, असमानता की परतें उन्हीं में छिपी रहती हैं। स्त्री-कविता का लक्ष्य उसे ही अनावृत्त करने का है। इसके साथ-साथ यह भी मानना होगा कि कविता का स्त्री-स्वर अधिक कोमल, संवेदनात्मक व सहानुभूतिपूर्ण है। संसार की उन सभी इकाइयों से वे एकजुटता महसूस करती हैं जहाँ मानवीय गरिमा का हनन होता है।

प्राय: जब हम स्त्री के विषय में सोचते हैं तो उनकी निजी वैयक्तिकता की अपेक्षा उनकी सामूहिक उपस्थिति की ओर हमारा ध्यान अधिक होता है। स्त्रियाँ अक्सर आपस में बोलती-बतियाती, अपने सुख-दु:ख साझा करती हैं। स्त्री-भाषा की टोन में आत्मीयता विशेष रूप से सन्निहित है। वहाँ भाषा में पदानुक्रम नहीं बल्कि लोक की सहजता है। उसका सौन्दर्य उसकी व्यंजनाओं में समाहित है। लगभग सभी स्त्री रचनाकारों के यहाँ जीवन के छोटे-बड़े आख्यान बहुत हैं, अर्थात

वह अपनी बात को स्त्री-जीवन की छोटी-बड़ी हक़ीक़तों से उदाहरण देकर प्रस्तुत करती हैं। यह उनके लिए अपने कहे को अधिक विश्वसनीय ढंग से अभिव्यक्त करने का माध्यम है। लोकगीतों की शैली जैसा, जिसमें सास-ननद इसलिए चली आती हैं क्योंकि वह उनके जीवन का सबसे निकटतम यथार्थ है। पारिवारिकता का छद्म गीतों-कहावतों में जैसे खुलता है कुछ-कुछ उसी शैली में स्त्री रचनाकारों ने स्त्री-पक्ष को अपनी कविता में पिरोया है।

स्त्री-भाषा के इस अपने अन्दाज़ के साथ-साथ लगभग सभी स्त्री रचनाकारों ने कविता और भाषा पर गम्भीर चिन्तन किया, जिसे उन्होंने अपनी कविताओं में प्रस्तुत किया। सुशीला टाकभौरे मानती हैं कि स्त्री-कविता का वास्तविक सौन्दर्य उसकी सच्चाई में है। उनके लिए कविता का एक-एक शब्द मानो न्याय की पुकार है। लगभग यही भावना निर्मला पुतुल के यहाँ भी है, वे कविता में शब्दों के माध्यम से ख़ुद को रच रही हैं। इसलिए उनके शब्द नगाड़ों की तरह बजते शब्द हैं जिनका प्राथमिक उद्देश्य समाज की सुप्त चेतना जगाने का है। कात्यायनी का भी आग्रह है कि कविता में अमूर्तन से बचना चाहिए ताकि भाषा की क़सीदाकारी कहीं शब्दों की मौलिक सच्चाई को ढँक न ले।

ये सभी बातें जितनी सहज दिखती हैं उतनी हैं नहीं। आज का समय वाचाल समय है। मीडिया की भाषा ने साहित्य की भाषा में भी नया संकट पैदा किया है। जो कहा जाता है और जो कहने का आशय है, उसमें पैदा हुए अन्तरालों के कारण इन शब्दों का इच्छित प्रभाव मात्र रेटरिक बनकर रह गया है। स्त्री-कविता आग्रह पूर्वक इस रेटरिक से बचकर चलना चाहती है। ये रचनाकार साहित्य की सामाजिक प्रतिबद्धता को प्राथमिकता देते हुए भाषा को व्यक्ति के हक़ में इस्तेमाल करना चाहती हैं। यह प्रश्न साहित्य के सौन्दर्यशास्त्र की अपेक्षा कवि-निष्ठा व उसके सामाजिक आचरण का है। कात्यायनी की डायरी का यह अंश साहित्य में भाषा की सार्थक उपस्थिति का साहसपूर्ण बयान है—"वे जो भाषा को बदलकर, शब्दों को मनमाने अर्थ देकर हमसे चीज़ों की पहचान छीनने की कोशिश कर रहे हैं, इतिहास उन्हें भीषण शाप देगा। लोक-स्मृतियाँ तो फिर भी रहेंगी, कविता तो फिर भी रहेगी और वे शापित लोग जब कभी सपनों की घाटी में जाना चाहेंगे, सरहदों पर उन्हें रोक दिया जायेगा। उनके पास पारपत्र नहीं होंगे। तब वे कविता की ज़रूरत महसूस करेंगे, पर अवश होंगे। वे भटकते रहेंगे और विस्मृति में, पागलपन में, कहीं भी उन्हें शरण नहीं मिलेगी।"

साहित्य का सौन्दर्यशास्त्रीय प्रश्न इस बात को लेकर है कि कविता की भाषा को कवि किस स्तर पर अर्जित करता है। गगन गिल, सविता सिंह, अनामिका- इन सबने कविता के कथ्य के साथ-साथ उसके फॉर्म और भाषा पर विशेष ध्यान दिया है। गगन के लिए कविता रचना एक दार्शनिक साधना से कम नहीं है। मुक्तिबोध की

भाषा में बाह्य यथार्थ का आभ्यंतरीकरण कर उसे नए लोक में पुनर्जीवित करने की कोशिश है। यूँ तो कविता रचने की प्रक्रिया में प्रत्येक कवि इस साधना से गुज़रता है किन्तु गगन की विशेषता यह है कि वे सही शब्द पाने की कोशिश में खुद को समर्पित कर देती हैं। उनका कहना है कि सही शब्द पाने की कोशिश 'कटोरे में सिक्का गिरने का' इन्तज़ार सरीखी है। हर बार कविता में भाषा को उड़ान भरनी होती है और कवि उसी क्षण का इन्तज़ार करता है जब उस उड़ान के बीच अपने लिए सही अभिव्यक्ति को अर्जित कर पाए। शब्दों को बरतने में वे मितव्ययी हैं। उनकी कविता में एक भी शब्द अतिरिक्त नहीं मिलेगा। यह साधना उनके स्त्रीत्व से अधिक उनके व्यक्तित्व से आती है।

अनामिका की कविता में भी भाषा लम्बी उड़ान भरती है किन्तु उसकी प्रकृति भिन्न है, कोई बँधा हुआ निश्चित फ्रेम-वर्क नहीं है, विस्मय का भाव या प्रश्नाकुलता है। कविता और भाषा के स्तर पर इसे सहजता से प्राप्त करना विरल है। भाषा की विलक्षणता के कुछ उदाहरण—

"क्या प्रेम में पड़ना खटाई में पड़ना है अम्मा?"

"देखो भाई, होना तो होना हवामहल!"

"नमस्कार दो हज़ार चौंसठ"

"हे बुद्ध, आप मार्क्स से एक कॉनफ्रेंस कॉल कर लें"

ऐसे कितने ही उदाहरण हैं जिनमें कवयित्री कभी सूक्तियों का इस्तेमाल करती हैं तो कभी सूक्तियाँ गढ़ लेती हैं। कभी बतरस के लालच में बोलचाल की मुद्रा अपना लेती हैं, लेकिन भाषा का गाम्भीर्य वहाँ दिखता है जहाँ शब्द अर्थ की बहुस्तरीयता ग्रहण कर कुछ अलग रोशनी में चमकते दिखते हैं। 'नमक दुःख है धरती का और उसका स्वाद भी', इस वाक्य से शुरू होकर कविता जिस परिणति की ओर मुड़ती है, वह अद्‌भुत है।

गांधी जी जानते थे नमक की क़ीमत
और अमरूदों वाली मुनिया भी!
दुनिया में कुछ रहे-न-रहे
रहेगा नमक
ईश्वर के आँसू और आदमी का पसीना
ये ही वो नमक हैं कि जिससे
थिराई रहेगी ये दुनिया

अनामिका अपने यथार्थ को कविता और जीवन के कई स्तरों पर जीती हैं। लोक और पुराकथाएँ, इतिहास और परम्परा, उनकी स्मृति व कल्पना का अविभाज्य हिस्सा हैं। इसलिए जब वे जीवन की किसी भी यथार्थ स्थिति से टकराती हैं तो एक

साथ कई सूत्र जीवन्त हो उठते हैं और उनकी कविता शब्दों के माध्यम से उन सभी समानान्तर स्थितियों के बीच खेल-सा रचने लगती हैं। शब्दों की मितव्ययता का आग्रह भले वहाँ न हो लेकिन बहुस्तरीयता अद्‌भुत है, जिसे निबन्ध में तरंग शैली कहते हैं, यह कविता की तरंग शैली है। कविता की पंक्ति अन्विति का सूत्र बनी रहती है, मन, विचार, स्मृतियाँ सबकी खुली आवाजाही चलती रहती है।

सविता सिंह ने भी अपनी कविताओं में कविता और भाषा के गम्भीर सम्बन्ध को स्थापित किया है। सविता स्वयं को जिस स्त्रीवाद से जोड़ती हैं उसमें प्रकृति, कविता और भाषा तीनों स्त्रीलिंग हैं तथा स्त्री के अस्तित्व का विस्तार। उनकी कविता जैसे स्त्री-जीवन के संकट, संघर्ष और मुक्ति का इतिहास रचती है वैसे ही कविता और भाषा की मुक्ति का ग्राफ़ भी प्रस्तुत करती है। कवयित्री कविता की रचनाकार होने का दावा नहीं करतीं वह स्वयं को उसके दिशा बोध पर छोड़ देती हैं। वह कविता से पूछती हैं, 'किस ओर लिए जा रही हो मुझे मेरी कविता' या फिर उसे यह विश्वास है कि उनकी कविताएँ उनसे भी जटिल जीवन जिएँगी। सविता स्वयं को समय और इतिहास के उस समय बिन्दु पर खड़ा पाती हैं जहाँ से आगे भविष्य में सुखद सम्भावना बनती है। स्त्री-जीवन का मानचित्र हो या कविता के भविष्य का ग्राफ़, कवयित्री को लगता है कि स्थितियाँ सुखद मोड़ लेंगी। कविता में यथार्थ और स्वप्न लगभग साथ-साथ चलते हैं। सपना, आकांक्षा भी है और सम्भावना भी। कविता भी ऐसी ही सम्भावना है लेकिन उसका अपना अस्तित्व है। वह कवयित्री से सम्बद्ध होकर भी उससे मुक्त है। रचना और रचनाकार का यह सम्बन्ध कविता की यात्रा को और महत्त्वपूर्ण कर देता है। स्त्री का संघर्ष स्वामित्व से मुक्ति का संघर्ष है। देह और आत्मा पर अनेक सत्ताओं के स्वामित्व से मुक्ति और कविता को रचनाकार के स्वामित्व से मुक्त कर देना, साहित्य और भाषा की स्वायत्तता की प्रतिष्ठा है।

सविता ने अपनी कविताओं में बहुत से प्रतीक निर्मित किए हैं। रात, नींद और सपने तो लगभग स्थायी प्रतीक हैं। उन्होंने भाषा की व्यंजक शक्तियों को भी कई स्तरों पर अर्जित किया। आख्यान और संवाद कई कविताओं में हैं। 'मैं किसकी औरत हूँ' दो स्त्रियों के बीच का संवाद ही है। अन्य स्त्री रचनाकारों में भी संवाद 'पोयटिक स्ट्रेटजी' की तरह इस्तेमाल हुए हैं। अनामिका, नीलेश रघुवंशी, निर्मला पुतुल सभी के यहाँ ऐसी बहुत-सी कविताएँ हैं जिनमें सहज संवाद, काव्यात्मक उपकरण की तरह उपलब्ध हैं। कविता में संवाद को लेकर गगन गिल की एक टिप्पणी विशेष महत्त्व रखती है। उनका मानना है कि स्त्री रचनाकार की कविता आत्म से संवाद करती है। वह स्वयं को सम्बोधित है, औरों को नहीं, यानी वह किसी विशेष आग्रह पर किसी को सम्बोधित करते हुए नहीं लिखी जाती। कविता की यात्रा भीतर-बाहर का ऐसा सामंजस्य है कि वह आत्म संवाद बन जाए लेकिन

जिस संसार में वह प्रतिध्वनित होती है, उसमें पाठक से अनेक स्तरों पर उसका संवाद बनता है।

स्त्री-कविता जितना स्त्री-पक्ष को देखती है, उतना ही उसके पार भी। स्त्री रचनाकारों ने समाज और राजनीति को विषय बनाकर भी कविताएँ लिखीं लेकिन स्त्री-कविता के इस पक्ष पर चर्चा बहुत कम हुई। इस पुस्तक में जिन सात कवयित्रियों पर चर्चा केन्द्रित है उनमें सबने ऐसी कविताएँ लिखी हैं। स्त्री-कविता की सामाजिकता के समक्ष यह चुनौती रही कि स्त्री की वंचित सामाजिक स्थिति व असमानता को झेलने से उसके संसार में मच रहे उद्वेलन को गम्भीर समझ और सहानुभूति के साथ प्रस्तुत कर सके। स्त्री-कविता को लेकर यह एक मिथ है कि यह कविता स्त्री के दुःख के बिम्ब को प्रस्तुत कर साहित्य में स्त्री के लिए स्पेस बनाती है। ऐसा करते हुए, वह और भी बहुत कुछ करती है जिसके विषय में साहित्य समीक्षाएँ मौन हैं। यह भी पेट्रोनेज और प्रिविलेज की ही बात है। हिन्दी आलोचना में स्त्री रचनाकारों की स्त्री सम्बन्धी कविताओं पर तो ध्यान दिया गया अन्य विषयों पर नहीं। कात्यायनी की कविता राजनीतिक परिवर्तन का अभियान है। 'राख अँधेरे की बारिश में' पूरा काव्य संग्रह गुजरात दंगों पर केन्द्रित है। साम्प्रदायिकता व धार्मिक असहिष्णुता के विरोध में लिखी गई कविताएँ रचनाकार की लिंगाधारित पहचान से पूर्णतः मुक्त हैं। गुजरात दंगों पर हिन्दी में जितनी भी कविताएँ लिखी गईं, वे भले ही स्त्रियों ने लिखी हों या पुरुषों ने, यदि उनकी कोई सूची बने तो कात्यायनी उसमें अवश्य रहेंगी।

धुआँ और राख और जली-अधजली लाशों
और बलात्कृत स्त्रियों-बच्चियों और चीर दिए गर्भों
और टुकड़े-टुकड़े कर दिए गए शिशु-शरीरों के बीच
कुचल दी गई मानवता, चूर कर दिए गए विवेक और
दफ़न कर दी गई सच्चाई के बीच
संस्कृति और विचार के ध्वंसावशेषों में
कुछ हेरते, भटकते
रुदन नहीं, सिसकी की तरह
उमड़ते रक्त से रुँधे गले से
बस निकल पड़ते हैं नाज़िम हिकमत के ये शब्द
'आह, मेरे लोगो'

कविता का काम राजनीतिक चातुर्य का शब्द जाल फैलाना नहीं बल्कि राजनीति द्वारा खंडित मूल्य व्यवस्था के शिकार मनुष्य के प्रति संवेदना जगाना है। स्त्री-कविता यह काम बखूबी करती हैं। यह कविता मूलतः युद्ध और हिंसा के विरुद्ध है। इनमें कात्यायनी का ज़िक्र पहले भी किया, जिनकी कविता गहरे राजनीतिक बोध

की कविता है। उनमें विविध मुद्दों को लेकर क्रान्तिधर्मा संकल्प चेतना विद्यमान है। पूँजीवादी समाज में शोषित जन समाज हो या बाज़ारवाद से बिखरते सम्बन्ध, साम्प्रदायिकता, हिंसा, बर्बरता के खिलाफ़ उनका स्वर तीखे आक्रोश व विद्रोह से भरा है। नीलेश ने अपनी कविता में विश्व राजनीति के परिदृश्य को प्रस्तुत करते हुए यह चिन्ता व्यक्त की कि इक्कीसवीं सदी में देश-दुनिया किस करवट बैठेंगे, धर्म की राजनीति व अमरीकी सर्वसत्तावाद से आने वाले समय में शक्ति-व्यवस्था का क्या रूप होगा—

बदल रहा है समय धीरे-धीरे त्रासदी में
हमारे समय का महानायक कौन
जो इमारतें ढह गईं वो या
धर्मध्वजी जेहादी? जानें लीं जिन्होंने अनगिनत निर्दोषों की
क्या आज की रात
एक ध्रुवीय शक्ति-व्यवस्था के अन्त की रात है
या यह रात है–
उसके और-और मज़बूत होने की
अनगिनत काले साँपों से घिरी

इन कविताओं को पढ़ते हुए यह अहसास होता है कि व्यक्ति का जेंडर उसकी कविता की मूल चेतना को एक सीमा तक ही निर्दिष्ट कर सकता है। अपने परिवेश से जुड़ने का उसका ढंग और उससे पनपता दृष्टिबोध ही यह तय करता है कि उसके सामाजिक सम्बन्धों की दिशा वैयक्तिक है या राजनीतिक।

स्त्रीवाद में वैयक्तिक ही राजनीतिक भी है लेकिन यहाँ सारी कठिनाई इस बात को लेकर है कि हम यह स्वीकार नहीं कर पाते कि स्त्रियों के भी राजनीतिक रुझान हैं। हिन्दी आलोचना में स्त्री रचनाकारों के सामाजिक, राजनीतिक दृष्टिकोण पर बहुत कम लिखा गया। इसलिए इन कवयित्रियों की जो कविताएँ चर्चा में रहीं वे प्रायः स्त्री-पक्ष से सम्बन्धित थीं, सामाजिक-राजनीतिक नहीं, जबकि कविता लिखने वाली प्रत्येक स्त्री शिक्षित एवं प्रबुद्ध स्वतंत्र राष्ट्र की सजग नागरिक भी है। वह स्त्री-अधिकारों के साथ-साथ अपने तथा अपने जैसे हाशियाकृत जन-समाज के नागरिक अधिकारों की बात भी करती है। साम्प्रदायिकता और हिंसा, शोषणकारी एवं दमन की शक्तियों का विरोध करते हुए अपनी राजनीतिक पक्षधरता व्यक्त करती है। स्त्री-लेखन का यह सारा हिस्सा साहित्यिक मुख्यधारा में उपेक्षित है।

इस अध्ययन के दौरान सविता सिंह से लिए साक्षात्कार में बतौर राजनीति-शास्त्र के विशेषज्ञ की हैसियत से सविता सिंह ने राष्ट्रीय आन्दोलन में पितृसत्ता की उपस्थिति का बहुत बारीक़ विश्लेषण किया है। उन्हें लगता है कि गांधी जी के

नेतृत्व में होने वाले राष्ट्रीय आन्दोलन में स्त्रियों ने खूब भागीदारी की, पुरुषों के साथ कन्धे-से-कन्धा मिलाकर देश की आज़ादी की लड़ाई में आगे बढ़ीं, किन्तु इसमें अपने अधिकारों को प्राप्त करने की ललक उतनी नहीं है जितनी उससे जुड़े होने की आत्मतुष्टि। सविता राष्ट्रवाद की पूरी संरचना को पितृसत्तात्मक बताते हुए, इतिहास के इस पड़ाव के अँधेरों की ओर संकेत करती हैं—"हमारे लिए इतिहास का अर्थ केवल राष्ट्र का इतिहास नहीं है, स्त्री संघर्ष का इतिहास है। हालाँकि यहाँ भी राष्ट्रीय आन्दोलन में स्त्रियों की बहुत बड़ी भूमिका रही है, लेकिन उसका प्रतिफल क्या हुआ? यह हमारे सामने है कि सरोजिनी नायडू, राजकुमारी अमृत कौर तथा अन्य स्त्रियाँ जो स्वतंत्रता संघर्ष में शामिल थीं वे पुरुषवादी विवेक से प्रभावित रहीं। 1932-33 में जब स्त्री के प्रतिनिधित्व का सवाल उठा तो उनके द्वारा रखे गए विचार असमंजस में डालने वाले लगते हैं। वे राष्ट्रवादी होने के कारण ही अपनी योजना एवं लक्ष्य में पुरुषवादी लगते हैं। स्त्री-प्रतिनिधित्व के विषय में इन्होंने कहा कि स्त्रियों को कोई आरक्षण नहीं चाहिए बस उनकी मनुष्यता को पहचाना जाए। कितना बड़ा अन्तर्विरोध है इस कथन में, क्योंकि एक तरफ़ यह कहा जा रहा है कि स्त्रियाँ बहुत सशक्त हैं उन्हें विशेष दर्जा नहीं चाहिए, साथ ही उनकी, मनुष्यता को नहीं पहचाना जा रहा इसका भी स्वीकार है। कहीं बहुत बड़ी फाँक है यहाँ। आप अपनी मनुष्यता की पहचान कराना चाहती हैं तो उसके लिए संघर्ष करने की ज़रूरत है।"

बारीक़ी से देखें तो सभी कवयित्रियों का अपना-अपना पॉलिटिकल स्टैंड है जो लगातार उनकी कविताओं में आता रहा है। गगन गिल ने 1984 के दंगों से पहले पंजाब में चल रही अस्थिरता व आतंकवाद पर कई कविताएँ लिखी हैं। इन कविताओं में संत लोंगोवाल जी के प्रति वैचारिक आग्रह रखते हुए भी वे पंजाब में होने वाली हिंसा का विरोध करती हैं। ऐसी स्थितियों में खंडित होते मानवीय अहसास के प्रति उनकी सच्ची निष्ठा है। कात्यायनी की कविताओं पर तो पहले ही चर्चा की गई है। अनामिका ने दलाई लामा का जैसा सहानुभूतिपूर्ण संवेदनशील चित्रण किया है, वह अपने आप में उनकी राजनीति पर भी एक टिप्पणी है। सविता ने भी धार्मिक अलगाव के विरुद्ध कविताएँ लिखीं। नीलेश गोधरा के विरोध में अन्तरराष्ट्रीय राजनीति में अमरीकी सर्वसत्तावाद के खिलाफ़ अपनी आवाज़ उठाती हैं तो किसानों की आत्महत्या, बाज़ार और मीडिया का गठबन्धन भी उनकी कविता का विषय है।

निर्मला पुतुल और सुशीला टाकभौरे की कविताएँ तो मूलतः राजनीतिक हैं। उनका कविता लिख पाना ही उनके राजनीतिक बोध का प्रतीक है। सुशीला टाकभौरे अपनी कविताओं में दलित जीवन और अधिकारों को लेकर गांधी-अम्बेडकर विवाद को अपनी कविता का विषय बनाती हैं—

कोई हाथी के पैरों से कुचलता है
कोई जंगल पहाड़ों में
मारता है भटकाकर
बापू आपने भंगी समुदाय की
बस्तियों में पहुँचकर
इन बलि के बकरों की
पीठ पर हाथ फेरा है
बापू आपने इन्हें खूब घेरा है
शांति और अहिंसा के साथ
इनके गले पर छुरा फेरा है!

गांधी को दोषी मानने का कारण उनकी हरिजन उद्धार सम्बन्धी नीतियाँ हैं जो दलितों को अपनी स्थिति का भान कराने में अक्षम हैं। वह उन्हें अपनी बेड़ियाँ तोड़ने नहीं देते। सहानुभूति–समता, सम्मान और अधिकार की प्रस्तावना नहीं रचती, जिससे शताब्दियाँ बीत जाने पर भी वे राजनीतिक, आर्थिक या सामाजिक सशक्तीकरण के लिए तैयार नहीं हो पाते। कविता में इस अत्यन्त संवेदनशील मसले पर सुशीला टाकभौरे की यह बेबाक टिप्पणी उनके गहरे राजनीतिक बोध का पता देती है।

निर्मला पुतुल राजनीतिक रूप से ताक़तवर लोगों द्वारा आदिवासी जन समाज के शोषण के चित्र तो प्रस्तुत करती ही हैं, आदिवासियों के पक्ष में दिखने वाले लोगों की सच्चाई को भी प्रस्तुत करती हैं। नवगठित झारखण्ड राज्य की घोषणा की ख़बर सुनकर भाई मंगल बेसरा को सचेत करते हुए वे लिखती हैं—

पुरखों के सपने रौंदते झक-झक सफ़ेद कुरते वाले के पीछे
मत दौड़ो मेरे भाई। उन्हें पहचानो
वे तुम्हारे सपनों को भुनाने वाले लोग हैं
उनके एजेन्डे में दूर-दूर तक ही शामिल नहीं है
आन्दोलन को जन्म देने वाली आँखों के सपने

स्त्री-कविता का राजनीतिक आयाम अत्यन्त महत्त्वपूर्ण है क्योंकि स्त्री की पहचान जब स्त्री से पहले एक नागरिक के रूप में होगी तब स्त्री-पुरुष की बहस अप्रासंगिक होकर स्वयं निरस्त हो जाएगी जो सम्भवत: जेंडर-न्यूट्रल समाज के निर्माण की पृष्ठभूमि बनेगी। 'जेंडर न्यूट्रल' होने का तर्क यही है कि जन-क्षेत्र में दाख़िल होने के बाद लैंगिक अस्मिता विलुप्त हो जानी चाहिए। आप स्त्री हैं या पुरुष इस बात से कोई अन्तर न आए। न किसी के विशेषाधिकार हों, न संरक्षणवादी नीतियाँ। दोनों को एक जैसा समतल मैदान मिले। जीवन और साहित्य में ये समानताएँ विकसित हों, यही आदर्श स्थिति होगी। साहित्यिक दुनिया में इस स्थिति के ऋणात्मक

पहलू भी हो सकते हैं, क्योंकि सार्वजनीन मानवीय अनुभव एकाधिक स्थलों पर हमारी लैंगिक अस्मिताओं से होकर गुज़रता है और जैसा पहले कहा, जब एक स्त्री लिखती है तब उसका स्त्रीत्व उस अनुभव में शामिल रहता है। स्त्री जीवन में इतिहास व संस्कृति के अनेक शब्दहीन सिलसिले जुड़े हुए हैं। 'जेंडर न्यूट्रल' होने की प्रक्रिया, स्त्रीत्व की इन परतों का विसर्जन हो सकती है। सम्भवत: स्त्री-चेतना को सँभालकर जेंडर की असमानताओं और वर्चस्व आधारित सामाजिक संरचनाओं के ध्वस्त करने की आवश्यकता है।

आज की कविता जिस मानव मुक्ति के अभियान को नई ऊर्जा देने में तत्पर है स्त्री-चेतना उसका अभिन्न अंग है। उसकी व्याप्ति केवल स्त्रियों की कविता का सच ही नहीं है, पुरुष कवियों ने भी स्त्री के प्रति अतिरिक्त संवेदशीलता के साथ कविताएँ लिखी हैं। पुरुष कवियों ने स्त्रियों पर मार्मिक रचनाएँ लिखी हैं। समकालीन कविता में कितने ही नाम हैं—अशोक वाजपेयी, अरुण कमल, उदयप्रकाश, लीलाधर मंडलोई, मंगलेश डबराल, पवन करण, मदन कश्यप, जितेन्द्र श्रीवास्तव, अच्युतानंद मिश्र...जिन्होंने स्त्री जीवन की विडम्बनाओं को समान सहानुभूति से स्पर्श किया है। इस फेहरिस्त में अभी और भी बहुत से नाम जोड़े जा सकते हैं, किन्तु दृष्टिबोध का बारीक़ अन्तर फिर भी बना रहता है। जब सविता सिंह ने शमशेर की कविताओं का स्त्रीवादी पाठ किया तो यह पाया कि स्त्री के प्रति सहानुभूति रखने वाली समकालीन कविता भी स्त्री की जो छवि अंकित करती है, वह पितृसत्तात्मक सामाजिक संरचनाओं को पोषित करने वाली है। वहाँ स्त्री की पीड़ा की टीस की समझ तो है लेकिन मुक्ति की वह छटपटाहट नहीं, जिससे कि असमान सामाजिक व्यवहार वाली व्यवस्था के लैंडस्केप में परिवर्तन किया जा सके।

स्त्री-रचनाशीलता की विविधता को लक्षित करते हुए स्त्री रचनाकारों का आग्रह स्त्री-कविता को उसकी समग्रता में पहचानने और अपनाने का है। स्त्री-कविता एक तरह से शब्दों के बीच की ख़ाली जगह को भरने की कोशिश है। भविष्य की दिशा जेंडर विलोम की अपेक्षा जेंडर सहयोग की ओर संकेत कर रही है। स्त्री रचनाकार केवल स्त्रीवाद की ही बात नहीं करतीं, स्त्री अनुभवों की मार्फ़त दुनिया के तमाम वंचित समाजों से साझेदारी की कोशिश करती हैं। ऐसी ही भावना से प्रेरित होकर सम्भवत: पुरुष रचनाकार भी अपने भीतर स्त्री की तलाश कर रहे हैं। जेंडर और कविता के सम्बन्धों में यह एक नई पहल है। ये सभी दृष्टि बिन्दु समान चिन्ता और चिन्तन के पड़ाव हैं। देखना यह है कि उसमें स्त्री-कविता को कैसे लोकेट किया जा सकता है।

स्त्री-कविता के प्रमुख स्वर

गगन गिल की कविताएँ

एकान्त में बसी लहूलुहान मानवीय अस्मिता

गगन गिल की कविताओं से गुज़रना एक विलक्षण अनुभव है। विलक्षण इस अर्थ में कि कहीं गहरे, मन सुखी होता है तो कहीं उदासी और घनी हो जाती है। यह हिन्दी कविता का वह स्वर है जिसे वादों–विमर्शों के सीखचों में न बाँधा जा सकता है, न आँका जा सकता है। अपने ही दायरों को लाँघ जाने वाली यह कविता आलोचना–मानकों के लिए चुनौती बन जाती है। गगन का सारा बल कविता के सार्वभौम रूप को व्याख्यायित करने पर है। यह उस एकान्त की तलाश है जो रूढ़ियों में जकड़ा हुआ नहीं। असंख्य स्वतंत्र इकाइयों के भाव-विचार-परिवेश की बहुलता उसे हर बार एक नया रंग देती है। कविता में ढलकर यही एकान्त स्वप्न और सत्य के समंजन का गहन अनुभव बन पाठक के समक्ष नया सौन्दर्यबोध उपस्थित करता है। सब कुछ पहचाना हुआ होकर भी अद्वितीय है जो देर तक मन की परतों से झाँकता रहता है। इस अर्थ में कविता मुक्ति है।

'जीवन में कविता का जादू' तलाशते हुए गगन ने कविता को लेकर बहुत-सी स्थापनाएँ की हैं जैसे कि "कविता, कथन में नहीं बोलती...अपने से बात करने का हुनर है...कविता का सच रूढ़ नहीं...एकार्थी भी नहीं...हम यथार्थ से इतने जकड़े हुए हैं कि उसे देख नहीं पाते तो समझेंगे कैसे?...कविता यथार्थ में सेंध लगाना है... उसकी जकड़ से स्वयं को मुक्त करना...एकान्त को अपने भीतर इकट्ठा करना है...।"[1] इस अंश को पढ़ने से स्पष्ट हो जाता है कि गगन के लिए कविता का अर्थ कविता को किन्हीं हदबन्दियों में कैद करने का नहीं है। वह मानती हैं कि कविता एकान्त रचती है पर उस एकान्त का दायरा असीम तक विस्तृत होता है। कविता स्वयं भले ही समाज में हाशिए पर रहती आई हो लेकिन उसकी चिन्ता का केन्द्र सदा से मनुष्य रहा है। कविता अपने सच्चे अर्थ में मनुष्य के मनुष्यत्व की तलाश है।

गगन गिल की काव्ययात्रा का आरम्भ 1989 में प्रकाशित उनके पहले काव्य-संग्रह 'एक दिन लौटेगी लड़की' से होता है। इन कविताओं के विषय में मृणाल पांडे ने लिखा—"गगन की इन कविताओं में स्त्री–मन का एक अनुशासित लेकिन

भव्य संशय और दुखबोध है, जो अभी एक रूढ़ि नहीं बना। इन कविताओं के रचाव का रंग बड़ी सहजता से कहीं गहन और कहीं धीमा होता चलता है, ऊपर से चढ़ाया कोई रोगन इनमें लगभग नहीं है। इसीलिए इन कविताओं में भावों का गठन और विकास, गगन का एकदम अपना भी है, और हमारे समय में एक स्त्री की अवस्थिति की खुरदरी सच्चाइयों का आईना भी"।[2] इस काव्य-संकलन में स्त्री-मन के जो अनचीन्हे पृष्ठ खुलने आरम्भ हुए वे आगे आने वाले संकलनों में अलग-अलग दिशा ग्रहण करते गए। 1996 में 'अँधेरे में बुद्ध' आया तथा 1998 में 'यह आकांक्षा समय नहीं'। इन दोनों काव्य–संग्रहों में मन की भावनाएँ बौद्ध दर्शन की गम्भीरता में भाव-विचार की संधि वेला से गुज़रने लगीं। राग–विचार, ऐन्द्रीयता-निग्रह के तनावों के निकष पर कसे जाते शब्द–बंध सहज–समतल ज़मीन की तलाश में 2003 में 'थपक-थपक दिल थपक-थपक' की कविताओं में एक नई भाषा लेकर उपस्थित हुए। गगन की काव्य-यात्रा न बहुत लम्बी है, न विविधता भरी, इस पर भी उसकी अन्तरंग सघनता कवि और पाठक दोनों की अन्तर चेतना को आन्दोलित करती है। इसका कोई इकहरा पाठ या इकहरी व्याख्या नहीं हो सकती। पन्द्रह वर्ष के अन्तराल पर 2018 में उनका नया काव्य-संकलन प्रकाशित हुआ—'मैं जब तक आई बाहर'। इसमें भी पीड़ा व आनन्द की सघन अनुभूति है, जो भौतिक जीवन की सीमाओं का अतिक्रमण कर उदात्त की भावभूमि पर अवस्थित होती है।

स्त्री का एकान्त : भीतर और बाहर

गगन गिल की कविताओं का स्त्री-पक्ष मानव अस्तित्व की गुत्थियों, जिज्ञासाओं से अभिन्न है। वे मुख्यतः स्त्री के विषय में नहीं सोच रहीं, मानवीय अनुभव की जटिलतर संरचना उनकी चिन्ता का केन्द्र है लेकिन कवि का स्त्रीत्व अवश्य ही इस सारी प्रक्रिया में घुसपैठ करता है और चाहे-अनचाहे शब्दों-पंक्तियों के अन्तराल से झाँकने लगता है। 'एक दिन लौटेगी लड़की' काव्य-संकलन में कविताओं के दो खंड—'लड़की बैठी हँसी के बारूद पर' तथा 'देह की मुँडेर पर' सीधे स्त्री छवियों की कविताएँ हैं। इसके आगे-पीछे भी बहुत-सी कविताएँ, लड़की की हँसी और उदासी के बहुरंगी चित्रों को पकड़ लेती है। हरीश त्रिवेदी ने किसी अन्य सन्दर्भ में यह संकेत किया था कि 'गगन गिल केवल वह स्त्री नहीं हैं जो कविताएँ लिख रही हैं बल्कि वह स्त्री होने के नाते कविता रच रही हैं, जो लगभग स्त्रियों की कविता है, स्त्री द्वारा और स्त्री के लिए।'[3] इस मत से असहमत हुआ जा सकता है और असहमति का मूल कारण यही है कि यह इन कविताओं का अतिसरलीकृत कैननाइज़ेशन है जिससे बचना चाहिए। पड़ताल यह करनी होगी कि जो स्त्री-छवियाँ उनके यहाँ प्रस्तुत हैं उनका ग्राफ़ किन निष्कर्षों की ओर इशारा करता है और दूसरे

इस सब पर गगन की अपनी फेमिनिस्ट पोज़ीशन क्या है?

कवयित्री स्वयं स्त्रीवादी या स्त्रीत्व के लेबल को बराबर नकारती रही है। उनके अनुसार—'साहित्य में उभरने वाला स्त्री-पक्ष बहुत अर्थवान हो सकता है, जो स्त्रियों के किसी आन्दोलन और विमर्श से कहीं अलग और अधिक सूक्ष्म होगा'।[4] गगन का स्त्रीवाद उसके स्व, इच्छा-आकांक्षा और घर की देहरी के मिले-जुले अनुभव से बनता है। अपने 'स्व' का साक्षात्कार सबसे महत्त्वपूर्ण है। इच्छाएँ, आकांक्षाएँ इस 'स्व' के खोखल में बजती, बेचैन करती हैं। यह स्त्री-अनुभव पेंडुलम की भाँति इस लोक और अलौकिक के बीच झूलता रहता है। वे जिस उदात्त अनुभव को खोज रही हैं वह देह से अधिक स्त्री-चेतना से सम्बन्धित है। उनकी कविता में स्त्री के ज़ख़्म भी देह से अधिक आत्मा के ही हैं। पीड़ा, मछली की देह में फँसे काँटे–सी है—

जिस एक काँटे से
बचने के लिए
तैरती रही मछली
समुंदर-दर-समुंदर उसकी देह में छिपा था[5]

स्त्री की देह उसके भीतर और बाहर के बीच का झीना आवरण है जो उन दोनों लोकों को एक करती हुई उनके बीच घुलती जाती है। उसके बीच फँसा है आकांक्षा का काँटा जो स्त्री-अस्तित्व से अभिन्न है। गगन गिल की काव्य-पुस्तक 'एक दिन लोटैगी लड़की' के आवरण पर हानिया गालन का चित्र 'एनकाउंटरिंग द गॉडेस विदिन (Encountering The Goddess Within)' अंकित है। यह चित्र इन कविताओं के स्त्रीवादी-पाठ की अभिव्यक्ति है। गगन की कविताएँ आत्म-साक्षात्कार करती स्त्री का प्रतिबिम्ब हैं, 'शहर में उसके दोस्त नहीं, दुख बसता है'। इस 'स्व' को कवयित्री निर्मोही तटस्थ भाव से अन्य की भाँति देख रही है। एक छोर से दूसरे छोर तक फैली पीड़ा। लड़की से दादी होने तक दुख का अनुभव बना ही रहता है।

दुख और पीड़ा के इस अनुभव के लिए गगन गिल पितृसत्ता को नहीं कोसतीं, सामाजिक-राजनीतिक विषमताओं की दुहाई भी नहीं देतीं लेकिन कहीं-न-कहीं उन तत्त्वों की भूमिका वहाँ रहती अवश्य है। स्त्री का स्त्रीकरण करने वाली पारिवारिकता अपने आप में एक प्रकार की हिंसा ही है। यही स्त्री-विमर्श का मूल मुद्दा है। गगन की अधिकांश कविताएँ इसे कविता का एजेंडा नहीं बनातीं लेकिन 'लड़की अभी उदास नहीं' तथा 'एक दिन लौटेगी लड़की' जैसी कविताओं को साथ रखकर देखने पर सामाजीकरण की यह क्रूर प्रक्रिया अवश्य अनावृत्त होती है। अल्हड़ यौवन की देहरी पर मन में उमंग लिए पतंग-सी उड़ती लड़की ज़िन्दगी और दुनिया की हक़ीक़त नहीं जानती—

लड़की अभी उदास नहीं है
उदास होगी बहुत दिनों बाद
× × ×
अभी उसे कुछ नहीं मालूम
आँख में चुभ रही पत्थर की नोक के बारे में
कुछ नहीं मालूम उसे
नाड़ियों में जम रहे लहू के बारे में[6]

वो लड़की जो अभी उदास नहीं है उसके साथ क्या होगा? एक दिन जब यही लड़की लौटेगी तो हमेशा के लिए चुप कर दी गई होगी। अपने भीतर के अन्धे कुएँ में झाँककर भी अपने प्रति हुई इस हिंसा के विषय में वह जान नहीं पाएगी—

एक दिन लौटेगी लड़की
हथेली पर जीभ लेकर
हाथ होगा उसका लहू से लथपथ
मुँह से टपका लहू कपड़ों में सूखा हुआ
× × ×
दिखने में तो बाहर से वह ख़ुशमिज़ाज होगी
मुँह उसका ज़ुबान बिना आदी
आँखें उसकी दृश्यों से दूर
रंग उसके चेहरे में गड्डमड्ड

ज़ुबान के बारे में वह कभी नहीं सोचेगी
भूलकर भी नहीं[7]

स्त्री की चुप्पी के ऐसे और भी बिम्ब हैं, जैसे—'कुछ रोने थे जो लड़की ने कभी नहीं रोए/कुछ रोने थे जिन्हें रोने की जिद्द थी उसमें'—ऐसे बहुत-से रोनों में मन के कहे-अनकहे कई दुख हैं, इनमें दूसरी स्त्री होने का दुख भी शामिल है। इन कविताओं में 'दूसरी' अन्य के अर्थ में है जो अन्य होकर भी कई मायनों में अपना ही हिस्सा है।

उस दूसरी का जीवन भी
कोई आसान नहीं है[8]

दो स्त्रियों के प्रेम के बीच भटकता पुरुष किसका है और अलग-अलग जब दोनों स्त्रियाँ उसे प्राप्त करती हैं तो क्या उसे पा जाती हैं? पहली, पुरुष के सपनों को

जानती है। दूसरी के साथ का जीवन सपने जैसा ही है जिससे वह स्वयं भी बाहर ही रहता है—

तुम्हें कम-से-कम वह अपनी
केंचुल तो दे जाता है
जाने से पहले
यही उस दूसरी का दुख है
जीवन उसका भी साँसत में है[9]

गगन की कलम से यह कविता विशेष ध्यान आकृष्ट करती है। जो कवयित्री कविता की व्याख्या व्यक्ति के एकान्त रूप में करती है, जिसकी चिन्ता का विषय सम्बन्धों की राजनीति नहीं है, फिर भी उसकी नज़र कैसे इन दोनों स्त्रियों के दुख को पकड़ पाती है। स्त्री के छोटे-बड़े दुख हर समय उस पर हावी रहते हैं। लड़कियों की चुप्पी और अवसाद के छोटे-बड़े आख्यान हमारी सामाजिकता का अनिवार्य अंग बने हुए हैं। गगन उन्हें दर्ज करने से चूकती नहीं। कहीं सुहाग और चूड़ियों के रंग हैं तो कहीं भरे-पूरे घर में अकेले होने की पीड़ा। जो आकांक्षाएँ चूड़ियों में पलती हैं वे भी उदासी के घरौंदों तक जाती हैं। माँएँ स्वयं एक उम्र के बाद लड़कियों को खुला छोड़ देती हैं उदास होने के लिए।

दो कविताएँ—'कुछ लड़कियों के पास घर नहीं होते', तथा 'दफ़्तर में ऊँघती हैं लड़कियाँ'—स्त्री-जीवन की विडम्बनात्मक स्थितियों के ब्योरे हैं। सामान्यत: गगन अपनी कविताओं में ब्योरे नहीं देतीं लेकिन यहाँ स्त्री के जिस विडम्बनापूर्ण जीवन का बिम्ब है वह त्रासद है। 'घर' और 'स्त्रीत्व' दोनों लगभग पर्याय मान लिए गए हैं लेकिन घर ही है जो स्त्री को विस्थापित करता है। वह कभी उसका अपना स्पेस नहीं बनता, उसके ख़यालों में भी घर के साथ जो चित्र उभरते हैं वे बच्चों, पति और रसोई के हैं। यह सब उसके जीवन की चौहद्दियाँ हैं, जिनके बाहर साँस लेने की भी उसे इजाज़त नहीं। गगन ने इसके लिए एक शब्द का इस्तेमाल किया है—'ज़नाना थकान'। इस थकान से भरी इन लड़कियों के जीवन के मौसम कभी नहीं बदलते। इच्छाओं, सम्भावनाओं को वे अपने पास फटकने नहीं देतीं—

दफ़्तर में ऊँघती हैं लड़कियाँ
ऊँघती हैं काम से, थकान से
ऊँघती हैं ऊब से, अधनींद से
चलती हुई नींद में[10]

इस तरह की कविताएँ मानवीय अस्तित्व के उन गम्भीर प्रश्नों से नहीं बँधी हैं जिन्हें सम्बोधित करना गगन को प्रिय है। ये ठेठ भारतीय समाज में स्त्री-जीवन

के असमंजस को दर्शाने वाले प्रश्न हैं। स्त्री-अनुभव की यह अभिव्यक्ति सब ओर पसरी पड़ी है लेकिन कोई इसका संज्ञान नहीं लेता। कविगण कविताओं से डरते हैं, कविता में कविताओं से आशय, लड़कियों की कविताओं से है। झाँकते हुए उनमें अकेलेपन और हताशा के इस स्त्री-अनुभव का सामना वे नहीं कर पाएँगे।

स्त्री अपनी कविताओं में जिस अस्तित्व की बात करती है—इच्छा, अदम्य आकांक्षा, देह-गन्ध, स्वप्न, दु:स्वप्न, भय, आशाएँ, अकेलापन, थकान–यह सब कवियों (यहाँ संकेत पुरुष कवियों की ओर है) की समझ से परे है और सम्भवत: समाज की भी, तभी तो समाज को यह लड़की हँसी के बारूद पर बैठी दिखती है।

कुछ और ब्योरे भी हैं—नि:सन्तान होने का दर्द। 'कनु' की स्मृति में 'कंजिका: कुछ विलाप' की कविताएँ मर्मान्तक पीड़ा उपजाती हैं। छोटी बच्ची को पाकर खो देना स्तम्भित कर देने वाला अनुभव है जहाँ शब्द अभिव्यक्ति बनकर भी रुके हुए हैं—

एक साँस और मेरी बच्ची
मैं चलती हूँ एक मील[11]

हमें पता नहीं चला

उल्काएँ टूट रही थीं अन्तरिक्ष में
न जाने कब से[12]

यह रुदन निरन्तर चलता जाता है। क्या स्त्री जिस घर में अपना सब कुछ खो देती है (अपनी ज़बान तक) उसमें क्या उसकी सन्तान ही उसकी अभिव्यक्ति है? क्या इसीलिए यह उसके स्त्रीत्व की पूर्णता है। इसलिए नि:सन्तान होने का दुख इतना गहरा है। प्राय: गगन स्त्री-पक्ष को मध्यवर्गीय सीमा में घर-गृहस्थी से जोड़कर नहीं देखतीं, तो फिर सन्तान और स्त्रीत्व का यह कैसा समीकरण है। एक जगह वे लिखती हैं—

शास्त्रों में एक स्त्री के बूढ़ी होने के
कई नियम लिखे हैं
कुछ नहीं भी लिखे हैं

एक सन्तान की अनुपस्थिति में से
पल-पल गुज़रना[13]

उनके नए संग्रह 'मैं जब तक आई बाहर में' माँ और शिशु के सम्बन्ध पर कुछ कविताएँ हैं। यहाँ इस सम्बन्ध को सन्तान की ओर से लिखा गया है। सम्भवत: ये

कविताएँ कवयित्री के अपने जीवन प्रसंग से जुड़ी हैं, लेकिन भावना के जिस चरम को छूती हैं वहाँ माँ और सन्तान का सम्बन्ध 'आत्म' के स्तर पर एक हो जाता है। ध्यान देने की बात यह भी है कि इनमें रचनाकार स्त्री है लेकिन सम्बन्ध की प्रगाढ़ता शब्दों में भले ही स्त्रीलिंग बनाती हो, अर्थ के स्तर पर जेंडर की सीमाओं से मुक्त है :

तुम सुई में से निकलती हो
मैं धागे में से, माँ

कभी सुई में से मैं
धागे में से तुम

कौन-सी बखिया, माँ
हम सिले जा रहीं
सदियों से

× × ×

छेद में से तुम निकलती हो
जैसे ईश्वर के द्वार से

तुम्हारे पीछे-पीछे मैं
तुम्हारा चिथड़ा[14]

(तुम सुई में से निकलती हो, मैं जब तक आई बाहर, पृ. 15-16)

ये सभी कविताएँ गगन गिल की स्त्री-दृष्टि का महत्त्वपूर्ण पक्ष हैं। यह उनकी पूरी काव्य-यात्रा का अंश मात्र है जिसका उद्देश्य भी किसी प्रकार का लिंग आधारित विमर्श खड़ा करना नहीं है (नीचे लिखी गई बात और यह ऊपर का निष्कर्ष अन्तर्विरोधी लगते हैं) लेकिन गगन जिस अस्मिता की तलाश कर रही हैं उसी के अन्तर्गत स्त्री का यह साक्षात्कार त्रासद अनुभव अवश्य है। स्त्री, समाज में लगातार जिस तरह की अवमानना, अस्वीकार झेल रही है, उससे उसका अन्तरतत्त्व खंडित व लहूलुहान होकर भीतर-बाहर असमंजस की स्थिति पैदा करता है। जीवन में सामंजस्य का अभाव भीतर का ख़ालीपन और पीड़ा के इस अनचीन्हे इलाक़े को गगन पहचान लेती हैं। यह चित्र स्त्री के सामाजिक परिवेश से निर्मित हैं। एक दूसरी तस्वीर भी है अन्तर्मन की—मन और देह को पहचानती हुई—

देह की मुँडेर पर
वह करती है उसका इन्तज़ार

बाहर उतना ही अँधेरा है
जितना भीतर। [15]

यह स्त्री-पक्ष का वह छोर है, जहाँ स्त्री स्वर में मन की वे इच्छाएँ-आकांक्षाएँ सुनाई पड़ती हैं, जो उसे जीने नहीं देतीं। 'ये इच्छाएँ-आकांक्षाएँ जीने नहीं देतीं?' प्रेम, पीड़ा, बिछोह और बुद्ध जैसा निर्वाण। राग-विराग की इस धारा में डूबते-उतराते स्त्री की नसों में पीड़ा का जंगल उग आया है। 'एक दिन लौटेगी लड़की' में जो सन्दर्भ सीधे उभरते हैं उनका स्वर आगे चलकर कुछ धीमा हो जाता है। भीतर की पीड़ा, घायल आत्मा का सुराख़, अनस्तित्व के बीच गूँजती अस्तित्व की लहर उभर आती है।

रक्त की नदी में
कितना उफ़ान है
कितना तूफ़ान है
ख़तरा है कितना

क्या कोई जानता है? [16]

यह स्त्री की अलग दुनिया है जो उसके लिए उतनी खरी-सच्ची और पारदर्शी है जितना बाहर फैला भौतिक संसार। कभी वह बुद्ध की भाँति, इस संसार का त्याग करती दिखाई पड़ती है, एक पल में संसार से ऊपर उठ जाने की कोशिश तो कभी कस कर पकड़ लेना चाहती है—प्रेम और आकांक्षा, सपने और नींद।

तुम यदि उसे कहने देते
वह बताती तुम्हें

× × ×

कैसे भूल जाती है एक स्त्री
प्रेम में
सारा स्वाभिमान
कैसे वह पार करती रहती
सोते-जागते एक पुल
जो कहीं नहीं होता [17]

अपने में अपने से इतर होकर जीने की कला गगन की कविता में उदात्त को छूती दिखाई पड़ती है। उनका स्त्रीत्व बुद्ध की करुणा से होड़ लेता है। देह-लहू-मज्जा से गढ़ी वास्तविक स्त्री एक वायवीय लोक गढ़ लेती है जो उसकी स्मृति में होकर भी उसके लिए अधिक सच्चा और प्रामाणिक है। लगभग मीरां के टोन में कहती—

जाऊँ हूँ जी जाऊँ हूँ
रस्ते अकेले पे
लौटे बिना ही कहीं
दूर चली जाऊँ हूँ[18]

यह अकेले रास्ते का सफ़र है जहाँ अपनी परतें स्वयं खोली जाती हैं। स्त्री-कविता का यह स्वर विरल है जहाँ उस निजत्व की तलाश हो रही है जो 'पर्सनल-पॉलिटिकल' की घेराबन्दी से बाहर है। सवाल हो सकता है कि स्त्रीत्व के पटल को इतना विस्तृत करने वाली इस कवयित्री को अपनी कविताओं के स्त्रीवादी पाठ से इतना परहेज़ क्यों है? केवल अपनी कविता के सन्दर्भ में ही नहीं, हिन्दी साहित्य में स्त्री-विमर्श का प्रकट विरोध करते हुए उन्होंने कहा—"नब्बे के दशक में स्त्री-विमर्श का ख़तरनाक खेल हुआ। इस विमर्श से सबसे ज़्यादा नुकसान महिला लेखन को ही हुआ। उतना गृहस्थी व समाज ने नहीं, जितना स्त्री-विमर्श ने महिला लेखन को जकड़ लिया।"[19] गगन का तर्क यह है कि साहित्य इस तरह पुरुष-दृष्टि या स्त्री-दृष्टि में वर्गीकृत नहीं किया जा सकता। कोई भी रचना रची जाने के बाद स्वयं में स्वतंत्र होती है। "एक बार रच लिए जाने के बाद एक रचना का अपना जीवन शुरू हो जाता है। उसे रचकर रचनाकार मुक्त हो या न हो, कृति मुक्त हो जाती है। वह न स्त्री रहती है, न पुरुष। केवल एक मानवीय स्थिति, एक मानवीय अनुभव, जिसे समझने हम उसके पास बार-बार जाते हैं।"[20] यह कथन स्त्री-विमर्श को लेकर गगन की स्थिति का दो-टूक बयान है। विचारधारा या विमर्श काव्यानुभव को बाधित कर सकता है। इसीलिए उसका अस्वीकार और उससे मुक्ति की आकांक्षा प्रमुख है।

उन्होंने बाहर-भीतर की दुनिया को स्त्री की नज़र से देखा और महसूस किया, आश्चर्य, जिज्ञासा और मानवीय संवेदना से भरकर, अस्मिता और कविता के बाहरी मानकों के प्रति उनकी सहमति कभी नहीं रही। हर लेखक की अपनी रचना-भूमि होती है जिसके आधार पर वह अपने अनुभवों को रूपान्तरित करता है। गगन के लिए यह रचना-भूमि फ्रीदा काहलो के निकट है जिस पर उन्होंने तीन कविताएँ भी लिखी हैं। स्त्रीवाद की तमाम चर्चाओं से पहले फ्रीदा काहलो चित्रकारी करती हुई अपने हर चित्र में खुद को ही पाने की कोशिश करती रहीं। उन्होंने अपने ही चित्र बनाए। गगन गिल इस भाव को कविता में कहती हैं—

यह नरमुंड
जिससे
खेल रही है वह
उसका अपना है[21]

एक ही वाक्य लिखती है वह जीवन-भर।

× × ×

एक बार यहाँ से जाकर मैं फिर लौटना नहीं चाहती।[22]

"मृत्यु उसके कैनवस से बाहर है कि भीतर, कुछ पता नहीं।...यह एक खेल है जो वे दोनों खेलती हैं। अनंत चित्रों में छाया-बहनें।"[23]

यह स्त्री द्वारा अपने 'होने' की सही पहचान को पाने का प्रयास है जिसका उत्स भले ही रचनाकार के भीतर होता है लेकिन उसका वृत भीतर और बाहर के पूरे यथार्थ को अपने में समाहित किए हुए है। अपना ही अक्स सब ओर खोजने वाली यह स्त्री, निज की सीमाओं के पार मानवीय अनुभव की उदात्त भावभूमि के संस्पर्श को अपनी कविता में सम्भव बनाती है। अस्तित्व-अनस्तित्व की परिभाषाओं के बीच स्त्रीवाद का यह नया पाठ गगन गिल के लिए उतना ही सच है जितना फ्रीदा काहलो के लिए रहा।

उदासी, दुख और करुणा

दुख सम्भवतः गगन गिल की कविताओं का स्थायी भाव है। यह एक तरह के अवसाद, गहरे दुख की कविता है, भीतर की उदासी उसे और घना करती है।

शोक मत कर
पिता ने कहा

अब शोक ही तेरा पिता है[24]

'अँधेरे में बुद्ध' काव्य संकलन में विशेषतः ऐसी बहुत-सी कविताएँ हैं। 'जल था देह थी' कविता में उस मछली का रूपक है जो शकुन्तला की अँगूठी अपने भीतर लिए बहे जाती है 'पानियों में पानी बन' बिना यह जाने कि वह अपने भीतर किसी ऋषि-कन्या का गहरा संताप लिए बहती है। यह रूपक मात्र इस कविता के लिए ही नहीं है। साधारणतः हम जिए जाते हैं बिना यह जाने कि कितना दुख, कितना संताप अपने भीतर समाए हैं। गगन के यहाँ दुख उसके वजूद का वैसा ही हिस्सा है जैसे पानी, मछली के जीवन का। वह उसी में आश्रय ढूँढ़ती है, उसी में छिप जाना चाहती है। व्यक्ति के जीवन में भी दुख की स्थिति यही है। दुख का मिटना, अपना मिटना होगा। अपनी कविताओं में दुख के इस स्वर को लेकर गगन का कहना है, "आप कहते हैं, यहाँ दुख और विषाद है...तो साहित्य सुख के विषय में थोड़े ही समझाएगा। सुख के बारे में समझना ही क्या है?

जो भी हमें समझना है, जीवन के दुख के बारे में ही समझना है। सुख इसीलिए

चला जाता है, क्योंकि उसे समझना नहीं होता। जिस चीज़ को हमें समझना होता है, जिससे पार पाना होता है वह टिकी रहती है।[25]

गगन गिल की कविताओं का शाश्वत दुख भक्तिकालीन कवियों की भी याद दिलाता है। जैसे जीव तड़पता है ब्रह्म के लिए, पूर्ण होने के अनुभव के लिए, वही एहसास यहाँ भी है। हर साँस में उसका अनुभव है। द्वैत से अद्वैत तक की यात्रा, हृदय की हूक, टीस की कसक ज्यों की त्यों इन कविताओं में उतर आई है। यह दर्द एक भिन्न लोक में जीवित करता है। यहाँ का दर्द घनीभूत होकर वहाँ मुक्ति का अनुभव बनता है। गगन की सिद्धहस्तता इसमें है कि भक्त या छायावादी हुए बिना वह इस द्वैत–अद्वैत के अद्‌भुत अनुभव को आधुनिक कविता में सम्भव बनाती हैं। परमानन्द श्रीवास्तव गगन की कविता में जिस सारतत्त्व की बात करते हैं यह उसी का एक रूप है। वे लिखते हैं—"गगन गिल की कविता के सारतत्त्व को रेखांकित करना चाहें तो कह सकते हैं कि अस्तित्व में जीवित और अस्तित्व के पार। देह में जीवित और देह के पार। कभी छाया। ऐसी है गगन गिल की कविता।[26]" लगभग दर्शन की सीमाओं तक पहुँचती हुई अस्तित्व–अनस्तित्व की यह व्याख्या गगन गिल की कविताओं में दुख की अभिव्यक्ति को एक सिरे से टटोलती है, उसके अन्य आशयों पर सबने अपनी-अपनी दृष्टि से विचार किया है।

गगन की कविताओं में अन्तर्मुखता को प्रधान मानते हुए गोविंद प्रसाद लिखते हैं, "...कभी-कभी लगता है गगन सूफियों की डगर पर चलने की लालसा पालती हैं, लेकिन चल नहीं पातीं। क्योंकि वे दोस्त को पाप की तरह चाहती हैं और पुण्य की तरह भी। मृत्यु सम्बन्धी कविताओं और चुपचाप रुदन, विषाद, कब्र, शोक, सन्नाटे और विलाप से जुड़ी कविताओं की फेहरिस्त इतनी लम्बी है कि कभी-कभी इस स्वर की एकरसता असह्य हो जाती है।"[27] आलोचक के मन में इस स्वर की अतिशयता के प्रति शिकायत है। इस दुख को वे 'विराग का राग' मानते हैं। गगन गिल की काव्य–भाषा की तुलना उन्होंने पश्चिम की स्त्री चिन्तक व रचनाकार—वर्जीनिया वुल्फ, मरीना स्वेताएवा, अन्ना आख्मातोवा या सिल्विया प्लाथ की 'मातृमुखी काव्य-भाषा' से की है। कवयित्री स्वयं अपने लिए शब्द को ही प्रतिसंसार मानती हैं जिसका सम्मान करते हुए भी आलोचक की दृष्टि में वह 'स्त्री अस्मिता की ओर न जाकर मृत्यु की ओर सरकती है।'

यह सही है कि 'एक दिन लौटेगी लड़की' से लेकर बाद की कविताओं तक अवसाद के इस स्वर में मृत्यु का अँधेरा शामिल है। गगन, दुख-संताप की ऐसी चादर बुनती हैं कि सम्मोहन की तरह पाठक अवाक् रह जाता है पर बहुत से आलोचकों के लिए इस पीड़ा को परिभाषित करना, 'गूँगे के गुड़' जैसे इस शब्दहीन अनुभव को साकार कर पाना लगभग असम्भव हो जाता है। गगन की कविताएँ सम्मोहन-सा रचती हैं जहाँ ऊपर से सब शान्त दिखने पर भी भीतर तेज़ हलचल मची हुई है।

गगन स्वयं इस धारणा का प्रतिकार करते हुए कहती हैं, "जब कोई मेरी कविताओं को लेकर कहता है, इनमें विराग है, तो मुझे हैरानी होती है। मुझे तो लगता है उनमें राग ही राग है। जो व्यक्ति विराग में चला जाएगा वह कविता कैसे करेगा?"[28]

स्त्री-विमर्श की पैरोकार कवयित्री सविता सिंह ने इस पीड़ा का स्त्रीवादी पाठ किया है। गोविंद प्रसाद की आलोचना को ख़ारिज करते हुए वे लिखती हैं कि गगन गिल के अनुभव संसार को वे नहीं समझ पाए क्योंकि उनकी आलोचना के पास वह मापदंड है ही नहीं जो 'स्त्री-अनुभव' को समझ सकें—"प्रेम पाने की भरसक पागल इच्छा इसलिए होती है, क्योंकि स्त्री को प्रेम, सच्चा प्रेम नहीं मिलता। अक्सर छल, प्रवंचना और मृत्यु ही हाथ लगती है। इसके अलावा गगन गिल के यहाँ 'बाँझपन',यानी नि:सन्तान होने की स्त्री की गहरी पीड़ा है जो विशेष रूप से उनकी कविताओं का अनुभव संसार रचती है। उन्हें पढ़ते हुए कहीं भी भाव की एकरसता इसलिए नहीं काटने दौड़ती क्योंकि पीड़ा के भिन्न-भिन्न अनुभव इसे परत-दर-परत गहरा बनाते जाते हैं।"[29] बहुत-सी कविताओं के साक्ष्य से, विशेषत: 'कंजिका : कुछ विलाप' श्रृंखला की कविताओं के आधार पर सविता सिंह यह सिद्ध करना चाहती हैं कि स्त्री की दुनिया बिलकुल अलग होती है। देह, प्रेम और मातृत्व को लेकर उसके अनुभव नितान्त निजी हैं। उन्हें समझकर ही स्त्री-कविता के मानक तैयार हो सकते हैं। गगन की कविता में वेदना का प्रसार उसके अनुभव संसार में 'यथार्थ और फैंटेसी' के स्तर पर एक स्त्री द्वारा खुद को रचने की प्रक्रिया है जो पुरुष के लिए उबाऊ हो सकता है किन्तु स्त्री के जीवन का बहुत बड़ा सच है। सविता सिंह की अपनी कविताओं में स्त्री, सामाजिक असमानता के घोर यथार्थ को झेलती हुई एक वैकल्पिक दुनिया के स्वप्न में इस संसार का अतिक्रमण करती दिखाई पड़ती है। लगभग वैसा ही निष्कर्ष सविता गगन की कविताओं के मूल्यांकन में भी प्रस्तावित करती हैं।

अँधेरा और बुद्ध, पीड़ा और मुक्ति, निश्चित रूप से गगन की कविता का प्राण हैं। गगन की कविताओं का विषय कोई भी क्यों न हो करुणा की अन्तर्धारा उसमें व्याप्त है। जीवन में प्यास और आकांक्षा के बावजूद निरासक्ति-सी है। जैसे बुद्ध ने कभी सबके बीच अपने को अकेले पाया होगा गगन को उसका भान है, बुद्ध के लिए भी और अपने लिए भी :

जितना वह
होता गया एकाकी
उतना वह
चलता रहा उद्भ्रांत
गलियारों में

× × ×

लोग कहते-फिरते थे :
ईश्वर। [30]

बुद्ध को गगन गिल तरह-तरह से उपस्थित पाती हैं। दक्षिण एशिया में बुद्ध के मन्दिरों में घूमते-घूमते मन में बुद्ध के कई भाव साकार होते हैं। लेटे हुए बुद्ध को देख मन में कल्पना जागती है—

संसार जल रहा है अभी तक
उसी तरह
दलदल में धँसे हैं
अभागे उसी तरह

थक गई है अग्नि
थक गया है बोध
थक गया है बैल भी
पृथ्वी के नीचे

बुद्ध भी थक गए हैं
बुद्ध होते-होते [31]

बुद्ध की उपस्थिति गगन गिल की कविताओं में निरासक्ति का रंग देती है, निर्वाण का भी। बुद्ध का थक जाना प्रतीकात्मक है। चाहें भी तो संसार से वह शूल नहीं निकलेगा जो पीड़ा में परिवर्तित होता है। पीड़ा को स्वीकार लेना ही बेहतर है। गगन के यहाँ यह स्वीकृति है, नैतिक चेतना पर गहरी चोट करती हुई। तभी पीड़ा करुणा बन जाती है। निज से जन्मी पर निजत्व के बाहर, ऊँची उठती, उदात्त। आर्लीन जाइड ने गगन गिल की कविताओं को जब स्त्रीवादी नज़रिये से पढ़ना शुरू किया तो वे इसी निष्कर्ष पर पहुँचीं कि उन्होंने अपने स्त्रीत्व को विश्व के प्रति असीम करुणा में घुल जाने दिया है। करुणा वहाँ सामाजिक आचरण है। (उनके लेख का शीर्षक है—'One Day the Girl will Return : Compassion as social Prax is)' जिसमें निष्कर्ष के तौर पर उन्होंने लिखा—"In summation then, Gagan's international frame work, her genuine compassion, and her aesthetics as an artist make for an engaging feminist study."[32] अर्थात् 'एक दिन लौटेगी लड़की' के सन्दर्भ में उन्होंने यह निष्कर्ष प्रस्तुत किया कि अन्तरराष्ट्रीय स्तर पर गगन गिल की कविता का विन्यास सच्ची सहानुभूति तथा कलाकार के रूप में उनकी सौन्दर्य-दृष्टि, स्त्री अध्ययन का आधार बनती है। यहाँ स्त्री अध्ययन की बात रचनाकार के स्त्री होने

के कारण कही गई है लेकिन इससे ज़्यादा महत्त्व मानवीय सहानुभूति के उस रूप का है जो सौन्दर्य-दृष्टि का मानक बन सकती है। निज की पीड़ा का मानवीय सहानुभूति में घुल जाना, गगन की कविता के इस एहसास को लक्षित कर नन्दकिशोर आचार्य ने भी लिखा :

" 'मैं क्यों कहूँगी तुम से/ अब और नहीं/ सहा जाता/ मेरे ईश्वर'—गगन गिल की ये काव्य पंक्तियाँ किसी निजी पीड़ा की ही अभिव्यक्ति हैं या हमारे समय के दर्द का एहसास भी? और जब यह पीड़ा अपने पाठक को संवेदित करने लगती है तो क्या वह अभिव्यक्ति प्रकारान्तर से प्रतिरोध की ऐसी कविता नहीं हो जाती, जिसमें 'दर्दे-तन्हाई' और 'ग़मे-ज़माना' का कथित भेद मिटकर 'दर्दे-इंसान' हो जाता है। कविता इसी तरह इतिहास अर्थात् समय का काव्यान्तरण सम्भव करने की ओर उन्मुख होती है।

गगन गिल की इन आत्मपरक-सी लगती कविताओं के वैशिष्ट्य को पहचानने के लिए मुक्तिबोध के इस कथन का स्मरण करना उपयोगी हो सकता है कि कविता के सन्दर्भ "काव्य में व्यक्त भाव या भावना के भीतर से भी दीपित और ज्योतित होते हैं, उनका स्थूल संकेत या भाव-प्रसंगों अथवा वस्तु-तथ्यों का विवरण आवश्यक नहीं है। इन कविताओं का अनूठापन इस बात में है कि वे एक ऐसी भाषा की खोज करती हैं, जिसमें सतह पर दिखता हल्का-सा स्पंदन अपने भीतर के सारे तनावों-दबावों को समेटे होता है—बाँध पर एकत्रित जलराशि की तरह।"[33]

गगन की कविता का यह अनुभव एक मानवीय वैश्विक अनुभव है कुछ–कुछ रवीन्द्रनाथ ठाकुर के साहित्य जैसा–अखंड, निर्विवाद, जिसे छोटी-छोटी दीवारें न बाँध सकती हैं, न तोड़ सकती हैं। पीड़ा इन विडम्बनाओं को मानवीय अस्तित्व के स्तर पर झेलने के कारण है। गगन की मुश्किल बस इतनी है कि वह उसके घिराव और मुक्ति को एक साथ जीती हैं। कभी सब ओर अँधेरा छा जाता है..., दीवारें और रुलाई...,बाहर कूदने को खिड़की भी नहीं...ऐसी कविताएँ पढ़ते हुए यह जकड़न ही सच लगने लगती है लेकिन फिर भीतर से एक ज्वार उमड़ता है, इस आकांक्षा के साथ—

थोड़ी-सी उम्मीद चाहिए
जैसे मिट्टी में चमकती
किरण सूर्य की[34]

गगन की कविताओं में करुणा कहीं गहरे इस उम्मीद से बँधी है। इसीलिए तमाम रुदन पीड़ा तो जगाता है पर निराशा नहीं। इस सन्दर्भ में एक और कविता का उल्लेख करना भी ज़रूरी लगता है 'उस दिन'। एक अनजान पड़ोसन की मृत्यु की ख़बर सुनकर उनकी क़लम से अलग-अलग कविताएँ झरती हैं। संवेदना का

विस्फोट बहुत-सी स्थितियों को सजीव करता है। उन छोटे-छोटे ब्योरों से सहेजा जाता एक स्वर जो कहता है 'मैं जीना चाहती हूँ' और फिर यह सोचना कि मृत्यु के पहले उसने क्या सोचा होगा—

कुछ ऐसे कि उससे
सहा नहीं जाता था[35]

करुणा की डोर दूसरे के दुख को अपना बना लेती है। यह कहते हुए भी–

यूँ तो कौन कह सकता है
कि सहा नहीं जाता था[36]

ऐसे में, भावना और बौद्धिकता की दुनिया ठोस सामाजिक सन्दर्भों से जुड़ने लगती है।

करुणा के सामाजिक सन्दर्भ

गगन गिल की कविताओं को पढ़ते हुए कभी-कभी ऐसा भ्रम होता है कि कवयित्री ने एक प्रतिसंसार रच लिया है जिसका इस समाज से रिश्ता लगभग न के बराबर है। सामाजिक यथार्थ की प्रतिबद्ध हुँकार यहाँ नहीं है लेकिन यथार्थ परिस्थितियों से उपजने वाला दर्द सब ओर है। स्त्री सम्बन्धी कविताओं के मूल्यांकन से यह बात साफ़ हो जाती है कि लड़की की उदासी के भौतिक कारण उसकी सामाजिक स्थिति से सम्बद्ध हैं। गद्य पुस्तक 'दिल्ली में उनींदें' में गगन अपनी सामाजिक चेतना को ऑटोवाले की कहानी बताते हुए स्वयं जाँचती-परखती हैं। लेखिका उसके जीवन की त्रासद स्थितियों को महसूस करते हुए भी अपने और उसके बीच की खाई को पाटने में असमर्थ पाती है। कहीं कुछ संस्मरणों में छिट-पुट घटनाएँ वर्णित हैं जहाँ किसी भी व्यक्ति की मानवीय गरिमा पर चोट पहुँचते देख कवयित्री का मन बेचैन हो उठता है। यथार्थ का आभास इससे आगे नहीं बढ़ता। संवेदना कहें या करुणा, कुछ है जो बाहर की ओर मुड़ता है लेकिन फिर भीतर सिमट आता है।

अपवाद की तरह ही, कुछ कविताएँ पंजाब में आतंकवादी स्थितियों पर हैं। 'एक दिन लौटेगी लड़की' काव्य-संकलन का एक हिस्सा—'रात जब उतरते हैं बगुले' में ऐसी कविताएँ आई हैं। वहाँ उन दिनों के कुछ दृश्य–बिम्ब बनते हैं—जैसे बस में से किसी को उतारकर मार दिया जाना या फिर 'चौबीस लाशों के गाँव के बाहर'—

एक के बाद एक
चौबीस लोग

खड़े होते हैं एक क़तार में

एक के बाद एक
चौबीस लोग
गिरते हैं उस क़तार से [37]

इन कविताओं में समाचार-पत्रों की रिपोर्ट पढ़कर मन की प्रतिक्रिया प्रमुख है। यहाँ भी मृत्यु के रहस्य का सम्मोहन अधिक है। कवयित्री आतंकवादी गतिविधियों में अचानक मृत्यु की भेंट हो जाने वालों के मन में झाँककर देखना चाहती है तो दूसरी ओर फाँसी की तरफ़ बढ़ते आदमी की पीड़ा भी उसकी आँखों से ओझल नहीं होती—

फाँसी की तरफ़ बढ़ते हुए
पहला आदमी क्या सोचता है? [38]

उन दिनों घट रही वारदातों की ख़बरें कवि-मन में अनेक चिन्ताओं को जन्म देती हैं। हर व्यक्ति इन समाचारों को पढ़ते हुए यह सोचता है कि यह उसके साथ नहीं हो सकता और जब वह अचानक घिर जाता है तो मृत्यु से ठीक पहले के पल में वह क्या सोचता होगा गगन अपनी कविताओं को उस अनुभव पर केन्द्रित करती हैं। संत लोंगोवाल की हत्या भी उसके हृदय में मर्मांतक पीड़ा जगाती है। इन कविताओं का सामाजिक यथार्थ परिस्थितियों के चित्रण, कारणों की पड़ताल या उनके प्रति सहमति-असहमति की ओर लक्षित नहीं है, उसकी चिन्ता इन परिस्थितियों में खंडित होते मानवीय संवेदन की है। सामाजिक-राजनीतिक आशयों से परे सार्वजनिक मानवीय अनुभव जो देश-काल से परिभाषित होकर भी उससे बँधा हुआ नहीं है। मृत्यु का सन्दर्भ और उससे उपजा दुख वह 'फोकल पॉइंट' है जो स्थितियों का साक्षात्कार करने के लिए कवयित्री को विवश करता है।

दर्शन के सीमान्त पर प्रेम और आकांक्षा

प्रेम तुम्हें भली-भाँति मरने की पूरी मोहलत देता है। [39]

× × ×

शोक में लड़की प्रेम करती है
ऐसा प्रेम ईश्वर जिससे दुश्मनों को भी बचाए! [40]

× × ×

प्रेम में इच्छा थी
इच्छा में देह [41]

गगन गिल की कविताओं में प्रेम के ये अलग-अलग रंग हैं। उनके यहाँ प्रेम वहशत की तरह है जिसमें भावना का उद्दाम आवेग है। इच्छा-आकांक्षा और मृत्यु सब उस प्रेम में सम्भव है। ऐन्द्रीयता एवं अतीन्द्रीयता का गज़ब तनाव उसे विलक्षण बनाता है। इतना आत्मीय, अभिन्न फिर भी पहुँच के पार। आकांक्षा, कई परतों से बाहर होकर भी मकड़ी की तरह कई तारों में फँसी है। इच्छा-आकांक्षा की बार-बार होने वाली चर्चा यह प्रश्न खड़ा करती है कि जिस प्रेम का एक छोर मृत्यु है और दूसरा देह, उस प्रेम को किस लोक में अवस्थित किया जाए। 'यह आकांक्षा समय नहीं' में इस द्वंद्वात्मक अनुभव का सघन रूप मिलता है। इच्छा और बिछोह की अनेक कविताएँ हैं। सारे संसार का त्याग करने वाला भिक्षु, कवयित्री उसे आकांक्षा से भरकर देखती है। उसकी सुकुमार त्वचा को टक-टक निहारती। जिसे संसार दिव्यता से देखता है वह उसकी देह, उसकी त्वचा को एकटक निहार रही है—विदेह से देह तक। उसके मन में प्रश्न जागता है—

दिव्य यदि
वह है तो

मैला हो
सकता है क्या

छूने
भर से? [42]

'करवट बदलोगे तुम नींद में' कविता में वह क्षण-क्षण, उसके प्रेम में रीत जाना चाहती है लेकिन क्या वह जानता है उसका प्रेम? नींद, प्यास, चित्त-भ्रम में वह कभी समझ नहीं पाएगा कि किसका प्रेम भटकता है। किसी को नहीं पता कि कौन सुबकता है भीतर-बाहर। सारी सृष्टि सिहर जाती है किसके दर्द से। बुद्ध और भिक्षु के प्रति होकर भी ये कविताएँ इच्छा से मोक्ष या निर्वाण को प्रतिध्वनित नहीं करतीं। इच्छा भी उतना ही बड़ा सच है जितना मोक्ष—

आकांक्षा नाच रही है
अकेली
इस सृष्टि में [43]

गगन संकेतों में बात करती हैं, लेकिन संकेत प्रखर हैं 'कितने बरस तुम' कविता में यशोधरा और सिद्धार्थ का संकेत है जिसे नींद में सोती छोड़कर जाने पर भी क्या पूरी तरह वे एक-दूसरे से मुक्त हो पाए। संकेतों में बात करती ये कविताएँ किसी

एक विचार या दर्शन को प्रतिष्ठित करती हों ऐसा नहीं होता। इन कविताओं में, बुद्ध लौट–लौटकर आते हैं कभी प्रत्यक्ष, कभी अप्रत्यक्ष किन्तु बौद्ध दर्शन की मीमांसा इनका लक्ष्य नहीं होने, न होने के द्वंद्व को कवयित्री अलग-अलग विचार बिन्दुओं, अलग-अलग भावनाओं से उठाती है। किसी एक की तानाशाही उसे स्वीकार नहीं। भीतर कई सत्य एक साथ उद्‌भासित होते हैं, उन सबकी टिमटिमाती रोशनी उदासी के अँधेरों को छिटक, चमकती है पर कवयित्री फिर भीतर लौट जाती है, अन्दर की साँकल खोलने की अनिच्छा से। प्रेम और आकांक्षा के अनचीन्हे सीमांतों को टटोलती हुई देह बार-बार पुकारती है। उसके सुख-दुख, प्रेम-आकांक्षा अन्तश्चेतना के ही स्तर हैं। यहाँ पीड़ा बहुत गहरी है, भौतिक पीड़ाओं से कहीं अधिक गहरी। सम्भवत: प्रेम और दर्शन दोनों ही अस्तित्व के एक नए धरातल को पहचानने की कोशिश कर रहे हैं।

कविता, भाषा और स्त्री-कविता

गगन गिल एक प्रबुद्ध कवयित्री हैं। उन्होंने अपने भाषणों एवं वैचारिक लेखन में कविता की सामाजिक उपादेयता तथा उसकी रचना-प्रक्रिया पर गम्भीरता से विचार किया है।

कविताओं में 'ताइयो जी' शीर्षक कविता में कुछ पंक्तियाँ आती हैं—

लिखियो जी सब सच लिखियो जी
दिल में क़लम डुबो के सब लिखियो जी[44]

लिखना है तो लिखने की कसौटी है सब सच लिखना और यह सच्चाई दिल की डगर से होकर आती है। कबीर की ही तरह यह खंडे की धार पर चलने के बराबर है। गगन के यहाँ यूँ भी कविता जिस पीड़ा से छनकर रची जाती है, वह सच लिखने के सिवा कुछ और हो ही नहीं सकती।

निरन्तर कसकती पीड़ा का हवाला देते हुए 'कुछ गद्य, कुछ कविता के बहाने' में वे लिखती हैं—"कवि क्या एक पंख वाली चिड़िया है? बहुत पहले उसका दूसरा पंख उतरवा लिया गया था। अब उसे हर काल में इस एक पंख के सहारे ही दूसरे किनारे तक पहुँचकर दिखाना है। अपने एक पंख में ही सब समेटकर लौटना है। जो भी उसे मिले आग या अलाव।"[45] कविता में भी यही भाव प्रतिध्वनित है—

कैसे निचोड़ता है एक कवि
अपना रक्त
अभाव के फफोले पर[46]

यानी कवि के दिल में एक खोखल है, अभाव का कोई कोना जिसे लिए–लिए उसे जीवन के पार उतरना है, जीवन को रचते, कविता करते हुए। गगन की कविताओं का एकाकी स्वर उनकी धारणाओं को सिद्ध करता है कि 'हर कविता आत्म-निर्वासन से आरम्भ होती है और धीरे-धीरे अपना पुनर्वास साधती है।'[47]

चारों ओर के शोर के बीच कवयित्री अपने से बात करने की मोहलत ढूँढ़ लेती है। इसलिए उसके आत्म-निर्वासन में पुनर्वास की सम्भावना है। तकनीक के जादू में उलझी ज़िन्दगी संवेदना की जिस चिनगारी को दफन कर चुकी है, समाज के मुश्किल वक़्त में वही केन्द्र में होगी। उसके शब्दों की प्रतिध्वनि में लाखों-करोड़ों की बात गूँजेगी। वह सबकी अभिव्यक्ति की पुकार बनेगी। गगन मानती हैं कि बड़े-से-बड़ा कवि हमें दुविधा और संशय में घिरा दिखाई पड़ता है। उन संशयों के बीच चमकते हैं कवि के स्वप्न, जिन्हें गगन 'जिद्दी स्वप्न' कहती हैं, सबके मन में आस जगाते। भले ही कविता रचने की प्रक्रिया में कवि कितना भी अकेला क्यों न हो, स्वयं अपना एकान्त चुनता हुआ। कविता की भाषा को लेकर भी कवयित्री ने कुछ टिप्पणियाँ की हैं :

"क्या कविता एक मकड़ी है—कभी लय का कभी शब्द का तार पिरोती? कभी अर्थ का झूला झूलती और कभी अपने ही अर्थ से दूर, आगे निकल जाना चाहती? या कि कविता एक सीपी है, भाषा के सागर में डूबती-उतराती, जिसे ऊपर आने की चाह है।"[48] कविता की भाषा के सम्बन्ध में गगन का आग्रह भाषा की सटीकता पर है। भाषा का घनत्व एवं शब्दों की मितव्ययिता—दोनों की ओर उनका बराबर ध्यान है। वे भाषा को सन्नाटे का द्वार मानती हैं और उनकी कविता में भाषा और सन्नाटे का संवाद सदा चलता रहता है। उनके शब्दों की मितव्ययिता से सन्नाटा झाँकता है। सन्नाटे के अन्तरालों के बीच ही कविता रूप ग्रहण करती है।

स्त्री-भाषा को परिभाषित करने की चेष्टा में वे कहती हैं, '...स्त्री धीरे-धीरे एक निजी भाषा गढ़ने लगी।...उसकी कहानियों और गीतों में एक प्रति-संसार रचा जाने लगा। इस प्रति-संसार में उसे हर तरह का अवकाश था जो अन्यत्र दुर्लभ था।'[49] स्त्री-भाषा की बात करते ही पूर्व उल्लिखित कविता 'एक दिन लौटेगी लड़की' याद आने लगती है। स्त्री का यह कैसा विचित्र संसार है जहाँ अपनी जीभ कटाकर भी लड़की के भीतर बहुत कुछ उमड़ आता है। ज़ुबान के बारे में न सोचते हुए भी कितनी कहानियाँ हैं जो उसने गढ़ ली हैं, जिसे वे ख़ुद को ही सुनाती हैं, औरों को भी। मूक होकर भी झंझावात की तरह बजते हैं, उसके शब्द। गगन की कविता उस करुण पुकार को शब्द देने में सार्थक भूमिका निभाती है।

भाषा की दृष्टि से 'थपक-थपक दिल थपक-थपक' की कविताएँ विलक्षण हैं। यहाँ गगन भाषा का एक नया तेवर अर्जित करती हैं। गीतात्मक शैली और लगभग मीरां के भाव से रची गई ये कविताएँ समकालीन कविता की गद्यात्मक शैली से

अलग खड़े होने की चुनौती को साहस से स्वीकार करती हैं। इन कविताओं के विषय में उनका कहना है—"**थपक-थपक दिल** की रचना कुछ यूँ हुई कि एक बार किसी ने मुझसे पूछा कि क्या हिन्दी में वैसी कविता नहीं होती, जैसी पंजाबी में होती है, जो छन्दमुक्त होकर भी लयात्मक हो, तो मेरे मन में उसकी प्रतिक्रिया के तौर पर ऐसी कुछ रचना करने की इच्छा जगी। आप जानती हैं, मेरी मातृ-भाषा पंजाबी है। मैं देखना चाहती थी कि हिन्दी भाषा को भी रबड़ की तरह मरोड़ सकते हैं या नहीं। मैं भाषा का 'मन' समझाना चाहती थी, उसका अवचेतन। आप देखेंगे, छंदबद्ध कविता स्थूल भी हो सकती है, गूढ़ भी। वह चेतन में से निकल रही है कि अवचेतन से, महज़ इतने भेद से उसका रास्ता अलग हो जाता है, जो वह भाषा में खोजती है।"[50]

इससे पहले भी 'अँधेरे में बुद्ध', 'यह आकांक्षा समय नहीं' काव्य संकलनों में कवयित्री ने,कथ्य हो या रूप उसके स्वीकृत विधान की तानाशाही से बाहर निकलने की निडरता दिखाई है। उन्होंने यह छूट ली है कि कविता के बीच गद्य बुन दिया जाए और कविता पंक्तियों के अतिरिक्त अनुच्छेदों में भी विकिसत हो। रचना–विधान की कठिनाई वहाँ भी है—यह कविता है या भाव गद्य? मुक्तिबोध का शब्द उधर लेकर कहूँ तो कवयित्री भाव या विधान के किसी 'रेजिमेंटेशन' में नहीं बँधती। गगन ने यह कोशिश की है कि रचना का रूप इतना सुगठित हो कि उसमें से एक शब्द निकलते ही वह भुरभुरा कर गिर जाए। उनके अनुसार, कविता में भाषा को उड़ान भरनी चाहिए लेकिन इसका कोई फार्मूला नहीं है। प्रत्येक लेखक इसे अपनी-अपनी तरह से पकड़ता है और इस प्रक्रिया में कविता, भाषा की सम्भावनाएँ खोलती है। वे अपनी तुलना उस भिखारी से करती हैं जो कटोरे में सिक्का गिरने के इन्तज़ार में बैठा रहता है। अपने अनुभव के लिए सही शब्दों को पाना सिक्के बटोरने जैसा है लेकिन वे कहती हैं कि 'ऐसे दिन बहुत कम होते हैं, जब उन सिक्कों की कोई हैसियत बने।'

इस सबके बीच, गगन, स्त्री-कविता जैसे किसी अभिधान को स्वीकार नहीं करती। साहित्य में विमर्श के खाँचों में उनका कोई विश्वास नहीं है। उन्होंने अपने अध्ययन की दुनिया इससे बिलकुल अलग रखी है। समाज के जेंडर्ड स्ट्रक्चर को स्वीकार करते हुए भी वे लेखन में ऐसे किसी वर्गीकरण को स्वीकार नहीं करतीं। वे मानती हैं कि लेखक को जेंडर को ट्रांसेंड करना चाहिए, तभी वह बड़े मानवीय अनुभव को सम्प्रेषित कर सकेगा। गगन की नज़र में, 'ज़्यादातर स्त्री लेखन एक मोनोलॉग के रूप में निकला है, जबकि पुरुषों का लेखन समाज से संवाद करते हुए आकार ग्रहण करता है।' यह बहुत बड़ी स्थापना है जो स्त्री अनुभव एवं स्त्री लेखन को विमर्श के दायरे से बाहर देखने की कोशिश करती है, उन्होंने स्त्री-विमर्श की दृष्टि से लिखी रचनाओं को ख़ारिज करते हुए कहा, "मेरी चिन्ता यह है कि एक

एजेंडा के तहत जो कविता लिखी जाती है वह अपने से बात करना छोड़ देती है। कविता में समूह से तभी बात हो सकती है, जब आपने स्वयं को भी उसमें कहीं बैठा लिया हो। मुझे इस स्थिति से ही निराशा होती है कि साहित्य का सामाजिक अभिप्राय किसी आत्मीय चीज़ को छूने की बजाय किसी स्थूल प्रत्यय में घटा दिया जाए।"[51] गगन की रचनाशीलता, उनकी गहन संवेदनशीलता से जुड़ी हुई है, उनके लिए रचना, मानवीय संवेदना को बदलने की प्रक्रिया है। इस दृष्टि से उनका स्वर स्त्री-कविता ही नहीं समकालीन कविता में भी एक भिन्न उपस्थिति दर्ज करता है।

सन्दर्भ

1. जीवन में कविता का जादू, भाषण का अंश
2. एक दिन लौटेगी लड़की के फ्लैप से
3. हरीश त्रिवेदी, अँधेरे में बुद्ध की समीक्षा, The book review, *Where but to think is to be full of sorrow*
4. स्त्रीत्व को भाषा में पढ़ते हुए, भाषण का अंश
5. जिस एक काँटे से, अँधेरे में बुद्ध, पृ. 15
6. लड़की अभी उदास नहीं है, एक दिन लौटेगी लड़की, पृ. 11
7. एक दिन लौटेगी लड़की, पृ. 28-29
8. आख़िर की कविताएँ : तीन, अँधेरे में बुद्ध, पृ. 51
9. वही, पृ. 51
10. दफ़्तर में ऊँघती हैं लड़कियाँ, एक दिन लौटेगी लड़की, पृ. 24
11. कंजिका : कुछ विलाप एक, अँधेरे में बुद्ध, पृ. 75
12. कंजिका : कुछ विलाप चार, अँधेरे में बुद्ध, पृ. 79
13. कंजिका : कुछ विलाप दस, अँधेरे में बुद्ध, पृ. 87
14. तुम सुई में से निकलती हो, मैं जब तक आई बाहर, पृ. 15-16
15. देह की मुँडेर पर, एक दिन लौटेगी लड़की, पृ. 108
16. आधे सिर का दर्द, अँधेरे में बुद्ध, पृ. 23
17. तुम यदि उसे, यह आकांक्षा समय नहीं, पृ. 64-65
18. जाऊँ हूँ जी जाऊँ हूँ, थपक-थपक दिल थपक-थपक, पृ. 33
19. महिला लेखन बनाम स्त्री-विमर्श-भाषण का अंश
20. वही, पृ. 580
21. फ्रीदा काहलो : एक, अँधेरे में बुद्ध, पृ. 107
22. फ्रीदा काहलो : दो, अँधेरे में बुद्ध, पृ. 109
23. फ्रीदा काहलो : तीन, अँधेरे में बुद्ध, पृ. 110
24. पिता ने कहा, अँधेरे में बुद्ध, पृ. 12
25. संवाद, नया ज्ञानोदय, मार्च 2017, पृ. 59
26. परमानन्द श्रीवास्तव, कविता का उत्तर जीवन, पृ. 184
27. गोविन्द प्रसाद,समकालीन हिन्दी कविता में स्त्री स्वर, कविता का पार्श्व, पृ. 76

28. संवाद, नया ज्ञानोदय, मार्च 2017, पृ. 57
29. सविता सिंह, हिन्दी साहित्य में स्त्री आलोचना : आरम्भिक प्रयास
30. वे दो, अँधेरे में बुद्ध, पृ. 120-121
31. घूम रहे हैं उद्विग्न बुद्ध, अँधेरे में बुद्ध, पृ.118
32. One Day the Girl will Return : Compassion as Social Praxis आर्लीन जाइड, पृ. 80
33. जब तक मैं आई बाहर के फ्लैप से
34. थोड़ी-सी उम्मीद चाहिए, यह आकांक्षा समय नहीं, पृ. 109
35. एक आवाज़, अँधेरे में बुद्ध, पृ. 58
36. वही, पृ. 58
37. चौबीस लाशों के गाँव के बाहर, एक दिन लौटेगी लड़की, पृ. 76
38. फाँसी की तरफ़ बढ़ते हुए, एक दिन लौटेगी लड़की, पृ. 86
39. हर प्रेम, यह आकांक्षा समय नहीं, पृ. 45
40. प्रेम में लड़की शोक करती है, एक दिन लौटेगी लड़की, पृ. 37
41. इच्छा से मुँह फेरकर, एक दिन लौटेगी लड़की, पृ.113
42. दिव्य यदि, यह आकांक्षा समय नहीं, पृ. 19
43. आकांक्षा नाच रही है अकेली, यह आकांक्षा समय नहीं, पृ. 98
44. ताइयो जी, थपक-थपक दिल थपक-थपक, पृ. 43
45. कुछ गद्य, कुछ कविता के बहाने बहुवचन 3, पृ. 10
46. तुम यदि उसे,यह आकांक्षा समय नहीं, पृ. 64
47. इक्कीसवीं शताब्दी में कविता—भाषण का अंश
48. वही
49. स्त्रीत्व को भाषा में पढ़ते हुए—भाषण का अंश
50. संवाद, नया ज्ञानोदय, मार्च 2017, पृ. 60
51. वही, पृ. 56

कात्यायनी की कविताएँ

क्रान्ति चेतना की स्त्री-मशाल

हिन्दी की स्त्री-कविता में क्रान्तिधर्मी चेतना के वाहक के रूप में कात्यायनी की कविता एक अलग प्रतिमान उपस्थित करती है। जीवन के तमाम निजी एवं सामाजिक प्रसंगों में उनकी पारखी निगाह विडम्बनामूलक स्रोतों का अनावरण कर मर्म तक पहुँचती है और उन दुखती रगों को पकड़ पाती है जो व्यक्ति और समाज के जीवन को बदरंग कर रहे हैं। बहुमुखी शोषण तथा साम्प्रदायिकता के आघातों से तार-तार होती मनुष्यता को बचाने का संकल्प उनकी कविता का प्राण है। गहरी सामाजिक प्रतिबद्धता व मानवीय पक्षधरता का महीन तार उनकी समस्त रचनाओं को एक सूत्र में पिरोता है। संस्थाबद्ध वर्चस्वशाली चुनौतियों के विकल्प के रूप में उन्हें कविता की सामाजिक भूमिका में गहरी आस्था है। उनके यहाँ कविता में और आँखों में परिवर्तन का सपना जीवन्त धड़कता है। निष्ठा तथा आशा का यह स्वर ऊसर होती दुनिया को किसी भी क़ीमत पर बचा लेने की उत्कट जिजीविषा से जुड़ी संकल्पधर्मिता का परिणाम है। कात्यायनी की कविता में सामाजिक परिवर्तन के प्रति अटूट विश्वास उन्हें मुक्तिबोध की काव्य परम्परा में स्थापित करता है। सामाजिक चेतना का यह स्वर स्त्री-कविता का विलक्षण स्वर है, जिसने स्त्री के स्त्रीत्व और दृष्टि दोनों को नई दिशा दी है।

कात्यायनी की काव्य-यात्रा का प्रारम्भ 1994 में 'सात भाइयों के बीच चम्पा' से होता है। उससे पहले सम्भवतः 'चेहरों पर आँच' शीर्षक से उनकी एक कविता पुस्तिका का प्रकाशन हो चुका था। लेकिन जिस काव्य-संकलन से उनकी पहचान बनी वह 'सात भाइयों के बीच चम्पा' ही है। इस पुस्तक के फ्लैप पर दी गई सुरेश सलिल की टिप्पणी इन कविताओं की दिशा संकेतित करती है। सुरेश सलिल लिखते हैं, "सात भाइयों के बीच चम्पा की कविताएँ काव्य चातुर्य के लिए नहीं, कविता सरोकारों के लिए पढ़ी और याद रखी जाएँगी।"[1] यह टिप्पणी कात्यायनी के कवि-स्वभाव को दर्ज करती है। उनकी कविता का प्रधान लक्ष्य काव्य-सरोकार ही है।

इसके बाद 1999 में 'इस पौरुषपूर्ण समय में' फिर 2002 में 'जादू नहीं कविता',

2004 में 'राख अँधेरे की बारिश में' और 2006 में 'फुटपाथ पर कुर्सी' उनके प्रसिद्ध काव्य संकलन हैं। कात्यायनी की कविताएँ अनेक स्तरों पर सामाजिक तिलिस्म को तोड़ती हैं। ये रचनाएँ सत्ता की दुरभिसंधियों के विरोध का काव्यात्मक अभियान हैं। सामाजिक-राजनीतिक कार्यकर्ता के रूप में अपने समय और यथार्थ की जिस पहचान से वे रूबरू हुई हैं, उसके चक्रव्यूह को बेधकर नए मानवीय सामाजिक मूल्यों को अर्जित करने का संकल्प उनकी कविता के शब्द-शब्द में झाँकता है।

'दुर्ग द्वार पर दस्तक', 'षड्यंत्ररत समस्याओं के बीच' तथा 'कुछ जीवन्त कुछ ज्वलंत' सामाजिक मुद्दों पर उनके विचारों को प्रस्तुत करने वाले सामयिक निबन्धों के संकलन हैं। इन कृतियों की वैचारिक ऊर्जा की ध्वनि कात्यायनी की कविताओं में भी सुनाई पड़ती है। कविताएँ और निबन्ध लगभग बिम्ब-प्रतिबिम्ब भाव से एक-दूसरे से जुड़े हुए हैं। स्त्री-जीवन की विषम स्थिति, साम्प्रदायिक फासीवाद, बुद्धिजीवियों की अकर्मण्यता, थोथा आदर्शवाद व सुविधाजीविता इन रचनाओं के केन्द्र में हैं। कात्यायनी ने अपने समाज और संस्कृति के सभी प्रश्नों पर गहराई से विचार किया है। इन स्थितियों के प्रतिरोध के रूप में वामपंथी वैचारिक आग्रह उनकी साहित्यिक कृतियों में विन्यस्त है। उनका रचना संसार इन्हीं सरोकारों को विचार के केन्द्र में लाने तथा बनाए रखने की ऊर्जस्वित रचनाशीलता का प्रमाण है।

संघर्ष और मुक्ति का स्त्री स्वप्न

कात्यायनी के लेखन का समय इसलिए महत्त्वपूर्ण है क्योंकि अनेक सामाजिक अस्मिताओं के साहित्यिक अभिव्यक्ति के बीच स्त्री अस्मिता के साहित्यिक स्वर को भी नई पहचान मिली। कविता के क्षेत्र में स्त्री-कविता को भी गम्भीरता से लिया जाने लगा। सामाजिक, साहित्यिक और राजनीतिक परिसर में स्त्री अस्मिता की दमदार उपस्थिति से स्त्री-पुरुष असमानता के पारम्परिक ढाँचे की नींव चरमराने लगी। स्त्री-विमर्श और स्त्री आन्दोलन के कारण कविता और विचार के अनेक स्तरों पर सामाजिक संरचनाओं को स्त्री के नज़रिये से देखा जाने लगा। साहित्य के क्षेत्र में स्त्रियाँ एक नए सामाजिक परिवेश की कामना कर रही थीं जो उनके प्रति अधिक सहृदय और सहानुभूतिपूर्ण हो। ऐसे में कात्यायनी ने अपनी कविताओं के माध्यम से स्त्रीत्व की नई प्रस्थापनाओं को साहित्यिक परिसर में स्थापित किया।

कविता में कात्यायनी की मूल चिन्ता,सामाजिक-राजनीतिक व्यवस्था को लेकर है। उनकी सहानुभूति समाज के शोषित-वंचित वर्ग के प्रति समान रूप से है। स्त्री इस वंचित वर्ग का एक हिस्सा है जिसे सामाजिक-राजनीतिक व्यवस्थाओं के साथ परम्परा और इतिहास ने भी बराबर छला है। इस रूप में स्त्री के प्रति कवयित्री की सहानुभूति और ज़िम्मेदारी अचूक है लेकिन वह वहीं तक सीमित नहीं है। स्त्री को

एक स्वाधीन और स्वायत्त आधुनिक नागरिक की भूमिका में देखने की कामना के कारण कात्यायनी की स्त्री-दृष्टि, स्त्री को उसके पराधीनता और दमन के सीमित संसार से बाहर निकालकर उसको लोकतांत्रिक चेतना के स्तर पर प्रतिष्ठित करने का प्रयास करती है। वह जीवन के अनेक मोर्चों पर एक साथ सक्रिय है। समाज में स्त्री को दोयम दर्जे पर प्रतिस्थापित करने वाली घरेलू हिंसा और थोथी नैतिकता के चित्र भी यहाँ हैं लेकिन कात्यायनी का स्त्रीवाद उससे एक क़दम आगे जाता है। उसकी सामाजिक प्रतिबद्धता स्त्री के ख़िलाफ़ इन षड्यंत्रों को निरस्त कर स्त्री के नागरिक अधिकारों की पैरवी करती है।

सहस्राब्दियों से स्त्री का दुख सीझने-पकने और सहने का इतिहास है। घर, स्त्रीत्व और मातृत्व—औरत की रोमानी छवि के पर्याय हैं। नैतिकता के उच्चादर्शों तथा कवि कल्पनाओं ने देह-प्राण वाली जीती-जागती स्त्री के अस्तित्व पर इन शब्दों का ऐसा मुलम्मा चढ़ाया कि उसका खुली हवा में साँस लेना भी दूभर हो गया। स्त्री स्वयं इन छवियों के मोह में इस कदर कैद है कि अपनी स्वतंत्र चेतना को चीन्ह कर अपनाना सम्भवतः उसकी कैफ़ियत से परे रहा है। कात्यायनी इस 'पौरुषपूर्ण समय में' स्त्री व्यक्तित्व के इस स्खलन को पहचानती हैं।

उनके लिए कविता सर्वोपरि तौर पर और बुनियादी तौर पर, बिम्बों का एक पूरा संसार है, उनका विधान है। इसलिए कात्यायनी की कविता में बिम्बों का संयोजन जिस रूप में होता है वह बहुत कुछ कहता है। 'औरत और घर' कविता में वे बहुत ख़ूबसूरती से घर और पागलखाने से बिम्बों का संघटन करते हुए स्त्री-जीवन के प्रश्न उपस्थित करती हैं।

औरत क्या एक घर के बिना भी हो सकती है
या फिर क्या कोई और भी चौहद्दी हो सकती है
सुखपूर्वक रहने-खाने-जीने के लिए
घर के अलावा
जिसमें रहते हुए औरत औरत बनी रहे और
घर घर भी बना रहे,
यानी वह न हो घर का हिस्सा,
बल्कि उसकी एक बाशिंदा हो? [2]

स्त्री के स्त्रीकरण की प्रक्रिया के भीषण दुख का हाहाकार कात्यायनी की कविता में नहीं है। है तो बस एक विडम्बना जो व्यक्ति के स्त्री होने को एक त्रासदी में बदल देती है। पूँजी के तमाम हस्तक्षेप जिन मानव विरोधी सामाजिक संरचनाओं को प्रोत्साहित करते हैं, कात्यायनी अपने जीवन और साहित्य में लगातार उनसे संघर्ष करती रही हैं।

स्त्री-जीवन की विडम्बनाओं को बाज़ार आधारित व्यवस्था ने जिस तरह विकट किया है, 'रात के संतरी की कविता' उसकी साक्षी है। 'बार' में कपड़े उतारती और घर में कपड़े उतारती औरत का दुख एक-सा ही है। ईंट के भट्ठे में झोंक दी जाती और घर के चूल्हे में जुटी स्त्री की नियति भी एक-सी है। प्रजनन, गर्भपात, सौन्दर्य प्रतियोगिताएँ और प्रेम का छद्म—इन सबसे गुज़रती स्त्री के घर का कोई भी कोना उसके अपने लिए नहीं है। कवियों की दुनिया कल्पना की कौन-सी स्त्री गढ़ना चाहती है जो स्त्री के इस प्रातिनिधिक जीवन की छाया से भी दूर है। गोविन्द प्रसाद इस कविता के विषय में लिखते हैं, "आदि से अन्त तक पूरी कविता में संवेदना को मूर्त करने के लिए जितने भी बिम्ब हैं वे सभी स्त्री की भूमिकाओं से जुड़े हैं। महानगरीयबोध, राजनीति, कला तथा जीवन और सत्ता के विभिन्न रूपों को एक साथ जीवन के विभिन्न मोर्चों पर प्रकट किया गया है। स्त्री से जुड़े दैहिक, नैतिक, सेक्स, परिवार, राजनीति और श्रम के परस्पर विरोधी या कंट्रास्ट लगने वाले दृश्यों का संयोजन कुशलता से किया गया है। साथ ही, शिल्प संरचना की दृष्टि से देखें तो कविता में आए सभी दृश्य और घटनाएँ सहकालिक रूप में समानान्तर एक क्रॉस रेफरेंस बनाते हैं। परिणामस्वरूप काव्य-संवेदना में अनुभव की सहभागिता स्त्री संवेदना को घनीभूत करने के साथ ही स्त्री संवेदना को नए आयाम देती है। अपने अन्त तक आते-आते कविता एक विडम्बना की ओर मुड़ जाती है।"[3] यह कविता अत्यन्त महत्त्वपूर्ण है, सम्भवत: जैसा गोविंद प्रसाद कहते हैं कि 'क्या कात्यायनी कहना चाहती हैं, स्त्री रात का संतरी है' और यदि ऐसा न भी हो तो रात का संतरी स्त्री-जीवन के जिन अन्तर्विरोधों का साक्षी बन उसे कविता में उतार देता है वह भी बहुत व्यंजक है। सविता सिंह की कविताओं में रात, नींद और सपने स्त्री-जीवन का नया लोक दर्शाते हैं, जिसमें चिर शान्ति का ठहराव है। रात के नीम अँधेरे में स्त्री अपना भिन्न लोक निर्मित कर लेती है किन्तु कात्यायनी के यहाँ यथार्थ की नग्न वास्तविकता स्त्री और रात के सम्बन्ध को निर्ममता से तराशती है।

इन कविताओं में दैहिक शोषण के बिम्ब हैं तो देह मुक्ति की तरकीबें भी। कभी वह स्त्री भाषा में छिप जाती है तो कभी अपने एकान्त में रचती-बसती है, कभी कविता करती है तो कभी देह होने से इनकार कर देती है। उसके ऐसा करते ही सब उलट-पुलट हो जाता है। कात्यायनी को स्त्री की इस भीतरी शक्ति पर बहुत भरोसा है तभी तो वे कहती हैं, 'इस स्त्री से डरो'।

यह स्त्री
सब कुछ जानती है
पिंजरे के बारे में
जाल के बारे में

यंत्रणागृहों के बारे में
यंत्रणाघरों की बात छिड़ते ही
गाने लगती है
प्यार के बारे में
एक गीत
रहस्यमय है इस स्त्री की उलटवासियाँ
इन्हें समझो
इस स्त्री से डरो[4]

पिंजरे और जाल की असलियत समझने वाली यह स्त्री, मुक्ति के रोमांच को भी समझती है। वह रोशनी की डोर पकड़े अँधेरों से लड़ना जानती है। कात्यायनी की कविताओं में स्त्री-जीवन का यथार्थ, निरीहता या निराशा उत्पन्न नहीं करता क्योंकि वहाँ सीमाओं के साथ-साथ सम्भावनाओं की भी पहचान है। मुक्ति की आकांक्षा और उस लक्ष्य को पा जाने की तदबीरें, संशयों के कुहासे को साफ़ कर मंज़िलों की राह रोशन करती हैं। स्त्री-जीवन के कंट्रास्ट का ग्राफ़ इन कविताओं में बिना किसी लाग-लपेट के झलकता है। प्रतिकूल परिस्थितियों के बावजूद अदम्य जिजीविषा के सहारे स्त्री अपना स्पेस पा लेती है।

'सात भाइयों के बीच चम्पा' कात्यायनी की कविताओं में स्त्री-संघर्ष का रूपक है। यह कवयित्री का पहला महत्त्वपूर्ण काव्य संकलन है जिसकी छियासठ कविताओं में से अट्ठारह कविताओं का विषय स्त्री है। इन कविताओं के विषय में सुरेश सलिल का कथन वाजिब है—

"ऋग्वेद और मनु संहिता के समय से लेकर आज तक का उसका समाजशास्त्र, उसके स्वप्न और यथार्थ जीवन के बीच की खाई, उसकी सामर्थ्य और विशेषताएँ, उसकी अदम्य आकांक्षा इस खंड की अट्ठारह कविताओं में जिस प्रखरता और हार्दिकता के साथ अभिव्यक्त हुई हैं, एक अर्थ में उसे कात्यायनी के कवि-व्यक्तित्व का सारतत्त्व माना जा सकता है।"[5] हमारे समाज के पारम्परिक ढाँचे में स्त्री-जीवन की उपयोगिता वंश-वृद्धि की दृष्टि से रही है। यह अकारण नहीं कि उसके जीवन में घर-परिवार की केन्द्रिक स्थिति हो और उसके मातृत्व का गुणगान, किन्तु महिमा मंडन का यह सारा छद्म स्त्री की संघर्षरत आत्मा को पराजित नहीं कर सकता। इस शास्त्र के विरुद्ध पनपती लोक शैली की कथा में चम्पा को बार-बार विस्थापित करने पर भी उसे ख़त्म कर पाना असम्भव है। वह, स्वयंभू की तरह मिटा दिए जाने पर भी अपने बीहड़ में हँसती हुई खिल आती है।

कात्यायनी की वैचारिक प्रतिबद्धता जानती है कि 'इस समाज में यदि कोई अन्तिम सर्वहारा है तो नारी ही है।'[6] इसलिए उसका संघर्ष इन सबके संघर्ष से जुड़ा

है, 'जिनके पास खोने को सिर्फ़ ज़ंजीरें ही हैं।' उसकी हर प्रार्थना अपने जीवन के विषय में सोचने की प्रक्रिया है। गार्गी की-सी अभिशप्त नियति को झेलते हुए भी वह प्रश्न करना नहीं छोड़ेगी।

सोचती है
वह कौन-सी चीज़ है
जिसके बिना सब कुछ अधूरा है
प्यार भी, सौन्दर्य भी, मातृत्व भी...
सोचती है वह
और पूछती है चीख़-चीख़कर।
प्रतिध्वनि गूँजती है
घाटियों में मैदानों में
पहाड़ों से, समुद्र की ऊँची लहरों से टकराकर
आज़ादी! आज़ादी!! आज़ादी!!! [7]

आज़ादी-संघर्ष और मुक्ति का एकान्वित सपना कात्यायनी के काव्यानुभव की आन्तरिक बुनावट में गुँथा हुआ है; कवयित्री ने अपने सभी काव्य संकलनों में अपनी पूरी शक्ति के साथ स्त्री की इस स्थायी आकांक्षा को अभिव्यक्ति दी है। जो इस मुक्ति से आगे बढ़कर मानव-मुक्ति के स्वप्न में परिवर्तित हो जाता है। अधिकांश कवयित्रियों ने स्त्री-मुक्ति के प्रश्न को मानव-मुक्ति से जोड़कर देखा है लेकिन कात्यायनी की कविता में यह सन्दर्भ एक अतिरिक्त आयाम ग्रहण करता है। मार्क्सवादी प्रतिबद्धता इस मुक्ति-संघर्ष की दिशा निर्धारित करती है। कात्यायनी का विश्वास है कि स्त्री की लड़ाई केवल उसकी नहीं है, यह सामाजिक ढाँचे में परिवर्तन की आकांक्षा है और ऐसे व्यापक परिवर्तन के लिए यह आवश्यक है कि स्त्री और पुरुष साथ-साथ संघर्ष करें—"औरत को सामाजिक रूप से सक्रिय होना होगा और समाज के संघर्षों में पुरुषों के साथ मिलकर शिरकत किए बगैर औरत अपनी आज़ादी की लड़ाई को प्रभावी ढंग से नहीं लड़ सकती।"[8] कात्यायनी ने हमेशा यह माना है कि नारी मुक्ति के सभी अभियानों को एक व्यापक आन्दोलन का रूप लेना होगा। उत्तर-आधुनिकतावाद के साथ जिस स्त्री-विमर्श का उदय हुआ उसे वे 'नवरूपवादी भाषा शास्त्रीय क्रीड़ा-कल्लोल' कहकर ख़ारिज करती हैं और उसके माध्यम से किसी परिवर्तन की उन्हें कोई उम्मीद नहीं है।

इस वैचारिक आग्रह का ताप इतना अधिक है कि कभी-कभी यह भ्रम होने लगता है कि यह जीवन के कोमल संवेदनात्मक पहलुओं को ख़त्म तो नहीं कर देगा। कात्यायनी की कविता का सौन्दर्यबोध स्त्री-जीवन की कोमलता और समर्पण का कायल नहीं है। उसकी सुन्दरता बराबरी और आज़ादी में है। वे अपने समय

के लिए नया विकल्प प्रस्तावित करते हुए लिखती हैं, "हम स्त्रियाँ एक पौरुषपूर्ण समय के अँधेरे में जी रही हैं और जी पा लेने की मानवीय शर्तों को पूरा करने में ही शेष हो रही हैं। ऐसे में चिन्तन और कला के मार्गदर्शन के बहाने भी हम पर पुरुष आधिपत्य थोपा ही जाता है, कभी प्यार से तो कभी अधिकार से। मैं एक साहसी और बेहद मानवीय और साथ ही वैज्ञानिक दृष्टि-सम्पन्न पुरुष से ही कह सकती हूँ—यदि तुम एक आज़ाद औरत के सौन्दर्य को जान सको तो जीवन भर उसके लिए तड़पते रहोगे और एक बेहतर इनसान बनते चले जाओगे और तुम्हारी और इस पूरे समाज की मुक्ति के रास्ते कुछ और सुगम हो जाएँगे।[9] इसी आज़ाद स्त्री की छवि, कविता, हॉकी खेलती लड़कियों में उभरती है—

लड़कियाँ
पेनाल्टी कार्नर मार रही हैं
लड़कियाँ पास दे रही हैं
लड़कियाँ 'गोल-गोल' चिल्लाती हुई
बीच मैदान की ओर भाग रही हैं
लड़कियाँ एक-दूसरे पर ढह रही हैं
एक-दूसरे को चूम रही हैं[10]

'पेनाल्टी कॉर्नर मारती, खुलकर हँसती लड़कियाँ' हमारे समाज में सपने जैसी हैं। बाप-भाई की कड़ी निगरानी के बाहर, समाज की थोथी मान्यताओं को धता बतातीं वे अपना स्पेस ढूँढ़ लेती हैं। कात्यायनी इस बिम्ब को अपनी कविता का अविस्मरणीय बिम्ब बनाकर प्रस्तुत करती हैं। वे मानती हैं कि हमारे देश में भी परिवार के पितृसत्तात्मक ढाँचे की रागात्मकता लगभग नष्ट हो चुकी है क्योंकि यह पारिवारिकता पूँजीवादी ढाँचे पर टिकी है जिसमें साधन और सम्पत्ति पर स्त्रियों का स्वामित्व लगभग नदारद है। ऐसे परिवार के प्रति उनका कोई मोह नहीं है।

सम्बन्धों और संस्थाओं की मार्क्सवादी व्याख्याओं के बीच, मातृत्व का सम्बन्ध ही ऐसा है जो जीवन में गुड़ की डली-सा घुलता जाता है। 'सात भाइयों के बीच चम्पा' संकलन में कुछ कविताएँ माँ-बेटे के अनूठे सम्बन्ध पर हैं। प्रसव पीड़ा का सुख-दुख और फिर बच्चे के भोलेपन की साझेदारी, बीमारी में उसे लेकर छोटी-छोटी दुश्चिन्ताएँ, बच्चे को बड़े होते देखना माँ के मन की सबसे स्पृहणीय स्मृतियों में होता है, यहाँ कात्यायनी उसे कविता का सहज अंग बना लेती हैं। नीलेश रघुवंशी की मातृत्व से सम्बद्ध कविताओं जैसा बतरस तो यहाँ नहीं है, फिर भी इन कविताओं का स्वर आकर्षित करता है। बच्चों का अपने आसपास के प्राणी जगत से जो नाता है (कुत्ते-बिल्ली के प्रति स्नेह) उसमें परिवेशगत भागीदारी का सक्रिय सामाजिक पाठ भी शामिल है यानी कात्यायनी की कविता का लगभग हर पक्ष अपने समाज

के प्रति सजग दायित्वबोध से निखरता है।

यह आश्चर्य नहीं कि उनकी कविता में स्त्री अस्मिता के सवाल वर्ग चेतना से जुड़ जाते हैं। इस रूप में स्त्री की सामाजिक उपस्थिति किन्हीं मायनों में स्त्री बौद्धिकता की प्रतिष्ठा का एक रूप है। कात्यायनी यह मानती रही हैं कि वर्ग-चेतना, 'हमारे सामाजिक स्वत्व का आधार है।' उसे प्राप्त करना, अपने स्त्रीत्व को पुन:परिभाषित करने की प्रक्रिया है। वे कहती हैं, "स्त्रियों की पूर्ण मुक्ति तो पूँजी के पाश से सामाजिक मुक्ति के बाद ही सम्भव है लेकिन मैं उस स्त्री को देख रही हूँ जो चूल्हे-चौके और पारिवारिक दासता की बेड़ियों को झटककर मुक्तिकामी संघर्षरत लोगों की कतारों में अपनी जगह बना रही है, जो जड़ीभूत मान्यताओं, रूढ़ियों और संस्कारों से मुक्त होकर स्त्रीत्व को पुन:परिभाषित कर रही है।"[11]

'इस स्त्री से डरो', 'त्रिया चरित्रं पुरुषस्य भाग्यम्...', 'एक असमाप्त कविता की अति प्राचीन पांडुलिपि', 'एक भूतपूर्व नगरवधू की दुर्गपति से प्रार्थना' आदि कविताओं में स्त्री की स्थिति को लेकर जो आक्रोश है, वह धीरे-धीरे परिपक्व गम्भीरता में बदलने लगता है। 'जादू नहीं कविता' संकलन में शामिल 'अन्ततः स्वीकार' कविता में कवयित्री नए सिरे से अपने स्त्रीत्व को स्वीकार करते हुए, समझौतों की दुनिया को अस्वीकार कर देती है।

मुझे अपना स्त्रीत्व स्वीकार है
स्वीकार है जीना
न मरने के लिए
कि कल हो इस तरह जीने से
अस्वीकार,
इस तरह मरने से अस्वीकार [12]

अस्वीकार की उम्मीद में चुनौतियों को स्वीकार लेना, कात्यायनी की कविता का स्त्री-धर्म है। उनकी कविता का स्त्री-पक्ष मजबूरियों का इतिहास न होकर चुप्पियाँ तोड़ने का संकल्प है—

ऐसा किया जाए कि
एक साज़िश रची जाए

बारूदी सुरंगें बिछाकर
उड़ा दी जाए
चुप्पी की दुनिया। [13]

प्रतिबद्धता : एक सम्भावना

कात्यायनी की कविताएँ जिस गहरी सामाजिक प्रतिबद्धताओं से जन्म लेती हैं उसमें वाम विचारधारा का विशेष स्थान है लेकिन समाजवाद के विघटन के बाद कविता और विचारधारा का अन्त:सम्बन्ध हर क्षण नई कसौटियों की सान पर चढ़ाया जा रहा है। कुछ हद तक यह समय ऐतिहासिक विपर्यय का समय भी है जहाँ प्रगति और प्रतिक्रिया के बीच की विभाजक रेखाएँ धुँधली पड़ने लगी हैं और सामाजिक चिन्ताएँ, एक बड़े सांस्कृतिक उद्योग में परिवर्तित होने लगी हैं। ऐसे समय में अपने समय की संशयात्माएँ समाज पर एकाधिकार कर सबको दिग्भ्रम की जिन स्थितियों की ओर धकेल रही हैं, उसमें बड़े-बड़े क्रान्तिकारी कवि भी स्वयं को अकेला पाकर स्वेच्छा से नेपथ्य का अन्धकार चुन रहे हैं, लेकिन कात्यायनी ने अपने भीतर की क्रान्तिधर्मी चेतना से समझौता नहीं किया है। सुविधाजीवी सुखभोगवाद व सत्ता के तिलिस्म को बेधकर परिवर्तन की सम्भावना आज भी उनकी कविता व जीवन की संचालक है जो साहित्य की दुनिया में उनकी उपस्थिति को गम्भीर सामाजिक आन्दोलन का रूप देती हैं। "मैं अन्तिम साँस तक हृदय और गले की पूरी ताक़त से चीख़कर कहना चाहूँगी कि मैं ईमानदारी से तभी तक रचना कर सकती हूँ जब तक ईमानदारी से राजनीतिक-सामाजिक मोर्चे पर लगी रहूँ। मेरे लिए वह सबसे बड़ा रचना-कर्म है।"[14] यह अकारण नहीं है कि सामाजिक विडम्बनाओं के चित्रण में कात्यायनी की दृष्टि बहुसंख्यक आम लोगों के जीवन की साधारण लगने वाली घटनाओं को पिरोकर हाशियाकृत जन-समाज के जीवन का महाख्यान रचती है। उनकी निगाह केवल अपने आसपास के छोटे-बड़े दुख-सुख तक ही सीमित नहीं है, विश्व की वे तमाम हलचलें उसमें शामिल हैं जो अमरीकी पूँजीवाद की रोशनियों के बरक्स फिलीस्तीन-अफगानिस्तान, अफ्रीकी और लातिन अमरीकी देशों के अँधेरे अध्याय रच रही हैं। भूमंडलीकृत सामाजिक, आर्थिक संरचनाओं के विरोध में वे मुक्तिबोध सरीखी समाजवादी तर्कशीलता को नए सिरे से उपजाती हैं।

कहीं कोई धमाका होता है
और आसमान से
रोशनी के फव्वारे
फूटकर झरने लगते हैं
चौंककर
फिर नज़र डालती हूँ
प्रतीक्षारत
रहस्यमय
सघन अँधेरे विस्तार पर[15]

स्याह अँधेरों के बीच रोशनी के झरने का संकेत समकालीन कविता में लगभग चार दशक के बाद भी मुक्तिबोधीय अपराजेय आशावाद व रक्तालोक स्नात पुरुष की संकल्पधर्मिता को पुनर्जीवित करता है। इस अर्थ में ये कविताएँ सामाजिकबोध की ही नहीं सामाजिक सम्भावनाओं की रचनाएँ हैं।

अपने पहले कविता संग्रह से ही कात्यायनी ने इस सामाजिकबोध को अपनी कविता की ताक़त में रूपान्तरित किया। 'सात भाइयों के बीच चम्पा' में अनेक ऐसी कविताएँ मिल जाएँगी जिनमें कवयित्री ने सामाजिक विडम्बनाओं से सीधे भिड़ंत की बात कही है। समाजवाद के पतन का दर्द, आदर्शवादी सपनों को मिटा दिए जाने की पीड़ा में शामिल है लेकिन इन स्थितियों को झेलते हुए, कात्यायनी की कविता का निर्णायक स्वर उनके प्रतिरोध में है।

जब हम गाते हैं तो वे डर जाते हैं
वे डरते हैं हमारे गीतों से
और हमारी चुप्पी से भी [16]

कवयित्री ने साहित्यिक सेंत-मेत का विरोध करते हुए आम आदमी की ताक़त में अपना विश्वास जताया है। बौद्धिक वर्ग की निष्क्रियता इस स्थिति के लिए जितनी उत्तरदायी है उतना ही दायित्व उस उतर-आधुनिक नव-पूँजीवाद का भी है, जो इतिहासबोध और विचारधारा के अन्त की घोषणाएँ करता हुआ पूरे समय और समाज पर काबिज हो गया है। कवयित्री साहित्य की उस परम्परा को जीवित रखना चाहती है जो ताल्स्तॉय, नेरुदा, लोर्का, नाज़िम हिकमत के साहित्य में उभरती है। इन रचनाकारों की अपने समय और समाज से जैसी साझेदारी है कवयित्री उसे ही अपने साहित्य का आदर्श मानती हैं।

'जादू नहीं कविता' काव्य संकलन के विषय में मंगलेश डबराल की एक टिप्पणी कात्यायनी के समस्त काव्य-कर्म को परिभाषित करती है। वे लिखते हैं, "'जादू नहीं कविता' में हमें कात्यायनी की संवेदना के सभी तत्त्व अत्यन्त सक्रिय दिखते हैं और उनकी सोद्देश्यता यह है कि वे सामाजिक-राजनैतिक परिवर्तन की प्रक्रिया को सक्रिय करते हैं। इस कविता में तमाम सरोकारों और संवेगों को प्रेम, दुख, क्रोध, विक्षोभ, शोक, व्यंग्य और विडम्बना की यथास्थिति के विरोध में बनते हुए औज़ारों और हथियारों की तरह हम महसूस कर सकते हैं।"[17]

फ्रांसिस फुकोयामा के विरोध के लिए कवयित्री ने व्यंग्य को ही हथियार बनाया है। इतिहास और विचार के अन्त की घोषणाएँ करने वाले फुकोयामा कवयित्री के निशाने पर हैं, रुग्ण मानसिकता के प्रतिनिधि बनकर—

'इतिहास का अन्त'–जब वे कहते हैं
उनका मतलब

हमारे सपनों की मृत्यु से होता है
हमारे सपनों की
मृत्यु ही हो सकती है
उनके बीमार वर्तमान की अमरता [18]

कात्यायनी की सामाजिकता जिस उग्रता से इन निष्कर्मक विचारों पर प्रहार करती है उतनी ही संवेदना से अपनी कविता में कुछ चेहरों का कोलाज बनाती हैं। 'पौरुषपूर्ण समय में' यह कविता अलग-अलग लोगों की कविता बन जाती है—'सहिष्णु आदमी की कविता', बूढ़े आदमी..., अनिद्रा के रोगी..., रात के संतरी..., सपना देखने वाले...,कालयात्री, भुलक्कड़, दुखी आदमी, आलोचक, अन्वेषक, आशावादी नागरिक, फाँसी की सज़ा पाए व्यक्ति की, वकील की, पर्दा उठाने-गिराने वाले की, स्टेज लाइटिंग करने वाले, प्रोम्पटर की कविता...। इन सबकी कविता उनकी जीवनगत विडम्बनाओं का सामना है। ये सनद देती रहती हैं कि सामाजिक जीवन की राहें एक-दूसरे के घर से होकर जाती हैं। कोई नितान्त अकेला नहीं, इसलिए तटस्थता और निरपेक्षता किसी बड़ी त्रासदी के बनने की सूचना है। इन त्रासदियों का विकल्प अपनी मजबूरियों से बाहर निकल आने से ही सम्भव होगा। जिन साफ़ कहने वालों को विंग के पीछे धकेल दिया गया है, उन्हें फिर से सामने लाना होगा। बहुत प्यार भरे आत्मीयता के क्षणों का संधान भूल गए रिश्तों में नई जान डाल देगा। कात्यायनी जब एक ही संरचना को अलग-अलग कोणों से देखती हैं तो पूरी तस्वीर बनती हैं। इसलिए यहाँ सज़ायाफ़्ता की कविता है तो जज और वकील की भी। इसी तरह नाटक के प्रोम्पटर, लाइटमैन और पर्दा उठाने-गिराने वाले की भी कोशिश है कि किसी सच को इन्सानी नज़रिए से पा जाएँ। 'बुजुर्ग राहगीर की कविता' की पंक्तियाँ टूटे दिलों के खोए रास्ते तलाशने की कोशिश है—

खुदाइयों के बाद
घरों का इतिहास तो निकल आता है
पर टूटे हुए दिलों
और खोए हुए रास्तों का नहीं
इसलिए मेरे बच्चो
राहें भटकनी नहीं चाहिए भरसक
न ही दिल टूटने चाहिए
हमेशा के लिए [19]

ये सभी कविताएँ संवेदना के क्षरण के ख़िलाफ़ उठती आवाज़ हैं। इसके साथ-साथ उभरते कुछ और चेहरे हैं उद्योगों में काम करने वाले बच्चों के, रामधनी

भड़भूँजे, कुली का काम करने वाले, अपने बेटे की पूरब में प्रतीक्षा करती स्त्रियों के, सड़कों पर प्रदर्शन करते साथी कॉमरेडों के, पुलिस के आतंक के, बुद्धिजीवी बहसों के, घोर यथार्थवादी व्यावहारिक लोगों के और बचपन के किसी साथी के। बदलते ज़माने में बहुत कुछ टूटने-दरकने की आहट इन कविताओं में है तो उन सपनों की भी जो भविष्य की सम्भावना हैं।

आगत की आहट होंगे सपने
हमारी नज़र की रोशनी होंगे
रौनक होंगे हमारी चाहतों के
सपने
और हँसी की चमक होंगे
सपने निर्माण की योजना होंगे[20]

देश की राजनीति से कविता की राजनीति तक

देश की राजनीति से लेकर कविता की राजनीति तक कात्यायनी अपने वैचारिक आग्रहों के साथ एक पोज़ीशन लेती हैं। यह राजनीति और साहित्य दोनों के लिए ही निर्णायक क्षण है, क्योंकि इसमें ढुलमुल समझौतों से भरी दुरभिसंधियों को नकारकर अपनी पक्षधरता तय की जाती है। उनका मानना है कि "राजनीति की पैठ तो जीवन में सार्वत्रिक होती है। अराजनीतिक कविता की भी एक राजनीति होती है। जो लोगों को अराजनीतिक बनाते हैं, वे लोगों को सामाजिक बदलाव में सक्रिय भूमिका निभाने से रोककर शासक वर्ग की राजनीति की सेवा करते हैं, क्योंकि सामाजिक बदलाव की मुख्य रणभूमि राजनीतिक अधिरचना ही होती है।"[21] उन्होंने कविता की दुनिया में स्वयं को प्रमुखतया राजनीतिक कार्यकर्ता ही माना। इस यात्रा में जो अनुभव उन्होंने बटोरे उसी को कविता में कच्चे माल की तरह प्रयोग किया लेकिन इसे वे जिस गहराई और ईमानदारी के साथ करती हैं वह उनकी काव्यात्मक संवेदना को एक अन्य धरातल पर अवस्थित करता है।

आज हम जिस कठिन समय से गुज़र रहे हैं कात्यायनी उस समय को 'राख और अँधेरे की बारिश' का समय मानती हैं। साम्प्रदायिक फासीवादी शक्तियों ने मिलकर ऐसा समय रचा है। सन् 2002 में गुजरात में हुई हिंसा इन ताक़तों द्वारा मानवीय सद्‌भाव को ग्रस लेने की चरम स्थिति है। चारों ओर उत्पातियों का प्रकोप जिस तरह मानवता और मूल्यों की हत्या कर रहा था कात्यायनी अपनी पूरी ताक़त से उसका विरोध करती हैं। उन्होंने इस हिंसा के विरोध में अनेक कविताएँ लिख-लिखकर लगभग साहित्यिक अभियान छेड़ दिया। वे मानती हैं ऐसा उन्होंने मात्र राजनीतिक दायित्व के निर्वाह की प्रेरणा से नहीं किया बल्कि 'सच्चे कवि मन की

दुर्निवार नैतिक विकलता' से प्रेरित होकर किया। जनवरी, 2004 में प्रकाशित काव्य संकलन 'राख और अँधेरे की बारिश में' प्रतिरोध की कविताओं से रचा गया है। इन कविताओं में ऐसी बहुत-सी रचनाएँ हैं जो उस समय हुई हिंसा के ब्योरे देती हैं—

धुआँ और राख और जली-अधजली लाशों
और बलात्कृत स्त्रियों-बच्चियों और चीर दिए गर्भों
और टुकड़े-टुकड़े कर दिए गए शिशु-शरीरों के बीच
कुचल दी गई मानवता, चूर कर दिए गए विवेक और
दफन कर दी गई सच्चाई के बीच
संस्कृति और विचार के ध्वंसावशेषों में
कुछ हेरते, भटकते
रुदन नहीं, सिसकी की तरह
उमड़ते रक्त से रुँधे गले से
बस निकल पड़ते हैं नाज़िम हिकमत के ये शब्द
'आह, मेरे लोगो'[22]

गोधरा 1992 में शुरू हुए उन्माद की परिणति है, कवयित्री ने उसका भी वर्णन किया है—

रथों पर सवार, रामनामी दुपट्टा ओढ़े, धर्मध्वजा उड़ाते आए वे
एक विचारहीन, पशुवत, सम्मोहित भीड़ लिए हुए अपने पीछे
अयोध्या का अर्थ और बोध बदलते हुए।[23]

इन वर्णनों की आक्रामक भावात्मकता केवल वर्णन-विवरण में अपनी मुक्ति नहीं तलाशती बल्कि उस युग-यथार्थ से मुठभेड़ के लिए अपने कवि-साथियों का आह्वान करती है, अपनी भूमिका निर्धारित करती है और तटस्थता का ढोंग रचते साहित्यिकों को कठघरे में खड़ा करती है। उसकी दायित्व-मुक्ति केवल प्रतीकात्मक विरोध के बहस-मुबाहिसों में सम्पन्न नहीं होती, उस निर्णायक युद्ध में वे अपने से सवाल करती हैं—

हम मानवता के शिल्पी, हम जन-संस्कृति के सर्जक-सेनानी,
क्या कर रहे हैं इस समय?
क्या हम कर रहे हैं आने वाले युद्ध की दृढ़निश्चयी तैयारी?[24]

इन कविताओं में 'रचना' अपने समय और समाज की नृशंस कार्यवाहियों में सक्रिय हस्तक्षेप की तरह शामिल है। जैसा कवयित्री ने स्वयं स्वीकार किया है, राजनीति उनके कवि-धर्म का स्वभाव है। वे अपनी पहचान इसी से जोड़ती हैं लेकिन

यह भी ध्यान देने की बात है कि राजनीति यहाँ कविता की शर्तों पर शामिल है, एक नारे के रूप में नहीं। कात्यायनी ने लिखा है,यदि नारे या लीफलेट की भाषा में लिखना हो तो वही लिखना चाहिए, कविता नहीं। "कविता के साथ राजनीति की एक सुनिश्चित समझ और ज़्यादा से ज़्यादा सचेतन और मज़बूत होनी चाहिए। पर राजनीति कविता की संरचना और बनावट-बुनावट में दिखती रहे तो कविता कुरूप हो जाती है। राजनीति वहाँ जीवन और प्रकृति की नैसर्गिकता की तरह होनी चाहिए। बेशक कहीं-कहीं उसे प्रत्यक्ष भी होना चाहिए। आख़िरकार जीवन भी तो ऐसा ही होता है।"[25] राजनीति को कविता की आन्तरिक संरचना में अनुस्यूत कर प्रस्तुत करना इन कविताओं का उद्‌देश्य है।

सीधी राजनीतिक गतिविधियों से जुड़ी हुई कुछेक कविताएँ भी हमें इस रचना संसार में मिल जाती हैं जैसे 'सदी के अन्त में पूर्वजों का आह्वान' जो कम्युनिस्ट घोषणापत्र की 150 वर्षगाँठ पर विगत सर्वहारा क्रान्तियों को याद करते हुए लिखी गई। एक अन्य कविता है, 'गाओ! गाने की पुनर्जाग्रत अदम्य ललक और दुर्निवार आवश्यकता के साथ गाओ!' यह कविता देहाती मज़दूर यूनियन की बिरहा टोली में शामिल कॉमरेडों की बेटियों को सम्बोधित करते हुए लिखी गई।

गाओ मेरी नन्ही साथियो,
फेफड़ों की पूरी ताक़त से
सीनों पर पड़ी चट्टानों को धकेलते हुए गाओ[26]

ऐसी सभी कविताओं में कात्यायनी ने अपनी गहन संवेदना के बल पर कविता को सतही होने से बचा लिया है।

सोवियत संघ के विघटन से विश्व राजनीति का एकतरफ़ा ध्रुवीकरण आरम्भ हुआ। अधिकांश प्रगतिवादी या जनवादी कहे जाने वाले कवियों की कविताओं का क्रान्तिकारी स्वर मद्धिम पड़ गया लेकिन कात्यायनी ने अपनी काव्यचेतना में परिवर्तन के प्रति अपनी आस्था को खंडित नहीं होने दिया। वे वैज्ञानिक तर्कशीलता पर टिकी मार्क्सवादी विचारधारा में शिद्दत से विश्वास करती हैं और इसी स्तर पर पाठक की मानवीय चेतना को झकझोरने का प्रयत्न भी। कात्यायनी के लिए मनुष्य होने की परिभाषा संघर्ष की शर्त से होकर गुज़रती है। लड़े बिना जीना, जीना ही नहीं है—यह वैचारिक पक्षधरता जिस रूप में शोषित-पीड़ित जन समाज की स्थितियों को बदलने के लिए उठ खड़ी होती है, वह जनवादी कविता का नया अध्याय रचती है। उनका दृढ़निश्चय है कि कविता और राजनीति के बीच जो परस्पर सन्देह का सम्बन्ध है, वह बदल सकता है। उस स्थिति को वे उच्च समाजवाद की स्थिति के रूप में देखती हैं जब श्रम विभाजन से पैदा हुआ 'एलिएनेशन' समाप्त हो जाएगा तब राजनीति और कविता के बीच जो संतुलन स्थापित होगा, उससे 'कविता के

दिन आएँगे' भले ही इसमें शताब्दियाँ बीत जाएँ पर ऐसे दिन आएँगे ज़रूर, कवि-मन में ऐसा विश्वास है।

कविता और भाषा : अमूर्तन के विरुद्ध

"वे जो भाषा को बदलकर, शब्दों को मनमाने अर्थ देकर हमसे चीज़ों की पहचान छीनने की कोशिश कर रहे हैं, इतिहास उन्हें भीषण शाप देगा। लोक-स्मृतियाँ तो फिर भी रहेंगी। कविता तो फिर भी रहेगी और वे शापित लोग जब कभी सपनों की घाटी में जाना चाहेंगे, सरहदों पर उन्हें रोक दिया जाएगा। उनके पास पारपत्र नहीं होंगे। तब वे कविता की ज़रूरत महसूस करेंगे, पर अवश होंगे। वे भटकते रहेंगे और विस्मृति में, पागलपन में, कहीं भी उन्हें शरण नहीं मिलेगी।"[27]

कविता और भाषा पर कात्यायनी की डायरी में दर्ज यह टिप्पणी उनकी सोच की असाधारणता का प्रमाण है। ये पंक्तियाँ मेरी बहुत प्रिय पंक्तियाँ हैं क्योंकि आज के दौर में जब साहित्य के बड़े बाज़ार में कविता की ख़रीद-फरोख़्त जारी है तब कविता की सामाजिक भूमिका में विश्वास करने वाली कवयित्री मानो इन शब्दों में कवियों और बिक्री संस्थानों को चेतावनी दे रही है। स्थितियों को बदलने की चाह में कात्यायनी एक-एक कर जिन गाँठों को खोलती हैं कविता सम्बन्धी उनका चिन्तन उसमें सबसे ज़रूरी है जो डायरी के पन्नों और बहुत-सी काव्य-पंक्तियों में दोहरा-दोहरा कर आता है।

समय के हर दौर में संवेदना और विचार के अनेक स्तरों पर कविता अपने युगीन-यथार्थ से संवाद बनाती है। जहाँ सारे रास्ते बन्द हो गए दीखते हैं वहीं किसी छोटी-सी पगडंडी को थामे हुए कविता दिल तक रास्ते बनाती है। कात्यायनी के यहाँ संकट इससे गहरा है। पूँजीवादी ताकतों के संघटन से हमने एक ऐसे लोकतांत्रिक दौर में प्रवेश किया है जहाँ लगातार आम आदमी की ज़रूरतों और अधिकारों की कतर-ब्योंत चल रही है। खोखले शब्दों के मुलम्मे चढ़ाकर जनवाद को बाज़ार की भेंट कर दिया गया। भूमंडलीकरण से पैदा नवउदारवाद, बाज़ारवाद का दर्शन है, जिसकी मूलचेतना कविता के प्रतिपक्ष में है। यह सत्ता की चाटुकारिता से पनपता पूँजीवादी साम्राज़्य का नया संस्करण है, कविता की उपस्थिति अनेक संशयों से भरी है।

दो कवि थे
बचे हुए अन्त तक।
इस वर्ष।
इस तरह जितने कवि थे
सभी पुरस्कृत हुए।

और कविता ने खो दिया
सबका विश्वास।[28]

कात्यायनी कविता के प्रति विश्वास लौटा लाने को प्रतिबद्ध हैं। इसलिए उनके यहाँ कविता या कला के उद्देश्य की बहस नया रूप धरती है। प्रेमचंद ने साहित्य की सोद्देश्यता की जो मशाल जलाई थी वह मुक्तिबोध के लिए कविता का नया आत्मसंघर्ष बनकर उपस्थित हुई और अब कात्यायनी के यहाँ उस पर फिर से बहस छिड़ी हुई है। 'कला, कला के लिए' जैसे जीवन निरपेक्ष चिन्तन को निरस्त करते हुए वे कविता के चमत्कारी, जादुई स्वरूप का निषेध करती हैं। उनके अनुसार कविता को मामूली ज़रूरत की चीज़ होनी चाहिए जैसे कि 'आँसू पोंछने के लिए रूमाल या बागवानी के लिए खुरपी...।' वे अपने कवि कर्म को बयान करते हुए कविता को 'आम फहम' बनाने की कोशिश करती हैं—(मंगलेश डबराल ने इसे ही कात्यायनी के सभी रचना-प्रयासों का मोटो कहा है)

स्मृति स्वप्न नहीं।
आशाएँ भरम नहीं।
कविता मिथ्या नहीं।
कविता जादू नहीं।
सिर्फ़ कवि हम नहीं।[29]

अपनी डायरी के पन्नों में कात्यायनी ने कविता की प्रकृति पर कुछ और प्रविष्टियाँ की हैं। उनका मानना है कि कविता की प्रकृति वर्चस्व विरोधी है, वह निजी स्वामित्व के ख़िलाफ़ है, ठीक वैसे ही जैसे कि सच्चे कवि को होना चाहिए। कविता राजसत्ता को समझने का औज़ार है। इसलिए उसे रहस्यमय बनाना, उसे सत्ता के पक्ष में खड़ा करना होगा, जबकि उसे विद्रोही बनाना, उसे विद्रोह के पक्ष में खड़ा करना है। कात्यायनी की कविताएँ विद्रोह की इसी सतत आकांक्षा को वहन करती हैं—

पुरानी नहीं पड़ती हैं बातें कभी भी
इंकलाब के बारे में।[30]

कात्यायनी की कविताओं में जहाँ सत्ता और कवि, पुरस्कारों की साहित्यिक उठा-पटक, आलोचक और कवि की अनैतिक दुरभिसंधियों का विरोध है, वहीं बड़े सहज भाव से साधारण लोगों के सपनों से उनकी साझेदारी भी है।

लोग जिनसे शब्दों के अर्थ छीने जा रहे हैं
लोग जिनकी कल्पनाओं को गिरफ़्तार किया जा रहा है,
वे पूरी दुनिया एक-दूसरे के

क़रीब आएँगे ज़रूर
क्योंकि उनकी तकलीफ़ों की साझेदारी
अब ज़्यादा से ज़्यादा साफ़ होती जा रही है।
तमाम देशों के तमाम आम लोगों तक
पहुँचेगी कविता
अलग-अलग रास्तों से होकर
अलग-अलग भेस में
और बताएगी उस सबसे सुन्दर दुनिया के बारे में
जो अभी भी हमने देखी नहीं है। [31]

इस कविता की भागीदारी में केवल आम आदमी के सपनों की साझेदारी ही नहीं उसकी भाषा की सहभागिता भी है। जो भाषा कविता को बारीक़ कसीदाकारी से अमूर्त करती जाती है, वह जीवन से सम्बन्ध खो बैठती है। 'चिन्तन चमत्कारी उनका जीवन है जादुई' जैसी कविताओं में उन कवियों के अकेलेपन का ज़िक्र है जो अपनी कला की दुनिया में अप्रतिम, अद्वितीय होते जाने के साथ जन-साधारण से अपना सम्बन्ध तोड़ लेते हैं। कात्यायनी की कविता में ऐसे कवियों का कोई सम्मान नहीं। जिस कविता का जीवन से और जिस शब्द का अर्थ से सम्बन्ध विशृंखल हो चुका है। कवयित्री उन दोनों के प्रति सावधान करती है।

अन्त हो जाएगा
मनुष्य
और उसके
समस्त कृतित्व का,
शब्दों को छोड़कर।
शब्द मँडराएँगे
पूरी पृथ्वी पर
ढूँढ़ते हुए मनुष्य का
शिकार करने के लिए [32]

शब्दों के छद्म को तोड़कर कात्यायनी ने जिस भाषा में कविता रची है वह सीधी जन भाषा है। कुछ आलोचकों ने उनकी राजनीतिक भागीदारी तथा कविता के इस भाषायी तेवर को लेकर उनकी कविता में सधाव की कमी को लक्षित किया है। अनेक स्थलों पर उनकी कविता में वैचारिक मुहावरे सीधे रूपान्तरित होते हैं लेकिन इस सबके बावजूद भी उनकी वैचारिक ऊर्जा जिस भावात्मकता से निर्देशित होती है वह स्वयं कविता की लय में ढल जाती है। बारीक़ पच्चीकारी में यूँ तो कवयित्री का विश्वास नहीं है लेकिन जिन दूरस्थ तत्त्वों या भाव स्थितियों को कविता में साथ-साथ

उतारा जाता है वह भाषा की पारदर्शिता को अतिरिक्त आयाम देती हैं। लगभग प्रत्येक काव्य-संकलन के शीर्षक में ही इस कवि स्वभाव को लक्षित किया जा सकता है।

दोस्ती, प्रेम और कॉमरेडशिप

क्रान्ति वही ला सकता है जो सपने देखता है और सपने वही देखता है जो प्रेम करता है। कात्यायनी की कविता में क्रान्ति का सपना बुना हुआ है और इस सपने में गुँथा है—प्रेम, लेकिन यह प्रेम कुछ-कुछ फ़ैज़ की कविताओं जैसा है जो अलकों-पलकों की गहराई में डूबा हुआ न होकर, गहरी दोस्ती और कॉमरेडशिप में पनपता है। प्रेम, प्रकृति और जीवन की सहजता को उन्मुक्तता से पाने और जीने की ललक इन भावों में नए रंग भर देती है। इस इश्क़ में न दुनिया भुलाई जाती है, न अँधेरे। समय के अँधेरों को चीरते हुए साथ-साथ दिलों को रोशन करना और यह महसूस करना कि इस संघर्ष यात्रा में यहाँ न होते तो कहाँ होते। 'विदा', 'एक दिन तुम आना', 'यदि हम यहाँ न होते', 'मन उदास है आज', 'जीना मरना', 'आम आदमी का प्यार', 'पुराना पड़ा प्यार', 'निविड़ तिमिर में' आदि कविताएँ हमें कात्यायनी की कविताओं में प्रेम की परिकल्पना से रूबरू कराती हैं।

निविड़ तिमिर से
आच्छादित उस मौन रात्रि में
हम-तुम
उस सुदूर घाटी में
कसबे से बाहर पुलिया पर
बैठे थे घंटों से चुप, सोच रहे थे
हाथ में हाथ दिए हुए

× × ×

उसी रात आत्मसन्तुष्ट कसबे से बाहर
हम लौटे थे जन में नई आस्था लेकर

× × ×

नया प्यार पाने को
हम तुम साथ चले थे[33]

प्रेम की इस परिकल्पना से आगे बढ़कर कवयित्री ने कुछ छोटी-छोटी कविताओं में प्रेम की परिभाषा दी है।

प्यार
एक चिन्दी पर दर्ज

पीड़ित अन्तःकरण के
आयतन की
नाप! [34]

शत्रुतापूर्ण माहौल में कोमल संवेदना के एक भाव की तरह जिस-जिस को बचाया जा सकता है प्रेम उन्हीं में से एक है। प्यार, कविता और विवेक, कात्यायनी इन तीनों को एक पंक्ति में रखती हैं। कहीं-कहीं सीधे प्यार की बात नहीं की गई है लेकिन जीवन के प्रति उन्मुक्त रवैया उसे प्रेम के नज़दीक ले जाता है।

बस एक इच्छा
ख़ूबसूरत-सी
कि एक ही सिगरेट पिएँगे बाँटकर
कॉमरेडों के साथ रातभर
और वह ख़त्म न होगी [35]

इस कविता में जिस कॉमरेडशिप की बात की गई है, क्रान्ति के साये में वही प्यार है। इन सब रचनाओं में सहज-जीवन के प्रति आग्रह है और भीतर ही भीतर न झुकने, न मानने की हठ—

मौत की दया पर
जीने से बेहतर है
ज़िन्दा रहने की ख़्वाहिश
के हाथों मारा जाना! [36]

यह स्वप्नशीलता, परिवर्तन की आकांक्षा, सिर उठाए खड़े होने का हौसला, यह सब कवयित्री की जीवन-दृष्टि में अनुस्यूत है। जीवन के प्रति सकारात्मक भाव से ऐसी आशा बँधती है। आज जिस विडम्बनापूर्ण समय में हम जी रहे हैं उसमें इस आस्था को बचाए रखना स्पृहणीय है। समकालीन कविता के परिदृश्य से ऐसे स्वर लगभग लुप्त हो गए हैं। इसके बाद भी और इसके बावजूद भी कात्यायनी अपनी कविता में इसे जीवित रख सकी हैं, यह सत्य उनकी कविता को ऊसर समय की सम्भावना के रूप में प्रतिष्ठित करता है। प्रकृति के कुछेक बिम्ब भी इसी भाव के निकट हैं, जैसे—

ऊपर आसमान की ओर
सिर उठाए
तने खड़े हैं
हँसते मुस्कुराते, हिलते-गाते
नन्हे पौधे फूलों के। [37]

उन्होंने कुछ कविताएँ,कवि त्रिलोचन के नाम भी लिखी हैं। शब्दों की निश्छलता इन कविताओं में झाँकती है। ये कविताएँ जीवन का गीत हैं और जीवन की गति भी। कहीं पंडूक युगल का वर्णन है, कहीं जल के तल में विह्वल जीवन की छवि, कहीं जल के बीच लिली का खिल आना...। उत्कट जिजीविषा और प्राणवत्ता से भरी कविता कात्यायनी के कवि-स्वभाव की पहचान हैं। प्रेम हो या प्रकृति या जीवन की उन्मुक्तता के सहज बिम्ब, सभी में इस कवि-स्वभाव को लक्षित किया जा सकता है।

स्त्री-कविता और कात्यायनी

स्त्री-कविता में कात्यायनी की उपस्थिति इस अर्थ में विशिष्ट है कि उनकी तरह सक्रिय राजनीति पर सम्भवत: किसी अन्य स्त्री रचनाकार ने कविताएँ नहीं लिखीं। सुरेश सलिल ने अवश्य ही उन्हें सुभद्रा कुमारी चौहान की परम्परा से जोड़कर देखा है लेकिन आज़ादी के बाद के जिस क्रूर समय की साक्षी कात्यायनी की कविताएँ हैं उसमें वे न केवल कवि की हैसियत से अपनी भूमिका निभाती हैं बल्कि सामाजिक-राजनीतिक कार्यकर्ता के रूप में भी सत्ता के तंत्र से लोहा लेती हैं। यह एक 'वजूद वाली स्त्री' का प्रतिकार है जो ऐसी शक्तियों के समझौतों और दुरभि-संधियों को बेनकाब करने का बीड़ा उठाए आगे बढ़ रही है जिनके कारण आम आदमी का जीवन कारुणिक त्रासदियों का एकालाप बन गया है। कात्यायनी की कविता, पूँजीवाद, फासीवाद व साम्प्रदायिक ताक़तों के संघटन पर आक्रामक प्रहार करती है और यह स्वर स्त्री-कविता में अत्यन्त विरल है।

अपनी कविता के विषय में कात्यायनी ने एक अत्यन्त सार्थक टिप्पणी की है जब्र वे कहती हैं, "जिस हद तक यह पौरुषपूर्ण समय है, उस हद तक मेरी कविता उसका प्रतिकार करने वाली हठी स्त्री की कविता है।"[38] स्त्री-कविता की अवधारणा पर विचार करते हुए कात्यायनी ने कहा था कि स्त्री-जीवन के विविध पक्षों, उसके अनुभव-एहसासों से जुड़ी उस कविता को ही स्त्री-कविता मानना चाहिए जो स्त्री रचनाकारों ने लिखी हैं, यानी कात्यायनी के नज़दीक 'स्त्री-दृष्टि' उनकी सामाजिक सम्पृक्ति भरी कविताओं में भी लक्षित की जा सकती है। मंगलेश डबराल ने लिखा भी है—"उनमें एक उत्पीड़ित मनुष्यता का संघर्ष है जिसे एक स्त्री के शिल्प में व्यक्त किया गया है..."[39] कात्यायनी मार्क्सवाद और स्त्रीवाद का जो मिला-जुला स्वर अपनी कविता में प्रतिष्ठित करती हैं, उसमें एकांगिता नहीं है। मसलन वाम विचारधारा के प्रति आस्था रखते हुए भी वे सुखभोगवादी-सत्ताधर्मी वामपंथियों के प्रति सावधान करती हैं जिनकी जन-संग ऊष्मा लगभग समाप्त हो चुकी है तो स्त्री-विमर्श की अस्मितामूलक उत्तर-आधुनिक विचारधारा को भी अकर्मक मानती हैं।

उनके मन में मुक्ति की आकांक्षा बहुत से स्वरों के समवेत से बनती है। आने वाले समय में वे स्त्री के स्त्रीत्व को नई भूमिका ग्रहण करते देखती हैं।

इस नई स्त्री के साथ सम्भवत: समाज के 'जेंडर-न्यूट्रल' ढाँचे का विकास हो सकेगा, यह सम्भावना बनती है लेकिन कात्यायनी इस नई स्त्री को परिभाषित करते हुए भी पूरी तरह आश्वस्त नहीं हो पातीं। उनके अनुसार समाजवाद की उन्नत अवस्था के अन्तर्गत ही ऐसा हो सकता है अन्यथा परिवार और पितृसत्ता रूप बदल-बदलकर इस स्वतंत्रता को बाधित करते रहेंगे। इस दृष्टि से देखा जाए तो कात्यायनी के यहाँ मुक्ति की तड़प विचारधारा की जकड़न में बन्द होने लगती है। यदि वह अपनी रची इस सुरंग से थोड़ा बाहर निकल आएँ तो उनकी काव्यात्मक गम्भीरता के कारण उनका स्वर स्त्री-कविता में ही नहीं समकालीन कविता में और भी महत्त्वपूर्ण रूप में दर्ज होगा।

सन्दर्भ

1. सुरेश सलिल,सात भाइयों के बीच चम्पा, फ्लैप से
2. औरत और घर, इस पौरुषपूर्ण समय में, पृ. 69
3. समकालीन हिन्दी कविता में स्त्री स्वर, गोविन्द प्रसाद, कविता का पार्श्व, पृ. 75
4. इस स्त्री से डरो, सात भाइयों के बीच चम्पा, पृ.13
5. सात भाइयों के बीच चम्पा के फ्लैप से
6. विष्णु खरे, इस पौरुषपूर्ण समय में, पृ. 137
7. वह रचती है जीवन और..., सात भाइयों के बीच चम्पा, पृ. 32
8. दुर्ग द्वार पर दस्तक, पृ. 86
9. इस पौरुषपूर्ण समय में एक स्त्री का होना और रचना, कुछ ज्वलंत प्रश्न, पृ. 240
10. हॉकी खेलती लड़कियाँ, सात भाइयों के बीच चम्पा, पृ. 20
11. संवाद, नया ज्ञानोदय, अगस्त 2017, पृ. 40
12. अन्ततः स्वीकार, जादू नहीं कविता, पृ.139
13. ऐसा किया जाए कि..., सात भाइयों के बीच चम्पा, पृ. 45
14. कुछ जीवन्त, कुछ ज्वलंत, पृ. 235
15. अँधेरे में प्रतीक्षारत, जादू नहीं कविता, पृ. 170
16. उनका भय, सात भाइयों के बीच चम्पा, पृ. 52
17. जादू नहीं कविता के फ्लैप से
18. बारह शीर्षकहीन कविताएँ, जादू नहीं कविता, पृ. 48
19. बुजुर्ग राहगीर की कविता, इस पौरुषपूर्ण समय में, पृ. 30-31
20. आठ और शीर्षकहीन कविताएँ, जादू नहीं कविता, पृ. 91
21. संवाद, नया ज्ञानोदय, अगस्त 2017, पृ. 34
22. आह मेरे लोगों, ओ मेरे लोगों (गुजरात 2002), राख और अँधेरे की बारिश में, पृ. 20
23. गुजरात 2002, एक बीहड़ देशकाल की बेहद सपाट कविता, राख और अँधेरे की बारिश में, पृ.10

24. गुजरात 2002, एक बीहड़ देशकाल की बेहद सपाट कविता, राख और अँधेरे की बारिश में, पृ.14
25. कवि ने कहा : कात्यायनी, पृ. 6
26. गाओ! गाने की पुनर्जाग्रत अदम्य ललक और दुर्निवार आवश्यकता के बोध के साथ गाओ, फुटपाथ पर कुर्सी, पृ. 90
27. कवि ने कहा : कात्यायनी, पृ. 9
28. दस और शीर्षकहीन कविताएँ, जादू नहीं कविता, पृ. 61
29. जादू नहीं कविता, जादू नहीं कविता, पृ. 159
30. इंकलाब के बारे में कुछ बातें, जादू नहीं कविता, पृ. 81
31. यह वापसी महज़ भुगतने के लिए नहीं, इस पौरुषपूर्ण समय में कविता, पृ. 130
32. बचे हुए शब्दों को लेकर कुछ दु:स्वप्न, जादू नहीं कविता, पृ. 36
33. निविड़ तिमिर में, सात भाइयों के बीच चम्पा, पृ. 87
34. परिभाषा, फुटपाथ पर कुर्सी, पृ. 54
35. एक इच्छा, सात भाइयों के बीच चम्पा, पृ. 46
36. बेहतर है...सात भाइयों के बीच चम्पा, पृ. 44
37. जीना, सात भाइयों के बीच चम्पा, पृ. 48
38. संवाद, नया ज्ञानोदय, अगस्त 2017, पृ. 34
39. मंगलेश डबराल, फुटपाथ पर कुर्सी, पृ. 196

अनामिका की कविताएँ

सामाजिक अन्तर्विरोधों में गूँजता लोक-संवेदना का स्त्री-राग

समकालीन हिन्दी साहित्य में अनामिका ने जो अपनी जगह बनाई, उसकी आधारभूमि स्त्रीवादी लेखन से निर्मित है। व्यापक मानवीय सहानुभूति से जुड़ी होकर भी उनकी रचनाएँ एक ख़ास स्त्रीवादी मुहावरे में लिपटी रही हैं। उनकी ख्याति का मुख्य आधार 'स्त्रियाँ', 'दरवाज़ा', 'बेजगह' जैसी कविताएँ बनीं जो स्त्री-विमर्श की युगीन साहित्यिक अभिरुचि के अनुकूल थीं। विचारधारा के स्तर पर, उस समय तक अनामिका ने 'स्त्रीत्व का मानचित्र' लिखकर अपनी साहित्य-दृष्टि का उद्घोष पहले ही कर दिया था। इसके साथ-साथ उन्होंने विश्व की अनेक स्त्री रचनाकारों की कविताओं के अनुवाद भी किए। स्त्री चिन्तन एवं लेखन की भारतीय तथा वैश्विक परम्पराओं का अवगाहन कर, अनामिका बहनापे के नए-नए सम्बन्ध स्थापित कर रही थीं। इस परिदृश्य में उनकी कविता और वैचारिक साहित्य को एक-दूसरे का पूरक समझकर पढ़ा गया।

यह पृष्ठभूमि उनके काव्य-संसार का एक पक्ष है। इस कविता की मनोभूमि में अनेक तत्त्व एक साथ सक्रिय हैं। जहाँ एक ओर परम्परा, श्रुति और स्मृति उस अनुभव को रच रहे हैं, वहीं दूसरी ओर तर्क करता विवेकशील मानस, सम्बन्धों के आवरण में छिपी सच्चाइयों को अनावृत करता है। 'लोक' उसकी आधारभूमि है जो तथाकथित कुलीनतावादी संस्कारों से टकराता है। कवयित्री की दृष्टि मूलत: उन विसंगतियों एवं विडम्बनाओं पर केन्द्रित है जो मानवीय गरिमा को चोट पहुँचाती हैं। ये कविताएँ दर्द की स्वरलिपियाँ हैं—

यही एक काम किया मैंने
हर तरह के दर्द की डगमग
स्वरलिपियाँ सीखीं[1]

सामाजिक अन्तर्विरोधों को उजागर करते हुए, यह कविता एक नए मानवीय संवेदन को प्रस्तावित करती है जो आघातों से छलनी होते मनुष्य को सहानुभूति व संवेदना की तरलता देकर उसके ज़ख़्मों पर मरहम रखने का काम करता है। इस कविता को व्यापक मानवीय सहानुभूति के लिए भी पढ़ा जाना चाहिए जो विमर्शों और विचारधाराओं में कैद नहीं है। तभी उसकी पूरी तस्वीर बनेगी।

अनामिका लम्बे समय से कविताएँ लिख रही हैं। 'गलत पते की चिट्ठी', 'समय के शहर में', 'बीजाक्षर' उनके प्रारम्भिक काव्य संकलन हैं। 1998 में प्रकाशित 'अनुष्टुप' से कवयित्री को व्यापक पहचान मिली। इस काव्य-संकलन में विषयों की विविधता होते हुए भी अनामिका की स्त्री-दृष्टि को पहचाना जा सकता है, जो जीवन को समग्रता से देखती है और अपने आसपास के म्लान पड़ चुके चेहरों को अपनी ममता से अँकवार कर लेती है। इस यात्रा की अगली कड़ी है 'खुरदरी हथेलियाँ' (2005) जिसमें उनकी अधिकांश ऐसी कविताएँ संकलित हैं जिनको विशेष प्रसिद्धि मिली। इस संकलन की कविताओं के स्वर में गम्भीरता है और दृष्टि की परिपक्वता। कवयित्री एक साथ अपने भीतर व बाहर की दुनिया को निजी आत्मीयता से सिरजती है और इस प्रक्रिया में अपने लिए नई स्त्री-भाषा भी अर्जित कर लेती है। 2007 में 'दूब-धान' के साथ अनामिका अपनी काव्यगत विशिष्टताओं को पुन: स्थापित करती हैं—स्त्री-दृष्टि, स्त्री-भाषा व लोक-संस्कृति का उत्कर्ष उनकी कविताओं में सहज ही लक्षित हो जाता है।

'टोकरी में दिगंत थेरी गाथा : 2014'—यह अनामिका का सबसे ताज़ा कविता संग्रह है जो वर्ष 2015 में प्रकाशित हुआ। इसमें एक ओर जहाँ बुद्धकालीन स्त्री-स्वर की सामयिक अभिव्यक्ति हुई है, वहीं स्त्री-मन के स्थायी भावों को थेरीगाथा में बदल दिया गया है। अनामिका की कविता का स्वभाव अतीत-वर्तमान, परम्परा-आधुनिकता, यंत्रणा-करुणा, विराट-कालबद्ध तथा स्थानीय-वैश्विक जैसे युग्मों के बीच द्वंद्वबोध की अपेक्षा सहज संवाद स्थापित करने के लिए प्रयत्नबद्ध है।

अनामिका जिस साहित्यिक क्षितिज की अन्वेषी हैं उसमें कविता की प्राथमिक सत्ता होते हुए भी वह आलोचना-विमर्श तथा कथातत्त्व की अनेक राहों से गुज़रता है। 'दस द्वारे का पिंजरा' तथा 'तिनका तिनके पास' उनके उपन्यास हैं तथा 'स्त्रीत्व का मानचित्र', 'मन माँजने की ज़रूरत', 'पानी जो पत्थर पीता है' एवं 'स्त्री-विमर्श का लोकपक्ष'—उनकी प्रमुख वैचारिक कृतियाँ हैं। इन सभी रचनाओं में स्त्री सम्बन्धी चिन्तन की केन्द्रीय उपस्थिति है। 'कविता में औरत' एवं 'कहती हैं औरतें' जैसी कृतियों में उन्होंने अनुवाद एवं सम्पादन के माध्यम से विभिन्न स्त्री स्वरों को एक साथ प्रस्तुत किया।

स्त्री अस्मिता का भारतीय सन्दर्भ

अनामिका की कविताओं का स्त्री-पक्ष अन्य स्त्री रचनाकारों से कई मायनों में भिन्न है। स्वतंत्र स्त्री अस्मिता की प्रतिष्ठा तथा स्त्री-मुक्ति की निरपेक्ष हठधर्मिता उनके यहाँ नहीं है। उनका स्त्रीवाद उस ठेठ भारतीय सन्दर्भ से प्रेरित है जहाँ व्यक्ति-इकाई पर बल न देकर परिवार को इकाई मान लिया जाता है। इसलिए उनकी दृष्टि में स्त्री-पुरुष के हित-अहित परस्पर विरोधी न होकर, परस्पर सम्बद्ध हैं। अनामिका की वास्तविक चिन्ता जेंडर स्टीरियोटाइप्स को लेकर है जो लज्जा, प्रेम, सहिष्णुता, धैर्य, सहकारिता जैसे गुणों को सिर्फ़ स्त्री खाते में डालकर पुरुष को रोबीला, बलवान और आक्रामक बनने पर मजबूर कर देते हैं। ऐसी इकाइयों से निर्मित सामाजिक ढाँचे में सहभागिता की भावना के बजाय अधिकार-भावना प्रमुख हो जाती है। हमारी पारिवारिक संस्थाएँ अक्सर इन विडम्बनाओं से ग्रस्त हैं। अनामिका ने अपनी कविताओं में इन स्थितियों का कोलाज बना दिया है जो परिवार और समाज में स्त्री के स्त्रीकरण की प्रक्रिया को दृढ़ बनाती हैं। उन अन्तर्विरोधों को उकेरते हुए कवयित्री, स्त्री की पीड़ा की साक्षी देती है और उसको निरस्त करने की योजना के तहत यह प्रस्तावित करती है कि स्त्री-दृष्टि व स्त्री-भाषा के द्वारा लिंगाधारित अतिरेक को धो डालना चाहिए—"बराबर का यह साथ तभी हो सकेगा जब पुरुष अतिपुरुष न रहें और स्त्रियाँ अतिस्त्री। एकध्रुवीय विश्व न माइक्रो स्तर पर अच्छा है, न मैक्रो स्तर पर। संतुलन ही सुख का मूलमंत्र है...सरप्लस न क्रोध का चाहिए, न कामना का।"[2] जिस संतुलन की बात यहाँ अनामिका करती हैं वही उनकी स्त्री-दृष्टि का केन्द्र बिन्दु है। उन्होंने अपने स्त्रीवाद को विद्रोह-पताका बनाने की अपेक्षा धीमे से मन में उतरने वाली गली बनाना श्रेयस्कर समझा है। यह स्त्रीवाद की अलग पृष्ठभूमि है जो सम्बन्धों में पनपते भारतीय समाज के लोकपक्ष से गढ़ी गई है, इसकी सम्भावना को अनदेखा नहीं किया जा सकता।

अनामिका के सभी काव्य-संकलनों में स्त्री सम्बन्धी कविताएँ बड़े काव्य-फलक पर फैली हैं। उसमें बचपन से लेकर वृद्धावस्था तक स्त्री-जीवन के छोटे-बड़े अन्तर्विरोध दिखाई पड़ते हैं। घर-परिवार में होने वाली छोटी-छोटी नाइंसाफ़ियाँ, जिन्हें स्त्री ने अपने जीवन का अनिवार्य अंग मानकर अपनी दिनचर्या में शामिल कर लिया है। हँसी-हँसी में वे जिस तरह जीवन की इन विसंगतियों का बयान करती हैं उससे पीड़ा का अन्दाज़ा सहज ही लगाया जा सकता है। घर की चारदीवारी के बाहर खड़ी स्त्री का संघर्ष भी इन कविताओं का कथ्य है और उसके साथ इतिहास और पुराकथाओं के स्त्री-पात्र भी कविता की इस दुनिया के स्थायी निवासी हैं। अनामिका इन सबसे संवाद करते हुए अपनी स्त्री दृष्टि विकसित करती हैं। उसमें स्त्री के वर्तमान की आवाजाही उसके अतीत और भविष्य में लगातार बनी रहती है।

इससे भविष्य का जो नक्शा उभरता है उसमें भावस्थिति तथा परिस्थिति के परिवर्तन का खुद्दारीभरा संकल्प है।

मैं भी समेट रही हूँ खुद को

अपने झोले में ही!
अब निकलूँगी मैं भी
अपने संधान में अकेली।[3]

समकालीन कविता में स्त्री-स्वर जिस बिन्दु पर अपनी उपस्थिति दर्ज करता है वह अस्मितामूलक विमर्शों का दौर है। स्त्री-साहित्य को इस समय में जहाँ व्यापक सामाजिक स्वीकृति मिली, वहीं उसे आत्मबोध की कविता कहकर ख़ारिज करने की कोशिश भी होती रही। ऐसे समय में अनामिका ने सहज दृष्टि से घर-परिवार की जीवन-स्थितियों को नया सन्दर्भ देकर इस तरह प्रस्तुत किया कि 'पर्सनल'—'पॉलिटिकल' लगने लगा।

राम, पाठशाला जा!
राधा, खाना पका!
राम,आ बताशा खा!
राधा, झाड़ू लगा!
भैया अब सोएगा
जाकर बिस्तर बिछा[4]

बचपन से बेटियों को छोटे-छोटे अधिकारों से बहिष्कृत करने के षड्यंत्र को बेनकाब करने वाली यह पंक्ति हमारे सामाजिक इतिहास का बहुत बड़ा दस्तावेज़ है, लेकिन इसकी चर्चा इस रूप में पहले कभी नहीं हुई और अब भी बहुत बचाकर ही होती है। इसी तरह कवयित्री पतिव्रताओं के सौभाग्य की पोल खोलती है। दाम्पत्य सम्बन्ध पारम्परिक परिवार व्यवस्था में प्रेम या साहचर्य की भावना से रहित 'शासक और शासित' के समानान्तर विकसित हुए हैं जिसकी घुटन और छटपटाहट को अनामिका ने निर्मम औपनिवेशिक शासन के बरक्स प्रस्तुत किया है। 'पतिव्रता' कविता का आरम्भ अंग्रेज़ी राज व्यवस्था के उस बिम्ब से किया है जहाँ कहा जाता था कि ब्रिटिश राज में सूरज कभी नहीं डूबता, वैसे ही घर में स्त्री के लिए पति के आतंक का साया कभी ख़त्म नहीं होता—

स्वामी जहाँ नहीं भी होते थे
होते थे उनके वहाँ पंजे,
मुहर, तौलिए, डंडे,

स्टैम्प-पेपर, चप्पल-जूते,
हिचकियाँ-डकारें-खर्राटे
और त्यौरियाँ-धमकियाँ-गालियाँ खचाखच[5]

इससे त्रासद स्थिति और क्या हो सकती है कि जिस पति के होने से पतिव्रता का सौभाग्य है, उसके साथ वह कैसा महसूस करती है, यह किसे, कैसे बताए। सम्बन्धों की यह घुटन पारिवारिक हिंसा व अपमान के असंख्य प्रकरणों द्वारा रची जाती है। अनामिका के यहाँ ऐसी स्थितियों के अनेकानेक उदाहरण हैं—

पीठ नीली,
चेहरा पीला,
लाल आँखें और
ज़ख़्म हरे—
कुदरत के सब रंगों की बोतल
उलट-पलट जाती है मुझ पर
उनके आते ही[6]

भारतीय परिवेश में परिवार के भीतर सम्बन्धों के उस ढाँचे को शताब्दियों से स्वीकार किया जाता रहा है। परिवार की इज़्ज़त स्त्री के अपमान और बलिदान पर टिकी रही है। स्त्री की भूमिका गुलामों से भी बदतर रही है। स्त्री-शोषण की सबसे बड़ी आधारभूमि पितृसत्तात्मक व्यवस्था का परिवारगत ढाँचा है जहाँ शील और संस्कारों की महीन बुनावट, स्त्री को समझौते करना सिखाती है,उग्रता हटाकर मुलायम होना सिखाती है। अनामिका की कविता दैनन्दिन स्थितियों को गहरी अन्तर्दृष्टि से सजीव करती हैं। ये छोटे-छोटे ब्योरे उन सामाजिक प्रक्रियाओं को समझने में मदद करते हैं जो सतह के भीतर अदृश्य रूप में सदा गतिमान रहते हैं। ये कविताएँ स्त्री-दृष्टि से की गई सामाजिक समीक्षा हैं।

स्त्रीवादी समीक्षा के सामाजिक अवदान पर टिप्पणी करते हुए अनामिका लिखती हैं—"स्त्रीवादी समीक्षा का एक बड़ा अवदान यह है कि वैयक्तिक अनुभूतियों का सामाजिक सन्दर्भ इसने सम्भव बनाया और बताया है कि जिसे स्त्रियाँ वैयक्तिक विफलता मानकर घुटती रहती थीं, उस असमंजन और असमंजस का मूल उस पूर्वग्रस्त, पितृसत्तात्मक समाज में है, जिसके शिकार पुरुष भी हैं, क्योंकि दरअसल यह स्त्री और पुरुष दोनों का सम्यक् विकास अवरुद्ध करता है। दोनों का जीवन विषाक्त करता है। एक को भेड़ और दूसरे को भेड़िया बना डालता है तो दोनों ही मानवीय गरिमा से नीचे गिरते हैं।"[7]

अपने सशक्त बिम्बों के माध्यम से कवयित्री स्त्री-पुरुष के बीच लगभग स्थायी हो चुके इन विषम सम्बन्धों के मैट्रिक्स को पूरी तीव्रता से उभारती है। ये छोटी-छोटी

पीड़ाएँ उस बड़े परिदृश्य तक ले जाती हैं जहाँ स्त्री को परिवार में रहते हुए स्वयं को लगभग अदृश्य कर देना पड़ता है। पति-पत्नी के फ्रेम के बाहर परिवार में अन्य स्त्रियों की स्थिति भी उतनी ही गम्भीर है। घर में वृद्धाएँ कैसे रहती हैं उसका भी दारुण चित्र कवयित्री ने प्रस्तुत किया है—

रहती हैं वृद्धाएँ, घर में रहती हैं
लेकिन ऐसे जैसे अपने होने की ख़ातिर हों क्षमाप्रार्थी
लोगों के आते ही बैठक से उठ जातीं
छुप-छुपकर रहती हैं छाया-सी, माया-सी! [8]

यानी बचपन से बुढ़ापे तक परिवार के भीतर स्त्री की नियति बदलती नहीं। इन कविताओं में दर्ज ये अनुभव स्त्री के एकान्तिक अनुभव नहीं हैं। यहाँ स्त्री एक बड़े सामाजिक वर्ग के रूप में मौजूद है। मौसियाँ, चाचियाँ, वृद्धाएँ, सहेलियाँ सबके अनुभव एक-दूसरे से कड़ियों की भाँति जुड़े हैं और पीड़ा का अन्तःसूत्र लगभग सभी में व्याप्त है। नारी को देवी मानने वाले इस देश में स्त्री के दुख की गाथा अनवरत है। न उसकी कोई सामाजिक हैसियत है, न सम्मान। सबकी नियति लगभग एक जैसी है।

अनामिका की स्त्री-सम्बन्धी ये सभी कविताएँ अलग-अलग न होकर एक लम्बी कविता लगती हैं। उन्होंने इन छोटे-छोटे आख्यानों को काव्य-युक्ति की तरह प्रयुक्त किया है। वे कहीं भी इन स्थितियों के प्रतिकार की सचेत व्याख्या नहीं करतीं लेकिन जिस तरह वे इन छोटे-बड़े अनुभवों को एक धागे में पिरोकर एक-दूसरे का सन्दर्भ बना देती हैं, उससे मन पर स्त्री-जीवन की पीड़ा का स्थायी निशान गहरे अंकित हो जाता है। ये रुदन, ये हाहाकार भीतर बजता रहता है लेकिन सतह पर यह विडम्बना हल्के व्यंग्य के माध्यम से संकेतित होती है—

क्या रखा है चाँद में?
अम्मा, ये उसके भी सिर पर
मुस्काता बैठा है जो दाग़—
क्या उसके दूल्हे ने
मार-मार कर माथा फोड़ा होगा उसका
किसी शाम?
क्या चाँद औरत है, अम्मा? [9]

स्त्री-यथार्थ को चित्रित करने में अनामिका ने कल्पना का खूब सहारा लिया है। उनकी कविताएँ एक साथ कई परतों पर घटती हैं। कुछ सच्चाइयाँ जो हमारे बहुत क़रीब से जन्मती हैं वो अचानक इतिहास की बड़ी सच्चाई से जुड़ जाती हैं। जैसे

उपरोक्त पंक्तियों में घरेलू हिंसा का बिम्ब चाँद के दाग़ से जुड़ जाता है। हर क्षण स्त्री, परिवार की जिस चक्की में यांत्रिक जीवन जीती चली जाती है उसमें 'उसे मरने की फुर्सत तक नहीं।' रोज़मर्रा के जीवन से जुड़ी इस पंक्ति को अनामिका स्त्री-जीवन की बड़ी त्रासदी के संकेतक रूप में प्रस्तुत करती हैं। मरते-मरते भी स्त्री सोचती है कि 'फंदा लगा लूँ/ या पहले पंखे की धूल झाड़ दूँ।' यह स्थिति आसपास की साधारण स्त्री की भी है...सीता की भी रही होगी जब तक लव-कुश लक्ष्य-संधान में समर्थ नहीं हो गए...और ईसा मसीह भी यदि औरत होते तो इन्हीं यंत्रणाओं से गुज़रते, ऐसी सम्भावना व्यक्त करके अनामिका निश्चय ही स्त्री-जीवन के फलक को विस्तृत कर देती हैं। बौद्ध भिक्षुणी आम्रपाली के साथ इस इतिहास का नया पन्ना खुलता है, उसके अन्तस् में चलने वाली खदर-बदर हर औरत की ज़िन्दगी का शाश्वत सत्य है—

पक रही है मांसपेशी,
खदर-बदर है मेरे भीतर का
हहाता हुआ सत! [10]

ढाई हज़ार साल पहले की थेरियाँ हों, भक्तिकाल की ललदेद या तुलसी-पत्नी रत्नावली, आधुनिक युग की अन्ना केरिनिना—अनामिका ने सबको अपनी कविताओं में पुनर्जीवित कर दिया है। यहाँ तक कि आज के समय में जीने वाली स्त्रियाँ भी भामती और राधा की बेटियाँ हैं जो स्त्री-जीवन के विडम्बनाओं भरे इतिहास को अलग-अलग कोणों से पलटकर, साझी पीड़ा के दर्द भरे लोकगीत सस्वर गा रही हैं। इस यात्रा से गुज़रते मन की दुछत्ती पर बहुत कुछ जमा हो गया है। अनामिका के इस काव्यानुभव पर प्रियदर्शन ने लिखा—"कहने की ज़रूरत नहीं कि स्त्रीत्व सहज ढंग से इस परम्परा की पुनर्व्याख्या और पुनर्रचना भी करता रहता है...उनके जो बिम्ब कविता में हमें बहुत अछूते और नए लगते हैं, जीवन की एक धड़कती हुई विरासत का हिस्सा हैं, उसी में रचे-बसे, उसी से निकले हैं और अनामिका को एक विलक्षण कवयित्री में बदलते हैं।"[11]

परिवार और इतिहास की लम्बी उड़ान के बीच समाज के वंचित तबकों की स्त्रियाँ और बच्चियाँ भी हैं जिनके शोषण के और भी कई रूप हैं। 'चौदह बरस की कुछ सेक्स-वर्कर्स' कविता में छोटी बच्ची के मासूम वाक्य, हृदय में करुण चीत्कार बनकर गूँजते हैं—

अंकल तुम भारी बहुत हो!
अच्छा, एक चाकलेट खिला दो!
अंकल तुम्हारी भी बेटी हैं?

अच्छा, बोलो, उसका क्या नाम?
वह भी मेरे-जैसी मज़ेदार है क्या—बोलो तो! [12]

ये सेक्स वर्कर्स, यौन दासियाँ चेहरे पर हँसी का घूँघट ओढ़े, अपनी देह से बाज़ार और मीडिया के आभासी पर्दे पर पुरुष को लुभाती हुई भी अपने मन से विदेह हैं। अपने मन को अपनी देह से अलग कर लेने का गुण ही स्त्रियों को जीवित रखता है, क्योंकि देह सभी आघातों की लीला-स्थली है लेकिन मन उससे मुक्त नई दिशाओं का संधान करने में लगा है।

अपने शोषण की महीन पहचान होते हुए भी अनामिका की कविताओं की स्त्री गहरे अन्तर्द्वंद्व में फँसी है। शेक्सपियर की पंक्ति 'टू बी और नॉट टू बी' की तर्ज़ पर कवयित्री स्त्री-मन के स्थायी अन्तर्द्वंद्व को लक्षित करती है—खाऊँ-न-खाऊँ, जाऊँ-न-जाऊँ, करूँ-न-करूँ, कहूँ-न-कहूँ की लम्बी शृंखला है, जो हरदम उसके मन को घेरे रहती है। जीवन की इस विडम्बना को जीना, शेक्सपियर के ही महान पात्रों की तरह ट्रेजिक है जो जीवन के इस ऊहापोह की नियति में क़ैद होकर रह जाते हैं। अनामिका द्वारा प्रस्तुत स्त्री-मन और स्त्री-जीवन के छोटे-बड़े आख्यान भारतीय स्त्री की कभी न ख़त्म होने वाली महाकाव्यात्मक त्रासदी की रचना करते हैं। गैर-समानता के इन मुखर बिम्बों में कवयित्री अपना मौन विरोध दर्ज करती है। उनके अनुसार 'चुप्पी का अपना ही सौन्दर्यशास्त्र / नीतिशास्त्र हुआ करता है...।' यह चुप्पी, यह चीख़ अनामिका ने अपनी कविताओं की आन्तरिक बुनावट में सहेज रखी है इसीलिए उनका स्वर टकराहट और संघर्ष का न होकर उलाहने का है। पीड़ा को कह देने की आतुरता बस इतनी है, जैसे कह देने से दर्द कुछ कम हो जाएगा—

क्यों होती है औरत
जैसी वह होती है,
क्यों होती हैं उसकी आँखें
जैसी वह होती हैं—
तकलीफ़ की थोड़ी चमक
और हल्की थर्राहट के बीच! [13]

पीड़ा और मुक्ति का गहरा अन्तर्सम्बन्ध है, अनामिका इस सम्बन्ध को पहचानती हैं, तभी कहती हैं—

मैं एक दरवाज़ा थी
मुझे जितना पीटा गया
मैं उतना खुलती गई [14]

इसी आशय का स्पष्टीकरण कवयित्री ने अनुष्टुप काव्य-संकलन के अपने आरम्भिक वक्तव्य में भी दिया है—"वैयक्तिक, सामाजिक, भौतिक,आधिभौतिक जीवन की कोई भी तकलीफ़, जीवन की विडम्बनाओं की एक महीन-सी समझ मनुष्य में अनजाने विकसित कर देती है। पीड़ा इसी अर्थ में प्रक्षालक है—मुक्ति के द्वार खोलने वाली।"[15] यह सचेतना ही सजगता का प्रमाण है।

'टोकरी में दिगंत : थेरीगाथा 2014' तक आते-आते पीड़ा का स्वर करुणा में बदलने लगता है। करुणा अपने प्रति भी और दूसरों के प्रति भी, जिससे भेद करने वाली दूरियाँ मिटने लगती हैं और एक रोशनी फूटती है जिसके आलोक में भविष्य के तरल-स्निग्ध होने की कामना जगती है। स्त्री-चेतना को लेकर अनामिका की इस पोज़ीशन पर कवि अशोक गुप्ता लिखते हैं—"वे जुझारू नारीवादी नहीं हैं, लेकिन भारतीय नारी के दुखों, यातनाओं और संघर्ष को सही परिप्रेक्ष्य में समझने-समझाने वाली स्त्री-विमर्शकार अवश्य हैं। वे अपने समाज और संस्कृति की आलोचनात्मक ढंग से जाँच-पड़ताल कर उसके सकारात्मक पक्षों और स्त्री भूमिका की पहचान के लिए 'स्पेस' बनाने के लिए संघर्षशील हैं।"

अनामिका की कविता का एक पक्ष यदि स्त्री-पीड़ा की साझेदारी से जुड़ा हुआ है तो दूसरा पक्ष उसमें अन्तर्निहित मुक्ति की संकल्पना के अन्वेषण में सन्नद्ध है। वस्तुत: अनामिका जिस 'स्त्रीत्व के मानचित्र' की परिकल्पना करती हैं उसमें मुक्ति अपने बाहर नहीं खोजी जाती न ही वह बाहरी तत्त्वों पर आश्रित है। लगातार प्रताड़ित होती स्त्री के भीतर एक कोना हमेशा ऐसा रहता है, जो हार नहीं मानता। उसकी ऊर्जा, शोषण के दबावों के समानान्तर विकसित होती है। स्त्री सबसे छिपाकर इस भाव को पोसती है,जिस दिन भीतर की खदर-बदर बाहर निकल आएगी, कोई बन्धन उसे रोक नहीं पाएगा—

एक चीख़ मेरे भी भीतर दबी है
उसका बस चले अगर तो
मेरी पसलियाँ तोड़ती
निकल आए बाहर।
ये चीख़ मेरी
आदिवासी रूपसी की तरह
अब तक किले के तहखाने में
टहल रही है बेबस।
ज़ंजीरें छूमछनन उसके पैरों की
जिस दिन भी टूटेंगी-देखना
बिन घुँघरू नाच उठेगा जंगल! [16]

स्त्री की ख़ामोशी टूटने के साथ ही सम्बन्धों का भी नया ग्राफ़ बनेगा। अनामिका ने स्त्री के प्रति सामाजिक दृष्टिकोण बदलने का आग्रह किया है। उपेक्षा और अपमान की शताब्दियों से चली आती रवायत को त्यागकर, कवयित्री स्त्री के प्रति संवेदनशील दृष्टि की माँग करती है लेकिन ग़ौरतलब यह है कि कहीं भी प्रतिस्पर्धा का स्वर नहीं हैं, सहानुभूति का भी नहीं। यह नए परिवेश में, बदलती हुई स्त्री को नए सिरे से पहचानने का आग्रह है—

एक दिन हमने कहा
हम भी इनसान हैं—
हमें कायदे से पढ़ो—एक-एक अक्षर

× × ×

सुनो हमें अनहद की तरह
और समझो जैसे समझी जाती है
नई-नई सीखी हुई भाषा [17]

इस नई स्त्री की आहट अनामिका की अन्य कविताओं में भी मिलती है 'कुछ न होने' से लेकर 'बहुत कुछ होने' तक का सफ़र जिस आत्मविश्वास और संकल्पशक्ति के बल पर तय किया जाता है, इन कविताओं की स्त्री वह ताक़त अपने भीतर सँजोकर यह सफ़र तय करती है। अपने भविष्य की मुक्ति का दिशा-संकल्प वह स्वयं रचती है। 'भामती की बेटियाँ' अपनी क़लम से जिस ग्रंथ की रचना कर रही हैं, उसका भाष्य करने बढ़ेंगे जब दिग्दिगांतर, तब स्त्री को नई स्वीकृति मिलेगी, जिसका उत्स वह स्वयं होगी—

मैं चैन की साँस लूँगी—
कृपा नहीं, प्रेम का प्रसाद भी नहीं लेंगी,
भामती की बेटियाँ
ग्रंथ अपने स्वयं ही रचेंगी
लगातार।
इस तरह।
हर युग में। [18]

चिन्तन और विमर्श

अनामिका की कविताओं की पृष्ठभूमि में स्त्री सम्बन्धी चिन्तन और विमर्श की व्यापक भूमिका है। उनकी चार पुस्तकें इसी पर आधारित हैं। उन्होंने भारतीय एवं पाश्चात्य स्त्रोतों का अध्ययन कर सामंजस्यपूर्ण दृष्टि विकसित करने का प्रयत्न किया

है। 1970 के दशक के बाद से ही 'सेक्स' और 'जेंडर' को अलग-अलग देखने की कोशिश की गई। 'जेंडर' –'सामाजिक कंस्ट्रक्ट' है, यह स्वीकार करते हुए, अनामिका ने उन सामाजिक प्रक्रियाओं के इतिहास को दर्ज किया जो जेंडर विभेद पैदा करती हैं। उनकी तमाम कविताएँ जो स्त्री-जीवन के अन्तर्विरोधों को उभारती हैं वे एक तरह से जेंडर जैसे सामाजिक कंस्ट्रक्ट के निर्मित होने की प्रक्रिया की सूक्ष्म अभिव्यक्तियाँ हैं—

जिनका कोई घर नहीं होता

.

उनकी होती है भला कौन-सी जगह?
कौन-सी जगह होती है ऐसी
जो छूट जाने पर
औरत हो जाती है
कटे हुए नाखूनों
कंघी में फँसकर बाहर आए केशों सी
एकदम से बुहार दी जाने वाली? [19]

इस कविता में अनामिका, पुराकथाओं से चले आए स्त्री-सम्बन्धी रिटोरिक को विमर्श के घेरे में लाती हैं। इससे तीन काम एक साथ सिद्ध होते हैं—स्त्री की दयनीय स्थिति की निरन्तरता, इस स्थिति के निर्माण में परम्परा तथा शास्त्रों की भूमिका तथा उसे प्रश्नांकित करते हुए उसके प्रति अस्वीकार का साहस!

अनामिका के यहाँ स्त्री-सम्बन्धी चिन्तन के दो मुख्य आधार हैं। उन्होंने कभी भी स्त्री-पुरुष को एक-दूसरे के विरुद्ध प्रतिस्थापित दो ध्रुवों के समान नहीं देखा। उनकी नज़र में स्त्री-आन्दोलन प्रतिशोध पीड़ित नहीं है, न ही ये स्त्रियाँ स्वयं पुरुष हो जाना चाहती हैं। "स्त्री और पुरुष की लड़ाई का व्याकरण सामन्तों और असामियों, पूँजीपतियों और मज़दूरों, औपनिवेशिक ताक़तों और शोषितों के बीच की लड़ाई के व्याकरण से अलग है। स्त्री और पुरुष के बीच की यह लड़ाई दो वर्गों, दो नस्लों, दो जातियों, दो दलों, दो राष्ट्रों के बीच की लड़ाइयों से तुलनीय नहीं। सम्पन्न और विपन्न, ऊँच और नीच, शासक और शासित, गोरे और काले के बीच जो जंग छिड़ी है उनमें प्रतिपक्षियों के हित-निकाय (इंटरस्ट ग्रुप) अलग-अलग हैं, इसलिए हार और जीत वहाँ एक अलग ही मायने रखती है, लेकिन स्त्री और पुरुष के बीच की लड़ाई में दो पीढ़ियों के बीच की लड़ाई की तरह हित-निकाय अलग-अलग नहीं होते। हित-निकाय एक ही होता है—परिवार। यह अच्छा है कि बुरा मैं नहीं जानती।"[20]

उन्होंने बड़ी शिद्दत से यह समझाने की कोशिश की है कि पितृसत्तात्मक

व्यवस्था को 'मन माँजने की ज़रूरत है' क्योंकि यह व्यवस्था ही जन्म से मृत्यु तक पुरुष को यह पाठ पढ़ाती है कि 'स्त्रियाँ उनसे हीनतर हैं उनके भोग का साधन मात्र।' सभी स्त्री-आन्दोलन यह महसूस करते रहे हैं कि पितृसत्तात्मक व्यवस्थाओं में सत्ता-संतुलन पुरुषों के प्रति झुका हुआ रहा है। इसलिए उन व्यवस्थाओं में स्त्रियों को अपने विकास के उचित अवसर नहीं मिले। अनामिका इन व्यवस्थाओं में स्त्री की स्थिति का विश्लेषण करते हुए इससे एक क़दम आगे बढ़कर स्त्री-सुधार आन्दोलनों को एक नई दृष्टि से देखती हैं। अपनी कविता 'तिलोत्तमा थेरी' के माध्यम से उन्होंने यह संकेतित किया कि स्त्री को निवेदित सुधार आन्दोलन इसलिए कुछ विशेष नहीं हासिल करवा पाए क्योंकि सुधार तो पितृसत्तात्मक सोच में अपेक्षित था—

'तुम्हारा सुधार नहीं,
व्यर्थ मैंने ऊर्जा ज़ाया की'
ख़ासे संताप से उसने कहा
और चला गया।
जब वह चला ही गया
राममोहन रॉय, ईश्वरचंद्र, कार्वे,
राणाडे, ज्योतिबा फुले,
पंडिता रमाबाई, सावित्री बाई—
मुझसे सब मिलने आए!
उन्होंने मेरा माथा सहलाया
और बोले धीरे से—
इतिहास के सुधार आन्दोलन
स्त्री की दशा को निवेदित थे,
और सुधरना किसे था, यह कौन कहे! [21]

पितृसत्तात्मक व्यवस्था में परिवर्तन की आकांक्षा के साथ-साथ अनामिका ने स्त्री-संसार की विशद तस्वीर प्रस्तुत की है। उनका मानना है कि "स्त्री समाज एक ऐसा समाज है जो वर्ग, नस्ल, राष्ट्र आदि सीमाओं के पार जाता है और जहाँ कहीं दमन है—चाहे जिस वर्ग, जिस नस्ल, जिस आयु, जिस जाति की स्त्री त्रस्त है—उनको अँकवार लेता है।"[22] इस वक्तव्य से 'यूनिवर्सल सिस्टरहुड' की धारणा पुष्ट होती है अर्थात् विश्व की स्त्रियाँ जहाँ कहीं भी हैं उनकी तकलीफ़ों का सार लगभग एक-सा है। पीड़ा का अन्तःसूत्र उन्हें एक-दूसरे से जोड़ता है और स्त्री-आन्दोलन पूरे विश्व के स्तर पर इन समस्याओं के निराकरण की माँग करता है।

अनामिका ने इस स्थिति को एक और ढंग से भी जताया है। उसके मूल में कहीं न कहीं भारतीय जीवन-शैली की भूमिका भी सक्रिय है। उनकी दृष्टि में स्त्रियाँ व्यक्ति की अपेक्षा एक वर्ग होती हैं। अपने छोटे-बड़े काम साथ-साथ करते हुए वे अकुंठ भाव से एक-दूसरे से अपना सुख-दुख कह पाती हैं। यह व्यापक साझेदारी उनका स्वभाव है। 'मौसियाँ' कविता की एक ही पंक्ति में अनामिका ने इस साझेदारी को व्यक्त कर दिया है—'बाल के बहाने वे गाँठें सुलझाती हैं जीवन की/ वे उन सारी तकलीफ़ों को हर लेती हैं जिनकी ओर किसी और का ध्यान भी नहीं जाता।' स्त्रियों की करुणा-दृष्टि प्रक्षालक है, जो हिंसा और आक्रामकता के समय में एक वैकल्पिक दृष्टि प्रस्तुत करती है। अनामिका ने स्वीकार किया कि पुरुषों का वाई फैक्टर जो उन्हें स्वभाव से उग्र, दुर्दम और विध्वंसक बनाता है, स्त्रियों में होता ही नहीं। इसलिए वे स्वभावतः शान्तिप्रिय, स्नेही, कोमल और उच्च मानवीय गुण सम्पन्न होती हैं, पुरुषों में ये गुण प्रशिक्षण से पैदा होते हैं। इन गुणों के विकास में स्त्री आन्दोलन की महत्त्वपूर्ण भूमिका हो सकती है।

स्त्री-जीवन और स्त्री-स्वभाव का आकलन करते-करते अनामिका ने स्त्री की स्वतंत्र यौन इयत्ता को भी स्वीकार किया है। स्त्री का जीवन कामना से अछूता नहीं है। विभिन्न भाषाओं में गाए जाने वाले लोकगीत उसकी कामना और यौनिकता का जयघोष हैं। अपनी कविताओं में कवयित्री ने स्त्री-यौनिकता के कुछ बेहद निजी प्रसंगों का वर्णन किया है। गर्भ और प्रसव के अनुभव में होने वाले दैहिक परिवर्तनों, प्रजनन की क्षमता में स्त्रीत्व की विशिष्ट अनुभूति का सकारात्मक उत्सवधर्मी बिम्ब इन कविताओं में मिलता है। ऐसा ही एक बिम्ब कन्या के ऋतुमती होने में छिपा है। रजोधर्म प्रकृति प्रदत्त होते हुए भी पारम्परिक दृष्टि से स्त्री की अपवित्रता में शामिल रहा है, अनामिका उस अनुभव में स्त्री की अवमानना को बद्धमूलता से उन्मुक्त कर, जिस रूप में प्रस्तुत करती हैं, वह साहित्येतिहास में अद्वितीय है—

अनहद-सी बज रही लड़की
काँपती हुई
लगातार झंकृत हैं उसकी ज़घाओं में इकतारे
चक्रों-सी नाच रही है
वह एक महीयसी मुद्रा में
गोद में छुपाए हुए
सृष्टि के प्रथम सूर्य-सा
लाल-लाल तकिया! [23]

स्त्री-देह, अनामिका की दृष्टि में विशिष्ट है। स्त्री-कविता पर एक साक्षात्कार में उन्होंने कहा है—"स्त्री-शरीर में कामना की ग्रंथियाँ हर तरफ़ माधवी-लता की

तरह प्रस्फुटित रहती हैं, पुरुष शरीर की तरह एक अंग में उनकी ऊर्जा कीलित नहीं रहती। आँखों का पानी, आँचल का दूध और कामना का सोमरस...तीन धाराएँ हैं जो उनकी भाषा के रोम-रोम में आनन्दातिरेक प्रवेग भरती हैं।"[24] इस तरह अनामिका की कविता और उनके स्त्री-विमर्शात्मक चिन्तन में गहरा सम्बन्ध है। दोनों एक-दूसरे को रचनात्मक स्तर पर पुष्ट करते हैं। एक अन्य साक्षात्कार में स्त्री-विमर्श की कारगर भूमिका को प्रतिस्थापित करते हुए उन्होंने कहा—"स्त्री-विमर्श केवल पुरुषों को ही सम्बोधित आन्दोलन नहीं है,यह स्त्री को भी सम्बोधित करता है। आज स्त्री—विमर्श का दायित्व अधिक हो जाता है। स्त्री-विमर्श के सामने आज यह सबसे बड़ी चुनौती है कि यह स्त्रियों को भी सँभाले और सम्बन्धों में सलवटें न आने दें। स्त्रियों को स्वयं ही यह तय करना है, कैसे इस भ्रमित अवस्था में स्वयं को बाहर निकाले।...स्त्री-विमर्श की सबसे बड़ी उपलब्धि ही यही है कि अपनी खुदी की चेतना जागी है। हर वर्ग, धर्म जाति के लोगों में एक नई चेतना जाग्रत हुई है। यहाँ तक कि सड़क पर रहने वाली स्त्री भी अपने अधिकारों के प्रति सजग हो उठी है।"[25]

सम्बन्धों का व्याकरण

सम्बन्ध, स्त्री-जीवन की धरोहर हैं, जिन्हें वह बहुत कोशिशों से सहेजकर रखती है लेकिन उन्हें सहेजते-सहेजते उसके अपने कोर-किनारे फट जाते हैं। अनामिका इस स्थिति को डाक-टिकट के रूपक से अभिव्यक्त करती हैं—

बच्चे उखाड़ते हैं डाक-टिकट
पुराने लिफाफों से जैसे
वैसे ही आहिस्ता-आहिस्ता
कौशल से मैं खुद को
हर बार करती हूँ तुमसे अलग।
मेरे किनारे फट जाते हैं कभी-कभी,
कुछ न कुछ मेरा तो
निश्चित ही
सटा हुआ रह जाता है तुमसे।[26]

स्त्री-दृष्टि की प्राथमिकता के कारण इन कविताओं में सम्बन्धों का दायरा मुख्यत: स्त्री-पुरुष सम्बन्धों पर केन्द्रित है। उसमें भी दो स्थितियाँ हैं—दाम्पत्य सम्बन्धों की तथा प्रेम सम्बन्धों की। दाम्पत्य सम्बन्धों में गृहस्थ प्रेम के अनुराग की अपेक्षा, सम्बन्धों की जकड़न अधिक दिखाई पड़ती है। 'खुरदरी हथेलियाँ' संकलन

में कवयित्री ने कुछ अटपटी प्रेम कविताएँ शामिल की हैं। ये अटपटी इसलिए हैं कि इनमें सम्बन्धों के निश्चित फ्रेम नहीं हैं। प्रेम की ऊष्मा का हल्का-सा एहसास है। इनमें सतही भावुकता या रूमानियत भी नहीं है जिससे प्रेम का विविधवर्णी रूप उभरता है। 'एक अजब-सा वियोग', 'उसने कहा था' जैसी कविताएँ प्रेम के उन्मुक्त स्वभाव को व्यक्त करती हैं। इनके बीच जैनेन्द्र की कहानियों-सा प्रेम का अछूता बिम्ब कवयित्री ने प्रस्तुत किया है—

जब उसने पहले-पहल मुझे छुआ
दरक गई घटाओं की छाती।
हूक की तरह उठी पछिया
और मुझे ऐसे सहेजकर समेटा उसने
जैसे आँधी में
कपड़े अँकवार लिए जाते हैं
अलगनी से खींचकर!
मैं सूखा कपड़ा नहीं थी,
मुझमें बहुत बूँदें बाक़ी बची थीं
यह मैंने जाना उसी दिन
उसकी भीगी बाँहें, गीले कन्धे देखकर
एक अजब लय-सी थी उसके छूने-छोड़ने में! [27]

प्रेम और आत्मीयता की बहुत-सी अछूती बूँदें इन कविताओं में हैं पर ज़्यादा हिस्सा ऐसी कविताओं का है जो सुख के इस अनुभव को तप्त कर सोख लेता है। 'हितोपदेश' कविता में अनामिका ने एक राजकुमारी की कथा की बायस लड़की की आँखों में प्रेम के सपनों को दाम्पत्य के क्रूर यथार्थ में चटकते हुए बख़ूबी प्रस्तुत किया है—

रोज़ सुबह तुलसी पर जल डालकर
वह वहाँ करती थी प्रार्थना कि हो जाए, हो जाए
क़िस्सों में पढ़ा हुआ, फ़िल्मों में देखा
गीतों में सुना हुआ प्रेम घटित,
जुट जाए, जुट जाए, जुट जाए कलेजे में ज़ोर
प्यार करने का
आदमकद परमेश्वर से
हर बात पर ही जो
पीटता है इतना [28]

इन स्थितियों की चोट को 'फर्नीचर' कविता की वक्रोक्ति में बड़े बारीक़ व्यंग्य से प्रस्तुत किया गया है—

मैं उनको रोज़ झाड़ती हूँ
पर वे ही हैं इस पूरे घर में
जो मुझको कभी नहीं झाड़ते [29]

इस कविता में फर्नीचर में स्त्री के पुराने जन्म के प्रेमी होने की कल्पना की गई है, क्योंकि उनकी गोद में मुख छिपाकर वह अपना दुख-दर्द भूल सकती है और वह काठ का फर्नीचर उसका अकेलापन बाँट लेता है लेकिन उसे चिन्ता है कि यदि वे काठ से इनसान हो गए तो उनका उनसे कैसा रिश्ता हो जाएगा। ऐसी ही एक उपमा 'गृहलक्ष्मी' कविता में दी गई है, जहाँ स्त्री स्वयं को 'पिनकुशन' कहती है, जिसके हृदय में हर नुकीली बात घोंपकर पुरुष उसे छलनी किया करता है। स्त्री और प्रेम का यह समीकरण उन त्रासद स्थितियों से ही उपजता है जो स्त्री-पुरुष के बीच ऐसे पदानुक्रम निर्मित करती हैं जिनमें घुटन के सिवा कुछ नहीं। यह स्थितियाँ स्त्री को बेहद अकेला कर देती हैं।

अनामिका की कविताओं में सम्बन्धों का आल-जाल है। यह नितान्त अकेलेपन की वैयक्तिक दुनिया नहीं है, वहाँ बहुत-सी आवाज़ों का लगभग शोर है। जैसा पहले ही कहा कविताओं में पारिवारिकता और सामूहिक जीवन का मेला है, लेकिन मेले की उत्सवधर्मिता ग़ायब है। सबके बीच होकर भी ऐसा भयंकर अकेलापन है कि सम्बन्धों के बीच की सम्बन्धहीनता को अनुभव किया जा सकता है।

पति एक था उसका, प्रेमी पाँच
बच्चे छह, मुर्गी और बकरियाँ सात,
निंदक उतने जितने तारे और प्रशंसक भी बहुत सारे
फिर भी वह एकदम अकेली थी
हर रिश्ते में, वैसे बालू थी, मिट्टी थी
लेकिन उसका मन था इतना जिद्दी पौधा
कि कहीं लगता ही नहीं था [30]

इन सम्बन्धों को जीती स्त्री कभी-कभार अपने वजूद को ट्रंककॉल कर लेती है। ये कॉल लगे न लगे, उसका वजूद भीतर से जब-तब जाग उठता है और उसके जीवन की विडम्बना का एहसास कराता है।

स्त्रीत्व की सार्थकता का एक महत्त्वपूर्ण सम्बन्ध मातृत्व में पूर्ण होता है। बहुत-सी स्त्रीवादी रचनाकारों का मानना है कि मातृत्व और ममता का महिमामंडन स्त्री से यह अपेक्षा करते हैं कि वह अपना अस्तित्व खोकर अपने परिवार के लिए सर्वस्व

समर्पित कर दे। स्त्री के स्त्रीकरण की प्रक्रिया में यह एक विशेष पड़ाव है और इस अर्थ में वह महीन शोषण या दबाव की पृष्ठभूमि निर्मित करता है। अनामिका इस सोच की हामी नहीं हैं। उनके लिए मातृत्व स्त्री-जीवन का सहज अंग है—

माँ भूख लगी है
इस सनातन वाक्य में
एक स्प्रिंग है लगा
कितनी भी हो आलसी माँ
वह उठ बैठती है
और फिर कनस्तर खड़कते हैं[31]

अनामिका, मातृत्व को स्त्रीत्व में इस तरह शामिल मानती हैं कि स्त्री पूरे समाज और सृष्टि को इसी निगाह से देखती है। इसी से सहानुभूति, करुणा उसके स्वभाव का हिस्सा है। स्त्री का यह ममत्व अपने आसपास के वंचित समाज पर अपनी ममता लुटा देना चाहता है, तभी तो रिक्शे वाले हों, कूड़ा बीनते बच्चे या घरेलू नौकर, ये सब कवयित्री की ममता के अक्षय पात्र हैं। इस विशेषता को लक्षित करते हुए मदन कश्यप ने अनामिका की तुलना महादेवी से की है—

"स्त्री-विमर्श के इस दौर में स्त्रियों के संघर्ष और शक्ति का चित्रण तो अपनी-अपनी तरह से हो रहा है, लेकिन महादेवी वर्मा ने जिस वेदना और करुणा को अपनी कविता के केन्द्र में रखा था (वेदना में जन्म करुणा में मिला आवास) उसका विस्तार केवल अनामिका ही कर पाती हैं।"[32]

समय-बोध और समाज

क्या जो स्त्री, स्त्रियों पर कविताएँ लिखती है उसका अपने समय और समाज से कोई रिश्ता नहीं होता? अनामिका के सन्दर्भ में यह सवाल विशेष महत्त्व रखता है। उनकी कविता में स्त्री-दृष्टि और स्त्रीवादी मुहावरे को आलोचना जगत में इतना भुनाया गया कि कविता का अपने समय और समाज से जो रिश्ता है वह अदृश्य ही रह गया। 'अनुष्टुप' के फ्लैप पर दी गई केदारनाथ सिंह की टिप्पणी में इस ओर संकेत किया गया है—"स्त्री रचनाकारों में—ख़ास तौर से नारीवादी लेखन में, इधर जो प्रवृत्तियाँ दिखाई पड़ती हैं, अनामिका का काव्य-व्यवहार उनसे थोड़ा अलग है।...अपनी जानी-पहचानी दुनिया में उनकी दृष्टि प्राय: वहाँ टिकती है, जहाँ कोई टूट-फूट होती है या फिर सारी आपात समरसता के भीतर कोई फाँक या दरार। वे अक्सर संकेतों, रूपकों या लोक-अभिप्रायों से काम लेती हैं। इस तरह कविता का एक जटिल तंत्र विकसित होता है, जिसका सम्बन्ध रूप से कम और भाव तत्त्व

की अन्तर्वस्तु से अधिक होता है।"[33]

अनामिका की ऐसी कविताओं की लम्बी फेहरिस्त बनाई जा सकती है जिनमें सामाजिक दृष्टि से हाशियाकृत वर्ग के विविध स्वर हैं। स्त्रियाँ भी जब कविता में आती हैं तो उनकी आवाज़ हाशिये की आवाज़ ही होती है। 'बारिश और बेघर', 'ख़ाली बटुआ', 'बाज लोग', 'साध्य', 'गणतंत्र दिवस', 'घरेलू नौकर', 'दंगे और कर्मकांड', 'पत्ता-पत्ता बूटा-बूटा', 'मोतियाबिंद', 'क़ैदियों के जूते', 'छिटकी हुई ईंटें', 'दलित महासंघ की बैठक से लौटते हुए', 'बेरोज़गार', 'भूख', 'कूड़ा बीनते बच्चे', 'गठरी', 'नशेड़ी', 'बन्दीगृह', 'ध से धमाका', 'थर्मामीटर' आदि कितनी ही कविताएँ हैं जो समय, समाज व परिवेश को लेकर एक संवेदनशील मन की सहज प्रतिक्रियाएँ हैं। इन्हें रचनाकार के जेंडर या जेंडर सम्बन्धी अवधारणा से जोड़कर देखना सम्भव नहीं। अनामिका की कविताओं की विशेषता यह है कि वे साधारण-सी उक्ति को बड़े फलक पर तान देती हैं। जैसे 'चुटपुटिया बटन' के सन्दर्भ में उनका यह कहना—

ऊँच-नीच के दर्शन में उनका कोई विश्वास नहीं था
बराबरी के वे कायल थे!
फँसते थे न फँसाते थे—चुपचाप सट जाते थे[34]

यह कविता सम्बन्धों और समाज में व्यापक पदानुक्रमों की संरचना को चुनौती देती है। अनामिका अपनी अधिकांश कविताओं में यह काव्य-व्यवहार दोहराती हैं। साधारण स्थितियाँ बड़े सामाजिक आशयों की सांकेतिक अभिव्यक्ति में सफल हैं। सामाजिक समानता की चिन्ता पर्यावरण व प्रकृति के प्रति मनुष्य के व्यवहार, साम्प्रदायिकता और हिंसा के मसले आदि सब कविता की इस दुनिया में शामिल हैं। ये सभी हमारे परिवेश और यथार्थ का हिस्सा हैं, ज़ाहिर है इसीलिए कविता में उनकी जगह भी बनती है लेकिन अनामिका की कविता में उनका ट्रीटमेंट अलग है। उसमें संश्लिष्टता का गाम्भीर्य और निश्छल अभिव्यक्ति का मासूमियत भरा टोन उसे विलक्षण बनाता है। निष्पत्र पेड़ धरती का थर्मामीटर हो गए हैं—

आज जब धरती का माथा गरम है
जलस्रोतों की पट्टी पूरी नहीं पड़ती
निष्पत्र पेड़ हो गए हैं
थर्मामीटर[35]

ऐसी कविताएँ समकालीन कविता में एक भिन्न मिज़ाज की ही कही जाएँगी। इसी कविता में अमेरिका की एक ध्रुवीय ताक़त तथा सोवियत संघ के विघटन का संकेत भी हैं। 'पत्ता-पत्ता, बूटा-बूटा', जैसी कविता जिसमें साम्प्रदायिक हिंसा

विह्वल माहौल में जीने की बेचैनी और उसके प्रति मासूम प्रतिक्रिया इन शब्दों में झलकती है—

टीवी में देखा था न उस दिन
दंगाई पहले तो औरतों के फाड़ते हैं कपड़े,
फिर पेट

× × ×

मुसलमान क्या होते हैं अम्मा? [36]

इस कविता में साहित्य के पात्र, टीवी की छवियाँ, पड़ोस के अंडे वाले दरज़ी, इतिहास के पृष्ठों से हुमायूँ और ट्रांजिस्टर पर बजता फ़िल्मी गाना—सब मिलकर ऐसा काव्यानुभव रचते हैं, जो साम्प्रदायिकता के निषेध में संवेदना को प्रतिष्ठित करने वाला है। इस कविता और ऐसी अनेक कविताओं में स्याह-सफ़ेद के सरलीकृत समीकरण नहीं हैं, उनकी जगह ऊपर से बेतरतीब दिखने वाली पंक्तियों की ऐसी समायोजना है कि वे एक-दूसरे के सन्दर्भ में तीव्रता हासिल कर लेती हैं और हमारे समय से लुप्त होती मानवीयता से पक्ष में खड़ी होती हैं। कवि ने कहा के 'आत्मकथ्य' में अनामिका ने लिखा है—"वास्तविक जीवन-जगत के चरित्र हों या क्लासिकों के चरित्र—मेरी कल्पना के स्थायी नागरिक वही बनते हैं जिन्हें कभी न्याय नहीं मिला, जो हमेशा लोगों की ग़लतफ़हमी का शिकार हुए, दुनिया ने जिन्हें कभी न प्रेम दिया, न मान। भीतर से वे जितने अगाध होते, उतने ही अकेले।"[37]

मानवीय सहानुभूति को अर्जित करने और जीवित रखने के लिए अनामिका ने 'आदमी के आदमी पर भरोसे' की बात कही है। आज की संवेदनहीनता का सबसे बड़ा हर्ज़ाना जो हमने चुकाया है वह इस विश्वास सूत्र के टूटने का ही है।

टुइयाँ-सी चीज़ है भरोसा!
हमने उसे कहाँ-कहाँ नहीं ढूँढ़ा!
दोस्तों की आँखों, भाई की पॉकेट,
दादी के बटुए, बच्चों के गुल्लक से भी
वह जाने कब और कैसे
झड़ गया था! [38]

समाज में जब हर जगह से भरोसा छूट रहा है तब कवयित्री को वह मिलता है अचानक। एक रिक्शे वाले से अपने संवाद में अनामिका जीवन की छोटी-छोटी स्थितियों में बड़े सत्यों का अन्वेषण कर लेती हैं। कहीं-कहीं सूत्रात्मक शब्दावली में इसे अभिव्यक्त कर सूक्तियाँ गढ़ देती हैं तो कहीं प्रचलित सूक्तियों-लोकोक्तियों का प्रयोग कर एक अतिरिक्त आयाम देती हैं। निज़ामुद्दीन मोहल्ले पर लिखी

कविताएँ भी ऐसे ही प्रयास में शामिल हैं। कुछ कविताओं में पत्रों से सीधे संवाद का प्राथमिक अनुभव शामिल है जिन्हें कवयित्री यूँ अभिव्यक्त करती है—'डीयू रिज पर वह मिला था',...या फिर 'मुझे ट्रेन में एक लड़का मिलता था',...ये सब काव्य-पंक्तियाँ हमारे लोकतंत्र और सामाजिक व्यवस्था को उसके सच्चे रूप में देखने का आईना हैं।

सत्तर प्रतिशत अपराधी तो खुले घूमते हैं
बीस फीसदी ऐसे होंगे जो काट रहे हैं सज़ा
अपराध मालिकों के अपने सर लेकर[39]

बहरहाल, ये कविताएँ गहरी संवेदना की कविताएँ हैं जो 'टोकरी में दिगंत' भरने की कोशिश करती हैं।

लोक, परम्परा और इतिहास

लोक, परम्परा और इतिहास अनामिका के काव्य का मुख्य वृत्त रचते हैं। लेकिन जिस रूप में कवयित्री ने उन्हें तराशा है वह नए जीवनबोध से जुड़कर बिलकुल नया अर्थ ग्रहण कर लेते हैं। अपने समय की असंगतियों-विसंगतियों से गुज़रते हुए कवयित्री कभी अतीत की ओर देखती है, कभी आसपास पसरे लोकजीवन की ओर। उसी के बीच रचनात्मक प्रतिरोध बुनकर नया सौन्दर्यबोध अर्जित कर लेती है, जो धीमे-धीमे पाठक के मन में उतरता है और एक साथ अनेक स्तरों पर ध्वनित होता है। लोक और परम्परा का जीवनबोध कवयित्री की रचना-दृष्टि का भी सूचक है। स्त्री-विमर्श के विशेष सन्दर्भ में जब सिद्धान्त और संवेदना में से किसी एक को चुनने की बात आती है तो अनामिका का मन कोरे सिद्धान्त की अपेक्षा जीवन की उस तरंग को चुनता है जो भारतीय जनजीवन की जड़ों से पनपती हैं। इसलिए इसमें इतिहास, साहित्य और किंवदंतियों की आवाज़ाही चलती रहती है। शेक्सपियर, तुलसी, प्रेमचंद, वररुचि, तुकाराम, बुद्ध, थेरियाँ, ईसा मसीह, सीता सब एक-दूसरे से टकराते-मिलते रहे हैं। अनामिका की कविता में सुने और गुने हुए को समान महत्त्व दिया जाता है। समकालीन कवियों में ऐसा काव्य-व्यवहार और किसी के यहाँ नहीं होता, कभी-कभी ये कविताएँ बेतरतीब-सी भी लगती हैं जिसमें न जाने किस-किस छोर से देखने पर यह ऊपरी असम्बद्धता संवेदना के एक केन्द्र पर टिकी पाई जाती है और कभी-कभी तो यह उन्मुक्त-सा खेल रच देती हैं। कविता का यह नियमन लोक-शैली का ही विस्तार है जहाँ मन में घुमड़ते भावों को एक विशेष लय में कह दिया जाता है जिसे सम्भ्रान्त ढाँचों में अँटाना सम्भव नहीं।

अनामिका कविता में आख्यान रचती हैं। गली-मोहल्ले के पात्र, क़िस्से-कहानियों के स्रोत बन जाते हैं। 'दादी', 'भेड़िया', 'पहली पेंशन', 'सेफ़्टी पिन', 'साध्य', 'हितोपदेश', 'वृद्धाएँ', 'मौसियाँ' और ऐसी कितनी ही कविताओं में अनामिका ये कहानियाँ सुनाती हैं। लोक-साहित्य व्यथा-कथा को जिस हलके ढंग से कहता है, कवयित्री भी उसी कहन शैली में बतरस का आनन्द लेते हुए बड़ी कुशलता से महीन मार करती है। इन कविताओं का 'टोन' बहुत महत्त्वपूर्ण है। उसमें आक्रोश की जगह व्यंग्य है। यहाँ गालियाँ गोलगप्पों की तरह खाई जाती हैं गपागप और चुट से पट बज उठते हैं चुटपुटिया बटन। कभी-कभी महान सत्यों को उजागर कर देने वाली कविताएँ लोकगीतों की शैली पर रच दी जाती हैं—

ईसा मसीह
औरत नहीं थे
वरना मासिक धर्म
ग्यारह बरस की उमर से
उनको ठिठकाए ही रखता
देवालय से बाहर! [40]

यह कविता एक रेड-इंडियन लोकगीत के आधार पर पल्लवित है। कभी-कभी ऐसी कविताओं में कुछ शाश्वत जीवन-सत्य भी उजागर जो जाते हैं जैसे बुद्ध का आम्रपाली को यह कहना—'रह जाएगी करुणा! रह जाएगी मैत्री, बाक़ी सब ढह जाएगा...,'[41] 'टोकरी में दिगंत' संकलन में थेरियों और बुद्ध के संवादों के बीच ऐसी बहुत-सी उक्तियाँ रची-बसी हैं। इतिहास को भी अनामिका ने जीवन्त इकाई की तरह पहचाना है—

आज मैं इतिहास से टकरा गई
लेकिन वह मुझको पहचान ही नहीं पाया [42]

इतिहास से कवयित्री की जो साझेदारी बनती है वह इस प्रयास में है कि एकान्तिक निजता उसका चुनाव नहीं है। अगर मुक्ति होनी है तो अपने साथ-साथ सबका मुक्त होना आवश्यक है। विशेषकर स्त्री और वंचित वर्गों की दृष्टि से तो अनामिका ने इसी बात पर बल दिया है, दूसरे उनके यहाँ इतिहास समय की कक्षा में स्थिर इकाई नहीं है। वर्तमान और भविष्य से उसका संवाद बना रहता है।

सोचो, ये टीपें क्या कहती हैं!
कहती हैं—इतिहास हरदम भविष्य-सजग रहता है,
निजता निजेतर के घर आती-जाती है,

कम-से-कम
दरवाज़ा
दोनों के बीच खुला रहता है हरदम[43]

यहाँ इतिहास जातीय स्मृति का हिस्सा बन जाता है जो लोक और शास्त्र के संघटन की आधारभूमि रचता है।

स्त्री भाषा की पहचान

"यह बात अपनी जगह दुरुस्त है कि भाषा एक लीलाभूमि है तो एक युद्धभूमि भी। अस्मिता की लड़ाई हो या कोई अन्य मनोसामाजिक संघर्ष, उसकी सबसे महीन और सार्थक अनुगूँजें भाषा में दर्ज होतीं।"[44] अनामिका ने अपनी कविता में एक नई भाषा का संधान किया, कविता की अन्तरंग भाषा। यह अन्तरंगता बहुत महीन ढंग से काम करती है। कवयित्री का कहने का ढंग कुछ ऐसा है कि बहुत आत्मीय ढंग से बेहद मारक बात कही जाती है। उसमें एक 'विट और ह्यूमर' है। इसका सम्बन्ध कथ्य से ज़्यादा उसकी प्रस्तुति से है। अनामिका मानती हैं कि स्त्री-शरीर और स्त्री-मन की तरह भाषा भी प्रकृतया अलग होती है। स्त्री-विमर्श की बहुत-सी जद्दोजहद भाषा को लेकर हुई है। भाषा एक संकेतक है और संकेतों का यह संसार स्त्रियों की साहित्यिक प्रतिष्ठा से पहले पुरुष-सत्ता का ही प्रतीक रहा। शब्दों से लेकर उपमानों, बिम्ब-प्रतीकों और रूपकों तक स्त्री रचनाकारों ने अपनी कविता को अपनी छाप दी है जिसमें "भाषणधर्मिता का स्थानापन्न सहज संवादमयता हो जाती है, पूर्णविरामों और आदेशमूलक वाक्यों का सहज स्थानापन्न अल्पविरामों, विस्मयादिबोधक और प्रश्नबोधक वाक्य! समुच्चयबोधक चिह्नों का प्रयोग भी अधिक तरल और हँसमुख-सा लगता है। स्त्री-भाषा एक ठहाके में सारे तट तोड़कर आगे बढ़ जाती है, परम खिलवाड़ी भाषा है और खेल का मतलब ही है टूट-फूट, चारदीवारियाँ फलाँगकर नए वितानों में भटककर अपने प्रश्नों के उत्तर टटोलने का दमखम।"[45]

चारदीवारी फाँदकर स्त्री-भाषा जो उड़ान भरती है, भाषा की उस मुक्ति को अनामिका की कविताओं में बखूबी महसूस किया जा सकता है। वे कहीं से भी शब्द उठा लेती हैं—तत्सम, तद्भव, देशज, विदेशी, जो शब्द जहाँ से मिले, वे सब और सब-के-सब, मुहावरे-लोकोक्तियाँ, संस्कृत के श्लोक, शेक्सपियर के उद्धरण अनामिका की कविताओं में सहभाव के तर्क से संयोजित होते। यूँ तो उनकी हर कविता भाषा का खेल रचती है, फिर भी कुछ उदाहरण, भाषा की विलक्षणता दर्शाने के लिए,

"क्या प्रेम में पड़ना खटाई में पड़ना है अम्मा?"[46]

"देखो भाई, होना तो होना हवामहल!"[47]

"नमस्कार दो हज़ार चौंसठ"[48]

"हे बुद्ध, आप मार्क्स से एक कॉन्फ्रेस कॉल कर लें"[49]

ऐसे कितने ही उदाहरण हैं जिनमें कवयित्री कभी सूक्तियों का इस्तेमाल करती हैं तो कभी सूक्तियाँ गढ़ लेती हैं। कभी बतरस के लालच में बोलचाल की मुद्रा अपना लेती हैं लेकिन भाषा का गाम्भीर्य वहाँ दिखता है, जहाँ शब्द अर्थ की बहुस्तरीयता ग्रहण कर कुछ अलग रोशनी में चमकते दिखते हैं। 'नमक दुख है धरती का और उसका स्वाद भी', इस वाक्य से शुरू होकर कविता किस परिणति की ओर मुड़ जाती है, वह अद्भुत है।

गांधी जी जानते थे नमक की क़ीमत
और अमरूदों वाली मुनिया भी!
दुनिया में कुछ रहे-न-रहे
रहेगा नमक
ईश्वर के आँसू और आदमी का पसीना
ये ही वो नमक है कि जिससे
थिराई रहेगी ये दुनिया[50]

जैसे हवा किसी पतंग को इधर से उधर बहा ले जाती है, अनामिका की कविताओं में भी भाव और विचार की यह हिलोरें उठती रहती हैं और कविता अपनी उड़ान भरती है। कुछ वो देखती हैं और कुछ उन्हें दीख जाता है, यानी सतह के भीतर का सच उघड़ जाता है और फिर वह जा मिलता है मन के कोने में दबे किसी ऐसे प्रसंग से जो अतीत-परम्परा का हिस्सा हैं। उनके देखने में एक निरन्तरता है।

क़िस्सागोई, जो मूलतः गद्य लेखकों का धर्म है, लेकिन यहाँ कविता में स्मृति के आधार पर छोटे-छोटे ब्योरे बुने जाते हैं, इन ब्योरों से बिम्ब बनते हैं जो यथार्थ का स्वरूप रचते हैं और कविता को अपने उद्देश्य की ओर गतिशील बनाते हैं। 'दलाईलामा' कविता को देखिए—

दलाईलामा लगातार हँसते हुए
सम्बोधित कर रहे थे
एक बड़ी जनसभा

× × ×

कुछ कहते-कहते जो हाथ उठाया—
उनकी बाईं बाँह पर मुझको दिखा
बचपन में कभी पड़ा चेचक का टीका,

और फिर सहसा ही कौंधा—
"अरे-अरे यह ऐसी बातें करने वाला
इसी लोक का है, इस युग का है और
आदमी है!"

× × ×

इस गुलथुल बच्चे की तरह कभी
गुटुर-गुटुर दूध पिया होगा उन्होंने
खुद दूधमलाई उठाकर,
खुद पोंछ ली होगी नाक कभी स्वेटर से
माँ को कहीं काम में मग्न पाकर
इसके ठीक अगली पंक्ति है—
क्या जानते हैं हम तिब्बत के बारे में[51]

रूप के स्तर पर कविता की यह मुक्ति जिसे अनामिका ने निजी शैली और भाषा की विशिष्टता से सम्भव बनाया। अध्ययन का समुच्चय उनके काव्यानुभव की बनावट को एक अलग रूप देता है। आप इन कविताओं से कवयित्री का नाम हटा भी दें तो यह अपनी बानगी से अलग पहचान ली जाएँगी। कविता के शिल्प और भाषा पर अनामिका की यह टिप्पणी महत्त्वपूर्ण है। "रचना का कथ्य तो किसी-न-किसी दर्शन या विमर्श से प्रेरित होता है, उसका अपना होता है उसका शिल्प और इस शिल्प का नियामक होती है व्यक्ति की भाषा जो उसके फिंगर-प्रिंट की तरह उसकी ख़ास अपनी होती है।"[52]

कथ्य और अभिव्यक्ति का यह तनावपूर्ण सामंजस्य प्राय: रचनाकार की सभी कविताओं में मिलता है। वे जिन तत्त्वों को कविता में अपरिहार्य मानकर लोकेट करती हैं, वह है—कविता की संवादधर्मिता और उसका आन्तरिक सत्य, अनामिका की कविता स्त्री की मुक्ति है, हँसती और बतियाती हुई...

"कविता चाहती है हमारे सपनों, हमारी जातीय स्मृतियों को अपना दूध पिलाकर हमेशा के लिए सुरक्षित कर लेना। हमारे भीतर का जो कुछ भी कोमल, उत्कृष्ट, मधुर और प्रांजल है—उसका ही बीमा चाहती है कविता।"[53]

स्त्रीत्व और स्त्री-कविता

कविता और स्त्रीत्व का क्या रिश्ता है—अनामिका की कविताओं में यह सवाल विशेष उपस्थिति रखता है। इस लेख के आरम्भ में हमने यह आग्रह किया था कि इस कविता को 'व्यापक मानवीय सहानुभूति' के लिए भी पढ़ा जाना चाहिए—इस प्रस्तावना को स्वीकार करते हुए भी यह मानना पड़ेगा कि इन कविताओं का कैनवस

कितना ही विस्तृत क्यों न हो पर उनके पाठ को समझने के लिए स्त्री-संवेदन आवश्यक है, क्योंकि कवयित्री जीवन के वृहद चक्र को संवेदना के जिस बिन्दु पर केन्द्रित करती है उसमें झाँकते स्त्री-मन को आप कविता के कथ्य से अलग कर नहीं पहचान पाते। हालाँकि यह उसकी सीमा नहीं है। किसी भी पात्र या स्थिति की जीवनगत विडम्बना को कवयित्री बहुत बारीक़ी से पकड़ लेती है लेकिन उसकी अभिव्यक्ति में न प्रखर विरोध है और न ही उस यथार्थ को रचने वाली वृत्तियों को अपदस्थ करने की कोशिश—उनसे मुक्ति की राह स्त्री के अन्तरंग स्पेस से गुज़रती है। कविता और स्त्रीत्व का यह सम्बन्ध अनामिका की कविताओं को एक अलग पंक्ति में खड़ा करता है। इसी बात को प्रियदर्शन इन शब्दों में रखते हैं—

"बहरहाल, हिन्दी में एक ख़तरा यह है कि जब भी आप किसी कविता के भीतर कोई स्त्री-गाथा देखते हैं, उसे फ़ौरन स्त्री-विमर्श की चालू शब्दावली में स्वीकार करने या ख़ारिज करने का खेल शुरू हो जाता है। यह बात स्पष्ट ढंग से कहनी होगी कि यह स्त्री-विमर्श नहीं है, यह समकालीन विमर्श है जिसमें अपने समय के बाक़ी सवालों के प्रति भी सख्य भाव है। अनामिका के कविता संसार में साम्प्रदायिकता के उभार से लेकर बाज़ारवाद के प्रभाव तक की, उत्तर-आधुनिकता और भूमंडलीकरण के विस्तार से लेकर रोज़मर्रा की उन कहानियों तक की, जो अख़बारों की मार्फत बनने वाले सूचनाओं के समंदर में बुलबुले की तरह उठती और फिर बिला जाती है—एक गहन चीर-फाड़ अनवरत देखी जा सकती है। अपनी किताब 'स्त्रीत्व के मानचित्र' में अनामिका ने जो यह लक्ष्य किया है कि दुनिया भर में स्त्री आन्दोलन अकेला नहीं चला है, कहीं वह अश्वेत आन्दोलन से जुड़ा है, कभी पर्यावरण की लड़ाई से और कहीं मानवाधिकार के एजेंडे से—यह सख्य भाव इन कविताओं में भी दिखता है—यह एक समकालीन गाथा है जिसे इतिहास की दूरबीन लेकर एक स्त्री-आँख देख रही है और इस आँख में संवेदना और करुणा का जल है, उसकी हलचल है।"[54]

अनामिका की कविताएँ गहरी सदिच्छा की कविताएँ हैं जो यह विश्वास करती हैं कि स्त्री की करुणा और सहानुभूति से यह संसार बदलेगा ज़रूर। इसी सन्दर्भ में उन्होंने स्त्री-कविता को परिभाषित करने की कोशिश की—"स्त्री-कविता का सबसे बड़ा योगदान यही है कि उसने एक चटाई बिछाई है और पर्सनल पॉलिटिकल, कॉस्मिक-कॉमनप्लेस में माइक्रो-मैक्रो, इहलोक-परलोक, इतिहास और मिथक, शास्त्र और लोक, पौर्वात्य और पश्चिम प्रभावों के अतिरेक का अभियोग लगाने वालों को यह बात हमेशा याद रखनी चाहिए कि 'कोलोनियल' और 'कैनोनिकल' दोनों पर पहला प्रहार इसने ही किया, इसी ने पहली बार घरेलू चिट्ठी-पत्री और अन्तरंग देशी दस्तावेज़ों को ज्ञान-प्रत्याख्यान के प्रामाणिक स्रोत के रूप में मान्यता दिलाई और अपने सर्जनात्मक लेखन में इनका भरपूर उपयोग किया।"[55]

सामाजिक परिवर्तन की दृष्टि से अनामिका को आने वाले समय में स्त्री-कविता से बहुत उम्मीद है। वे मानती हैं, "एक पेड़ लगाने से शहर की जलवायु में कोई बहुत अन्तर नहीं दिखाई देता, पर निरन्तर पेड़ लगाए चलिए तो धीरे-धीरे पूरी फिज़ा बदल जाती है। साहित्य का प्रभाव भी पेड़ की तरह ही धीमा,परोक्ष और अवश्यम्भावी होता है।"[56]

स्त्री-कविता पीड़ित मन के उद्वेलन को चेतना की लौ जगाकर अभिव्यक्त करती है। वर्चस्व के समक्ष न हारने वाली संकल्प-शक्ति भी उसमें शामिल है। अनामिका स्त्री-कविता की प्रमुख हस्ताक्षर हैं जो अतिवादी सरहदों पर जीने में विश्वास नहीं रखतीं। वे पुल बनना चाहती हैं जो दुनिया को झपाके से जोड़ दें और सबके बीच अन्तरंग गपशप वाला रिश्ता बना सकें। उनकी कविता जीवन की अनसुलझी गाँठों को सुलझाने की कोशिश है जो स्त्री-कविता को गहरी सृजनात्मक सम्भावना में बदल रही है।

सन्दर्भ

1. बेरोज़गार, खुरदरी हथेलियाँ, पृ. 171
2. त्रिया चरित्र : उत्तरकांड, पृ. 35
3. तुलसी का झोला, दूब-धान, पृ. 21
4. बेजगह, खुरदरी हथेलियाँ, पृ. 15
5. पतिव्रता, खुरदरी हथेलियाँ, पृ. 27
6. टूटी-बिखरी और पिटी हुई, खुरदरी हथेलियाँ, पृ. 46
7. कविता में औरत, पृ. 11
8. वृद्धाएँ धरती का नमक हैं, खुरदरी हथेलियाँ, पृ.49
9. राधा की बेटियाँ, दूब-धान, पृ. 25
10. आम्रपाली, टोकरी में दिगंत, पृ. 13
11 प्रियदर्शन, पुस्तक वार्ता, 20 मई, 2015
12. चौदह बरस की कुछ सेक्स-वर्कर्स, दूब-धान, पृ. 69-70
13. चमक के अलावा, दूब-धान, पृ. 55
14. दरवाज़ा, दूब-धान, पृ. 182
15. अनुष्टुप, पृ. 7
16. चीख़, खुरदरी हथेलियाँ, पृ. 43
17. स्त्रियाँ, खुरदरी हथेलियाँ, पृ. 13-14
18. भामती की बेटियाँ, दूब-धान, पृ. 24
19. बेजगह, खुरदरी हथेलियाँ, पृ. 19
20. स्त्रीत्व का मानचित्र, पृ. 10
21. तिलोत्तमा थेरी, टोकरी में दिगंत, पृ. 52
22. स्त्री-विमर्श का लोकपक्ष, पृ. 30

23. प्रथम स्राव, अनुष्टुप, पृ. 28-29
24. नया ज्ञानोदय, जून 2017, पृ. 20
25. मंजु रुस्तगी, आधुनिक स्त्री-विमर्श, अनामिका का काव्य, पृ. 197-98
26. डाक टिकट, खुरदरी हथेलियाँ, पृ. 88
27. ईश्वर, अनुष्टुप, पृ. 13
28. हितोपदेश, अनुष्टुप, पृ. 34
29. फर्नीचर, खुरदरी हथेलियाँ, पृ. 19
30. सार्वजनिक चौका, दूब-धान, पृ. 62
31. सत्रह बरस का प्रतियोगी परीक्षार्थी, खुरदरी हथेलियाँ, पृ. 55
32. कवि ने कहा : अनामिका के फ्लैप से
33. अनुष्टुप के फ्लैप से
34. चुटपुटिया बटन, दूब-धान, पृ. 183
35. थर्मामीटर, टोकरी में दिगंत, पृ. 17
36. पत्ता-पत्ता, बूटा-बूटा, खुरदरी हथेलियाँ, पृ.128
37. कवि ने कहा, पृ. 5
38. भरोसा, खुरदरी हथेलियाँ, पृ. 141
39. बन्दीगृह, टोकरी में दिगंत, पृ. 129
40. मरने की फुर्सत, दूब-धान, पृ. 28
41. आम्रपाली, टोकरी में दिगंत, दूब-धान, पृ. 14
42. इतिहास : क्रान्ति चौक, टोकरी में दिगंत, पृ. 110
43. सेकंड हैंड चीज़ें, राष्ट्रीय सहारा, 20 फरवरी, 2012
44. अनामिका, संवेद, अक्टूबर, 2009, पृ. 5
45. स्त्री-भाषा की सविनय अवज्ञा, साहित्य अकादेमी में पढ़ा गया प्रपत्र, 'मित्र' में प्रकाशित
46. लेडीज़ संगीत, दूब-धान, पृ. 47
47. हवामहल, टोकरी में दिगंत, पृ. 155
48. नमस्कार दो हज़ार चौंसठ, टोकरी में दिगंत, पृ. 130-131
49. दुख की प्रजातियाँ, टोकरी में दिगंत, पृ. 152
50. नमक, टोकरी में दिगंत, पृ. 141
51. दलाईलामा, पृ. 166-167
52. संवाद, नया ज्ञानोदय, जून 2017, पृ. 23
53. अनामिका, अनुष्टुप, पृ. 8
54. प्रियदर्शन, पुस्तक-वार्ता, 20 मई, 2015
55. संवाद, नया ज्ञानोदय, जून 2017, पृ. 19-20
56. वही, पृ. 24

सविता सिंह की कविताएँ

मानवीय मुक्ति के अनुभव का स्त्रीवादी पाठ

हलचल हो भीतर खनिजों में मेरे भी
पिघले जो दरकने के बावजूद पड़ा रहता है निश्छल
उगे मेरी आत्मा में अबाध मुक्त[1]

अपनी बेड़ियों को पिघला डालने के साहस से उपजा स्त्रीवाद जिस कविता के शब्द-शब्द में फूटता हो, वही अबाध मुक्ति की सम्भावना को जन्म देता है। सविता सिंह की कविता का स्त्री स्वर स्त्रीत्व को नए सिरे से सिरजने की आकांक्षा रखता है। उन्होंने अपनी कविता में लिंग आधारित असमानताओं के ख़िलाफ़ जो बहस खड़ी की उसकी परिणति एक नई सामाजिक संरचना के स्वप्न में होती है। स्त्री की वैकल्पिक दुनिया जो घोर अकेलेपन, दुख और यंत्रणा भरे आघातों पर सदाशीलता का मरहम रख एक नए सौन्दर्यबोध का निर्माण करेगी, जहाँ कोमलता द्वारा क्रूरता का स्थानापन्न सम्भव होगा। यह दुनिया स्त्री के प्रति तो अधिक सदय मानवीय होगी ही, दुनिया भर के वंचित समाजों के साथ उसकी सहानुभूतिपूर्ण साझेदारी भी बनेगी। इस लिहाज़ से स्त्रीवाद एक नए सभ्यता विमर्श को रचता हुआ प्रतीत होता है।

सविता सिंह की काव्ययात्रा की शुरुआत सन् 2001 में प्रकाशित उनके काव्य संग्रह 'अपने जैसा जीवन' से हुई। इसकी कविताओं ने समाज के स्थापित ढाँचों को कुछ इस तरह चुनौती दी कि साहित्य की लब्ध-प्रतिष्ठ अविरल धारा में एक नया मोड़ उपस्थित हुआ। इस संकलन की कविता 'मैं किसकी औरत हूँ' में कवयित्री ने स्त्री-स्वतंत्रता की नई ज़मीन गोड़ते हुए मानो घोषणा की—

मैं किसी की औरत नहीं हूँ
मैं अपनी औरत हूँ

× × ×

मैं किसी की मार नहीं सहती
और मेरा परमेश्वर कोई नहीं

× × ×

उन्मुक्त हूँ देखो,
और यह आसमान
समुद्र यह और इसकी लहरें,
हवा यह
और इसमें बसी प्रकृति की गन्ध सब मेरी हैं,
और मैं हूँ अपने पूर्वजों के शाप और अभिलाषाओं से दूर
पूर्णतया अपनी [2]

यह कविता सविता ने अनेक मंचों पर पढ़ी और स्वयं को घोषित तौर पर स्त्रीवादी कवयित्री कहा। उनसे पहले की स्त्री रचनाकार जहाँ जेंडर के सवाल पर विनम्रता या शालीनता का आवरण ओढ़ अपनी पहचान स्त्री होने से पहले एक व्यक्ति के रूप में करना और करवाना चाहती थीं वहाँ इन कविताओं ने 'कनक घट का ढक्कन' उठा दिया। इस कविता ने आलोचना के तत्कालीन प्रतिमानों के सामने चुनौती उपस्थित किया। 'आत्मसजगता' और 'अस्वीकार' के इस टोन को साहित्य जगत को गम्भीरता से लेना पड़ा। सुधीश पचौरी ने इस पर टिप्पणी करते हुए लिखा—"सविता सिंह की कविता हिन्दी की स्त्री-कविता में एक ब्रेक पैदा करती है। कच्ची प्राथमिक सहजानुभूति भर की जगह पक्की संरचनाएँ, व्याख्यामूलकता से आगे विमर्शात्मकता की स्थापना, स्त्रीवादी दृष्टि को सचमुच में एक लिंगात्मक और ग्लोबल सन्दर्भ से जोड़ देना और सर्वोपरि वर्जीनिया वुल्फ की 'ए रूम ऑफ वन्स ओन' की दुर्दमनीय पुकार की तरह पूर्णतया अपनी स्त्री का निर्माण ऐसे अन्तरण हैं जो हिन्दी की समकालीन स्त्रीत्ववादी कविता को हठात् एक नए चरण में दाख़िल कर देते हैं।"[3] सविता ने जिस सजग ढंग से सामाजिक सम्बन्धों की पड़ताल की, पितृसत्तात्मक व्यवस्थाओं को प्रश्नांकित किया, उससे स्त्री होने के संकट का बोध कवि और पाठक दोनों को समान रूप से होने लगा। उनकी कविताएँ उसी संकट और उससे मुक्ति के एहसास को एक साथ पैदा करती हैं। 'अपने जैसा जीवन' से जो काव्य यात्रा शुरू हुई उसका विकास बाद के दो संग्रहों 'नींद थी और रात थी' तथा 'स्वप्न समय' में दिखाई पड़ता है। स्त्री स्वतंत्रता के विचार से विकसित उनकी अधिकांश कविताओं में स्त्री के सवाल कुछ ऐसे उठाए गए हैं मानो कवयित्री एक गहरे आत्ममन्थन से गुज़र रही है जिसमें एक ओर परम्परा-प्रदत्त स्त्री-अनुभव से मुठभेड़ हो रही है, तो दूसरी ओर उससे कहीं अधिक शिद्दत से स्त्री भविष्य का मानचित्र निर्मित हो रहा है।

त्रासदी की पहचान का स्त्री-पक्ष

सविता सिंह उस पीढ़ी की रचनाकार हैं जिसे लिंग-भेद पर आधारित सामाजिक अन्तर्विरोध विरासत में मिले हैं। यहाँ कुसुम, सुप्रिया, विमला, रोज़मरी, सुमन, सारा, रूथ के वे चेहरे हैं जो बार-बार इस समाज में छली गईं। यह नाम और चेहरे असंख्य दस्तावेज़ हैं जहाँ स्त्री के सांस्कृतिक प्रतीक उसके आत्मतत्त्व के विसर्जन का उपादान बन गए। इस अर्थ में ये कविताएँ इतिहास की निरन्तरता में स्त्री शोषण के ठोस सन्दर्भों को सामने लाती हैं। 'कुसुम का सत्याग्रह' की कुसुम अपने संतप्त जीवन के विषय में जब कहती है—

उसे कभी नहीं मिला भर-पेट भोजन
अक्सर बचा-खुचा ही मिला
देखा सम्भ्रांत पुरुषों ने उसकी तरफ़
कामवश ही अक्सर
किया उसे मजबूर बेबस
किसी ने दया नहीं की उस पर
उसे प्रेम कभी नहीं मिला
समझा गया उसे एक स्त्री ही
फटेहाल दुर्बल[4]

कुसुम का संताप किसी एक स्त्री के जीवन का संताप नहीं। सभी को न जाने कब-कब और किन हालातों में ऐसा ही गहरा दुख, बेगानापन और अन्दर तक पसीज डालने वाला अकेलापन जीना पड़ता है। सविता ने जिस तरह नाम लेकर इन सब औरतों की कहानियाँ कही हैं उससे इनकी विश्वसनीयता बढ़ जाती है। यह सब हमारे आसपास के पहचाने हुए चेहरे हैं। फिर भले ही वह अपने अकेलेपन से जूझती सुप्रिया हो या अपनी आत्मा-सा अपना घर तलाशती विमला। इन कविताओं में दिन भर घर में खटती औरतों का चित्र है जो कुछ और होना चाहकर भी घर से बँधी रहती हैं।

पितृसत्तात्मक संरचनाएँ स्त्री के जीवन से उसका सत्त्व ही सोख लेती हैं। समता और स्वतंत्रता के अधिकार के बिना पालतू-सा जीवन जीने को विवश, ये स्त्रियाँ, अलग-अलग भूमिकाएँ निभाते हुए जीना ही भूल गई हैं। इससे अधिक त्रासद क्या हो सकता है कि वे घर में बेघर, अपनों में अजनबी और निपट अकेली हैं। यह अकेलापन रोज़मरी और सारा के जीवन में भी लगातार बजता रहता है। स्त्री-जीवन के संकट का बोध, देश और विश्व की सीमाओं को पार कर जाता है। सभी जगह स्त्री के दुख और अपमान का पलड़ा हमेशा भारी ही रहा है।

सविता की स्त्रियों का संसार जैसे स्थान और समय की सीमाएँ नहीं जानता वैसे ही वर्ग की भी कोई सीमा यहाँ नहीं है। यहाँ सड़क पर खटती औरत है तो बड़े बाप की बेटियाँ भी हैं जिनकी ज़िन्दगियाँ उतनी ही बदरंग और अँधेरी हैं। यहाँ ज़िम्मेदारियों तथा श्रम से झुका दी गई पीठ है और शर्म से गड़ी गर्दन जो अपने किसी अपराध के कारण नहीं झुकी, बल्कि तमाम सभ्यताओं में झूठ और अनाचार भरे षड्यंत्रों द्वारा झुका दी गई है। इन सब चेहरों में कवयित्री अपनी माँ-नानी-दादी-चाची सबके चेहरे एकमेक होते देखती है, जिन्हें कभी आश्वस्त जीवन नसीब नहीं हुआ। हीरे-माणिक-मोतियों से लदी होकर भी इन स्त्रियों को भीतर का ख़ालीपन, कभी जीवन में सहज नहीं होने देता।

अपनी कविताओं में सविता सिंह ने जिस स्त्रीवाद को सम्भव बनाया उसका पहला पाठ उसे अपने आसपास के इन असंख्य चेहरों और उनकी जीवनगत विडम्बनाओं की गहरी समझ से मिलता है। अपने आसपास के अनुभवों का मिलान जब शिक्षा से मिले वैचारिक स्रोतों के साथ होता है तो काव्य संवेदना में परिपक्वता आने लगती है। सविता सिंह का अनुभव संसार अत्यन्त व्यापक है। बिहार के सामन्ती परिवार की लड़की दिल्ली विश्वविद्यालय में राजनीतिशास्त्र का अध्ययन करने आई और यहाँ के सबसे प्राचीन महिला महाविद्यालय में जब उसकी आँख खुली तो दिल्ली विश्वविद्यालय स्त्री-चेतना के विकास का गढ़ था। उसके बहुत से शिक्षक व छात्र स्त्री-मुक्ति के सवालों से सीधे मुठभेड़ कर रहे थे। राधा कुमार ने अपनी पुस्तक 'स्त्री संघर्ष का इतिहास' में दिल्ली विश्वविद्यालय और उसमें भी विशेष रूप से इंद्रप्रस्थ महाविद्यालय में चलने वाली इन गतिविधियों का आकलन किया है। सविता की यात्रा दिल्ली विश्वविद्यालय से कनाडा के शहर मांट्रियाल में स्थित मैक्गिल विश्वविद्यालय तक जाती है जहाँ उन्होंने 'भारत में आधुनिकता का विमर्श' पर शोधकार्य किया। आज वे इन्दिरा गांधी राष्ट्रीय मुक्त विश्वविद्यालय में जेंडर स्टडीज़ की प्रोफ़ेसर हैं। शिक्षा की यह पृष्ठभूमि निश्चित रूप से एक ऐसा कवि मानस तैयार कर रही थी जो परम्परा से जुड़ी संरचनाओं को न केवल प्रश्नांकित करता है, बल्कि मुक्ति के रास्ते भी तलाशता है। सविता ने कुछ सांस्कृतिक प्रतीकों का पुन: पाठ किया जैसे शोक के समय झुंड में बैठी औरतों को देखकर उसके मन में जो तस्वीर बनती है वह कुछ ऐसी है :

बैठी हैं एक साथ
गठरी बन
बिसूरती
रोती विलाप करती स्त्रियाँ
करती शापित पूरे इतिहास को
जिनमें उनके लिए अन्धकार का मरुस्थल बिछा है[5]

ये सारे सन्दर्भ उस पितृसत्तात्मक संरचना को उभारते हैं जहाँ स्त्री को स्त्री होने के कारण उसके मानवीय अधिकारों से भी बेदख़ल कर दिया जाता है। 'प्रेम करती बेटियाँ', 'याद रखना नीता', 'क्यों उदास होती हो सुमन'—ऐसी अनेक कविताएँ हैं विशेषत: पहले दो संग्रहों—('अपने जैसा जीवन' और 'नींद थी और रात थी') में जो अत्यन्त सटीक ढंग से पारिवारिक व्यवस्था में मिलने वाली यातना के बिम्ब सामने लाती हैं। इन कविताओं को उद्धृत करने का लोभ संवरण करना पड़ रहा है क्योंकि इनकी संख्या बहुत अधिक है। इनका महत्त्व इस दृष्टि से भी है, कि इनमें स्त्री का जो बिम्ब उभरता है वह स्त्री की स्थिति के समाजशास्त्रीय अध्ययन का दस्तावेज़ बन सकता है। उसमें सदियों का अलिखित इतिहास, परम्परा, परिवार और प्रेम के दंश शामिल हैं। सांस्कृतिक प्रतीकों में जीती स्त्री, तयशुदा भूमिकाओं को निभाते हुए खुद को ही झुठलाती रही है। पृथ्वी के समान विराट सहिष्णुता की गहराइयों में धधकता लावा उसे मुक्ति के लिए उत्कंठित कर रहा है। वह अपने फ़ैसले अब ख़ुद करना चाहती है। अपनी समस्याओं से मुक्त, आश्वस्त होकर जीना चाहती है।

ये कविताएँ अलग-अलग औरतों का साझा इतिहास हैं। एक कविता जो विशेष रूप से ध्यान खींचती है, वह है 'अद्वितीय नाच'। यह कविता एक तरह का संवाद है—जीवट और जिजीविषा से भरी नर्तकी तथा सुबुद्ध सुशिक्षित महिला के बीच। दोनों के बीच औरत होने की साझेदारी है। नर्तकी द्रुतगति से गोल-गोल नाचती है और उसके शरीर से वह जीर्ण मान्यताएँ झरने लगती हैं जो सदियों से उसे रूढ़ियों में जकड़े हुए हैं। अपने उस पारम्परिक खोल से बाहर आने पर न वह एकदम नई हो जाती है न ही उसका अतीत पूरी तरह ख़त्म होता है फिर भी वह अपनी लड़ाई में एक क़दम आगे अवश्य बढ़ जाती है। यह उसमें एक नया आत्मविश्वास भरता है। औरत में विपरीतताओं को झेलते हुए बचे रहने की अद्‌भुत ताक़त होती है और जब वह अपनी ही मान्यताओं से लड़कर, अपने दायरों से बाहर आने की कोशिश करती है तब वह अकेली नहीं रहती। यह ऐतिहासिक मन्थन की प्रक्रिया है जहाँ उसके और उसकी बहुत-सी साथिनों के भ्रमजाल टूट जाते हैं।

> *'जैसे यह नाच न हो कोई ऐतिहासिक मन्थन हो प्रकृति का*
> *उभरी हो जिससे उसकी अपनी कोई विशिष्ट रचना'*[6]

यह स्त्रीवादी स्वर, समय-इतिहास, देश-विश्व की सीमाएँ लाँघकर स्त्री-जीवन को नए सन्दर्भ में देखता है और उसके स्त्रीत्व को नई पहचान देता है। सविता की कविताओं में स्त्री होने का संकट विचारों के संघर्ष में खुल रहा है। आत्मदया की अपेक्षा वहाँ एक सजग आत्मालोचन है और उसके साथ है स्त्री की दुर्धर्ष 'सरवाइवल' शक्ति में पूरा विश्वास। अपनी क़लम की धार से कवयित्री उन स्त्रियों को अपनी कविता में पा लेने के लिए उत्कंठित है—

स्त्रियो, तुम जहाँ भी हो
जिस सदी और देश में
तुम्हें अपने पूर्व जन्म-सा मैं कविता में पा लूँगी

× × ×

पूर्व जन्म की इससे अच्छी व्याख्या और क्या हो सकती है
कि हम बार-बार अपने को पा लें खो जाने के बावजूद
एक सदी से दूसरी सदी में
एक देश से दूसरे देश में
पर अपने होने की इस लम्बी त्रासद कथा को कह कर
बार-बार किसी सुन्दर मोड़ तक पहुँचाएँ[7]

इन कविताओं में कवयित्री की भीतरी तड़प को महसूस किया जा सकता है जो स्त्री के लिए समता और स्वाधीनता के हक की लड़ाई को आगे बढ़ाने के लिए प्रतिबद्ध है। सविता सिंह की इन कविताओं का सकारात्मक 'टोन' स्पृहणीय है। 'चिड़िया का स्वप्न' कविता में अपने घोंसले में बैठी चिड़िया स्वप्न देख रही है—

कि यह दुनिया सुन्दर हो रही है
एक स्त्री अपनी व्यथा को उतारकर
रख रही है एक तरफ़[8]

एक स्त्री का अपनी व्यथा-कथा से स्वयं को अलग कर लेने का प्रयत्न आश्वस्त करता है। ऐसे में उसे आत्मसाक्षात्कार का मौक़ा मिलता है। वह लम्बे बालों को खोलकर दोबारा बाँधती है, पारम्परिक भूमिकाओं की लम्बी नदी को पार करती है, प्रकृति में अपने स्पंदन को महसूस करती है, धरती की हरियाली में अपने नए रूप को पहचानती है लेकिन इतना होने पर भी उसका संघर्ष ख़त्म नहीं होता। सामाजिक अन्तर्विरोधों के बीच वह ठीक जानती है कि अभी उसे नए आघात के लिए भी तैयार रहना है। सविता सिंह की कविताओं में 'यातना और संघर्ष', 'सहनशीलता और स्वप्नशीलता' का ख़ूबसूरत संतुलन है।

प्रेम का यातनापरक रूप

सविता सिंह, मुख्य रूप से जिस स्त्री-पुरुष समानता की बात करती हैं। वह यथार्थ के बाह्य ठोस सन्दर्भों से प्रेरित है जो अन्तर्मन की परतों से लिपटकर एक नया सन्दर्भ ग्रहण कर लेता है। उनकी प्रेम पर लिखी कविताओं में बाह्य एवं अन्तर के इसी तनावपूर्ण सम्बन्ध की पहचान है। कवयित्री प्रेम के मिथ को तोड़ती है। उसे अतीन्द्रियता के वायवीयपन और ऐन्द्रीयता के ऐहिक धरातल से मुक्त कर उसके

यातनापरक रूप को उजागर करती है। प्रेम को पाने की जितनी ललक है उतनी ही गहरी आशंका भी है। प्रेम एक ही साथ, मुक्त भी करता है तो तोड़ भी देता है। यहाँ प्रेम के सभी रंग हैं—भरा-पूरा होने का एहसास और विरक्ति भरी रिक्तता, वह सुख भी है और यातना भी—

तभी उसका एक प्रेमी उसे बालों से पकड़
खींचता हुआ ले गया नींद और सपने से बाहर
समेटे हुए अपने सीने में चुराए उसके सारे फूल
जहाँ सब कुछ नया था अपनी यातना में[9]

यहाँ न शिकायत है, न रंज। फिर भी यह प्रेम, शिराओं में बहते लहू के चटकते दबाव का अनुभव बनता है। स्त्री-कविता की प्रणेता रचनाकारों में प्रेम के इस अलग रंग और अलग टोन को सविता सिंह की कविताओं में विशेष रूप से महसूस किया जा सकता है।

प्रेम के इस रूप का सम्बन्ध कवयित्री के फेमिनिस्ट पोज़ीशन से ही जन्म लेता है। जैसे सांस्कृतिक प्रतीक स्त्री की पीठ पर लदे रहते हैं वैसे ही सम्बन्ध और भावनाएँ हैं। प्रेम उन्हीं में से एक है—

प्रेम करती हुई स्त्री ही अब भी पसन्द की जाती है
छल में भी एक अजीब जादू है
जो झूठ में नहीं

× × ×

कितना मिलता-जुलता है सच से आख़िर
मृत्यु ज्यों प्रेम से[10]

यहाँ सविता की दृष्टि प्रेम पर नहीं, प्रेम के छल पर है। तमाम कला-रूपों में स्त्री-सौन्दर्य, प्रेम की मद्धिम आँच से कुंदन बनकर दमकता है। शब्दों, रंगों और भावों में प्रेम के रंग पर कोई दूजा रंग नहीं चढ़ सकता लेकिन सविता बार-बार प्रेम को यातना से इसलिए जोड़ती हैं क्योंकि स्त्री-पुरुष के बीच यह सम्बन्ध ग़ैर-बराबरी का सम्बन्ध है। स्त्री के लिए यह छल का ही एक और रूप है, जिसमें यातना का अँधेरा और निरन्तर कसकने वाली पीड़ा है। प्रेम के जिस रूप को स्त्री पहचानती है, पुरुष उस गहराई को नहीं प्राप्त कर पाता—

कि बनाए नहीं उसने वह पुरुष अब तक
ले सकें जो उसे बाँहों में[11]

'प्रेम प्रसंग', 'रूथ का सपना', 'प्रेम के बारे में', 'हंस और शागाल', 'शैटगे : जहाँ ज़िन्दगी रिसती जाती है' आदि अनेक कविताएँ हैं जिनमें प्रेम दर्द बनकर रिस रहा है। स्त्री यह लगातार महसूस कर रही है कि 'प्रेम के बदले प्रेम नहीं मिला'। स्त्रीत्व और प्रेम का एहसास एक गहरे दुख से निर्मित है। दुख और उदासी का यह संयत स्वर मेलेंकॉलिक अंडरटोन के बारीक़ संवेदन-तंतु की भाँति कवयित्री की संवेदना का अभिन्न हिस्सा है। यद्यपि सचेत स्तर पर कवयित्री इस उदासी को निराशा में नहीं बदलने देती। प्रेम, अकेलापन, दुख और फिर जीवन की नई आशा का जो ग्राफ़ सविता की कविताओं में बनता है उसका विलक्षण उदाहरण है, उनकी कविता 'प्रेम के बारे में'। इस कविता में कवयित्री सिल्विया प्लॉथ का आह्वान करती हैं। सिल्विया का दुख और अकेलापन, प्रेम की यातना का अनुभव केवल उसका निजी नहीं है उससे मानो दुनिया भर की स्त्रियों की साझेदारी है। सविता अपनी कविता में उसे मुक्त कर देना चाहती हैं—

सिल्विया प्लॉथ आओ
मेरी आत्मा में बसो
निश्चिन्तता महसूस करो

× × ×

यहाँ दूर-दूर तक कोई पुरुष तुम्हें
इतना बेबस नहीं कर सकेगा अपनी क्रूरता से
कि तुम नष्ट हो जाओ
अपने प्रेम से नहीं मार सकेगा वह तुम्हें दोबारा
आओ अपनी बाक़ी कविताएँ लिखो [12]

इन कविताओं में प्रेम स्त्री के लिए उसकी अपनी अस्मिता की परतों में छिपे गहरे अर्थ का एहसास है। वह अपनी कविता में अपने होने को बचाए रखने की लगातार कोशिश कर रही है। इस प्रक्रिया में वह सदियों के लाँछन और अपमान की केंचुल उतारकर स्वयं से प्रेम करना चाहती है। अपने नए एकान्त में सुखी होना चाहती है जहाँ उसके प्रेमी उसे खोज सकें। अपने सुकून में, अपनी सज-धज में वह नई रोशनी, नए विश्वास से भरी, उन्हें मिलेगी।

सविता ने अपनी कविताओं में भावना को गहरे अन्तर्दर्शन के साथ महसूस किया है। इसीलिए सतही भाव या सतही जीवन उसे स्वीकार नहीं। यहाँ, प्रेम की उन्मुक्तता का वह अनुभव भी है जिसमें, समभाव से साथ-साथ चलते हुए उसे प्रकृति के उपादानों में महसूस किया जा सकता है—

लाना मेरे लिए ख़ुद को
जैसे चिड़िया लाती है तिनका सँभाल कर

× × ×

यह दुनिया भरी पड़ी है कितने ही सौन्दर्य से
उतनी ही कुरूपताओं से
सोचती हूँ कौन-सी सुन्दर चीज़ें हैं
तुम्हारी पसन्द की
चाहती हूँ उनमें ही रहना
उस तारे-सी
जो अपनी अनुपस्थिति में
शामिल रहता है तुम्हारी चर्या में सदा [13]

यह प्रेम, नए सौन्दर्यबोध की तलाश है जिसमें सम्बन्धों का ढाँचा बराबरी के अनुभव में एक-दूसरे का होने और पाने की ललक से भरा है। ऐसे स्थलों पर उदासी का अँधेरा छट जाता है, ठंडी हवाएँ चलने लगती हैं, सपनों के फूल खिल उठते हैं, कामना का रंग गहराने लगता है। कवयित्री का विश्वास है कि सौन्दर्य मिट नहीं सकता। चारों ओर का आश्चर्यलोक पसरा-फैला पड़ा है...उसे चाहने और पाने की उद्दाम इच्छा भी वहाँ है...मुक्ति का एहसास ही इस इच्छा को सुन्दर मोड़ तक पहुँचाएगा।

मुक्ति का सपना

असमानता, यातना और संघर्ष के असंख्य बिम्ब यदि सविता सिंह की कविताओं का प्रस्थान बिन्दु है तो मुक्ति का एहसास (केवल स्वप्निल आकांक्षा के स्तर पर नहीं) उसकी अनिवार्य परिणति। एक बिम्ब जो उनकी कविताओं में बार-बार आता है वह उस स्त्री का है जो स्वयं को अपनी व्यथा से अलग कर रही है, जो नई हवाओं का संगीत सुनती है, अपनी गहरी प्यास को लाँघकर नदी के पार जाना चाहती है। यहाँ एक नई दुनिया बनती है वह उदासी से आशा की ओर बढ़ रही है, एक ऐसी दुनिया की ओर जो स्त्री के लिए अधिक सहृदय, करुणापूर्ण व मानवीय है, जहाँ उसके लिए खुला आसमान और विस्तृत दिशाएँ हैं। यह उसकी अपनी दुनिया है, यहाँ स्त्री होना एक ज़िद की तरह है, तभी उसे यह विश्वास है—

बदलेगा यह संसार अब स्त्री की कामना से ही
ईश्वर की नहीं इसमें अब कोई भूमिका [14]

सविता की कविताओं की स्त्री इस नई दुनिया को रचते हुए उसमें अपनी उपस्थिति बनाती है। स्त्री-कविता के मुहावरे के लिए यह एक बड़ी उपलब्धि है लेकिन यही उसका रोमान भी है। कहना कठिन है कि ये कविताएँ खुरदरे यथार्थ की हैं या आशा

भरी रोमानियत की। यह स्वप्न और यथार्थ के बीच का धूसर इलाक़ा है जहाँ बहुत से प्रश्न हैं और उन प्रश्नों के उत्तर पाने की बेचैनी भी, लेकिन उसे पुष्ट करने वाले ठोस सन्दर्भ यहाँ नहीं हैं जिससे कहीं-कहीं ये कविताएँ सहानुभूति और सदाशयता की रोमानियत में रंगी नज़र आती हैं। हम यह कामना कर सकते हैं कि कविता की यह दुनिया सच हो, सम्भव हो। यह एक अलग तरह का रहस्यवाद है जहाँ अनुभव के स्तर पर जो है, वह प्रेरित करता है, उदात्तता की अनुभूति भी जगाता है लेकिन इसे यथार्थ बनाने के लिए जिस तरह का व्यापक सामाजिक हस्तक्षेप आवश्यक है वह अपनी पूरी तीव्रता के साथ उपस्थित नहीं हो पाता। कवयित्री को स्वयं भी यह एहसास है, इसीलिए दुख का अन्तःसूत्र बराबर बना रहता है।

मुक्ति के इस मानचित्र का सकारात्मक पक्ष यह है कि कवयित्री ने इस दुख और अवसाद को निराशा में डूबने नहीं दिया। अपनी हताशा और उद्विग्नताओं को संकल्प-भरी रचनात्मकता की ओर मोड़ दिया है। अपने अकेलेपन में उसे अपनी साँसें साफ़ सुनाई देती हैं जिससे वह पहचान सके, 'मुझसे ही होकर निकलती है एक राह'। यह अटूट विश्वास, स्वप्न, आकांक्षा और सत्य की मिलन भूमि है जहाँ एक नई दृष्टि रूप और आकार ग्रहण करने लगती है। आत्मविश्वास से भरी स्त्री ख़ुद को प्रेम करती है, वह अपने जिस अस्तित्व को पहचानती है उसमें देह-मन-आत्मा सब शामिल हैं। वह सबको दुलारती-सहलाती है, उस ऊर्जा के लिए जो उसे ऐसी शक्ति दे जिससे औरों के सहारे की ज़रूरत न रहे। यह नई स्त्री अपने वजूद के हर हिस्से से प्रेम करती है चाहे वह आत्मिक हो या दैहिक।

स्त्री स्वायत्तता का विमर्श और स्त्री देह

सदियों से स्त्री देह पुरुष के सौन्दर्यबोध और सुख का निमित्त-मात्र रही है। सविता अपनी कविताओं में स्त्री देह को स्त्री-अनुभव-क्षेत्र में शामिल करती हैं—

देह सुख की नदी है
सहस्त्रों वर्षों से पता है

× × ×

कौन जान सकता है लेकिन
जैसे कि स्त्री जानती है देह को

× × ×

कि मुक्त कर सकती है वही
देह को देह से[15]

स्त्री स्वायत्तता के विमर्श में स्त्री देह एक महत्त्वपूर्ण मुद्दा है। मुक्ति की

अभिलाषा बहुत बार देह की स्वतंत्रता में परिभाषित की गई है। कथा-साहित्य में तो बहुत-से रचनाकारों-आलोचकों ने इसे इसी तरह समझा कि स्त्री शोषण की शापग्रस्तता से मुक्ति यदि सम्भव है तो तभी सम्भव होगी जब स्त्री अपने देह पर अपने अधिकार को स्थापित करेगी और देह के दाग़ों को अपनी आत्मा से अलग कर देगी। बाज़ार और मीडिया ने इस तर्क को जो आशय दिए वे भी हमारे सामने हैं। देह का अधिकार पाने बढ़ी स्त्री स्वयं अपनी देह के वस्तुकरण की ढलान बन गई। अपने शिकार के षड्यंत्र को वह पहचान ही नहीं पाई। सविता सिंह की कविता 'एक दिन वह सैर पर निकली' में यह ख़याल कुछ इस तरह आता है—

एक दिन वह सैर पर निकली—
एक समय बाद जैसे पेड़ गिरा देते हों अपने पत्ते
साँप अपनी केचुल
मन गिरा देता है अपनी ही एक स्थिति
आत्मा दुख
सहज ही वैसे गिरा दिया उसने
एक स्पर्श शरीर से
नया-नया सा फिर सब कुछ हो गया
कहीं कोई ग्लानि या क्षोभ नहीं उपजा [16]

इस कविता में यह भाव एक भिन्न धरातल पर अवस्थित है। यह मुक्ति का वह अनुभव है जिसमें तमाम वर्जनाएँ तोड़कर शरीर और मन दोनों सुखी होते हैं। अन्य कविताओं में भी अनेक काव्य-पंक्तियाँ ऐसी हैं जिनमें रात और स्त्री के निर्वस्त्र होने की बात कही गई है—'निर्वस्त्र उसकी आत्मा उसी की हुई जाती है', या फिर 'जब रात उतार चुकी है अपने वसन'—यह निर्वस्त्रता मात्र दैहिक नहीं, अपने ओढ़े हुए आवरणों से मुक्ति है। स्त्री ने समाज में जो अनेक रूप धरे हैं वे मानो स्वयं को सुरक्षित रखने के लिए कई मुखौटे हैं, पर जब वह अपने असली रूप की पहचान करेगी तो संस्कृति और समाज द्वारा दिए गए सभी चमकीले आवरण, भ्रम के पंख उतार फेंकेगी। जैसा पहले कहा, 'नींद थी और रात थी' संग्रह की कविता 'अद्वितीय नाच' इसी आशय की कविता है 'स्वप्न समय में' यह यात्रा एक क़दम और आगे बढ़ जाती है, वहाँ स्त्री 'स्वयंसिद्धा' है। वह अपने जिस रूप को अधिष्ठित करती है वह उसका पूर्ण अस्तित्व है जो काम और रति भी है, अनश्वर और ईश्वर भी...

मैं स्वयं काम हूँ स्वयं रति
अनश्वर स्त्री
सम्भव नहीं, नहीं मृत्यु मेरी [17]

सविता की कविताओं में इसी भाव को लक्षित करते हुए विष्णु नागर ने लिखा, "सविता सिंह की कविता एक आधुनिक अकुंठित, आत्मनिर्भर स्त्री की कविता है... यह एक स्वाधीन होती स्त्री की कविता है।"[18]

सामाजिक बोध : मानवीय करुणा का स्वप्न राग

स्त्री-दृष्टि सविता सिंह की कविताओं का ऊर्जा स्रोत है किन्तु वह कविता की सीमा नहीं है। सविता ने स्वयं स्वीकारा है कि वे स्त्रीवादी कवि हैं लेकिन उनका स्त्रीबोध व्यापक मानवीय चिन्ता से सम्बद्ध है। इस अर्थ में ये कविताएँ गहरी सामाजिक पक्षधरता की कविताएँ हैं जो हृदयहीन, अमानवीय व्यवस्थाओं से अपने ढंग से टकराती हैं। उनमें वह वाचालता नहीं जो कविता को राजनीति की शक्ल देती है, बल्कि गहरी मानवीय सहानुभूति है जो साम्प्रदायिकता, विस्थापन तथा भूमंडलीकरण की बाज़ारवादी नीतियों के ख़िलाफ़ खड़ी होती हैं।

कुछ दिनों पहले जहाँ एक राह थी
वहाँ एक दीवार है
× × ×
जहाँ मेरा देश था अब वहाँ एक बाज़ार है [19]

'जहाँ मेरा देश था' कविता की ये पंक्तियाँ गहरे सामाजिक-राजनीतिक संकट का बोध कराती हैं। समकालीन रचनाकारों ने अपने-अपने ढंग से इस नए यथार्थ से जूझने की कोशिश की है, सविता भी उस आवाज़ में अपनी आवाज़ मिलाती हैं। इसी कविता में आगे की पंक्तियों को पढ़ते हुए मुक्तिबोध का त्रास याद आने लगता है जब कवयित्री कहती है—

पड़ोस में रहने वाले सामान्य से दिखते लोग
ख़तरनाक गुप्तचर हैं हमारा नाम पता बटोरते [20]

असुरक्षा, भय और आतंक के साए में पलते इस समाज में उदय प्रकाश के शब्द उधार लेकर कहूँ तो आँख जो देखती है और दिमाग़ जो समझता है उनके बीच की संगति गड़बड़ा गई है। सविता सिंह की कविताएँ भी सतह के भीतरी अँधेरों को उजागर करती हैं। 'नया अँधेरा', 'देश के मानचित्र पर', 'अन्त', 'जो कोई भी नेक इनसान कहेगा', 'खून और ख़ामोशी', 'मुश्ताक मियाँ की दौड़' अनेक कविताएँ हैं जो पल-पल ख़त्म होती मानवता की कहानी कहती हैं—

मुश्ताक मियाँ ख़ाक हुए
इनसानियत भी राख हुई [21]

इन सभी कविताओं में कवयित्री की चिन्ता भूख और लालच से भरे इस क्रूर समय में कोमल मानवीय स्पंदन के खंडित होने की है। आत्महत्या करते किसान, विस्थापित होते आदिवासी, साम्प्रदायिकता की मार सहते अल्पसंख्यक, बलात्कृत होती स्त्रियाँ व बच्चियाँ, सभी व्यवस्थाओं को लील डालने वाली राजनीति—इन सबके अक्स, कविता की इस दुनिया में हैं और उनसे पैदा होती लाचारी भी। ये कविताएँ उस प्रबुद्ध स्त्री की हैं जो इस छल-छद्म में चलने वाली ऐतिहासिक प्रक्रियाओं को समझती है और अपने समय की विसंगतियों को पहचानने पर भी मानवीय सदाशयता में अपना विश्वास नहीं खोती क्योंकि, 'दुखों के जादू से ही बस चल रही है यह दुनिया', दुख जो परिष्कार करता है, जिसमें मिट्टी का गहरा मानवीयबोध है तथा दुनिया को बदलने का अहिंसक संकल्प।

'नींद थी और रात थी' संग्रह में कुछ कविताएँ भूमंडलीकरण से उपजी अर्थनीतियों में आत्महत्या करते किसानों के दुख को उजागर करती हैं। 'स्वप्न समय' में कवयित्री विस्थापन की राजनीति की ओर संकेत करते हुए—जल, जंगल, ज़मीन के मानवाधिकार आन्दोलन का समर्थन करती है। बाज़ार का तर्क ताक़त का तर्क है जहाँ सिर्फ 'फिटेस्ट' का 'सरवाइवल' होता है, उसके बरक्स प्रकृति का तर्क सम-भाव एवं सह-भाव का है। प्रकृति के वृहद-वृत्त में छोटे-छोटे अदृश्य कीट-पतंगों के जीने और बचे रहने की अपनी व्यवस्था है यानी सबका अपना स्पेस है। सविता का कवि मन अपने स्त्रीवाद में उसी आदर्श को चुनता है फिर चाहे वह स्त्रियाँ हों, जनजातियाँ, मिटाए जाते जंगल या अन्य प्राणी—इन सबके दर्द से रचनाकार की साझेदारी है। जिस तरह यह दर्द कविता के मूल विषय में अनुस्यूत होता है वह मात्र पक्षधरता का सवाल नहीं रह जाता, गहरा संताप बन जाता है। कवयित्री दुख की उस व्यापकता के एहसास को इंटरलाइज (अन्तर्ग्रथित) कर अपने सृजन के उत्स से एकाकार कर लेती है। स्त्री, प्रकृति और दमित समाज के अनेक चेहरे एक-दूसरे में घुल-मिल जाते हैं। वे पीड़ा बनकर फैलते हैं लेकिन जिस राग की सृष्टि करते हैं, वह सुखद भविष्य के विश्वास का है।

आश्चर्य है उन्हें कि हैं कुछ लोग अब भी
जो जानते हैं मनुष्य को उसकी मनुष्यता में
कि मनुष्य होते हैं कुछ करने के लिए रचने के लिए कुछ सुन्दर
गोलियों से भून दिए जाने के लिए नहीं
हालाँकि वे यह भी जानते हैं कि पीड़ा सहने से
जैसे बनता है जीवन का एक स्वर
वैसे ही प्रतिरोध करने से भी
तभी तो बची रही हैं कितनी प्रजातियाँ इस विश्व की

जैसे मुंडा, भील, गोंड और उराँव अपने देश की
जिनके दुखों से ही आँखों का पानी बना
जिनकी चीत्कारों से बनी तरह-तरह की आवाज़ें
बस गई जो चिड़ियों, मेढकों, हिरनों और
न जाने कितने दूसरे जीवन के कंठों में
जिनके थके बिंधे शरीरों से श्रम उपजा
नदियाँ, जंगल, खेत जिनकी सिसकियों से सींचे गए[22]

स्वप्न का यह राग जीने की आकांक्षा है मनुष्यता का वह आधार जिसे मिटाना आसान नहीं। ऐसी कविताओं में रचनाकार अपने लेखन को व्यापक मानवीय हित के प्रति समर्पित करती हैं। अस्मितामूलक सीमित एजेंडा स्वयं ही निरस्त हो जाता है। स्वयं की तलाश सिर्फ़ निज तक सीमित नहीं, वह व्यक्ति को वृहद सामाजिक संरचना में पहचानने से बनती है। वह सबके लिए स्पेस चाहती है और उस भरी-पूरी दुनिया में अपना एक कोना भी। ऐसी रचनाओं में रचनाकार का स्त्री होना उसे एक अतिरिक्त सन्दर्भ देता है इसमें कोई दो राय नहीं।

प्रकृति : उन्मुक्तता का प्रतिबिम्ब

डॉ. विश्वनाथ त्रिपाठी ने सविता सिंह की कविताओं के विषय में लिखा, "सविता सिंह ने अपनी कविताओं में स्त्री को जितनी सहजता से रखा है वह प्रकृति के बहुत क़रीब है"[23] यानी स्त्री प्रकृति है तो फिर प्रकृति...

सविता की कविताओं में प्रकृति से अभिन्न रिश्ता है, 'जंगल के पेड़' हों या 'तितली प्रार्थना थी' वह उस विराट में अभिनव होकर विलय हो जाना चाहती है। जंगल में सुख-दुख बाँटते, सपने देखते पेड़ों के बीच, वह जताना चाहती है कि 'मैं भी एक पेड़ हूँ' उसकी जड़ों में फैली, टहनियों पर पसरी। इन कविताओं में प्रकृति के अनेक मोहक बिम्ब हैं—चिड़ियों की चहक, हवाओं का संगीत, रात रानी की महक, ओस की बूँदें, मांट्रियाल की बर्फ़, इन सबकी अनेक छवियाँ, यहाँ आशा का स्वर बनकर उभरी हैं। प्रकृति का खुलापन स्त्री-मन की उन्मुक्तता का प्रतिबिम्ब बन जाता है। स्त्री संघर्ष की अनेक दास्तानों के बीच कवयित्री जिस नई दुनिया की तलाश कर रही है प्रकृति उसी सदय दुनिया का विकल्प है। तारों और जुगनुओं से झलमलाती रातें स्त्री का वह एकान्त रचती हैं जहाँ आशा, मुक्ति और अनश्वरता के स्वर एक साथ गूँज उठते हैं। इन कविताओं में प्रकृति का संसार स्त्री-संसार से जुड़ा हुआ है।

प्रकृति से स्त्री के 'स्व' का एक और रिश्ता भी है। दोनों दमन के अनेक

अध्यायों के बावजूद अपने अस्तित्व-सार को ज़िन्दा बचाए रखने में समर्थ हैं। जिस तरह कवयित्री स्त्री-इतिहास के पन्नों को खोल पीड़ा के अनेक रूप पहचानती है, उसी तरह उद्योग और बाज़ार के समीकरणों के बीच अमानवीय होते समाज के सौन्दर्यबोध को भी प्रश्नांकित करती है, जो रचता नहीं मिटाता है—

मैं ज़रूर जानना चाहूँगी
तारे कैसे मरते हैं और क्यों
वृक्ष कैसे खोते हैं अपने वन
बचे रह जाते हैं क्यों काटने और दरवाज़ा बनने के बाद भी
अस्तित्व के दाग़ उनके सुन्दर रेशे
चमकाया जाता है जिन्हें कुछ लोगों के सौन्दर्यबोध के लिए [24]

इन प्रश्नों का अर्थ ही है मुक्ति की राह तलाशना। कवयित्री जिस सकारात्मकता के साथ स्त्री-मुक्ति का सपना बुनती है उसी शिद्दत से प्रकृति की उन्मुक्तता का संसार भी रचती है। सविता की कविताओं में प्रकृति की जो ध्वनियाँ स्मृति में स्थायी होती हैं वह शोषण से अधिक मुक्ति के उल्लास की हैं। उसे अपने आसपास खिलते गुलाब दिखते हैं, कुलाँचे भरते हिरन, सूरजमुखी के फूल, तितलियों, मधुमक्खियों, चींटे-चींटियों, ततैए, चिड़ियों का भरा-पूरा सहज संसार है—त्रास और शोषण से मुक्त। हर प्राणी की लघुता के सहज स्वीकार से बना और रचा हुआ। दिन की धूप और रात की चाँदनी, खुली हवाएँ, लहराती नदियाँ सब स्त्री के प्रति अधिक सदय। इस प्रकृति से कवयित्री का अन्तरंग संवाद बनने लगता है। अपनी शक्ति, अपने वेग के लिए वह उसका आह्वान करती है—

आओ समा जाओ मुझमें हवा
खेलो मुझसे
देखूँ अपने चाँद, पहाड़, आकाश और चिड़िया

× × ×

मिल जाओ मुझमें या कि
मिला लो खुद में मुझे
एक वेग बना दो मुझे [25]

मनुष्य और प्रकृति के गहरे अन्तरंग से बनता संसार है यह, जिसमें कवयित्री प्रकृति के विराटत्व में स्वयं को लय कर देना चाहती है। उसे अपने भीतर अर्जित कर, अपने जीवन में शक्ति का संचरण करती है। स्त्री और प्रकृति अपनी अभिन्नता में आधुनिक जीवन का बहुत महत्त्वपूर्ण जीवन-दर्शन रचते हैं।

कविता, भाषा, रचना-प्रक्रिया

मुझसे भी जटिल जीवन जीएँगी मेरी कविताएँ

× × ×

इतने वर्षों बाद भी मेरी कविताएँ अचम्भित नहीं होंगी
तब भी उन्हें यह संसार अनुपम ही लगेगा अपनी क्रूरता में
तब भी वे ढूँढ़ेंगी प्रेम और सहिष्णुता ही इस संसार में [26]

इन पंक्तियों को लिख पाना कोई साधारण काम नहीं है। यह कविता को समझने, रचने और उनके माध्यम से मुक्ति के अनुभव को अर्जित करने का उपक्रम है। आशुतोष कुमार ने सविता की कविताओं के सन्दर्भ में 'कविता को मुक्ति की रणनीति' कहा है। मुक्ति की रणनीति वह इसलिए बनती है कि जिस वैकल्पिक दुनिया का स्वप्न यहाँ प्रस्तावित है वह समय की तमाम क्रूरताओं को निरस्त करते हुए सौन्दर्य, प्रेम व सहिष्णुता को पाने की आकांक्षा है।

सविता के लिए कविता का यह इलाक़ा भी स्वप्न और यथार्थ के बीच अवस्थित है। एक ओर वे कविताओं में मुक्ति के सपने को पा लेना चाहती हैं तो दूसरी ओर पूरी तरह खुद को कविता के हवाले कर सहज भाव से पूछती हैं 'कहाँ लिए जा रही हो मुझे मेरी कविता'। कविता और भाषा दोनों कठिनाइयों से अर्जित की जाती हैं। सतह पर जो जैसा है वैसा स्वीकार्य नहीं है उसमें कोमलता और संवेदनशीलता के रंग घुल जाने देना ज़रूरी है, जिससे मुक्ति का स्वप्न और आदर्श कविता में पुनर्जन्म की तरह एक नया रूप पा जाए। दर्शन में जिसे देह से विदेह होना कहते हैं, सविता अपनी कविताओं में उसी साधना को प्राप्त करना चाहती हैं। वह सौन्दर्य के जिस बोध को जगाना चाहती हैं कविता उसे उसके लिए 'स्पेस' देती है। यह उसकी निजी ज़मीन है जहाँ एक नया सत्य उद्भासित हो उठता है अधिक सुन्दर, अधिक मानवीय। इन सभी कविताओं में भाषिक मुहावरे के दो अनिवार्य पदबंध हैं—'पा लेना' और 'बदल देना'

तुम्हें लिखना बदल देना है
इस जीवन को दूसरे जीवन से
एक स्वप्न को दूसरे से
या फिर इस जीवन को स्वप्न से [27]

सविता ने स्वीकार किया कि "कविता की प्रक्रिया सिर्फ़ व्यक्तिगत प्रक्रिया नहीं है जो आपके भीतर चल रही है। आपके पाठक, आपका समाज, आपकी भाषा का इतिहास सब एक साथ काम कर रहे होते हैं। बहुत सारी चीज़ें तो वह कहती भी नहीं हैं केवल इंगित करके छोड़ देती हैं बाक़ी सब तो बाक़ी लोग कहते हैं और यही

कविता की शक्ति भी है कि वह दूसरों को भी बोलने के लिए प्रेरित करे, दूसरे की अभिव्यक्ति में उन्हें अभिव्यक्त कर दे। कविता सामूहिक मुक्ति का संघर्ष स्वप्न है जिसमें सभी लोग बेझिझक शामिल रहते हैं, हो सकते हैं।"[28] कविता के प्रति यह सोच एक गहरी सामाजिक चेतना से जन्म लेती है। ये विचार एक विशेष पक्षधरता से जन्म लेते हैं जिनमें किसी की भी मुक्ति सामूहिक मुक्ति के बिना सम्भव नहीं है और कविता इस मुक्ति को सम्भव बनाने का ज़रिया है।

यह वैचारिक ऊर्जा यदि कविता की ताक़त है तो भाषा की व्यंजकता उसका प्राण। सविता सिंह की कविताओं में शब्दों का अपव्यय नहीं होता। यहाँ कहने की आतुरता से भरा उच्छ्‌वास नहीं है बल्कि शब्द-शब्द को तराशता संयत आवेग है जो कविता को गति देता है। किसी भी कवि की सबसे बड़ी चुनौती सही शब्दों के चुनाव की है। सविता कहती हैं, 'वे शब्द इतने सटीक होने चाहिए कि पाठक को भी यह भ्रम होने लगे कि यह उसके अनुभव का हिस्सा है।' शब्दों और रंगों की व्यवस्था में सविता ने एक नया संसार रचा है जिसमें बहुत से बिम्ब हैं, आवेग भरी उद्दामता और यातना भरी करुणा के, स्त्री की प्यास और हवाओं के संगीत के, फूलों-तितलियों से छलके रंगों के, नीले विस्तार और नींद के सपनों के। कविता अपनी सीमाओं का अतिक्रमण कर विस्तृत लैंडस्केप रचने लगती है। नींद, रात और सपने इस लैंडस्केप का अभिन्न अंग हैं। सविता ने लिखा है—'लिखती हूँ जब मैं रात पर कविताएँ / कर रही होती हूँ अपना ही अनुवाद।' स्वप्न और यथार्थ के बीच एक आलोक छुआ अपनापन है। नींद, रात और सपने इसी कोमलता का पर्याय हैं। कवयित्री जिस वैकल्पिक दुनिया को तलाश रही है, यह उसकी हक़ीक़त है। वास्तविक दुनिया की कठोरता ने स्त्री-संवेदनाओं को जिस तरह घायल किया, नीम अँधेरे की कोमलता उस पर मरहम रखती है। चारों ओर गहरा नीला रंग है, जिसमें शामिल हैं कई-कई रंग, स्त्री के एकान्त को भरा-पूरा बनाते हुए। 'नीला विस्तार' कविता की पंक्तियाँ हैं—

बस कुछ और दूर चलकर
छूट जाएगा हमारा साथ मेरी कविता
तुम्हें जाना होगा वहाँ
जहाँ समुद्र लहरा रहा होगा
जहाँ स्वप्न जाग रहे होंगे
जहाँ एक स्त्री लाँघ रही होगी एक अलंघ्य प्यास

× × ×

बताना क्या रिश्ता है उनका आपस में
क्या स्त्री सचमुच रात है जैसा मैं जानती हूँ

या रात में स्वप्न है वह
एक नीला विस्तार
अज्ञात है जिसका ज़्यादातर हिस्सा [29]

इन पंक्तियों में कल्पना, संवेदना और विचार का समुच्चय है जो स्त्री-प्रश्न को मानवता का ऐसा प्रश्न बना देता है कि वह दर्शन एवं रहस्य की पराकाष्ठा तक पहुँचता है। ऐसे स्थलों पर सविता सिंह की कविताएँ मानवीय अस्तित्व के बड़े सवालों का उत्तर खोजती प्रतीत होती हैं। उसकी बेचैनी, मानव समाज की सभी दिशाओं को आन्दोलित करती है लेकिन वह जिस बिन्दु पर बार-बार आकर टिकती हैं वह निश्चित रूप से 'जेंडर आधारित' व 'जेंडर निर्मित' है। देखना यह है कि चिन्ता और चिन्तन की ये सलवटें मुक्ति की किस दिशा का संधान करेंगी। सविता सिंह ने स्त्री-कविता के लिए बड़ा लक्ष्य निर्धारित किया है—"मेरा यह मानना है कि स्त्री-कविता तमाम सामाजिक संरचनाओं में जो असमानता व्याप्त है, चाहे वह स्त्री को लेकर हो चाहे दूसरे ऐसे समूहों को लेकर, उन सबके प्रति संघर्ष को जायज़ ठहराती है। वह संसार को हर तरह की कुरूपताओं से मुक्त करना चाहती है। वह पितृसत्ता की भयावहता से मनुष्य को निजात दिलाना चाहती है। इसके लिए वह सुन्दर की पहचान करना चाहती है। मैंने भी यह कोशिश की है कि जिन असमानताओं से हमारा समाज प्रभावित है उसके दर्द और अँधेरों को सामने लाऊँ। स्त्री-कविता भी लगातार यह कोशिश करती है कि अपनी कविताओं के ज़रिए वह समाज को कैसे बदल सकती है। समानान्तर स्तर पर ऐसी सभ्यता के विकास में सम्मिलित हो जिसमें अन्ततः जो भी हमारी भिन्नताएँ हैं वह हमारे शोषण के लिए इस्तेमाल न होकर हमारी उन्नति के लिए हों, जिससे हम कह सकें कि एक सामूहिक, विनम्र, विश्व समुदाय बनाने में हमारी कविताओं का योगदान रहा है। हमारी कविताओं को पढ़ते हुए लगे कि वे वयस्क स्त्री नागरिक की कविताएँ हैं। यह एक उपलब्धि होगी।"[30]

हिंसा व आक्रामकता के इस क्रूर समय में तमाम सामाजिक संरचनाएँ जिस कालजयी प्रश्न से जूझ रही हैं वह मनुष्य की मनुष्यता बचाने को लेकर है। सविता सिंह की कविताएँ हिंसा की दमनकारी ताकतों के सम्मुख झुके बग़ैर जिस कोमलता, प्रेम, संवेदनशीलता, उजास को बचाने का आग्रह करती हैं वह मनुष्य के सम्पूर्ण बोध को बचाने का आग्रह है। यह स्त्री-कविता मानव-मात्र के दुख और उससे मुक्ति की कविता बन जाती है—

बनाओ वैसा एक मकान
जिसमें हम सब रह सकें साथ
कोई भी न रहे अलग अकेले
छूटे किसी मामूली वजह से [31]

यह एक नया सभ्यता विमर्श है जो मानवता की व्यापक संकल्पना का पक्षधर है। मानवीय गरिमा के साथ सिर उठाकर जीने के लिए असमानताओं के दंशों को निकाल बाहर करना होगा। सविता सिंह की कविताएँ मानवीय मुक्ति के अनुभव का स्त्रीवादी पाठ हैं जिसके लिए यह कामना है कि सविता अपनी कविताओं में जिस स्वप्न की आकांक्षा करती हैं, सामाजिक स्तर पर भी वह सम्भव हो।

सन्दर्भ

1. जैसे मानसून की पहली हवा चली हो, नींद थी और रात थी, पृ. 16
2. मैं किसकी औरत हूँ, अपने जैसा जीवन, पृ. 40-41
3. सुधीश पचौरी, वो किसकी औरत है, जनसत्ता, 17 जून, 2001
4. कुसुम का सत्याग्रह, अपने जैसा जीवन, पृ. 34
5. बैठी हैं औरतें विलाप में, अपने जैसा जीवन, पृ.33
6. अद्वितीय नाच, नींद थी और रात थी, पृ. 18
7. मैं कथा कहूँगी, नींद थी और रात थी, पृ. 24
8. अपनी यातना में, नींद थी और रात थी, पृ.26
9. प्रेम के बारे में, नींद थी और रात थी, पृ. 27
10. पसन्द की जाने वाली स्त्री, नींद थी और रात थी, पृ. 55
11. ईश्वर और स्त्री, स्वप्न समय, पृ. 89
12. आघात, स्वप्न समय, पृ. 20-21
13. उस तारे-सी, स्वप्न समय, पृ. 51
14. ईश्वर और स्त्री, स्वप्न समय, पृ. 89
15. जैसे एक स्त्री जानती है, नींद थी और रात थी, पृ. 52
16. एक दिन वह सैर पर निकली, नींद थी और रात थी, पृ. 140
17. चाँद, तीर और अनश्वर स्त्री, स्वप्न समय, पृ. 107
18. विष्णु नागर, कविता के साथ-साथ, पिछली सदी के अन्त में बनती हुई औरत की कविता, पृ. 62-65
19. जहाँ मेरा देश था, नींद थी और रात थी, पृ. 127
20. वही, पृ. 127
21. देश के मानचित्र पर,नींद थी और रात थी, पृ. 105
22. स्वप्न के ये राग, स्वप्न समय, पृ. 119-20
23. स्वप्न समय के फ्लैप से
24. उस बूढ़े कवि की तरह, स्वप्न समय, पृ. 37
25. ऐ हवा, स्वप्न समय, पृ. 15
26. कविता का जीवन, नींद थी और रात थी, पृ. 91
27. तुम्हें लिखना, स्वप्न समय, पृ. 39

28. संवाद, नया ज्ञानोदय, जुलाई 2017, पृ. 76
29. नीला विस्तार, स्वप्न समय, पृ. 127
30. संवाद, नया ज्ञानोदय, जुलाई 2017, पृ. 73
31. आकांक्षा का मकान, अपने जैसा जीवन, पृ. 62

नीलेश रघुवंशी की कविताएँ

स्त्री जीवन के महाख्यान का नया सौन्दर्यशास्त्र

नीलेश रघुवंशी की कविताओं का संसार हमारे सम्मुख स्त्री-कविता की एक नई दुनिया उपस्थित करता है। उनकी कविताओं में स्त्री की जिस छवि से हमारा परिचय होता है वह उस लड़की की है जो शिक्षा से उपजे आत्म-विश्वास को लेकर दुनिया मुट्ठी में करने निकली है। वह अपने छोटे-छोटे सुख-दुख में सुखी और दुखी होती है, हैरान-परेशान भी लेकिन निराश कभी नहीं। अपनी सकारात्मक टोन में ये कविताएँ स्त्री-जीवन का एक नया सौन्दर्यशास्त्र रच रही हैं। इसके साथ-साथ उनकी अधिकांश कविताओं का अन्तर्पाठ सामाजिक वर्ग-विषमता को काव्य-विमर्श के केन्द्र में स्थापित करता है। सहज जीवनबोध तथा अपने परिवेश को देखने की निस्संग-दृष्टि से रची उनकी कविताएँ समकालीन हिन्दी कविता में एक नया अध्याय जोड़ती हैं। नीलेश की कविता स्त्री-कविता का नया प्रस्थान बिन्दु इसलिए भी है कि वह स्त्रीत्व को नए सामाजिक-बोध से पढ़ती है।

स्त्री रचनाओं में स्त्री के अन्तरंग का झलकना स्वाभाविक ही है लेकिन उसकी ओट में जब बाक़ी सब ढक जाता है तो संकट पैदा होता है। नीलेश स्वयं को इस स्थिति से बचा पाई हैं। असमानता पर टिकी हमारी सामाजिक व्यवस्था में शोषण के कई रूप हैं। जाति, वर्ग, धर्म, शैक्षिक स्तर आदि पर आधारित असमानताएँ अनेक रूपों में प्रत्यक्ष होती हैं। 'जेंडर' उनमें से केवल एक है। समाज के विभिन्न वर्ग वही शोषण, वही गुलामी सहते दिखते हैं जो किसी अन्य सन्दर्भ में स्त्रियों के हिस्से रही है। स्त्रियों ने जिस दोयम दर्जे की स्थिति को झेला, उस पायदान पर केवल स्त्रियाँ ही नहीं समाज का एक बड़ा तबका है। कवयित्री की सहानुभूति उन सबसे है। सम्भवत: इसीलिए वर्ग का सवाल उनके यहाँ जेंडर से बड़ा है और जहाँ स्त्रियों की चर्चा हुई है वहाँ जेंडर तथा वर्ग मिलकर और भी मारक बन जाते हैं। अपने एक साक्षात्कार में उन्होंने स्वीकार किया कि, "भारतीय समाज में सिर्फ़ स्त्री ही नहीं और दूसरे तबके भी शोषित और वंचित हैं। अन्याय का शिकार सिर्फ़ स्त्री ही नहीं है, पुरुष भी हैं। एक उच्च वर्ग की स्त्री और एक निम्न वर्ग के पुरुष

की स्थिति को कैसे देखेंगे? क्या यहाँ स्त्री की तुलना में पुरुष शोषित नहीं है? हमें जड़ से पूरी व्यवस्था को बदलना होगा। आमूलचूल परिवर्तन ही एक स्वस्थ समाज का निर्माण कर सकेगा। टुकड़ों में बात करने या परिवर्तन करने से कुछ भी हासिल नहीं होगा।"[1]

नीलेश की कविता में अपने आसपास की बड़ी-छोटी अनेक सच्चाइयाँ दर्ज हुई हैं, जिनमें समाज और परिवार साथ-साथ उपस्थित हैं। निम्न-मध्यवर्गीय परिवार में जन्मी-पली यह लड़की जिस परिवेश में आँखें खोलती है वहाँ उसने ढाबा चलाते पिता को भट्ठी की आग के साथ-साथ जीवन की मूल आवश्यकताओं के अभाव की अग्नि में तपते देखा है। पूरा परिवार इस जीवन-संघर्ष के विरुद्ध सन्नद्ध है। ऐसे परिवार में जहाँ जीवन की मूलभूत आवश्यकताएँ और उनसे जुड़ी समस्याएँ अधिक हों, वहाँ 'जेंडर' की कोई विशेष भूमिका नहीं है। पिता या भाई भी किसी विशेष निर्णायक स्थिति में नहीं हैं। ऐसे में मुक्ति के जो भी रास्ते तलाशे जाते हैं वे सबकी मुक्ति की कामना से भरे हैं, अर्थात् वर्ग-विषमता का दर्द, स्त्री-पुरुष तुलना के दर्द पर हावी है। नीलेश के लिए आर्थिक-विषमता का यह विद्रूप उसकी लैंगिक अस्मिता से कहीं बड़ा है। दूसरे, उसकी शिक्षा उसे जीवन में ऐसी दृढ़ता देती है जो उसे स्त्री-पक्ष के पार की बड़ी सामाजिक हक़ीक़त देखने के लिए सन्नद्ध करती है।

उसका परिवेश वंचित सामाजिक वर्ग के जीवन-आख्यानों से भरा पड़ा है—जीवनयापन के लिए जी-तोड़ मेहनत करता श्रमिक वर्ग, खिलौने बेचती औरतें, गुब्बारे वाला, किसान, दिहाड़ी मज़दूर, घरेलू नौकर, रिक्शा चलाने वाले, आदि—सब अपने-अपने स्तर पर जीवन संघर्ष कर रहे हैं। इसी के समानान्तर नीलेश के अपने परिवार के अभावों की पीड़ा है। उनकी कविताओं का मुख्य वृत्त इन्हीं जीवन स्थितियों से निर्मित है लेकिन उसकी उपलब्धि या सार्थकता उस घोर आशावाद में है जहाँ परिस्थितियों से उपजा दर्द व उनको चुनौती देने का साहस एक साथ साकार होता है। अब तक उनके चार काव्य-संकलन प्रकाशित हुए हैं—'घर-निकासी' (1997), 'पानी का स्वाद' (2004), 'अन्तिम पंक्ति में' (2008) तथा 'खिड़की खुलने के बाद'(2017)—तीनों में कवयित्री ने समाज के पिछड़े, हाशियाकृत जन-समुदाय के प्रति संवेदनशील मानवीय पक्षधरता को प्रमाणित किया है।

साहस और सकारात्मकता का अखंडित स्त्री स्वर

नीलेश की कविताओं में स्त्री की जिस छवि से सबसे पहले सामना होता है वह उस लड़की की है जिसकी आँखों में ढेरों सपने आकार ले रहे हैं। यह सकारात्मकता और साहस उसे जीवन में आश्वस्त करते हैं तभी जीवन के हैरान-परेशान क्षणों में वह अवसाद या उदासी को स्वयं पर हावी नहीं होने देती। एक तरह से वह उस पूरी

युवा पीढ़ी का प्रतिनिधित्व करती है जो गाँवों-कस्बों से निकलकर सुनहरे भविष्य के सपने सँजोने शहरों का रुख करते हैं। नीलेश का पहला कविता संग्रह 'घर-निकासी' घर से निकसे इन्हीं युवाओं की आकांक्षाओं की अभिव्यक्ति है। कवयित्री का स्वयं स्त्री होना इस पूरी स्थिति को एक अतिरिक्त सन्दर्भ प्रदान करता है।

आज़ादी के बाद, शिक्षित युवा-पीढ़ी जिस तरह गाँवों-कस्बों से शहर आई और उसके परिणामस्वरूप समाज की मूल-मान्यताएँ अपदस्थ हुईं उसका चित्रण कथा-साहित्य में बहुत बारीक़ी से हुआ। अमरकांत की कहानी, 'डिप्टी कलक्टरी' में उम्मीद और निराशा का महीन जाल है। नीलेश उसे तोड़कर अपनी कविताओं में एक नया यथार्थ रचती हैं। कस्बाई जीवन में नए सपनों की अँगड़ाई लेती लड़की इन रचनाओं का केन्द्र है। शिक्षा के बल पर सशक्त एवं मुक्त होती यह लड़की सपनों की गठरी उठाए शहर आ गई है। अपनी स्थिति बदल डालने की हिम्मत लिए वह जिस राह पर आगे बढ़ रही है उसमें केवल उसकी मुक्ति नहीं पूरे परिवार की मुक्ति सम्भव है। यह परिवर्तन जो स्त्री-जीवन में मूलत: आर्थिक स्तर पर घटित होता है उसके सामाजिक निष्कर्ष भी कम प्रभावी नहीं हैं। नीलेश की कविताएँ निजी अनुभव से उस परिदृश्य को प्रस्तुत करती हैं जिसमें आशा है, स्वीकार है, उज्ज्वल भविष्य की कामना है। स्त्री-मुक्ति की घोषणाओं के बिना यहाँ वह मुक्ति-सम्भव होती है, जिसमें परिवार, वर्ग, समाज सब शामिल है।

अरविन्द त्रिपाठी ने नीलेश रघुवंशी की कविताओं के सन्दर्भ में लिखा है, "आज के भारतीय समाज की एक औसत लड़की का वह चेहरा है जो अभी जीवन की यात्रा में है। यह पश्चिम के नारीवाद के विरुद्ध खड़ा भारतीय स्त्री का जीवित धड़कता चेहरा है। स्त्रीवाद की इस पहचान और कविता के आख्यानात्मक विन्यास के लिए उनकी कविताएँ स्त्री-कविता को एक भिन्न आयाम देती हैं।...न केवल स्त्री-कविता की दृष्टि से समकालीन कविता की मुख्यधारा में भी वे एक सशक्त स्वर हैं।"[2] 'पानी का स्वाद' शीर्षक कविता में कवयित्री ने स्वयं अपना जो बिम्ब प्रस्तुत किया वह उस स्वतंत्र लड़की का है जो हर रेलवे प्लेटफार्म पर उतरकर नए अनुभव अर्जित करती है। इसके लिए न कोई लक्ष्मण-रेखा है, न सामाजिक–पारिवारिक दबाव। उन्मुक्त-बिंदास भाव से वह जीवन-संग्राम में उतर रही है। यह बिम्ब कहीं बहुत दूर राजेश जोशी की कविता 'रेलवे प्लेटफ़ार्म पर' की याद दिलाता है। राजेश जोशी रेलवे प्लेटफ़ार्म पर उन बेरोज़गार युवाओं की आवारगी का ज़िक्र करते हैं जो बेफ़िक्र से वहाँ घूमते रहते हैं। इस बेफ़िक्री की आन्तरिक झलक नीलेश की कविताओं में भी है। यह बहुत बड़ा संकेतक है। बार-बार हम 'जेंडर' की जिन सीमाओं के पिघलने की कामना करते हैं नीलेश की कविताओं में वह सम्भव होता दिखता है।

ऐसा नहीं है कि नीलेश को स्त्री-जीवन के अन्तर्विरोधों की बारीक़ पहचान न

हो लेकिन उसके मन में मुक्ति के स्वप्न का चित्र एकदम साफ़ है। उनकी कविता 'बेखटके' में यह आकांक्षा स्त्री-मुक्ति के तर्क और विश्लेषण के साथ लेती हैं—

इतनी कमियाँ हैं जीवन में कि
पानी के तोड़ को भी
देखने लगी हूँ उम्मीद से
अन्तिम इच्छा कहें या कहें पहली इच्छा
मैं बेखटके जीना चाहती हूँ।[3]

सम्भवतः यह स्त्री-मुक्ति की आकांक्षा का सार है कि आप बेखटके जीवन जी सकें, न समय की बाधा हो, न देह की। जिसे हम जेंडर न्यूट्रल कहते हैं यानी जीवन पर व्यक्ति के लिंग का बाधित करने वाला प्रभाव न हो। नीलेश इस कविता से बेखटके इच्छाओं का विस्तृत ब्योरा देती हैं। रात बारह का शो देखकर, रेलवे प्लेटफ़ार्म पर घूमता, जेब में हाथ डाले कहीं भी चले जाने...औरों द्वारा ऐसा-वैसा न समझा जाना नुक्कड़ की गुमटी पर चाय पीते हुए रात का चित्र खींच पाना आदि। ये बड़ी-बड़ी इच्छा-आकांक्षाएँ नहीं हैं लेकिन स्त्री होते ही सब वर्जित हो जाता है। नीलेश यही सवाल करती हैं—'आधी रात हो और / जीने का पूरा मन हो' यह सवाल केवल नहीं है जो समाज के पटचित्र पर कविता की पंक्ति में टँगा रहेगा। कवयित्री ने परिवर्तन की दिशा प्रस्तावित की है—

आधी रात हो और
जीने का पूरा मन हो
कोई मुझे एक नागरिक की तरह
यह देह भी क्या तुच्छ चीज़ है
बिगाड़कर रख दिए जिसने
नागरिक होने के सारे अर्थ।[4]

कविता में स्त्री द्वारा नागरिक होने की पहचान का आग्रह स्त्री-संघर्ष के अगले चरण का सूत्रपात है। स्त्री-अधिकारों की ज़मीन सिर्फ़ स्त्री की स्वतंत्र अस्मिता को जताने से पूरी तरह तैयार नहीं होगी। उसका आधार सामाजिक-आर्थिक मुख्यधारा में बराबर की भागीदारी से ही निर्मित हो सकता है। इसलिए यह कहना कि कोई मुझे देखे तो देखे नागरिक की तरह, कविता और समाज दोनों ही दृष्टियों से स्त्री-संघर्ष का सशक्त प्रस्थान बिन्दु है। यहाँ नीलेश ने एक और महत्त्वपूर्ण मुद्दा उठाया है—स्त्री देह का। लैंगिक असमानता के एहसास में स्त्री-देह की बड़ी भूमिका है। दैहिक सुरक्षा स्त्री को बार-बार अनेक तरह के समझौतों के लिए विवश करती है।

बाज़ार ने स्त्री देह को अपने ढंग से भुनाया। नीलेश उस स्थिति पर खिन्न

भी हैं और उसे अस्वीकार भी करती हैं। अपनी अन्य कविताओं 'सुन्दरियों' और 'कैलेंडर' में उन्होंने इस स्थिति का प्रतिकार किया है। वे स्त्रियों को सचेत करती हैं कि अपनी उपस्थिति को केवल दर्शनीय और मोहक न बनने दें, क्योंकि जिन नागरिक अधिकारों में वे स्त्री-पुरुष बराबरी का सपना बुनती हैं, बाज़ार केन्द्रित स्त्री-छवियाँ उस संघर्ष को कमज़ोर करती हैं। नीलेश की कविताएँ उस स्त्री-अनुभव को पकड़ने की कोशिश हैं जहाँ परिवर्तन की गम्भीर आकांक्षा जीवन की सरलतम अभिव्यंजनाओं में घटित होती है। अलग-अलग काव्य-संग्रहों से दो कविताओं की पंक्तियाँ देखें तो—

इस दुनिया को तोड़-मरोड़कर बनानी चाहिए एक नई दुनिया
बेटी जिसमें इतनी पराई न हो [5]

× × ×

दुनिया में आना है तो
भीगे खरगोश की तरह नहीं
दहाड़ते शेर की तरह आना होगा [6]

जीवन के छोटे-बड़े संघर्ष स्त्री को देर-सवेर यह सिखा ही देते हैं कि चुनौती को स्वीकार करने के लिए ताक़त का सहारा लेना ही होगा। जीवन के कोमलतम को बचाने के लिए एक नई दुनिया का स्वप्न आँखों में तैरता रहे, यह भी ज़रूरी है। स्त्री का स्त्रीत्व इन दोनों के बीच अवस्थित एवं सुरक्षित है। इस सच्चाई को स्वीकारती नीलेश की कविता न दर्शन की ओर मुड़ती है, न परम्परा की ओर बल्कि जीवन के समतल पर चलती रहती है। इस दृष्टि से नीलेश स्त्री-कविता का एक नया सौन्दर्यशास्त्र रचती हैं।

पितृसत्ता और जेंडर स्टीरियोटाइप

पितृसत्ता, स्त्री साहित्य में सबसे अधिक आलोचना का पात्र रही है लेकिन यहाँ पिता की तकलीफ़ को, उनके दर्द को नीलेश ने सहानुभूति के साथ याद किया है। 'टेलीफ़ोन पर पिता की आवाज़' कविता में वे लिखती हैं—

टेलीफ़ोन पर
थरथराती है पिता की आवाज़
दिए की लौ की तरह काँपती-सी
दूर से आती हुई
छिपाए बेचैनी और दुख [7]

ऐसी अनेक पंक्तियाँ कई कविताओं में बिखरी पड़ी हैं—'पिता की पीठ', 'यात्रा करते पिता', 'पिता और कंप्यूटर' आदि। यह नोट करने की बात है कि अपने पिता के प्रति ये पंक्तियाँ वह बेटी लिख रही है जो उनकी आभारी है कि उन्होंने उसे पढ़ने-लिखने, बढ़ने की आज़ादी दी। पढ़-लिखकर ही तो जान पाई है वह पिता की इस निरीहता को। उसने पिता को, हर बार ख़ुद तपकर भट्ठी सुलगाते देखा है। यह बेटी अपने पिता को हर दुख से बचाना चाहती है। यह आकांक्षा, यह अनुभव नीलेश का निजी एकान्तिक अनुभव नहीं है। हममें से बहुतों की स्मृति में ऐसे पिता हैं लेकिन पिता के प्रति ममत्व का ऐसा स्वर स्त्री-कविता में दुर्लभ है—

पहली पगार से खरीदूँगी
पिता के लिए एक पानदान
छोटा-सा
होंगे जिसमें मेरे सपने ग्यारह बरस के
और उनकी जीवन भर की खुशी[8]

स्त्री-कविता और पितृसत्ता का रिश्ता अत्यन्त तनावपूर्ण है। जब स्त्रीवादी नज़रिए से पिता को देखा जाता है तो सामाजिक व्यवस्था के रूप में पितृसत्ता पिता की मानवीय छवि पर हावी हो जाती है। यद्यपि स्त्री रचनाकारों ने यह स्वीकार किया कि उनका विरोध पुरुष से नहीं पितृसत्ता से है। तब भी उनकी कविताओं में पुरुष की मानवीय संवेदनशील छवि कम ही उभरती है। जैसे स्त्री जेंडर स्टीरियोटाइप हैं वैसे ही पुरुष के भी हैं। लेकिन हर बार स्टीरियोटाइप का ख़तरा यह होता है कि उस तस्वीर से मानवीय भावनाओं का चेहरा ग़ायब हो जाता है। नीलेश की कविता की उपलब्धि यह है कि वे भावना का अनुगमन कर स्टीरियोटाइप को निरस्त करती हैं। यह अपने पिता के सन्दर्भ में भी है और अपने पिता के सन्तान के प्रति भी। प्रेम के गार्हस्थिक रूप के चित्रों में इसकी अभिव्यक्ति हुई है। यह एक प्रकार से सत्ताओं को कमज़ोर करने की तरकीब भी है। जटिलताओं की जड़कन भावना के ताप से पिघल सकती है। संवेदना के सौन्दर्य को नीलेश अपनी कविताओं में पूरी ईमानदारी से अर्जित करती हैं।

'ढाबा' शीर्षक से आठ कविताएँ हैं जिनमें बसा पूरा घर दिखता है—आठ बहनें और एक भाई...अपनी लाचारी के बावजूद सब कुछ सँभाले हुए, माँ और पिता। अभाव और श्रम का तपता अलाव सबको इतना अभिन्न कर देता है कि सबका दुख-सुख एकमेक हो जाता है। इन कविताओं में अपनी स्थिति का रोना नहीं है बल्कि स्वाभिमान की चमक है जो संघर्ष को सुन्दर बनाती है। यह अनुभव वर्ग-विषमता से उत्पन्न सामाजिक वृत्त का हिस्सा है। सामाजिक स्थिति का यह आख्यान नया नहीं है। इन्हें स्त्री-वृत्त में पढ़ने का आग्रह मात्र इसीलिए है कि इनमें

वह छोटी लड़की बोलती दिखाई पड़ती है, जो पिता को विषमता के इस दंश से बचाना चाहती है। ये कविताएँ उसके साहस, उसके विश्वास की कविताएँ भी हैं। नीलेश के यहाँ स्त्री की मूल पहचान इसी रूप में है।

पिता के प्रति यह भावपूर्ण स्वर पितृसत्ता की चुनौतियों को बिलकुल उपेक्षित कर देता हो ऐसा नहीं है। नीलेश उस पुरुष-सत्ता को ठीक से पहचानती हैं जहाँ स्त्री को निचले दर्जे पर रख उसके साथ घोर गैर-बराबरी का व्यवहार किया जाता है। पिता-पुत्री के सम्बन्ध को सहानुभूतिपूर्ण ढंग से देखने के कारण पितृसत्ता के विरुद्ध उनका स्वर कुछ नरम अवश्य पड़ गया है लेकिन स्त्री के स्त्रीकरण की प्रक्रिया, रीति-रिवाज़ों में स्त्री की उपेक्षित स्थिति की पहचान न हो, ऐसा नहीं है—

जब कभी कविता लिखती है लड़की
कहा जाता है सीखो मशीन चलाना
सिलो कपड़े बुनो स्वेटर
मत बुनो शब्द मत बनो कवि
यह सब फ़िज़ूलख़र्ची है वक़्त की [9]

नीलेश के यहाँ स्थिति का स्वीकार है तो मुक्ति की आकांक्षा भी। इन कविताओं का 'स्व' उस लड़की का है जो जानती है कि जीवन के आर-पार के दुख और पीड़ा में मुक्ति का एक मार्ग भी ज़रूर है, जहाँ उसे पहुँचना है। देर से ही सही, धीरे-धीरे ही सही। वह लड़की पूरे समाज को धता बताकर अपने लिए रास्ता चुन लेगी। असमान परम्पराओं से लिथड़े समाज के 'जेंडर स्टीरियोटाइप' को तोड़ने की हिम्मत उसमें है। स्त्रियों की पहुँच से दूर रहे रेलवे प्लेटफ़ार्मों पर उसने, पानी का स्वाद चखा है। वह अपने लिए रास्ते तलाश सकती है। कोई लाख मना करे वह सबके बीच शब्द बुनने की कला सीख ही गई—

ओ मारीना त्स्वेतायेवा
× × ×
तुम्हारी ही तरह
मैं भी बनूँगी कवि
मशीन पर सिलते हुए कपड़े सिलूँगी कविता
बुनते हुए स्वेटर बुनूँगी शब्द
खुले आसमान के नीचे बैठकर करूँगी बातें
तुम्हारी कविताओं पर [10]

यह प्रगतिशील स्त्री-चेतना कहीं-कहीं अन्तर्द्वंद्वों से घिरी नज़र आती है। नीलेश ने इस चेतना को विचार की अपेक्षा अनुभव से पहचाना है। माँ, बहन, बुआ के

सुख-दुख उसमें शामिल हैं। उन्होंने अपने क़रीब की स्त्रियों के जीवन से बहुत कुछ सीखा है और उन अनुभवों को अपनी कविताओं में जगह दी है। कभी उनके स्वर में रिवाज़ों की जकड़न के विरुद्ध शिकायत का भाव उमड़ आता है तो कभी रस्मों-रिवाज़ों की रसमयता भाव-विभोर कर देती है। जैसे माँ अपनी हर प्रार्थना में कामना करती है कि बेटियों का घर बस जाए उसी तरह कवयित्री भी भीगे मन से आह्वान करती है कि कोई आए और आकर उसकी बहन की माँग में सिन्दूर भरे। कहीं-कहीं नीलेश की स्त्रियाँ परिवार और परम्पराओं को स्वीकार करती हुई बन्धन और मुक्ति को अलग-अलग नहीं चीन्ह पातीं, क्योंकि उनके परिवेश में सदियों पुरानी मान्यताओं की काफ़ी गहरी पैठ है जिसकी झलक कवयित्री की अनेक कविताओं में मिलती है लेकिन इससे अलग जब-तब वे जड़ परम्पराओं के प्रति खीजती भी हैं। एक ख़ास क़िस्म की कस्बाई चेतना ऐसी कविताओं में है जो परम्पराओं के स्वीकार-अस्वीकार को स्त्री-मन का स्थायी अन्तर्द्वंद्व बना देती है। परमानन्द श्रीवास्तव ने नीलेश की कविताओं पर लिखते हुए टिप्पणी की—"कविता अप्रत्याशित की खोज नहीं है—मामूलीपन के खटराग में औसतपन का प्रतिकार है। नीलेश गंजबसौदा की जनपदीय, कस्बाई चेतना से लबरेज़ लम्बी कविताओं में वृत्तांत रचती हैं और भीतर-बाहर के सफ़रनामे को इस तरह सम्भव करती हैं कि 'देखना' क्रिया 'जानना' क्रिया से अभिन्न है।"[11]

नीलेश की कविता में स्त्री-मुक्ति का पाठ अपने आसपास के छोटे-बड़े अनुभवों पर आधारित समझ से ही पैदा होता है, विमर्श और विचारधारा की सैद्धान्तिकी से नहीं। मुक्ति और बन्धन, स्त्री-जीवन के सबसे बड़े सवाल हैं जिन्हें प्रत्येक स्त्री अपने जीवन में अपनी तरह 'निगोशिएट' करती है। स्त्री-जीवन के यही संघर्ष और समझौते स्त्री आन्दोलन का आधार हैं। नीलेश विचारधारा और विमर्श की राजनीति से स्वयं को बचाना चाहती हैं। इसीलिए कहीं-कहीं ऐसी कविताएँ मिल जाती हैं जिनका स्वर ऊपर से देखने पर 'स्त्री-विमर्श विरोधी' जान पड़ता है। 'पानी का स्वाद' संकलन में 'स्त्री-विमर्श' शीर्षक कविता ऐसी ही है—

मिल जानी चाहिए अब मुक्ति स्त्रियों को
आख़िर कब तक विमर्श में रहेंगी मुक्त
बननी चाहिए एक सड़क, चलें जिस पर सिर्फ़ स्त्रियाँ ही
मेले और हाट-बाज़ार भी अलग
किताबें अलग, अलग हों गाथाएँ
इतिहास तो पक्के तौर पर अलग
खिड़कियाँ हों अलग—
झाँके कभी स्त्री तो दिखे सिर्फ़ स्त्री ही

हो सके तो बारिश भी हो अलग

× × ×

सिर पर तगाड़ी लिए दसवें माले की ओर जाती ओ कामगार स्त्री
देखती हो कभी आसमान, कभी ज़मीन
निपटाओ बखूबी अपने सारे कामकाज
होने दो मुक्त अभी समृद्ध संसार की औरतों को
फिलहाल सम्भव नहीं मुक्ति सबकी [12]

यहाँ कवयित्री की शिकायत स्त्री-विमर्श की 'एक्सक्लूविटी' के कारण है। नीलेश को इस विमर्श में एक फाँक दिखाई पड़ती है। स्त्री-मुक्ति की घोषणा करने वाली स्त्रियाँ क्या अपने घर की बाई, जो कि उनके ही समान एक स्त्री है उसे अपनी लड़ाई में शामिल कर पाती हैं। स्वयं हाथ बढ़ाकर क्या उसके संघर्ष का हिस्सा बन पाती हैं। उसे मुक्त करने के रास्ते ढूँढ़ती हैं? वे समृद्ध स्त्री की मुक्ति को कामगार स्त्री की मुक्ति से अलग करके देखती हैं। उनकी नज़र में आर्थिक-विषमता दो तरह की स्त्रियाँ पैदा करती है—मालकिन और बाई—जब तक दोनों की मुक्ति का एजेंडा एक नहीं होगा तब तक स्त्री-विमर्श बेमानी ही रहेगा।

एक औसत भारतीय स्त्री का जीवन ऐसा है जिसमें घर, पति, बच्चे हरदम उसके ज़ेहन पर हावी रहते हैं। घर और बाहर की दुनिया में वह सदा स्वयं को बँटा-बँटा महसूस करती है। नीलेश की कविताएँ ऐसी सामान्य स्त्री के जीवन और उनके अनुभवों को केन्द्र में लाती हैं।

एक छोटे से डाकखाने में
वो स्त्री अपनी सीट पर इतनी उदास इतनी अकेली
समय उसके आसपास नहीं होता ऊँघते और झपकियाँ लेते

× × ×

नींद से भरी हुई इस स्त्री को देख
दफ़्तर के लोग पीटते हैं सिर कोसते हैं अपने बीच उसके होने को
घर और दफ़्तर के कभी न ख़त्म होने वाले कामों के बीच
स्त्री की नींद कसमसाती है। [13]

हर रोज़ हज़ारों-लाखों औरतें घर और दफ़्तर के बीच खटती किसी तरह अपनी सही जगह पा लेना चाहती हैं। ऐसी जगह जहाँ उनका सम्मान हो, उनके निर्णयों का सम्मान हो। ये स्त्रियाँ अनिवार्यत: मेहनतकश स्त्रियाँ हैं जो मेहँदी रचे हाथों से टाइपराइटर चलाती, खाना पकाती, बर्तन घिसती हैं...सड़क के किनारे खिलौने बेचती हैं...सर पर बोझ की गठरी उठाए मज़दूरी करती हैं। उनका सारा सौन्दर्य श्रम का, कर्मठता का सौन्दर्य है। उनकी सजगता भी शिक्षा या शिक्षा के बिना उनकी

सहज-बुद्धि में झलकती है। औरतों के जीवन के ऐसे छोटे-बड़े मासूम विवरणों से लैस नीलेश की कविताएँ अपने लिए स्त्री-कविता की एक नई ज़मीन तैयार करती हैं।

मातृत्व के अनुभव की घनीभूत संवेदनाएँ

स्त्री के लिए सहज जीवनबोध का सबसे ख़ूबसूरत अनुभव मातृत्व का है, जो साधारण होकर भी असाधारण है। इसे स्त्री की पूर्णता का अनुभव माना गया। सब स्त्रियों के लिए समान होकर भी यह हर एक के लिए अनूठा है, अद्‌भुत एवं अद्वितीय। जो स्त्री इससे गुज़रती है वह इसे अपनी तरह पहचानती है। नीलेश ने इस ख़ास स्त्री-अनुभव के अभूतपूर्व बिम्ब देकर हिन्दी कविता को समृद्ध किया है। 'पहली रुलाई तक की डायरी' में इक्कीस कविताओं में अपने अजन्मे बच्चे से संवाद का तिथिवार ब्योरा, संवेदना की जिस सघन अनुभूति को साकार करता है वह हिन्दी कविता में ही नहीं विश्व कविता में भी दुर्लभ होगा।

इन दिनों एक ऐसे अनुभव से गुज़र रही हूँ
जिसे सिर्फ़ जिया जा सकता है, कहा नहीं जा सकता
बहुत विराट है यह अनुभव, सुखद और कष्टप्रद दोनों

× × ×

रहस्यों से भरी यात्रा है यह
कहीं सुख की बूँदें, कहीं अनंत कष्ट [14]

सुख-दुख के धूप-छाँही रंग का अनुभव मातृत्व की सबसे सुखद अनुभूति है। नीलेश ने इसे इस अर्थ में विशिष्ट बना दिया कि इसका तिथिवार ब्योरा, इस पूरे वर्णन को विश्वसनीय बनाता है। जैसे कोई बहुत धीमे-से अपने जीवन का कोई राज़ बता दे। इन कविताओं का टोन भी हल्के फुसफुसाहट भरे स्वर जैसा है। रोमांच और खुशी से भरी स्त्री और न जाने किस अज्ञात भय से डरी स्त्री, धीरे-धीरे गर्भस्थ शिशु से संवाद स्थापित कर रही है। अपने इस एकान्तिक अनुभव में उसे माँ और मोहल्ले की सारी स्त्रियाँ याद आती हैं। जब अपने ऐसे निजी खालिस अनुभवों को नीलेश अपनी कविताओं में लाती हैं तो वे अनुभव स्त्री के एकान्त की परिधि लाँघकर स्त्री के साझा अनुभवों में तब्दील हो जाते हैं। न जाने किस-किस की कितनी सलाहें उस स्त्री के एकान्त में घर बनाने लगती हैं। भीतर पलता नन्हा शिशु माँ की देह और उसके मन पर क़ब्ज़ा कर लेता है। इस पल-पल बदलते मन को बूझने की कोशिश करती माँ बस एक ही उत्कंठा से भरी है। 'क्या मेरी तरह तुम्हें, मुझे देखने और बातें करने का मन नहीं करता?' कभी उत्कंठा तो कभी आशंका

घेर लेती है—'भीतर ही भीतर कैसा लग रहा है तुम्हें, कहीं अँधेरा तो नहीं लगता।' माँ और शिशु के इस आत्मिक बातचीत में रची-बसी इसी कलेवर की पूरी इक्कीस कविताएँ हैं, जिनमें यह अनुभव बिखरा पड़ा है। एक-एक दिन गिनती है—'पूरे पाँच महीने के हो गए हो', 'शायद तुम अब आने वाले हो'। इन पंक्तियों में सम्बन्ध की प्रगाढ़ता नज़रों से ओझल नहीं होती। ऐसा सुन्दर सम्बन्ध और इससे जुड़ा आत्मीय मोह, इससे अन्तरंग इस संसार में कुछ हो भी नहीं सकता।

बच्चे की हर थिरकन, हर धड़कन, हर करवट को माँ गर्भ से ही पहचानने लगी है। नीलेश इसे एकमुखी अनुभव नहीं बनाती। कभी इतनी ममता की स्नेह से पूरा आसपास महक उठता, तो कभी—'मन में आता है, कान खींचूँ तुम्हारे, धीरे से दो-एक चपत भी जड़ दूँ।' इन संवादों में नीलेश अपने गर्भ में पलती नन्ही जान के संकेतों में बतरस लेने लगती हैं और उसे बाहर की दुनिया की ख़बर भी देती हैं। परमानन्द श्रीवास्तव कहते हैं कि यह मात्र एकालाप नहीं है—"इस कविता शृंखला में जो चलने वाला संवाद है वह महज़ आत्मालाप नहीं है। संवाद वह इस अर्थ में है कि गर्भ में यह आंगिक बतकही मौन और भाषा के बीच पुल सरीखा है।"[15]

एक बिन्दु जिस पर इस नई माँ का ध्यान बार-बार अटक जाता है, वह है कि उसका शिशु कौन होगा...कोई नन्ही परी या राजकुमार। आज के समय में यह प्रश्न अत्यन्त विकट है। छोटे गाँवों से लेकर बड़े शहरों तक बेटी को तो पैदा होने का हक़ ही नहीं। भ्रूण के लिंग का निश्चय उसके अस्तित्व को निश्चित करता है लेकिन नीलेश की भोली उत्सुकता चौथे महीने से नवें महीने तक अपने भीतर पलते निर्गुण को, परी या राजकुमार का सगुण-साकार रूप देना चाहती है। इन कविताओं की माँ अपने भीतर पल रहे संसार को उत्सुकता से देखती है, उसे अपने भीतर जगह देती है, उसकी हलचलों को अपनी देह में महसूस करते आनन्दित होती है।

बच्चे को प्यार करते-करते माँ, बच्चे के पिता को भी एक नई आत्मीयता से पहचान रही है। पिता भले ही गर्भ के अनुभव से न गुज़रे लेकिन माँ की यात्रा का सहयात्री अवश्य है। गृहस्थ प्रेम के इस सुखद अनुभव को उमंग भरी तरंग से अभिव्यक्त करते हुए कवयित्री लिखती है—

मुझे तुम्हारे साथ-साथ तुम्हारे पापा पर भी बहुत प्यार
आता है इन दिनों
तुम मुझे परेशान करते हो, मैं उन्हें[16]

इस पूरे वृत्तान्त को नीलेश जन्म देने की प्रक्रिया तक ले जाती हैं। प्रसव पीड़ा की यातना, साक्षात् नरक से गुज़रने जैसी है लेकिन उसके बीच भी उसकी चेतना बच्चे के आने को दर्ज कर लेती है। रोने की आवाज़ से वह अपने राजकुमार को

पहचान लेती है और घड़ी की सुइयों का समय देख घर की छत पर आने वाली साँझ से उसका सम्बन्ध जोड़ लेती है। सृष्टि के इस सबसे दुष्कर अनुभव को नीलेश इतनी सादगी से निभा ले जाती है—

यह तो नरक है, नरक! जन्म देना, यातना से गुज़रना है
यह क्या दे रहे हो तुम अपनी माँ को?
आँखें मुँदी जा रही हैं अब
एक-एक कर, मेरे आसपास जो मेरे अपने थे, कमरे में रह गए
डॉक्टर्स और नर्सों के साथ लेबर-रूम में जा रही हूँ मैं
प्रसवपीड़ा को कोई और नाम देना चाहिए

ये ये ये...
तुम्हारे रोने की आवाज़ सुनाई दी
रोने की आवाज़ से लग रहा है, तुम नन्हे-से बदमाश राजकुमार हो
इतनी ज़ोर से क्यों रो रहे हो बेटे? [17]

इन कविताओं के सन्दर्भ में नीलेश ने स्वीकार किया, ''कविताओं की इस सीरीज़ ने कुछ हद तक या कहें कि काफ़ी हद तक एक कवि के रूप में स्त्री होने को प्रभावित किया।...यह एक अनजानी यात्रा थी, जैसे-जैसे आगे बढ़ती गई, वैसे-वैसे कहती गई। सारे अनुभव कहन का हिस्सा होते चले गए। कभी रोमांच, कभी जोख़िम, कभी खीज, कभी सुख, कभी दुख, कभी यह भी लगा कि अरे बाप रे, ये क्या हो गया। जो छूट गए थे, वे भी इस समय बहुत याद आने लगे। मैं अकेली नहीं थी, कोई हर समय मेरे साथ था।''[18]

नीलेश रघुवंशी की कविताओं में स्त्रीत्व का वृत्त इस अनुभव से पूरा होता है। उनकी रचनाओं में टकराहट की अपेक्षा सामंजस्य प्रमुख है। यह कविता मात्र स्त्री की कविता नहीं, पूरे परिवार, पूरे वर्ग की कविता है। ये समाज की बड़ी इकाइयाँ हैं, इनमें स्त्री का व्यक्तित्व पूरी तरह घुल-मिल गया है। परम्परा की धरोहर को न उसने नकारा, न छोड़ा बल्कि उसे उसकी सर्वांगीणता में ग्रहण कर लिया। तथाकथित स्त्रीवादी आग्रह को स्त्री-कविता का यह स्वर प्री-कंडिशंड लग सकता है लेकिन जो उत्साह, जीवन-संग्राम से सीधे भिड़ंत का साहस एवं सहज स्वीकार कर लेने का भाव यहाँ है उसमें कहना मुश्किल है कि मुक्ति किसे चाहिए और किससे चाहिए।

वर्ग-विषमता का सामाजिक पाठ

नीलेश की कविता में सामाजिक पदानुक्रम, स्त्री-पुरुष के सरल समीकरण तक

सीमित न होकर समाज के विभिन्न वर्गों के बीच के अन्तर को अनावृत करते हैं। एक बार फिर कहना होगा कि विचारधारा या वाद की धमक उनकी कविताओं में नहीं है बल्कि सहज जीवनबोध तथा अपने परिवेश को देखने की निस्संग-दृष्टि, से ही उनकी कविता का कलेवर बनता है। जीवन के छोटे-छोटे ब्योरे व्यापक सामाजिक निष्कर्ष का आधार बनते हैं। हमारे आसपास के असंख्य चेहरे इन कविताओं में बोलते हैं—गुब्बारे वाला, खिलौने बेचती औरतें, मज़दूर, कुम्हार, घरेलू-नौकर, मालिक और स्त्री, रिक्शा चलाने वाला आदि सब बैलगाड़ी के बैल की तरह अपने स्वामियों की सेवा का जुआ अपने कन्धे पर लादे उस बोझ तले अपनी चेतना खोज रहे हैं। नीलेश के नज़दीक इन लोगों का जीवन और उससे जुड़े व्यवहार काफ़ी मायने रखते हैं। बाज़ार की चमक और मीडिया के शोर ने इनके जीवन की विडम्बना को उपहासास्पद बना दिया है। नए साल के जोश में सिंघाड़े बेचने वाली से जब नए साल के विषय में पूछा जाता है तो उसका उत्तर पूरे वर्ग की त्रासदी को व्यक्त करता है। साथ ही मध्यवर्ग के दोमुँहेपन, मीडिया की संवेदनहीनता, उच्च वर्ग की उपेक्षा—सब एक साथ साकार हो जाते हैं।

नए साल के आगमन पर पूछा गया सिंघाड़े बेचने वाली से
नए साल के बारे में क्या सोचा है तुमने
सिंघाड़े बेचती स्त्री ने कहा
नए साल में हम खुट जाएँ
खुट जाएँ मतलब...
खुट जाएँ मतलब खुट जाएँ यानी हम मर जाएँ
ही ही हा हा ही हा
अरे अरे ए ऐसा नहीं कहते
हँसी ठसक से सिंघाड़े वाली, मुश्किल से जबरिया हँसी को रोकती बोली
क्यों खुटने से डरते हो?
हम तो रोज़ खुटते हैं...[19]

जनसाधारण के अलग-अलग प्रतिनिधियों की असंख्य जीवन गाथाएँ इन कविताओं में विषमताग्रस्त भारतीय समाज का महाख्यान रच रही हैं। इन सारे वर्णन–विवरणों में न भावुकता है, न आक्रोश लेकिन जिस तटस्थता से बात कही जा रही है और बार-बार कही जा रही है (लगभग एक-तिहाई कविताएँ ऐसे ब्योरों से भरी पड़ी हैं) वह पाठक के भीतर बेचैनी अवश्य पैदा करती है। कवयित्री के मन में भी दबी-चिनगारी सी परिवर्तन की आकांक्षा तो है लेकिन कथन-भंगिमा उस पक्षधरता को सीधे आगे नहीं लाती। नीलेश की यह कविता दो काम करती है—तीव्र विसंगतिबोध को प्रस्तुत कर सामाजिक आलोचना की पृष्ठभूमि तैयार करना और

वंचित वर्ग के प्रति ऐसी साझेदारी निर्मित करने का जैसे किसी आहत मन पर मरहम रखा जाए। बातचीत के ढब से वह जिनकी बात कर रही हैं स्वयं वह उन्हीं की पंक्ति में खड़ी रहकर उनके सपने उच्चारती हैं—

वो जो घर बनाते हैं उसके स्वप्न भी नहीं आते उन्हें
जिस कुएँ को खोदते हैं उसका जल भी नहीं तैरता नींद में
मटके बनाते और बेचते नहीं रखते अपने पास एक भी साबुत मटका
जीवन का सपना क्या है पूछने पर हँसते हैं सब ज़ोर से
पेट भर जाए बस्स और क्या कहते
खिलखिलाते हैं सब हँसते हैं फिर ज़ोर से
ऐसी हँसी जिसे हँसने और सुनने के लिए चाहिए कलेजा[20]

सामन्ती समाज ने श्रम के महत्त्व को कभी नहीं पहचाना। नीलेश लोकतांत्रिक समाज के सामन्ती संस्कारों की पोल खोल रही हैं। छोटी-छोटी जो पंक्तियाँ हम रोज़ सुनते-बोलते हैं पर कभी उनके सामाजिक आशय हमारे सामने नहीं आते। बोझा उठाने वाले मज़दूर को यह कहना कि 'उतने ही पैसों में ऑटो पर न चले जाएँ'—यह दैनन्दिन जीवन की साधारण उक्ति है। यही साधारण कथ्य असाधारण हो जाता है जब चुनौती के स्वर में मज़दूर पूछ बैठे—'ऑटो वाले का पेट्रोल दिख रहा है तुम्हें? हमारे पैर नहीं दिखते?' ऐसी और ऐसी बहुत-सी कविताएँ इसी तरह के असुविधाजनक प्रश्नों को गोली-सा दागती हुई हैं। हाशिये पर उठने वाली ये आवाज़ें अब केन्द्रीय स्थिति की माँग कर रही हैं। नीलेश की कविताओं की ख़ूबी यह है कि एक तरफ़ अपने टोन से वे सामाजिक विषमताओं को प्रश्न की तरह उपस्थित करती हैं तो दूसरी तरफ़ जीवन के सहज बिम्बों को रंगों-सा बिखेर देती हैं। 'गुड लाइफ़ टिप्स' कविता में लोडिंग ऑटो के पीछे लिखी पंक्ति 'बड़ा होकर मैं ट्रक बनूँगा' को पढ़कर और पकड़कर नीलेश एक नई मस्ती, नई आशा से भरा उल्लासपूर्ण बिम्ब रच देती हैं—

सारी अलाओं-बलाओं को
परे धकेलते
ऑटो की इस धमाचौकड़ी में
केलों की खुशी देखते ही बनती है
कितने अच्छे लगते हैं झुंड में केले
वे एक-दूसरे से इतने जुड़े रहे हैं
कि उन्हें देख
आ जाती है याद अपनों की

बिना किसी आवाज़ के
महकने और पकने लगता है मन।[21]

उनके पास केवल वर्ग विषमता के निराश करने वाले प्रश्न नहीं हैं, उस सामाजिक वर्ग की घनघोर जिजीविषा से रचे-बसे जीवन की आशा का बिम्ब भी है।

नीलेश की चिन्ता का विषय बच्चे और बुजुर्ग भी हैं जो सामाजिक जीवन की मुख्यधारा से बहिष्कृत अपने 'सर्वाइवल' के लिए जूझ रहे हैं। व्यवस्थाएँ बालश्रम को दूर करने के लिए मीटिंग करती हैं, उन्हीं स्थलों पर हर रोज़ बच्चे चाय पिलाते, गिलास उठाते दिख जाते हैं पर उनकी ओर किसी का ध्यान नहीं जाता। इसी तरह समाज में धीरे-धीरे हमारे बुज़ुर्ग अदृश्य होते चले जा रहे हैं। उनकी दशा आज के समय में अत्यन्त दुखद है। घर के फालतू सामान की तरह वे स्वयं ही अपने को अनुपस्थित कर लेते हैं। 'बूढ़ा और प्लेटफ़ार्म' ऐसे ही बूढ़े की व्यथा-कथा है जो अपना समय बिताने और भीड़ में खो जाने के लिए हर रोज़ प्लेटफ़ार्म पर चला आता है। साधारणत: हमें जिन स्थितियों को देखकर अनदेखा करने की आदत है, नीलेश की निगाह ऐसी तमाम छोटी-बड़ी स्थितियों पर जाती है। परिवार में माता-पिता की स्थिति भी ऐसी होती जाती है—'मोतियाबिन्द' तथा 'पाँवों तले की ज़मीन' जैसी कविताओं में उनकी दयनीय, असहाय स्थिति का चित्रण है। मानवीय विडम्बना के ऐसे सभी चित्र देश-काल के बदलने से भी नहीं बदलते, वे हमेशा से लगभग ऐसे ही रहे हैं। कवयित्री ने सभी वर्गों के अतिसंवेदनशील पक्षों की ओर ध्यान दिया है। देश के बेरोज़गारों और किसानों के जीवन वृत्तान्त भी उनकी कविताओं में शामिल हैं।

नीलेश उस पीढ़ी की रचनाकार हैं जिसका सामाजिक यथार्थ बाज़ार और मीडिया के आभासी यथार्थ से अभिन्न भी है और टकराता भी है। टेलीविज़न स्क्रीन की आभासीय दुनिया मरते-खुटते जीवन से उसका असली चेहरा छीनकर उसे जो नया चेहरा देती है वह उसके जीवन की वास्तविकता से कोसों दूर हैं। नीलेश की कई कविताएँ आज की आधुनिकता और बाज़ार के पीछे का सच सामने लाती हैं।

लहलहाते खेत-आसमान को छूते
खड़ी फसलें-मायके आई लड़कियों की तरह खिलखिलातीं
लिपे-पुते घर, जिनके भीतर से
दही मथने और गेहूँ फटकने का सुरीला शोर
ट्रैक्टर पर हाथ में मोबाइल लिए किसान
ट्राली अनाज के बोरों से लदी

मंडी में मिलते अनाज के सही दाम
खिल-खिल जातीं बाछें घर भर की

कितना खुशहाल जीवन, विज्ञापन में किसान का! [22]

बाज़ार और मीडिया की ताक़त का हमारे समय पर गहरा प्रभाव है। बाज़ार हमारे अभाव को तीव्रतर करता है। वंचित वर्ग की जीवन स्थितियों को इसने और विकट बना दिया है। 'प्रस्तुति में जीवन', 'समाचार में शहर', 'ठंडी नींद', 'हत्यारे' जैसी कविताओं में कवयित्री ने रोशनियों की चकाचौंध में छिपी अँधेरी सच्चाइयों को अनावृत किया है। इन कविताओं में स्थितियों के अन्तर्विरोध खुलते हैं। नीलेश दूरदर्शन में काम करती हैं, जीवन की सच्चाई को कैमरे की नज़र से देखना उनकी आदत में शामिल है, लेकिन कवि-मन आभासी दुनिया की छवियों के बीच टकराहट से उत्पन्न मानवीय त्रासदी की ओर झुकता है, जैसे उनकी कविता 'गैस त्रासदी'। इस कविता में तीन अंश हैं—उन्नीस सौ चौरासी की दुर्घटना जिसने पूरे शहर को मरघट में बदल दिया था। पूरा भोपाल शहर जिस त्रासदी और क्रूरता का प्रतीक बना उसका वर्णन है। दूसरे दृश्य में आज भी गैस त्रासदी के विरुद्ध संघर्ष करते, न्याय माँगते जुलूस और रैली का चित्रण है, लेकिन सबसे बड़ी त्रासदी दर्ज होती है तीसरे दृश्य में जहाँ समय के अन्तराल और बढ़ती संवेदनहीनता ने इस संघर्ष को बेमानी कर दिया है—

शहर के नए रहवासी
जिन्होंने न कुछ देखा, न कुछ भोगा
रैली, जुलूस और फोटो प्रदर्शनी पर
डालते हैं उचटती-सी निगाह
कोई सिहरन किसी के भीतर नहीं पनपती
विश्व की भीषणता औद्योगिक गैस त्रासदी
छिटक रही है धीरे-धीरे शहर से। [23]

असली त्रासदी से ज़्यादा विकट त्रासदी घटती है उस संवेदनहीनता में, जहाँ आत्मलिप्त जन समाज में कोई सिहरन पैदा नहीं होती, जिसकी वजह से पूरा संघर्ष बिखर जाता है। इन सब स्थितियों के आमूल परिवर्तन की चेष्टा उस रूप में नहीं है, बस पूरी ईमानदारी से, भरोसे भरे स्वर में ये बातें कह दी गई हैं, इस विश्वास के साथ कि शायद कहने से ही परिवर्तन की बेचैनी बढ़ेगी।

राजनीतिक तेवर

स्त्री-कविता प्राय: जिस राजनीति को केन्द्र बनाती है, वह सम्बन्धों की राजनीति रही है लेकिन स्त्री-पुरुष के दायरों से परे सचेत भाव से जीने वाला कवि सजग प्रतिक्रिया किए बिना नहीं रह सकता। नीलेश के रचना संसार में भी ऐसा प्रयास दिखाई पड़ता है। कवयित्री एक नागरिक की हैसियत से अपने समय और समाज के प्रति अपनी निश्चित प्रतिक्रिया दर्ज करने में ज़रा भी परहेज़ नहीं करती। बचकर चलना इस रचनाकार का कवि-स्वभाव नहीं है। परिणामत: कुछ अच्छी राजनीतिक कविताएँ इनमें मिल जाती हैं। भले ही मात्रा में ये बहुत अधिक नहीं हैं, मगर इन कविताओं की धार पैनी है—

साईदा पकड़ लिया तुम्हें धर्मावलम्बियों ने
पेट को फाड़कर, भर दिए जलते चीथड़े।
गर्भ के संग मारकर, गोद दिया माथे पर तुम्हारे 'ॐ'[24]

नीलेश की कविता का राजनीतिक-बोध कई तरह से महत्त्वपूर्ण है। उनकी राजनीतिक चेतना किसी प्रतिबद्ध विचारधारा से निष्पन्न नहीं है बल्कि जीवन की अन्य स्थितियों की भाँति सहज जीवनबोध से उत्पन्न है। उसका स्वरूप प्रतीकात्मक है, यानी देश-दुनिया में सत्ता और वर्चस्व की अनेकानेक चुनौतियों के विरुद्ध उठने वाला सहज मानवीय स्वर। इसलिए इस कविता में अपने देश के लोकतंत्र की चिन्ता है तो अमेरिकी सर्वसत्तावाद से एकध्रुवीय होती दुनिया की त्रासद तस्वीर भी है। पूरी दुनिया में पनपता धर्म और राजनीति का गठबन्धन किस तरह युद्धोन्माद को जन्म दे रहा है, नीलेश के यहाँ उसकी गहरी समझ है। उनका स्वर प्रत्येक परिस्थिति में युद्ध और साम्प्रदायिकता का विरोधी है, लेकिन कविता में इन विषयों की प्रस्तुति किसी निश्चितता की अपेक्षा वैकल्पिक अनिश्चितता को चुनती है। कवयित्री एक साथ दो स्थितियों, दो विकल्पों को आमने-सामने लाकर इन स्थितियों को द्वंद्वात्मकता से उत्पन्न प्रश्नों पर केन्द्रित कर देती है—

क्या सचमुच
इक्कीसवीं सदी उन्माद और युद्धोन्माद की सदी होगी या
होगी उजड़ते संसार में एक हरी पत्ती की तरह?[25]

नीलेश के यहाँ राजनीति परिवर्तन का विकल्प नहीं बनती बल्कि चारों ओर चलते षड्यंत्रों को देखते हुए राजनीति के प्रति अविश्वास मुखर हुआ है। लेकिन यहाँ सोचने की बात यह है कि जब स्त्री की स्थिति में परिवर्तन की बात आती है या उसके सशक्तीकरण की, तब नागरिक अधिकारों का रास्ता चुनती हैं जो एक अर्थ में संविधान से सुनिश्चित होने वाला राजनीतिक समाधान है। लोकतांत्रिक

व्यवस्थाओं की यह ज़िम्मेदारी है कि वे वर्ग, जाति, लिंग आधारित असमानताओं को निरस्त करते हुए सबके लिए बराबरी का अधिकार सुनिश्चित करें। लेकिन वास्तविक जीवन की राजनीतिक विडम्बना लोकतांत्रिक तानाशाही व्यवस्था में बदल जाने की है। नीलेश की निगाह इस पर है। सम्भवतः इसीलिए इस घोर आशावादी कवयित्री के लिए राजनीति में विश्वास रख पाना सम्भव नहीं—

कितना लुभावना दिखाना चाहता है
दृश्य में बने रहने के लिए
हर एंगल और हर एक फ्रेम का
रखता है हिसाब
तानाशाह की आँख में घृणा है इतनी ज़्यादा
कि कैमरे के लैंस भी दहल जाते हैं
'आउट ऑफ़ फ़ोकस' हो जाता है तानाशाह।

तानाशाह दृश्य नहीं बदलना चाहता
ख़ुद दृश्य में बदला हुआ दिखना चाहता है
वह कैमरे की आँख को बदलना चाहता है [26]

इस सबके बीच यदि कोई सम्भावना है तो 'तिब्बती' जैसी कविता है, जहाँ नीलेश उनके जीवन के संकटपूर्ण चित्रों के बीच उसकी आज़ादी के लिए अपनी पक्षधरता के स्वर को कविता में बुन देती हैं।

राजनीति, मानवीय जीवन-मूल्यों का जैसा अवमूल्यन कर रही है, उसके तहत इक्कीसवीं सदी में देश-दुनिया किस करवट बैठेंगे, धर्म की राजनीति व अमरीकी सर्वसत्तावाद से आने वाले समय में शक्ति-व्यवस्था का क्या रूप होगा यह सब कवयित्री की चिन्ता का विषय है—

बदल रहा है समय धीरे-धीरे त्रासदी में
हमारे समय का महानायक कौन
जो इमारतें ढह गईं वो या
धर्मध्वजी जेहादी? जानें लीं जिन्होंने अनगिनत निर्दोषों की
क्या आज की रात
एक ध्रुवीय शक्ति-व्यवस्था के अन्त की रात है
या यह रात है—
उसके और-और मज़बूत होने की
अनगिनत काले साँपों से घिरी [27]

लोक-संवेदना

सामाजिक विविधता में पलते रीति-रिवाज़ों की रंगीनियाँ भारतीय सांस्कृतिक जीवन की चमक को और अधिक चटकीला बना देती हैं। इन रीति-रिवाज़ों, गीत-संगीत में बसी एक पूरी दुनिया है जो हमारे सांस्कृतिक जीवन-व्यवहार का हिस्सा है। इसे पश्चगामी मानकर ख़ारिज नहीं किया जा सकता। कस्बाई जीवन में पलते मन का एक कोना इस सबको अपने वजूद का हिस्सा मानता है। 'सिन्दूर', 'भुजरिये', 'सन्तान साते' और भी ऐसी अनेक कविताएँ हैं जिनमें नीलेश लोक-संवेदना के प्राणतत्त्व को अपनी कविता का सहज अंग बनाकर प्रस्तुत करती हैं। कवयित्री के मन में कोई प्रगतिशील बनाम प्रतिक्रियावाद जैसा कोई दुविधा-द्वंद्व नहीं है। बहन की शादी, व्रत-त्योहार की कथाएँ जीवन का वह अंश हैं जिनके बिना कुछ अधूरा रह जाएगा। नीलेश कहीं भी इस सबके प्रति आलोचनात्मक, नकारात्मक भाव नहीं दर्शाती बल्कि लोकजीवन के छोटे-छोटे आख्यान उसके सपनों में बसते हैं। उनके प्रति कवि-मन में सहज स्वीकार का भाव है। हाँ, उससे जुड़े अन्तर्विरोधों को भी बयान करना वे नहीं भूलतीं जैसे 'पंगत' कविता में गाँव भर के लोग जीमने बैठे हैं, पर अछूतों की पंक्ति अलग है। हमारी सामन्ती व्यवस्था में इस सबसे छुटकारा पाना बहुत कठिन है। कवयित्री उस ओर संकेत अवश्य कर देती है लेकिन किसी तीखी प्रतिक्रिया से बचती दिखाई पड़ती है।

'पन्हाना', 'जनरल बोगी', 'भभके की फसल' आदि कविताओं में गाँवों-क़स्बों का जीवन उनकी अच्छाइयों-बुराइयों के साथ अभिव्यक्त हुआ है। वहाँ जिस तरह का प्रतीकात्मक विकास हो रहा है कुछ उसकी भी झलक मिल जाती है। ऐसे स्थलों के चित्रण में भाव और भाषा में हलकी रूमानियत भी झलकती है। नीलेश ने लोकजीवन के जो प्रतीक चुने उनमें सबसे महत्त्वपूर्ण है 'हंडा'। इसी शीर्षक से उनकी कविता पर उन्हें भारतभूषण अग्रवाल पुरस्कार भी मिला। 'हंडा' स्त्री की आकांक्षाओं और जीवन-यथार्थ का प्रतीक है। विष्णु खरे ने इस कविता के विषय में कहा—"हंडा लाखों निम्न-मध्यवर्गीय परिवारों के सपनों, अभावों एवं परम्पराओं का डोलता हुआ प्रतीक है। हंडे और युवती से शुरू होकर यह कविता वर्ग और समाज बल्कि एक संस्कृति का सारांश बन जाती है।"[28]

हंडा है आज भी
जीवित है उसमें
ससुराल और मायके का जीवन
बची है उसमें अभी
जीने की गन्ध
बची है स्त्री की पुकार

दर्ज है उसमें
किस तरह सहेजती रही वह घर[29]

प्रेम-प्रकृति-सम्बन्ध

औरत के हिस्से की धूप सम्बन्धों की गरमाहट को अपने साथ लिए आती है। आत्मीयता का घनत्व उसकी प्रत्येक मनोकामना में छाया रहता है। स्थिति इसके विपरीत भी हुई तो उसका विसंगतिबोध मन में टीसता रहता है। नीलेश जिस सहजता से बाक़ी विषयों को साधती हैं, सम्बन्धों का रचाव भी उनके यहाँ वैसा ही है—निश्छल, सरल।

प्रेम और विश्वास दो छोर हैं
घूमती हूँ जिनके आसपास
इतनी सगी और पराई हो
कोई और पगडंडी नहीं बना पाती मैं।[30]

सम्बन्धों में विश्वास का यह आत्मकथ्य स्पृहणीय है। आज के जटिल-जीवन, कठिन-समय में यह विश्वास बनाए रखना मुश्किल तो है, असम्भव नहीं। माँ-पिता, बहिन-भाइयों के आत्मीय चित्र तो हैं ही, उन पर स्त्री के सन्दर्भ में पहले चर्चा भी की है, उसके साथ–साथ प्रेम के रूमानी स्वच्छंद बिम्ब भी इनकी कविताओं में महत्त्वपूर्ण हैं।

तुम कभी सूरज हो
कभी चाँद
कभी धरती
कभी आकाश
बाँधना मुश्किल है तुम्हें शब्दों में
पानी में नहीं बँधती जैसे आग[31]

भावना के तीव्र आवेग से जड़े प्रेम के ये बिम्ब अत्यन्त संतुलित ढंग से, नपे-तुले शब्दों में अभिव्यक्त हुए हैं। प्रेम में अभिन्न होने का भाव घर-निकासी की बहुत-सी कविताओं में अभिव्यक्त हुआ है। प्रेम के भाव-भीने रंगों में डूबते-उतराते बीच में ऐसी पंक्ति भी चमक उठती है–

ढाबे पर
झाड़ू लगाते बर्तन माँजते-माँजते हुआ प्रेम[32]

‘मुझे प्रेम चाहिए’, ‘हो सके तो’, ‘बसंत की सूचना’—अनेक आरम्भिक कविताओं में हल्की रोमानियत से भरे अनुराग रंगे बिम्ब शब्द-शब्द को सप्राण कर देते हैं। बाद की कविताओं में इस रंग की चमक कुछ मद्धिम पड़ जाती है। नीलेश के यहाँ भावना का उल्लास है तो जीवन की यथार्थ स्थितियों की पहचान भी गज़ब है। प्रेम का भाव भी इस निकष पर कई करवटें बदलता है, जैसे सोलह बरस की उम्र में जिसके प्रति प्रेम का अंकुर कभी मन में उपजा होगा कुछ वर्षों बाद ‘अति सांसारिक’ हो चुके उस व्यक्ति को देखकर उसे अचरज होता है कि ‘क्या सचमुच/ सोलह बरस की उम्र में इसी से प्यार करती थी मैं?’

ज़िन्दगी अपनी गति से आगे बढ़ती जाती है। इस भागती-दौड़ती ज़िन्दगी में भी प्यार बचा है लेकिन रूप बदल गया है। प्रेम का अनुभव कहीं मीठी याद की तरह है (देखना है रात को), तो कहीं मोबाइल फोन में अटके संवाद की तरह। ऐसी कविताओं में प्रेम की अभिव्यक्ति बदलते समय की धड़कनों के अनुसार बदल रही है। भाग-दौड़ भरे समय में प्रेम न उन्मुक्त रह पाता है, न पूरी तरह क़ैद। एहसास अभी भी ज़िन्दा है लेकिन किस रूप में, यह सवाल जैसे मन पर टँगा रहता है—

हम बैठे भी नहीं हैं और किसी के साथ खड़े भी नहीं हैं
हम तो बस दौड़ते जा रहे हैं
दौड़ते-दौड़ते हमने हमारी ही इच्छाओं को मार डाला [33]

इन पंक्तियों में वर्णन की सपाटता, इसे स्थिति का स्वीकार मात्र होने से बचा लेती है। अपने समय की विवशता के प्रति आलोचनात्मक प्रतिक्रिया ही अधिक है। उनके द्वारा रचित प्रेम कविताओं में क्या नहीं है, इसकी पड़ताल हमारे सम्मुख स्त्री-कविता का एक भिन्न आयाम प्रस्तुत करती है। प्रेम, स्त्री-जीवन के गम्भीर अनुभवों में से एक है लेकिन यह भी उतना ही बड़ा सच है कि इस अनुभव के लोक में स्त्री ने स्वयं को छला गया महसूस किया है। नीलेश के यहाँ ऐसी कविताएँ लगभग नहीं हैं। दो-एक अपवादों को छोड़कर शायद वे जीवन को जिस सहजता से देखती हैं उसमें अनुभव की ऐसी जटिलताओं से टकराना उन्हें प्रिय नहीं। केवल एक ऐसी कविता याद आती है ‘नोकदार पेंसिल’ जहाँ पेंसिल की नोक प्यार के दंश की ओर संकेत कर जाती है या फिर ‘घनघोर आत्मीय क्षण’ जहाँ प्रेम के बदले में छले जाने की पीड़ा है। यूँ पीड़ा शब्द नीलेश की कवि-चेतना के साहस के सामने अपना अर्थ खो बैठता है। इस कविता में भी वे उस कपटी इनसान को ही सम्बोधित करती हैं जिसका कलेजा अपने छल से छलनी हुआ जाता है। ‘प्रार्थना’ भी ऐसी ही एक कविता है जहाँ प्रेम को छल से बचाने की कामना है—

प्रभु इतनी शक्ति दो मुझे कि उनके छल को उँगली पकड़ बाहर करूँ
मुक्ति दो मुझे छल से
बल दो कि प्रेम बदलने न पाए छल में।[34]

प्रेम के इस निजी रंग-सा ही एक रंग प्रकृति का भी है। प्रकृति पर स्वतंत्र कविताएँ तो कम ही हैं लेकिन जिस परिवेश को ये कविताएँ रूपान्तरित कर रही हैं प्रकृति उनमें अभिन्न है। जीवन के छोटे-छोटे अनुभवों में प्रकृति अन्तर्ग्रथित-सी विद्यमान है। कहीं वह प्रेम के उल्लासमय रंगों का एक रंग है। बादल, बारिश, पानी, नरम फाहे-से बरसते बर्फ़ के टुकड़े, स्मृतियों के कोटर में छिपे अनुभवों को सजीव करते कविता में बिखरे हैं। 'बादलों से ढकी रात', 'बारिश', 'संकेत' प्रकृति के बिम्बों से सजी प्रेम की कविताएँ बन जाती हैं। प्रकृति की चिन्ता भी इन कविताओं में दिखती है। शहर की आपाधापी और प्रौद्योगिकी के बढ़ते वर्चस्व से संकुचित होती प्रकृति को सुरक्षित रखने की पक्षधरता भी यहाँ है। नीलेश की कविताओं में सहज का आग्रह प्रकृति की निश्छलता का भी आग्रही है—

नदी पर नाव
नाव पर पाल
पाल पर सपने

अक्स समुद्र के सपनों में थरथराता है[35]

नदी, समुद्र, पानी, पेड़, बारिश, सबसे एक अन्तरंग-सा रिश्ता है जो 'उत्सव', 'जीवन', 'सौ बरस का पेड़' आदि कविताओं में झलकता है। कवयित्री कंक्रीट के जंगल में हठ से उग आते पीपल की अपराजेय शक्ति में विश्वास करना चाहती है। सूखे से थरथराते ग्रामीण जीवन में बारिश के लिए होने वाली प्रार्थना में ख़ुद को शामिल पाती है। सबसे स्पृहणीय है उसकी कामना—

ओ आसमान
गिरे अब कोई फूल
उठाना तुम
बिखेर देना उसे
देखूँगी धरती को हँसते साथ उसके[36]

जीवन में इस सकारात्मक भाव को कविता में बिखेर देने वाली कवयित्री के रूप में नीलेश रघुवंशी की कविताएँ, धरती की गन्ध से महकती हैं। 2017 में प्रकाशित उनके नए काव्य-संग्रह 'खिड़की खुलने के बाद' की बहुत-सी कविताएँ

प्रकृति एवं पर्यावरण संरक्षण पर केन्द्रित हैं लेकिन उनमें भी नीलेश का निजत्व झाँकता है। वहाँ 'जल से भरी खुशी' है तो 'जल की अपराधी' होने की चिन्ता भी। शहरीकरण, अकाल आदि सब मिलकर प्रकृति का जो संकट रचते हैं, कवयित्री को उस पूरी पारिस्थितिकी की चिन्ता है।

कविता का स्थापत्य और स्त्री-कविता

कविता और भाषा पर अलग से बात न करते हुए भी नीलेश रघुवंशी ने कविता के विन्यास को पूरी तरह बदला है। उन्होंने दैनन्दिन जीवन के अति-साधारण अनुभवों को सच्चाई व प्रामाणिकता की सामर्थ्य से कविता के केन्द्र में स्थापित किया। उनकी कविताएँ अलग-अलग होकर भी निम्न-मध्यवर्गीय जीवन के महाख्यान का हिस्सा होती चली जाती हैं। एक-दूसरे का सन्दर्भ बनतीं वे हर उदासी को उजाले में बदल डालने की आकांक्षा का स्वप्न हैं। आख्यान को इस तरह कविता में शामिल कर लेने से कवयित्री ने कविता के स्थापत्य को पुन:संयोजित किया है। अरविन्द त्रिपाठी के पहले दिए उद्धरण में नीलेश की कविताओं की आख्यानात्मक संरचना को रेखांकित किया गया है।

स्त्री-कविता में विन्यास के सम्बन्ध में गगन गिल का मानना है कि स्त्री रचनाकार की कविताएँ 'मोनोलॉग' हैं अर्थात् वह स्वयं से बात करती हैं लेकिन नीलेश की कविता निश्चित रूप से बात करती हैं। वह किसी वर्ग विशेष को सम्बोधित नहीं है लेकिन अपने समय को जज़्ब कर कुछ ज़रूरी सवाल अवश्य उठाती हैं। उनकी शैली भी ऐसी ही है जैसे कोई बहुत भरोसे की बात अपने किसी साथी से कह दें। इस कविता की प्रकृति से संवादात्मकता दो स्तरों पर घटित होती है। एक कविता पाठक से संवाद करती है—

मैंने अपनी सारी जड़ें
धरती के भीतर से खींच ली और
चिड़िया की तरह उड़ने लगी
मैं इस दुनिया को
चिड़िया की आँख से देखना चाहती हूँ।[37]

दूसरी स्थिति उन कविताओं की जहाँ कविता के भीतर संवाद चल रहे हैं, जैसे इंटरव्यू चल रहा है और सिंघाड़े बेचने वाली औरत जवाब दे रही है या रंगकर्मी विभा मिश्र के लिए लिखी गई कविता 'तुम्हारा जन्मदिन' में। सीधे-सीधे कहें तो नीलेश की कविताओं का रचना संसार फोटो की तरह उभरता और संवादों-सा बतियाता है। ये सब कमाल उनकी भाषा का है—

छोटी-छोटी इच्छाओं का
पुलिंदा है मेरा जीवन
मुझे जल से भरी ख़ुशी चाहिए
भर सकूँ जिसे एक घड़े में[38]

कवयित्री जल और घड़े के प्रतीकों को नए सन्दर्भों में ताज़गी देती है। नई-नई उपमाएँ चली आती हैं—

मंच पर स्वाँग पान की तरह रचना
और मेहँदी की तरह महकता है[39]

कभी-कभी विशेषण अपनी जगह बदल लेते हैं, जैसे—

चमकदार ताज़ा सब्ज़ियों पर
चमकती दहशत है।[40]

यह विपर्यय की स्थिति है। अख़बार में फोटो दिखाना चाहते हैं कि श्रीनगर के बाज़ारों में स्थिति सामान्य है लेकिन कविता में दिखती है दंगों की दहशत, डर का अनाम साया जो आसानी से ख़त्म नहीं होता।

सादगी नीलेश का कविता स्वभाव है। वे बड़ी-बड़ी बातें इसी सादगी से निभा ले जाती हैं। कविता की प्रकृति के साथ-साथ भाषायी तेवर थोड़ा-बहुत बदलता रहता है। कहीं लोक की रागात्मकता है, कहीं मीडिया की प्रश्नाकुलता, कहीं मुहावरों का बखूबी प्रयोग हुआ है, तो कहीं नए मुहावरे ही गढ़ दिए गए हैं—

वो बात कम करती, हँसती ज़्यादा
उसकी हँसी मूँगफली बनकर
सब दूर अपने छिलके बिखेर रही थी[41]

इस भाषायी तेवर में कस्बाई जीवन का ठाठ मौजूद है। जिस साहस और विश्वसनीयता से भरा कविता का मिज़ाज है, वही उसकी भाषिक विलक्षणता का मेरुदंड भी है। नीलेश की कविता का निजी वैशिष्ट्य स्त्री-कविता की परम्परा में अपनी पूर्ववर्ती रचनाकारों से एक अलग प्रस्थान बिन्दु है। इसलिए स्त्री-कविता को लेकर उनकी राय, उसे अलग से पहचानने या परिभाषित करने की नहीं है। वे जीवन को खंड-खंड देखने की आकांक्षी नहीं हैं। यद्यपि उन्होंने यह माना कि स्त्री-विमर्श ने कविता के क्षितिज को विस्तारित किया है लेकिन स्त्री-पुरुष के सरल समीकरणों में अनुभव को विखंडित करना उन्हें प्रिय नहीं है।

कभी-कभी लगता है कि नीलेश ने स्त्री-कविता को उत्तर स्त्रीवाद के बिन्दु से देखा है। उनका आग्रह है कि स्त्री-पुरुष पारिवारिक एवं सामाजिक जीवन में बराबर

ढंग से भागीदार हैं। स्त्री को जिस मुक्ति की आकांक्षा है, वह उसे स्वयं हासिल करनी होगी। पहले जैसी स्थितियाँ अब नहीं हैं। सम्भवतः नीलेश उस नए युग की स्त्री हैं जिसने अपनी सामर्थ्य तथा सकारात्मक परिवर्तनों को स्वीकार किया है और अपनी अस्मिता को आश्वस्त-भाव से ग्रहण किया है। यह अनुभव, स्त्री-कविता की उपलब्धियों का बहुत बड़ा संकेत है।

सन्दर्भ

1. नया ज्ञानोदय, मई 2017, पृ. 18
2. अरविन्द त्रिपाठी, जनसत्ता, 24 मई, 1998
3. खिड़की खुलने के बाद, पृ. 99
4. वही, पृ. 100
5. तोड़-मरोड़कर, पानी का स्वाद, पृ. 59
6. मेरी कहानी, घर-निकासी, पृ. 50
7. टेलीफ़ोन पर पिता की आवाज़, घर-निकासी, पृ. 14
8. पानदान, घर-निकासी, पृ. 19
9. कविता लिखने वाली लड़की, घर-निकासी, पृ. 24
10. कविता लिखने वाली लड़की, घर-निकासी, पृ. 24-25
11. परमानन्द श्रीवास्तव, कविता का उत्तर जीवन, पृ. 189
12. स्त्री-विमर्श, पानी का स्वाद, पृ. 42
13. स्त्री की नींद, अन्तिम पंक्ति में, पृ. 39
14. पानी का स्वाद, पृ. 98
15. परमानन्द श्रीवास्तव, कविता का उत्तर जीवन, पहल 79, पृ. 189
16. इतने रसीले, पानी का स्वाद, पृ. 95
17. पानी का स्वाद, पृ. 104
18. नया ज्ञानोदय, मई 2017, पृ. 16
19. खुट जाएँ, अन्तिम पंक्ति में पृ. 41
20. सपनों का उच्चारण, अन्तिम पंक्ति में, पृ. 23
21. गुड लाइफ़ टिप्स, खिड़की खुलने के बाद, पृ. 97
22. विज्ञापन में किसान, पानी का स्वाद, पृ. 63
23. गैस त्रासदी, खिड़की खुलने के बाद, पृ. 74
24. दिखते हैं अब, पानी का स्वाद, पृ. 57
25. नई सदी,पानी का स्वाद, पृ. 61
26. लोकतंत्र का तानाशाह, खिड़की खुलने के बाद, पृ. 85
27. आज की रात, पानी का स्वाद, पृ. 60
28. विष्णु खरे, जनसत्ता, 5 अगस्त, 2000
29. हंडा, घर-निकासी, पृ. 36
30. मेरी कहानी, घर-निकासी, पृ. 50

31. जैसे आग, घर-निकासी, पृ. 94
32. ढाबा-आठ, घर-निकासी, पृ. 106
33. दौड़ते-दौड़ते प्यार, अन्तिम पंक्ति में, पृ. 28
34. प्रार्थना, पानी का स्वाद, पृ. 30
35. अक्स, घर-निकासी, पृ. 93
36. फूल, घर-निकासी, पृ. 110
37. चिड़िया की आँख से, खिड़की खुलने के बाद, पृ. 18
38. जल से भरी खुशी, खिड़की खुलने के बाद, पृ. 102
39. स्वाँग, खिड़की खुलने के बाद, पृ. 70
40. अख़बार में फोटो, खिड़की खुलने के बाद, पृ. 71
41. एक घूँट पानी, खिड़की खुलने के बाद, पृ. 51

निर्मला पुतुल की कविताएँ

आदिवासी पीड़ा और प्रतिरोध का काव्य-संसार

निर्मला पुतुल की कविताएँ व्यापक सामाजिक संघर्ष की कविताएँ हैं। वास्तविक और वैचारिक के अन्तर को यहाँ शिद्दत से महसूस किया जा सकता है। अधिकांशत: स्त्री-कविता की पहचान पितृसत्तात्मक व्यवस्था से मुक्ति की आकांक्षा में पढ़ी जाती हैं, किन्तु यहाँ आदिवासी समाज का हाशियाकरण, उसे एक अतिरिक्त आयाम देता है। यहाँ हिंसा के कई रूप हैं और लड़ाई उतनी ही गहरी। आज़ादी के लगभग सात दशक बाद भी यह जन-समाज राष्ट्र की मुख्यधारा में सक्रिय रूप से शामिल नहीं हो पाया है। राजनीति और बाज़ार ने उनकी असुरक्षा को तीव्रतर ही किया है। विकास के नाम पर षड्यंत्रों का शिकार होते हुए इन आदिवासियों को बार-बार विस्थापन का दंश झेलना पड़ा है। निर्मला पुतुल अपनी कविताओं में आदिवासी समाज के अन्तर्विरोधों को उकेरते हुए यथास्थिति के प्रतिकार के लिए कविता का अभियान छेड़ती हैं। वे अपने आदिवासी बहनों और भाइयों को विद्रोह के वीरता भरे गौरवपूर्ण इतिहास की याद दिलाती हैं। बार-बार सचेत करती हैं कि अपने शोषण को पहचानो एवं उदासीन समर्पण की राह छोड़कर संघर्ष की राह चुनो। इन सारे सामाजिक संघर्षों की पृष्ठभूमि में स्त्रियों की स्थिति और भी विकट है। जीवन के अभावों से सतत संघर्ष, कड़ी मेहनत, दैहिक-आर्थिक शोषण, स्त्री को डायन बना देनेवाली कुप्रथाओं का बोझ—सब मिलकर स्त्री के लिए ऐसी व्यूह-रचना करते हैं कि उनका जीवित रहना, इस समाज में साँस लेना भी कड़े जीवट एवं साहस की माँग करता है। निर्मला पुतुल की कविताएँ आदिवासी जीवन का वह आईना हैं जिसमें पीड़ा और विद्रोह के अनेक आयाम खुलते हैं।

स्त्री-कविता की पहचान करते हुए निर्मला पुतुल की कविताओं को शामिल करने के दो उद्‌देश्य हैं। एक तो स्त्री के इस दोहरे हाशियाकरण से जो जटिलताएँ उत्पन्न होती हैं उनको समझने की कोशिश तथा दूसरे, यथार्थ और विचार की टकराहट को किस तरह पढ़ा जाए यह समझने का प्रयत्न करना। इस कवयित्री की मूल भाषा सन्ताली है। पहला संकलन 'अपने घर की तलाश में' सन् 2004

में रमणिका फाउंडेशन से सन्ताली-हिन्दी द्विभाषिक रूप में प्रकाशित हुआ। इन कविताओं के ताप तथा स्वर की दृढ़ता ने हिन्दी समाज को इन्हें गम्भीरता से लेने पर विवश किया। इनमें से अधिकांश कविताएँ हिन्दी में भारतीय ज्ञानपीठ द्वारा 2005 में प्रकाशित की गईं। उस काव्य-संकलन का शीर्षक था 'नगाड़े की तरह बजते शब्द'। कवयित्री ने अपनी कविता में शब्दों का संधान नगाड़े की तरह चोट करने वाले ऊँचे स्वरों में किया है, जिसका उद्देश्य सिर्फ़ और सिर्फ़ सामाजिक न्याय की प्रतिष्ठा है। 2014 में 'बेघर सपने' प्रकाशित हुआ जो एक बार फिर आदिवासी जीवन में शोषण और अन्याय के विविध रूपों को प्रस्तुत करता है। इन कविताओं में बार-बार बलात्कार का शिकार होती या फिर घरेलू श्रम की मंडी में बेच दी जाती आदिवासी लड़कियों की पीड़ा व्यक्त हुई है।

आदिवासी अस्मिता के स्त्री-प्रश्न

निर्मला पुतुल की कविताओं में आदिवासी-अस्मिता तो केन्द्र में है लेकिन इससे अलग व्यापक स्त्री अस्मिता पर कोई ख़ास केन्द्रीकरण नहीं है। इन कविताओं में आदिवासी स्त्री-जीवन के असंख्य आख्यान हैं। घर और घर से बाहर जिस गहरे दुख के अभिशाप को वह निरन्तर झेलती हैं ये कविताएँ उसका बयान हैं। अपने एक लेख 'झारखंडी महिलाओं का पलायन एवं उनका शोषण' में आदिवासी महिलाओं के जीवन यथार्थ के विषय में वे लिखती हैं—"आदिवासी महिलाएँ, जिनके पास भूख है, भूख में दूर तक पसरी ऊबड़-खाबड़ धरती है, सपने हैं, सपनों से दूर तक पीछा करती अधूरी इच्छाएँ हैं, जिसकी लिजलिजी दीवारों पर पाँव रखकर वे भागती हैं, बेतहाशा, कभी पूरब तो कभी पश्चिम की ओर...।"[1] यह टिप्पणी जहाँ आदिवासी स्त्री की सामाजिक स्थिति का निष्कर्ष है, वहीं निर्मला पुतुल की अपनी कविताओं में स्त्री-जीवन पढ़ने की कुंजी भी है। उनकी अलग-अलग कविताओं में स्त्री की लगभग एक ही छवि बार-बार लौटती है। जीवन के दुष्कर अभावों के बीच दैहिक शोषण झेलती स्त्री...भय और असुरक्षा का नैरन्तर्य...घर की तलाश... सपनों-आकांक्षाओं का पीछा करते हुए मानव मंडी में पहुँच जाती है। वे इन स्थितियों के बीच भी हैं और उससे भाग भी रही हैं।

निर्मला पुतुल अपनी कविताओं में इन सब छवियों से आदिवासी स्त्री-जीवन का एक वृत्त रचती हैं। उनकी एक कविता है—'ढेपचा के बाबू'। यह दारुण स्त्री-जीवन की प्रतीकात्मक कविता है। यह कविता नहीं कविता में कहानी है, उस स्त्री की जिसका पति उसे छोड़ कश्मीर कमाने गया है, बेटा और बेटी बंगाल। पाँच साल के छोटे बच्चे को लिए वह हर स्थिति से अकेली लड़ रही है। सबकी भूखी ललचाई नज़रें उस पर लगी हैं। ऊपर पाड़ा के लोग उसका सूअर मारकर खा

जाते हैं...बाज़ार से उसका सामान चोरी चला जाता है...ज़मीनें बिक रही हैं...लाल कार्ड का लाभ प्रधान हड़प जाता है...स्कूल बन्द, खेती बन्द, मज़दूरी भी पूरी नहीं मिलती, उस पर हँसी-ठट्ठा और अपमान। आदिवासी ग्राम-समाज की औरत को हल चलाने, छत डालने का भी अधिकार नहीं। डायन क़रार दिए जाने पर नंगा नचाने की दहशत हरदम पीछा करती है। अकेली औरत कैसे निभाए। अपने दुख और पीड़ा वह किसे दिखाए। उसने केवल इस आस में बालों में फूल लगाना नहीं छोड़ा है कि कभी उसका पति लौट आएगा। यह कहानी लगभग प्रत्येक आदिवासी स्त्री की है।

यौन-शोषण, आदिवासी स्त्रियों के जीवन की बहुत बड़ी हक़ीक़त है। डर का अनाम साया उन्हें हर वक़्त घेरे रहता है। कैसी हैवानियत की शिकार होती हैं ये स्त्रियाँ। घर का दरवाज़ा खोलकर सोने में डरती हैं। दरवाज़े बन्द होने पर भी बाहर की आवाज़ें असुरक्षा के बोध को कम नहीं होने देतीं। टेलीविज़न और अख़बार के पन्ने रंगे रहते हैं ऐसी वारदातों के बयान से। निर्मला पुतुल अपनी अनेक कविताओं में कभी सीधे कभी सांकेतिक रूप में ऐसी घटनाओं का वर्णन करती हैं। 'सबसे डरावनी रात', 'दामिनी', 'और तुम बाँसुरी बजाते रहे', 'मिटा पाओगे सब कुछ', 'किसी से कहा नहीं हमने' आदि अनेक कविताओं में बलात्कार का वर्णन है। दैहिक-शोषण को जैसे इस समाज में स्त्री की स्वीकृत नियति मान लिया गया है। इसलिए कहीं कोई चीख़-पुकार नहीं, बस प्रताड़ित स्त्री के गले में अवरुद्ध हो गई चीत्कार भर है, जिसे वह चाहकर भी भूल नहीं सकती—

कैसे भूल जाऊँ वह राक्षसी रात
जिसमें दुनिया की सारी संवेदनाएँ
मेरा सबसे ऊँचा विश्वास
पवित्र रिश्ते की आस्था
सब कुछ लुट गया[2]

पीड़ा इस बात की है कि आततायियों के चेहरे अलग से पहचाने जाने वाले चेहरे नहीं हैं। कौन किस भेष में उनका सौदा कर देगा यह साफ़ नहीं। 'महज़ बोतल भर दारू और एक मुर्गे' के लिए प्रसव-पीड़ा सहकर जन्म देने वाली माँ ने अपनी बेटी को वहशी दरिंदों के हवाले कर दिया या फिर किसी छोटे-से एहसान के बदले बापू ने मूर्ख बनकर बाघ से दुष्ट आदमियों के हवाले कर दिया। अपना पति भी उसके साथ दरिंदगी कर सकता है। यह नृशंसता की सीमा है जहाँ मानवीय संवेदनाएँ इस क़दर मर जाती हैं कि मनुष्य और पशु का अन्तर ही न दिखाई पड़े। इस तरह के सम्बन्धों में पितृसत्ता का वह दानवीय रूप तो है ही जो स्त्री-पुरुष सम्बन्धों के माधुर्य को छीनकर उसे ताक़त का खेल बना देता है।

समाजशास्त्रीय आँकड़े सिद्ध करते हैं कि आदिवासी महिलाओं के शोषण

का कारण तरह-तरह की सत्ता संरचनाएँ हैं जिनमें पति-प्रेमी बहुत बार स्वयं को इतना असहाय महसूस करते हैं कि उनकी अशक्तता, आत्मलिप्तता बन जाती है। आदिवासी जन-समाज में स्त्री हो या पुरुष तथाकथित ऊँची जातियों द्वारा इतने विवश कर दिए गए हैं कि प्रतिकार की आवाज़ नहीं निकल पाती।

कोई आया, कुछ उठा ले गया
तुम बाँसुरी बजाते रहे[3]

बस्ती में आग लगे, जुलूस निकले, कोई उनकी स्त्री को उठा ले जाए, पुरुष ने अपने दुख और अपने साहस, दोनों को बाँसुरी की आवाज़ में विलुप्त कर दिया है। सम्भवत: उसके पास, अपनी विवशता छिपाने का यही चोर रास्ता है किन्तु स्त्री प्रतिकार चाहती है। वह हर बार चुप रहकर उसकी निष्क्रियता को नहीं झेल सकती—

इस बार मैं चुप नहीं रहूँगी
छीन कर तोड़ दूँगी तुम्हारी बाँसुरी
कि देखो इस बार
वो मुझे उठाने आ रहे हैं।[4]

स्त्री-कविता की अन्य रचनाओं की भाँति 'घर' इन कविताओं का भी बीज शब्द है। अपने ही सपनों-आकांक्षाओं में स्थापित-निर्वासित होती स्त्री अपना घर तलाश रही है। उनके दो काव्य-संकलनों के शीर्षक ही घर तलाशने और बेघर सपनों की पीड़ा को व्यक्त करते हैं। 'घर' आश्रय भी है और स्त्री की निजता का पूर्णत्व भी। पुरुष की मानक दृष्टि से परे स्त्री का अपना एकान्त, अपनी ज़मीन, अपना घर उसके लिए महत्त्वपूर्ण है। सपनों में भागती, रिश्तों के कुरुक्षेत्र में अपने आप से लड़ती, तन के भूगोल से परे मन की गाँठें खोलने की आकांक्षाएँ लिए यह स्त्री समाज के स्थापित ढाँचों से भिन्न अपने होने का अर्थ समझना चाहती है।

धरती के इस छोर से उस छोर तक
मुट्ठी भर सवाल लिए मैं
दौड़ती-हाँफती-भागती
तलाश रही हूँ सदियों से निरन्तर
अपनी ज़मीन, अपना घर
अपने होने का अर्थ![5]

स्त्री के स्वतंत्र अस्तित्व एवं अस्मिता के प्रति यह सचेत भाव निर्मला पुतुल को किसी भी स्त्रीवादी कवयित्री के समकक्ष खड़ा करता है। इतना ही नहीं उसके पास जो मुट्ठी भर सवाल हैं उसमें वह अपने साथी से पूछती है कि 'क्या है वह

उसके लिए' यानी पुरुष के लिए स्त्री अस्तित्त्व के क्या मायने हैं। क्या वह उसके लिए सिर्फ़ सर टिकाने के लिए एक तकिया, खूँटी या दीवार है या फिर कोई डायरी, चादर या गेंद जिसे जब जैसा चाहा वैसे इस्तेमाल किया। बात सिर्फ़ उसके जानने की ही नहीं, इन लिंग-आधारित असमानताओं को स्वयं स्त्री ने भी स्वीकार कर लिया है। वह उसकी नज़र से ही अपनी दुनिया आँकती है। कवयित्री उससे मुक्ति की घोषणा करते हुए लिखती है—

मैं स्वयं को स्वयं की दृष्टि से देखते हुए
मुक्त होना चाहती हूँ अपनी जाति से

× × ×

अपनी कल्पना में हर रोज़
एक ही समय में स्वयं को
हर बेचैन स्त्री तलाशती है
घर, प्रेम और जाति से अलग
अपनी एक ज़मीन
जो सिर्फ़ उसकी अपनी हो
एक उन्मुक्त आकाश[6]

वह पूछना चाहती है कि 'रसोई और बिस्तर के गणित से परे' पुरुष उसके विषय में जानता ही कितना है।

इन ठेठ स्त्रीवादी कविताओं के बावजूद, स्त्रीवाद के पाखंड पर उन्हें बेहद नाराज़गी है। अन्तरराष्ट्रीय महिला-दिवस का आमंत्रण-पत्र पाकर जिस विडम्बना का बोध उन्हें होता है उसे वे 'एक बार फिर' कविता में दर्ज करती हैं जहाँ ऊँची नाक वाली महिलाएँ मंच पर आसीन होकर उनके नेतृत्व का दावा करेंगी। निर्मला पुतुल की नज़र स्त्री की द्वंद्वात्मक स्थिति पर है। स्त्रीवाद के इस मुहावरे में स्त्री की दुनिया के दो प्रति संसार हैं। एक में उस वर्ग की स्त्रियाँ हैं जो बहसें करतीं, सरकारें बनाती-गिराती हैं तो दूसरे में वो मेहनतकश औरतें जो बहसों के मूल में होकर भी योजनाबद्ध ढंग से जीवन के हर मंच से अदृश्य कर दी जाती हैं। रोती और गाती स्त्रियों की पंक्तियों के बीच एक तीसरी मेहनतकश औरत भी है जो अक्सर कवियों-लेखकों की पकड़ से छूट जाती है। यह पंक्ति नहीं पूरी जमात है जिसमें हर बार दृष्टि-ओझल रही असंख्य स्त्रियाँ हैं। स्त्रियों पर कविता पढ़ने वाले कवियों और स्त्री-विमर्श में शामिल लेखकों की नज़र से अक्सर जो स्त्रियाँ छूट जाती हैं, कवयित्री चुनौती भरे स्वर में उन्हें उस ओर देखने के लिए ललकार रही है। "आदिवासी होने पर मुझे गर्व है पर उसमें आदिवासी स्त्री होना मेरे लिए सबसे बड़ी पीड़ा है, चूँकि आदिवासी स्त्रियों को हमेशा हेय दृष्टि से देखा गया।

कभी लिखो-फेंको वाली क़लम की तरह, या फिर सार के भाँड की तरह, तो कभी कामुक दृष्टि से देखा गया।...स्त्री तो स्त्री होती है, चाहे वह आदिवासी स्त्री हो या फिर अन्य सभ्य समाज की स्त्रियाँ हों, यहाँ फ़र्क़ सिर्फ़ इतना है कि सभ्य-समाज की स्त्रियाँ घर पर यानी रसोईघर और बेडरूम में प्रताड़ित होती हैं और आदिवासी स्त्रियाँ बीच सड़कों पर पिटती हैं।"[7] किसी भी जीवन की सबसे बड़ी त्रासदी उन रिश्तों में छले जाना है जिन पर विश्वास अपने से भी अधिक हो। आदिवासी स्त्री के जीवन की सबसे बड़ी विडम्बना यही है।

निर्मला पुतुल के स्त्री-चिन्तन की विशेषता यह है कि वह अस्तित्व और अस्मिता के सवालों को स्त्री की सामाजिक स्थिति के स्तर पर ही नेगोशिएट करती हैं और स्त्रियों में भी उनकी दृष्टि आदिवासी जन समाज पर केन्द्रित है, इसलिए उनके सामने सबसे बड़ा सवाल यही है कि आदिवासी स्त्री के जीवन की इस त्रासदी को रचने वाले घटक कौन-से हैं? वह पितृसत्ता तथा अपने समाज के अन्तर्विरोधों का शिकार तो रही ही है, भूमंडलीकरण और बाज़ार ने उसकी जीवन स्थितियों को और विकट किया है। झारखंड, ओडिशा, बंगाल, उत्तर-पूर्व आदि तमाम आदिवासी इलाक़ों से इन स्त्रियों की मानव तस्करी हो रही है। शहरों में घरेलू काम-काज के लिए इन इलाक़ों से जिन जवान लड़कियों को लाया जाता है, उनका यौन-शोषण भी होता है और श्रम का उचित मूल्य भी नहीं मिलता। बड़े-बड़े शहर इन गाँव-घर की लड़कियों को निगल जाते हैं। गाँवों से इन लड़कियों का शहरों की ओर विगमन इतनी बड़ी संख्या में हो रहा है कि सभी घर ख़ाली हो रहे हैं, लेकिन शहर आकर वो लड़कियाँ कहाँ गईं उसकी ख़बर भी किसी को नहीं लगती। निर्मला पुतुल अपने देश की उन सभी लड़कियों को ढूँढ़ रही हैं—

कहाँ हो तुम माया? कहाँ हो?
कहीं हो भी सही सलामत या
दिल्ली निगल गई तुम्हें

× × ×

क्या सचमुच इतने लोगों से होकर गुज़री तुम
या वे सबके सब ही गुज़रे
अनचाहे तुम्हारी ज़िन्दगी से?

× × ×

दिल्ली
नहीं है हम जैसे लोगों के लिए
क्या तुम्हें ऐसा नहीं लगता माया
कि वह ऐसा श्मशान है जहाँ

ज़िन्दा दफन होने के लिए भी लोग लाइन
में खड़े हैं?

× × ×

झारखंड की धरती संथाल
परगना की माटी
दुमका के पहाड़
और काठीकुंड के उजड़ते
जंगल पुकार रहे हैं तुम्हें
तुम जहाँ भी हो लौट आओ माया!
लौट आओ!! [8]

इतना लम्बा उद्धरण यहाँ इसलिए देना पड़ा कि कवयित्री जो ब्योरे दर्ज कर रही है वह उस सामाजिक जीवन की समझ पैदा करने के लिए आवश्यक है। यह स्थिति उनके जीवन में किसने पैदा की। निश्चित है कि एक स्वावलम्बी समाज की तरह जीने वाला यह वर्ग हमेशा से ताक़त के इस उलझे हुए समीकरण में नहीं जीता रहा है।

विकास की राजनीति एवं बाज़ार के प्रसार ने स्त्री को मात्र देह में तब्दील कर दिया जिस पर पुरुष का पूर्ण वर्चस्व हो गया। वे कौन हैं जो स्त्री-देह को अपनी सत्ता का रणक्षेत्र बनाए हुए हैं? निर्मला पुतुल उनके वर्ण, जाति, वर्ग का नाम नहीं लेतीं क्योंकि आदिवासी समाज के दमन में सब शामिल हैं। वे 'अन्य' हैं जो हर तरह से वंचित इस जन-समाज पर अपना अधिकार मानते हैं और इन स्त्रियों को उपभोग की वस्तु—

जंगली, असभ्य, पिछड़ा कह
हिकारत से देखते हैं हमें

× × ×

मेरा सब कुछ अप्रिय है उनकी नज़र में

× × ×

उन्हें प्रिय है
मेरी गदराई देह
मेरा मांस प्रिय है उन्हें! [9]

स्त्री को मात्र पदार्थ या भोग्या समझने वालों ने यदि उसकी देह का शोषण किया तो बाज़ार की बदलती अर्थ-नीतियों ने अपने घर से उन्हें बेदख़ल कर शहरों की श्रम मंडी में ला पटका। निर्मला पुतुल सक्रिय सामाजिक कार्यकर्ता के रूप में इन स्त्रियों के साथ काम करती हैं। ये कविताएँ निर्मला के अपने जीवनानुभव एवं

कार्यक्षेत्र से उपजती हैं। उनका कहना है—

"बस, फील्ड वर्क के दौरान जो अनुभव मिलता है वही किसी न किसी रूप में यदा-कदा आप तक पहुँचता रहा है। अब चाहे आप इसे साहित्य का दर्जा दें न दें आपकी मर्ज़ी।"[10] जीवन के खुरदरे यथार्थ का यह तिक्त अनुभव ही काव्यानुभव में रूपान्तरित हो जाता है। निश्चित ही वह साहित्य के पाले में है। मुक्तिबोध अपनी कविता 'चकमक की चिंगारियाँ' में जिस अनुभव से कविता के उत्स की बात करते हैं—नुकीले कील-धँसे पैर या अंगारों पर चलने के अनुभव से फूटती है कविता। ऐसा ही अनुभव इन कविताओं को अलग कोटि में खड़ा करता है।

निर्मला पुतुल के पास स्त्रीत्व का अपना मानचित्र है। ज़मीन से जुड़ी कवयित्री के लिए कोई भी मुक्ति तब तक सम्भव नहीं जब तक वह सबकी मुक्ति नहीं बनती। निर्मला ने अपनी कविता 'गजरा बेचने वाली स्त्री' में स्त्री-सौन्दर्य के प्रतिमानों के अन्तर्विरोध को भी बखूबी व्यक्त किया है—

सुन्दरता बेचने वाली इस असुन्दर स्त्री के
सपनों में आती हैं
कई-कई गजरे वाली स्त्रियाँ
और इसका उपहास करती हुई
गुम हो जाती हैं आकाश में
तब गजरों में पिरोए फूल काँटे की तरह
चुभते हैं उसके सीने में।[11]

यह स्थिति स्त्रीवाद की असली चुनौती है। स्त्री-कविता इस दिशा में क्या प्रयत्न करती है यह देखना महत्त्वपूर्ण होगा। स्त्रीवाद की हमारी सैद्धान्तिकी भी इन मुद्दों को नज़रअन्दाज़ नहीं कर सकती।

निर्मला की कविताओं में लाचारी के कितने ही बिम्ब क्यों न हों उनकी कविता का बीज स्वर मुक्ति का है, पराजय का नहीं। आत्मबल ही उसका सहारा है और ढाल भी। वह अपने लोक-आदर्शों को कविता में जगाती हैं 'सजोनी किस्कू' जिसने संथाल-विद्रोह के समय घर-बाहर का सब भार वहन किया, फिर भी स्त्री होने का दंड उसे सहना ही पड़ा। पीड़ा-प्रताड़ना के ऐसे कहे-अनकहे अध्याय जब तक स्मृतियों में कौंधते रहेंगे परिवर्तन की चेतना, मुक्ति की आकांक्षा ज़ोर पकड़ेगी। वे बार-बार आह्वान करती हैं कि 'उठो और अपने अँधेरों के ख़िलाफ़ लड़ो।' स्त्रियों को अपने जीवन का इतिहास लिखने के लिए ख़ुद सन्नद्ध होना होगा—

स्त्रियों को इतिहास में जगह नहीं मिली
इसलिए हम स्त्रियाँ लिखेंगी अपना इतिहास

× × ×

हम ख़ून से लिखेंगे अपना इतिहास
आँसू से नहीं,

× × ×

हम भूगोल की सारी सीमाएँ लाँघकर
पहुँच जाएँगे इतिहास के उस गलियारे में
और दर्ज करेंगे अपना सशक्त हस्ताक्षर [12]

एक ओर स्त्रीवाद का यह सक्रिय तेवर है जिसके शब्द-शब्द में चुनौती, संघर्ष और विरोध की थाप है। नगाड़े की तरह ही बजते हैं ये शब्द। दूसरी ओर स्त्री मन की कोमल छवियों में रचा-बसा संगीत भी यहाँ है। उन्मुक्त प्रेम की एक कविता है 'अभी खूँटी में टाँगकर रख दो माँदल'। मीत के बाँसुरी बजाते ही प्रेयसी के पाँव थिरकने लगते हैं—

मन उड़ियाने लगता है
रूई के फाहे सा दसों दिस [13]

घर-गृहस्थी के दबावों में प्रीत के इन पलों को स्थगित कर देना पड़ता है, सचेतता राग को नियंत्रित करती है लेकिन प्रेयसी जिस अधिकार से बाँसुरी और माँदल रख देने को कहती है उसमें रखने से अधिक पाना है। प्रेम की ललक ही प्रमुख है। इसके अलावा प्रेम की अन्य कविताओं में वियोग का दुख प्रधान है। अन्तरंगता के क्षण स्मृति का हिस्सा हैं, जो बार-बार जीवित-पुनर्जीवित होते हैं। इनमें सपनों के टूटकर बिखर जाने का दर्द, छोड़ जाने की पीड़ा है तो उसके साथ लौट आने की आकांक्षा भी है। 'तुम्हारे हाथ', 'कुछ भी तो बचा नहीं सके तुम', 'मेरा क़ुसूर क्या है?', 'ज़माने में और भी ग़म हैं मुहब्बत के सिवा' आदि कविताएँ प्रेम के विषम रूप को अभिव्यक्त करती हैं। आदिवासी जीवन की उद्दामता, ऐन्द्रीयता और मिट्टी की गन्ध को विपरीत प्रथाएँ लील जाती हैं। अपना ही पुरुष न जाने कब घर से बाहर कर दे या छोड़कर चला जाए। अन्य स्त्री घर ले आए जैसे कई विकल्प पुरुष को रसिया बनाते हैं और स्त्री के अन्तरतम में कारुणिक आर्तनाद के सिवा कुछ नहीं बचता।

निर्मला पुतुल अपने जन-समाज का जो चित्र प्रस्तुत करती हैं वह रोमानियत भरे राग-रंग का नहीं है, सामाजिक अन्तर्विरोध का है जिसमें हर बार स्त्री के हिस्से दुख ही आता है। लोक-संवेदना के महीन-दीप्त रंग से रँगी महत्त्वपूर्ण कविताएँ हैं—'माँ के लिए', 'ससुराल जाने से पहले', तथा 'उतनी दूर मत ब्याहना बाबा।' ससुराल जाने से पहले बेटी माँ को तरह-तरह से कुरेदती है कि वह घर-भर की धड़कनों में जिस तरह व्याप्त है उसे माँ कैसे भुला पाएगी। ऐसा ही अनुरोध पिता से भी है। 'उतनी दूर मत ब्याहना बाबा' में बेटी बाप से आग्रह करती है कि उसका

ब्याह इतनी दूर न कर दें कि वे एक-दूसरे के सुख-दुख के भागीदार न हो पाएँ। इस कविता के विषय में वरिष्ठ कवि अरुण कमल ने लिखा—"यह ऐसी कविता है जिसमें एक साथ आदिवासी लोकगीतों की सांद्र मादकता, आधुनिक भावबोध और प्रतिरोध की गम्भीर वाणी गुम्फित हो।"[14] 'उतनी दूर मत ब्याहना' की टेक लोकगीतों की सी है लेकिन बेटी जो माँग रही है वह आधुनिक भी है और प्रचलित लैंगिक सम्बन्धों की असमानता पर चोट करने वाला भी। इस कविता में विधेय एवं निषेध की पंक्तियों से गुज़रते हुए अपनी बात कही गई है। उसे उस देस नहीं जाना जो पिता के घर से बहुत दूर हो, जहाँ आदमी से अधिक ईश्वर बसते हों। जंगल, नदी, पहाड़ न हों। खुला आँगन न हो। चढ़ता-डूबता सूरज न दिखे। मोटरगाड़ियों और दुकानों-मकानों का शहर न हो। वर पढ़ना-लिखना न जानता हो, नशे में न डूबा रहे, बात-बात पर लड़ने को सन्नद्ध न हो। कमाने दूर देश न चला जाए। वह वहाँ जाएगी जहाँ से उसकी आवाज़ पिता तक पहुँच सके, जहाँ ऐसा समतापूर्ण समाज हो कि शेर-बकरी एक घाट पानी पिएँ। उसे उस पुरुष की तलाश है जिसके हाथों ने पेड़ लगाए हों। जो कबूतर के जोड़े-सा उसके संग-साथ रहे, बाँसुरी बजाए, उसके लिए फूल चुन लाए और सबसे बढ़कर—

जिससे खाया नहीं जाए
मेरे भूखे रहने पर
उसी से ब्याहना मुझे! [15]

जिस निश्छल, सम्पूर्ण जीवन की उसे कामना है यदि वह सम्भव हो तभी स्त्री-जीवन का वृत्त पूरा होगा। द्वंद्व, टकराहट की कई तहों के पार निर्मला पुतुल उस बिन्दु तक पहुँचती हैं जो जीवन के उस मूल को बचाएगा जिसे हर हाल में बचाना चाहिए। जीवन के नैसर्गिक रूप का आग्रह इस बात की गवाही देता है कि सामाजिक संरचनाएँ जितनी जटिलतर होती जाएँगी शोषण के उतने ही रूप उसमें घर कर लेंगे।

आदिवासी अस्मिता के वृहद् वृत्त में स्त्री अस्मिता की तलाश करने वाली कवयित्री के रूप में निर्मला पुतुल एक व्यापक जन-समाज की मुक्ति तलाश रही हैं। बाज़ार की बाहरी ताक़तों व अज्ञान के आन्तरिक पिशाचों से एक साथ मुक्ति होने पर ही इस स्त्री के जीवन में कोई सुखद मोड़ आएगा जिसे उसे स्वयं अपने आत्मबल के द्वारा अर्जित करना होगा।

सामाजिक संघर्ष और राजनीति

निर्मला पुतुल की कविताएँ व्यापक सामाजिक संघर्ष की कविताएँ हैं। सामाजिक

विडम्बनाओं को तार-तार उधेड़ते हुए जिस वर्ग-विषमता, असमानता को रेखांकित किया गया है उसके स्रोत राजनीति में हैं। लोकतंत्र में, समाज के व्यापक राजनीतिकरण से वैषम्य और भी मारक हो जाता है। कवयित्री अपने इलाक़े में मूल सुविधाओं की अपेक्षा को बहस का मुद्दा बनाना चाहती है। सड़कें नहीं हैं, बिजली नहीं है, बच्चे महाजन के पास हैं, महिलाओं को कोसों दूर झरने से पानी ढोकर लाना पड़ता है। इन बातों को उठाते हुए निर्मला झारखंड के उन आदिवासी लोगों की वकील बनकर जिरह करती हैं। वे तथाकथित सभ्य समाज से पूछना चाहती हैं कि क्यों किसी को भी आदिवासी जीवन के ये अभाव लोकतंत्र का केन्द्रीय मुद्दा नहीं लगते। राजनीति द्वारा समस्याओं का हल ढूँढ़ने की कोशिश भीतर के खोखलेपन को बेपर्द करती चलती है। कुर्सी और सत्ता की राजनीति व्यापक मानव समाज की हित-चिन्ता से बहुत दूर है। हिस्सेदारी के प्रश्नों पर विचार करते हुए उन्होंने लिखा है—"व्यक्तिगत स्वार्थ से ऊपर उठकर सामाजिक हितों की लड़ाई आज तक हमारे संस्कार में शामिल नहीं हो पाई।"[16] लोकतांत्रिक समाज व्यवस्था पर यह बहुत बड़ी टिप्पणी है। अपने से परे होकर सोचने का अभ्यास ही लोकतंत्र के स्वप्न को हक़ीक़त बना सकता है।

आदिवासी लेखन की उभरती चेतना को रेखांकित करते हुए रमणिका गुप्ता लिखती हैं—"दरअसल आदिवासी चेतना का लेखन, जहाँ एक तरफ़ अपनी पीड़ा ख़ुद कहने, अपने समाधान खुद ढूँढ़ने की चेष्टा है, वहीं आज वह प्रस्थापितों (established) द्वारा अपनी संस्कृति को नष्ट करने, अपने संसाधनों पर कब्जा जमाने के षड्यंत्रों के बरक्स प्रतिरोध की चेतना से भी लैस है।"[17] इन कविताओं का केन्द्र झारखंड है जो आज़ादी के बाद से ही विकास एवं शोषण की राजनीति का शिकार होता आया है। 'विकास बनाम विस्थापन' यहाँ की राजनीति का बहुत बड़ा मुद्दा है। राष्ट्र की मुख्यधारा से जोड़ने के नाम पर 'विकास' का जो मायाजाल बुना गया, विस्थापन झेलता आदिवासी जन-समाज उसे सन्देह की नज़रों से देखता है—

अगर हमारे विकास का मतलब
हमारी बस्तियों को उजाड़कर कल-कारख़ाने बनाना है
तालाबों को भोथकर राजमार्ग
जंगलों का सफ़ाया कर ऑफ़िसर्स कॉलोनियाँ बसानी हैं
और पुनर्वास के नाम पर हमें
हमारे ही शहर की सीमा से बाहर हाशिए पर धकेलना है
तो तुम्हारे तथाकथित विकास की मुख्यधारा में
शामिल होने के लिए
सौ बार सोचना पड़ेगा हमें।[18]

सड़कों और बाँधों का जाल इस स्वावलम्बी समाज को संसाधनों के उत्खनन की मंडी में तब्दील करने के लिए अधिक है। बाढ़, सूखा-अकाल झेलते वंचित-वर्ग की विवशता तथा सत्ता के अजब-गज़ब समीकरण रचते राजनीतिज्ञों के कुचक्र इन कविताओं में एक साथ उभरते हैं।

सक्रिय आन्दोलनकर्मी के रूप में निर्मला पुतुल की राजनीतिक चेतना असाधारण है। वह अपने साथियों को सतह के पार देखने के लिए सावधान करती है। "यहाँ पर हमने, वैसे मुखौटे की ओर इशारा किया है जो आदिवासी होने का या इनका साथ देने का भ्रम देते हैं, यानी शरीर से आदिवासी और मन से 'दिक्कु' का रोल करते हैं, विकास के नाम पर तरह-तरह के सपने दिखाते हैं, जिनसे कुछ होता जाता नहीं। परिणाम वही होता है ढाक के तीन पात। मैंने अपनी कविताओं में उस ओर इशारा किया है। आज़ादी के 67 वर्षों के बाद भी आदिवासियों की स्थिति में गुणात्मक सुधार नहीं हो पाया है।"[19] नवगठित झारखंड राज्य की घोषणा की ख़बर सुनकर भाई मंगल बेसरा को सचेत करते हुए वे लिखती हैं—

वे तुम्हारे विरोधी थे कल तक
दुश्मन थे तुम्हारे
जिनसे मुक्ति चाहते थे तुम
पर कैसी विडम्बना है,
वही खड़े हैं आज सबसे आगे तुम्हारी पंक्ति में
तुम्हारे सबसे बड़े हितैषी बनकर

× × ×

पुरखों के सपने रौंदते झक-झक सफ़ेद कुरते वाले के पीछे
मत दौड़ो मेरे भाई। उन्हें पहचानो
वे तुम्हारे सपनों को भुनाने वाले लोग हैं
उनके एजेंडे में दूर-दूर तक ही शामिल नहीं है
आन्दोलन को जन्म देने वाली आँखों के सपने[20]

निर्मला का सम्बन्ध सामाजिक गतिविधियों से खूब रहा है। वे अपने समाज के अन्तर्विरोधों को पहचानती हैं तो राजनीति के फ़रेब को भी भलीभाँति जानती हैं। इसीलिए उनके स्वर में आशंका बराबर घर किए रहती है। 'एक खुला पत्र : अपने लालबाबू के नाम' या 'ख़ून को पानी कैसे लिख दूँ' जैसी कविताओं में कवयित्री उन सामाजिक स्थितियों के ब्योरे देती हैं जिनमें जनता ने जिन पर विश्वास किया वे सत्ता के गलियारों में इतनी दूर निकल गए कि उन तक उनकी आवाज़ भी नहीं पहुँच पाती। नाम बदले हैं, नए राज्य के मुखिया बदले हैं लेकिन इस लोकतंत्र में जो नहीं बदला वो है असहमति के किसी भी स्वर के प्रति संवेदनशील सहिष्णुता।

असहमति के स्वरों को ही कभी नक्सलवाद या कोई और नाम देकर मुजरिम करार कर दिया गया। इस विसंगति को शब्द देते हुए उन्होंने लिखा—

न जताएँ कभी असहमति
न करें कभी कोई विरोध
हस्तक्षेप न करें अनेक कामों में
अपनी परिधि में रहें हरदम
बिना इजाज़त झाँकें नहीं इधर-उधर

× × ×

बिछ जाएँ जब तब उनके इशारे पर उनकी ख़ातिर [21]

निश्चित है ये कविताएँ इस स्थिति का प्रतिकार हैं। इनका एक सन्दर्भ आदिवासी लोक-आदर्शों के प्रति भारतीय इतिहास दृष्टि से भी सम्बद्ध है। संशय और सन्देह बहुत गहरा है क्योंकि सिद्धो-कान्हू हो या तिलका-मांझी जिन्होंने 1857 के विद्रोह से बहुत पहले अंग्रेज़ों की अधीनता स्वीकार करने से इनकार कर दिया था। जिन्होंने अलग-अलग आदिवासी विद्रोहों, मुक्ति आन्दोलनों का नेतृत्व किया उनके ऐतिहासिक योगदान को भारतीय इतिहास में दर्ज ही नहीं किया गया। उसे ज़मीदारों-महाजनों के ख़िलाफ़ संघर्ष कहकर हाशिए पर डाल दिया गया। निर्मला पुतुल वर्तमान राजनीति को अंग्रेज़ों का उत्तराधिकार मानती हैं जिससे उन्हें न्याय की कोई उम्मीद नहीं। इस स्थिति के प्रति सजगता ही हथियार हो सकती है, इसलिए सावधानी और सचेतता का टोन उनकी राजनीतिक कविताओं में बराबर बना रहता है।

इन सब समस्याओं से अलग राजनीति से जुड़ी एक अन्य कविता है 'सद्दाम को फाँसी के बाद'। इस कविता का सन्दर्भ सद्दाम हुसैन की फाँसी की घटना है लेकिन उसकी व्यंजना साम्राज्यवाद के प्रतिकार से जुड़ी है–

साम्राज्यवाद के दूतो
मत भूलो कि ऐसी कई आवाज़ें हैं
जो आज भी उठ रही हैं तुम्हारे ख़िलाफ़
तुम कितनी आवाज़ों को बन्द करोगे? [22]

आदिवासी राजनीति की चर्चा में जो आक्रोश उभरता है उसी की प्रतिध्वनि यहाँ भी है। समस्त ऐसी रचनाएँ साम्राज्यवादी ताक़तों को चुनौती देते हुए विद्रोह के स्वर को मुखर करती हैं। इनके सन्दर्भ भिन्न होते हुए भी इनमें आन्तरिक एकसूत्रता विद्यमान है।

हाशियाकृत जन-समाज के चित्र

निर्मला पुतुल की कविता का कोई भी पाठ आदिवासी अस्मिता के अध्ययन के बिना सम्भव नहीं है। स्त्री समस्याओं के सन्दर्भ में हो या राजनीतिक भागीदारी के स्तर पर, आदिवासी जन-समाज का हाशियाकरण उनकी काव्य संवेदना को गहरे आन्दोलित करता है।

दिल्ली की गणतंत्र झाँकियों में
अपनी टोली के साथ नुमाइश बनकर कई-कई बार
पेश किए गए तुम
पर गणतंत्र नाम की कोई चिड़िया
कभी आकर बैठी तुम्हारे घर की मुँडेर पर? [23]

आदिवासियों के साथ भारतीय गणतंत्र का ऐसा ही रिश्ता बना जहाँ प्रतीकात्मक विकास के नाम पर यह वर्ग सिर्फ़ नुमाइश की तस्वीर बनकर रह गया है। निर्मला की कविताओं में नुमाइश के विरुद्ध चुड़का सोरेन, सजोनी किस्कू की व्यथा-कथा सामाजिक संरचना के ताने-बाने से झाँकती है। जंगलों में शिकार करता, चुड़का सोरेन इतना सीधा क्यों है कि उसे औरों द्वारा अपना शिकार होना दिखाई नहीं देता।

आदिवासी जन-समाज का इतिहास अपराजेय वीरता का इतिहास है। तिलका मांझी, सिद्धो कान्हू, बिरसा मुंडा, उलगुलान की औरतें सबने अपने-अपने स्तर पर अंग्रेज़ी साम्राज्यवाद को चुनौती दी। 1784 में तिलका मांझी ने सशस्त्र दस्ते के साथ हमला कर भागलपुर के बहुत से इलाक़े अपने क़ब्ज़े में कर लिए थे। संथाल-हूल, मुंडा सबने मुक्ति-अभियान चलाए और अंग्रेज़ी हुकूमत के लिए सरदर्द बने रहे। ये हमले लगातार होते रहे किन्तु इन आदिवासी विद्रोहों को स्वाधीनता आन्दोलनों के प्रयास के रूप में दर्ज नहीं किया गया। अंग्रेज़ अफ़सरों और सिपाहियों द्वारा आदिवासी महिलाओं से दुष्कर्म, ज़मीन पर क़ब्ज़ा, संस्कृति पर आघात, जैसे अनेक मुद्दे आदिवासी संघर्ष के मूल में रहते थे। निर्मला पुतुल वर्तमान साहित्य में आत्मविश्वास खो चुके जन-समाज को इन प्रेरक लोक-आदर्शों की याद दिला रही है। इनके साथ-साथ इन कविताओं में अनेक पात्र हैं—मांझी हडाम, पक्लू मरांडी, पिलचू बूढ़ी, सुबोधिनी मरांडी, बिटिया मुर्मू—इन सबके माध्यम से जिस आदिवासी जन-समाज का चेहरा उभरता है वह भीतरी और बाहरी दोनों पाटों के बीच पिस रहा है। सत्ता द्वारा दमन और अपने अन्धविश्वासों की गिरफ़्त उसके जीवन को खोखला किए दे रही है। शताब्दियाँ बीत जाने पर भी आदिवासी जन-समाज अपने अन्धविश्वासों एवं अन्तर्विरोधों से मुक्त नहीं हो सका। 'घड़ा उतार' की प्रथा हो या स्त्री-जीवन से जुड़े अन्धविश्वास, निर्मला लगातार उनका विरोध करती रही हैं क्योंकि

इन प्रतिगामी प्रथाओं के कारण ही इस समाज में परिवर्तन या मुक्ति सम्भव नहीं हो पाते। वे लगातार इन वर्गों को अपनी शोषण के प्रति सचेत दमनकारी शक्तियों को बेनकाब करती हैं—

ये वे लोग हैं
जो हमारे बिस्तर पर करते हैं
हमारी बस्ती का बलात्कार
और हमारी ही ज़मीन पर खड़े हो
पूछते हैं हमसे हमारी औक़ात।[24]

नागरिक अधिकारों के अभाव में इस समाज की उपस्थिति हमारे गणतंत्र में 'अन्य' की रही। वे आज भी सत्ता-संस्थानों से संघर्ष कर रहे हैं जिसकी अभिव्यक्ति नक्सलवादी आक्रोश के फूटने में रही, दूसरी ओर इनके प्रति सत्ता का दमनकारी चरित्र भी नहीं बदला। इस जन-समाज के साथ हमारी लोकतांत्रिक व्यवस्था, विश्वास का रिश्ता क़ायम करने में नाकाम रही है।

जल-जंगल-ज़मीन

आदिवासी जीवन प्रकृति से साहचर्य का जीवन है। निर्मला अपनी कविताओं में प्रकृति का उत्सव नहीं मनाती। प्राकृतिक दृश्यों के सुकोमल बिम्ब यहाँ नहीं हैं। जंगलों की अवैध कटाई, जल के स्रोत सूखते जाने की गहरी चिन्ता है। जल-जंगल-ज़मीन उनके अस्तित्व, उनकी संस्कृति का अभिन्न हिस्सा हैं।

क्या तुमने कभी सुना है
सपनों में चमकती कुल्हाड़ियों के भय से
पेड़ों की चीत्कार?[25]

धीरे-धीरे इनको ख़त्म करने या इन प्राकृतिक संसाधनों पर अधिकार करने के षड्यंत्र इन्हें इनकी ज़मीन से बेदख़ल कर रहे हैं। सीधे-सादे आदिवासी भले ही इस षड्यंत्र को न पहचान पाएँ। निर्मला की कविताएँ इसकी पोल ज़रूर खोलती हैं। वे सवाल करती हैं कि जो धरती खनिजों की सम्पदा से इतनी सम्पन्न है उसके बाशिंदे ग़रीबी के अँधेरों में लिप्त क्यों हैं। सामान्यतः जिसकी ज़मीन होती है उसकी सम्पत्ति पर भी उसी का अधिकार होता है तो फिर आदिवासी ही अपनी सम्पदा से बेदख़ल कैसे कर दिए गए। वास्तविकता का यह बोध उन्हें और चौकन्ना कर देता है। वे सावधान भी हैं, सजग भी और सक्रिय भी। इसीलिए वे समाज और प्रकृति को अभिन्न जैविक इकाई की तरह बचाने का आह्वान करती हैं—

जंगल की ताज़ा हवा
नदियों की निर्मलता
पहाड़ों का मौन
गीतों की धुन
मिट्टी का सोंधापन
फसलों की लहलहाट [26]

भूमंडलीकरण, बाज़ार और आदिवासी जीवन का संकट

अपने समय और समाज की धड़कन पर निर्मला पुतुल की जो पकड़ है उसकी एक पहचान बाज़ार के बढ़ते वर्चस्व के परिणामों पर भी है। वैश्वीकरण की अर्थ-नीति छोटे जन-समाजों के अस्तित्व के लिए संकट बनने के साथ-साथ उसके चरित्र को भी हमेशा के लिए बदल रही है। बाज़ार का आकर्षण ही उन्हें अपना शिकार बना लेता है। बदली हुई रुचियाँ एहसास ही नहीं होने देतीं कि उन्होंने क्या खोया—

यह कहते हुए
शर्मिंदा महसूस कर रही हूँ
कि बाज़ार में घूमते
जब प्यास लगती है
तो पानी से ज़्यादा
पेप्सी और स्प्राइट की तलब होती है
पता नहीं कब
हमारी प्यास में घुस गया यह सब [27]

बाज़ार इस तरह अनुकूलन करता है कि अपने होने का अर्थ धुँधला होने लगता है। शहरों की ब्रांडधर्मिता जैसे सबको एक-सा किए दे रही है, वही चलन कस्बों, गाँवों से होता हुआ संथाल परगना जैसे ख़ुद में सिमटे समाजों तक भी फैल चला है—

संथाल परगना
अब नहीं रह गया संथाल परगना।
अपनी भाषा और वेशभूषा में यहाँ के लोग
बाज़ार की तरफ़ भागते
सब कुछ गड्डमड्ड हो गया [28]

बाज़ार का सबसे पहला नियम संस्कृति की बहुलता ख़त्म कर उसे एकरूप बनाने का उपक्रम है। सब एक जैसे रहें, एक जैसा सोचें, असहमति की गुंजाइश भी ख़त्म हो जाए। यह मसला केवल बाज़ारी उपभोक्तावाद तक सीमित नहीं है। बाज़ार

का एजेंडा पूरे देश की संस्कृति पर क़ब्ज़ा करने का है। इसलिए बड़ी भाषा तो उनके काम की है लेकिन उसके प्रभाव से अन्य भाषिक अस्मिताओं का नष्ट होना अवश्यम्भावी है। देखने में हो सकता है आभास न हो लेकिन होता सब कुछ योजनाबद्ध ढंग से है—'वे दबे पाँव आते हैं तुम्हारी संस्कृति में...'। निर्मला पुतुल इस सारी दुरभिसंधि को भलीभाँति समझती हैं, उसके विरोध में वह वैचारिक एवं काव्यात्मक संघर्ष का बीड़ा उठाए हुए है। अपने एक लेख में उन्होंने लिखा—"ग्लोबलाइजेशन नव-उपनिवेशवाद का अभिनव आक्रामक दौर है। इससे कॉरपोरेट राजनीति शुरू हो रही है। आज की राजनीति और अर्थ-नीति मल्टीनेशनल कम्पनियों द्वारा संचालित हो रही है। उनकी धन-लोलुपता, सभ्यता-संस्कृति को प्रदूषित कर रही है। जीवन-मूल्य विघटित हो रहे हैं। ऐसी स्थिति में बहुत सारी जातियों, सभ्यताओं, संस्कृतियों का निःशेष न होना अचरज की बात होगी"[29] कवयित्री बहुत बड़ी अर्थशास्त्री भले ही न हो लेकिन 'क्रोनी कैपिटलिज़्म' की उनकी समझ को ख़ारिज नहीं किया जा सकता। उनके दिमाग़ में यह नक्शा साफ़ है कि सभी साधनों का अधिग्रहण कर बाज़ार एक स्वावलम्बी समाज से उसकी आत्मनिर्भरता छीनकर उनके समक्ष ग़रीबी-भुखमरी का विकल्प छोड़ता है। कड़ी मेहनत से उपजाया अन्न उनकी पहुँच से बाहर है। वे इस सत्य से भी अनजान हैं कि उनकी बनाई चीज़ें कैसे पहुँच जाती हैं बिकने शहर के बड़े बाज़ारों में जबकि—

जिन घरों के लिए बनाती हो झाड़ू
उन्हीं से आते हैं कचरे तुम्हारी बस्तियों में? [30]

यानी दुनिया भीतर दुनिया है, अनेक तहों में लिपटी, जिसे पूरा जान पाना कठिन है। निर्मला अपनी तीसरी आँख से उसे पहचान लेती हैं। भूमंडलीकरण के आर्थिक-राजनीतिक, सामाजिक आशय आदिवासी जनजीवन मानवीय इतिहास में जिस संकट की रचना करते हैं वे उसकी पूरी पड़ताल करती हैं।

विद्रोह और सशक्तीकरण का स्वर

कविता में विद्रोह की छवियाँ सदा प्रिय होती हैं। यथार्थ जीवन में विद्रोह की डगर जितनी असाध्य है कविता में पक्षधरता के स्तर पर उस पंक्ति में खड़ा होना उतना ही काम्य। इसलिए जब निर्मला पुतुल लिखती हैं—

आज की तारीख़ के साथ
कि गिरेंगी जितनी बूँदें लहू की धरती पर
उतनी ही जन्मेंगी निर्मला पुतुल
हवा में मुट्ठी बाँधे हाथ लहराते हुए। [31]

उनकी इस मुद्रा पर मन रीझ-रीझ जाता है। यथार्थ की बेबाकी, दमन-प्रताड़ना का ऐसा चक्रव्यूह और उसके भीतर से उठने का साहस—इससे बनी हैं निर्मला पुतुल। उनके इस साहस को सलाम करने का मन होता है। यह प्रशंसा सिर्फ़ मुद्रा के लिए नहीं है, उन्होंने एक महीन आलोचनात्मक दृष्टि बुनी है। तमाम सामाजिक विसंगतियों, अन्तर्विरोधों पर एक-एक कर उँगली रखते हुए, फ़ील्ड-वर्क के दौरान अनुभव बटोरते हुए, वे एक व्यापक काव्य-दृष्टि बुनती हैं जिसमें विद्रोह और सशक्तीकरण साझीदार हैं। उनका अनुभव उन्हें बताता है कि स्वयं को सशक्त किए बिना विरोध सकारात्मक नहीं होगा। 'पहचान' उनकी कविता का महत्त्वपूर्ण शब्द है—

सौदागर हैं वे...समझो...
पहचानो उन्हें बिटिया मुर्मू...पहचानो! [32]

बहुत-सी कविताओं का पाठ इस बात पर बल देता है कि 'वे नहीं जानते'। न जानने वाला जन-समाज औरों के हाथों चले जाने को अभिशप्त है। निर्मला पुतुल भीतरी और बाहरी अँधेरों से घिरे उस वर्ग की नियति बदल डालना चाहती हैं। वे बार-बार उसे सचेत करती हैं, जगाती हैं और फुफकारती हैं—

उठो कि अपने अँधेरे के ख़िलाफ़ उठो
उठो अपने पीछे चल रही साज़िश के ख़िलाफ़
उठो, कि तुम जहाँ हो वहाँ से उठो
जैसे तूफ़ान से बवंडर उठता है
उठती है जैसी राख में दबी चिनगारी [33]

अधिकांश ऐसी कविताओं का स्वर आक्रोश से भरा, उग्र एवं विद्रोही है। सीधे लक्ष्य पर चोट करने वाला। एक कविता 'धीरे-धीरे' इसका अपवाद है। इस कविता में अनेक बिम्ब आए हैं—धरती की छाती फोड़ निकलते अंकुर, धीरे-धीरे फैलती जंगल की आग, बड़े होते बच्चे आदि। ये उन प्रतिक्रियाओं की बात करते हैं जिनमें प्रतिकूल परिस्थितियों की धुंध छँटेगी, सबके असली चेहरे निकल आएँगे। समय की कोख में पलते गर्भस्थ शिशु की तरह वेदना से फूटेगा एक नया युग, नया समय–

अक्सर चुप रहने वाला आदमी
कभी न कभी बोलेगा ज़रूर सर उठाकर
चुप्पी टूटेगी एक दिन धीरे-धीरे उसकी [34]

निर्मला पुतुल की कविताएँ इसी आदमी की चुप्पी टूटने की मुहिम हैं। अपने जीवन की इन स्थितियों के विषय में उन्होंने बताया है कि जीवन में संघर्ष करते-

करते अनेक ऐसे क्षण आए जब मैं पूर्णतः अकेली पड़ गई।...बावजूद इसके मैं विरोध करती रही।[35]

कविता, भाषा और स्त्री-कविता

निर्मला पुतुल की प्रायः सभी कविताएँ पहले सन्ताली में लिखी गईं फिर हिन्दी में आईं। अपनी संस्कृति के समान अपनी भाषा को बचाने का संकल्प इसके मूल में अन्तर्निहित है, अर्थात् आदिवासी जीवन का संकट,कविता और साहित्य के सभी पक्षों को आच्छादित करता है। मुक्तिबोध के ही समान निर्मला पुतुल की कविताएँ भी अलग-अलग न होकर एक ही लम्बी कविता का हिस्सा जान पड़ती हैं। ये कविताएँ थोड़े-बहुत अन्तर से संवेदनात्मक घनत्व की दृष्टि से एक ही वृत्त रचती हैं। अपने 'काव्यगत उद्देश्यों' के विषय में वे स्पष्ट हैं। सच को सच और झूठ को पूरी ताक़त से झूठ कहने' के साहस से रची गई कविताएँ हैं। कवयित्री बार-बार कहती हैं कि इनमें कोई चिकनी-चुपड़ी भाषा नहीं है। छन्द, तुक, लय पर भी अतिरिक्त ध्यान नहीं है। इन कविताओं को किस काव्य-परम्परा में रखा जाएगा, कविता माना जाएगा या नहीं इसकी चिन्ता उन्हें नहीं है। उसके निकट इन कविताओं की दोहरी सार्थकता है—एक तो वह उसके 'एकान्त का प्रवेश-द्वार' है—"मैं कविता नहीं/ शब्दों में ख़ुद को रचते देखती हूँ।" इस 'स्व' का संवाद व्यापक परिवेश से है। यह प्रतिबद्ध लेखन है जो लोकतंत्र में बराबरी के हक़ की लड़ाई लड़ता है—

चाहती हूँ मैं
नगाड़े की तरह बजें
मेरे शब्द
और निकल पड़ें लोग
अपने-अपने घरों से सड़कों पर।[36]

इस प्रतिबद्ध लेखन में स्त्री-कविता किस तरह रूप धरती है या परिभाषित होती है, इस पर भी निर्मला पुतुल की स्पष्ट राय है। उनके शब्दों में, "स्त्री-कविता से आशय सिर्फ़ स्त्री होना ही नहीं है बल्कि स्त्री-कविता यदि पुरुष भी लिखते हैं तो स्त्री-कविता कहलाती है। जैसे पवन करण की कविता 'स्त्री मेरे भीतर'। यहाँ मैं स्त्री-कविता को परिभाषित करती हूँ, स्त्री अपने स्वयं के अनुभव को, अपने दुख-दर्द को झेलते हुए जो स्त्रियाँ लिखती हैं तो उसमें यह शक नहीं कि यह स्त्री-कविता है...हमारा समाज स्त्री-पुरुष सहभागिता से बना है। इसको हम झुठला नहीं सकते। दोनों की मान-मर्यादा है। स्त्री तो अपने में धरती होती है। उसमें सहने की अथाह क्षमता है। दोनों एक-दूसरे के पूरक हैं। स्त्री-मुक्ति का तात्पर्य यह नहीं है

कि स्त्री खड़े-खड़े पेशाब करने लगे, हाँ, इतना है कि हमारी पहचान एक देश के नागरिक होने की हो।"

निर्मला पुतुल की नज़र में स्वस्थ समाज के विकास के लिए स्त्री-पुरुष की भागीदारी आवश्यक है और कविता भी इसके बाहर नहीं। स्त्री-कविता को लेकर यह व्यापक सोच उदार सम्भावनाओं से लैस है, जीवन और कविता दोनों का इसमें बराबर स्पेस है।

सन्दर्भ

1. हिस्सेदारी के प्रश्न-प्रतिप्रश्न, सम्पादक उमाशंकर चौधरी, पृ. 203
2. सबसे डरावनी रात, बेघर सपने, पृ. 14
3. और तुम बाँसुरी बजाते रहे, बेघर सपने, पृ. 21
4. वही, पृ. 21
5. अपने घर की तलाश में, नगाड़े की तरह बजते शब्द, पृ. 30
6. अपनी ज़मीन तलाशती बेचैन स्त्री, नगाड़े की तरह बजते शब्द, पृ. 9-10
7. संवाद, नया ज्ञानोदय, अप्रैल 2017, पृ. 19
8. तुम कहाँ हो माया?, अपने घर की तलाश में, पृ. 31-33
9. मेरा सब कुछ अप्रिय है उनकी नज़र में, नगाड़े की तरह बजते शब्द, पृ. 72-73
10. स्त्री होने की सजा सब जगह भोगनी पड़ती है, निर्मला पुतुल से प्रोमिला की बातचीत, आदिवासी अस्मिता की पड़ताल करते साक्षात्कार, सं. रमणिका गुप्ता, पृ. 89
11. गजरा बेचने वाली स्त्री, बेघर सपने, पृ. 33
12. स्त्रियाँ लिखेंगी अपना इतिहास, बेघर सपने, पृ. 74
13. अभी खूँटी में टाँगकर रख दो मांदल, नगाड़े की तरह बजते शब्द, पृ. 78
14. नगाड़े की तरह बजते शब्द के फ्लैप से
15. उतनी दूर मत ब्याहना बाबा, नगाड़े की तरह बजते शब्द, पृ. 52
16. झारखंडी महिलाओं का पलायन एवं उनका यौन शोषण, निर्मला पुतुल, हिस्सेदारी के प्रश्न-प्रतिप्रश्न, सम्पादक उमाशंकर चौधरी, पृ. 211
17. आदिवासी लेखन : एक उभरती चेतना, आदिवासी साहित्य विमर्श, सं. गया सहाय मीणा, पृ. 35
18. तुम्हारे एहसान लेने से पहले सोचना पड़ेगा हमें, बेघर सपने, पृ. 40
19. संवाद, नया ज्ञानोदय, पृ. 20
20. भाई मंगल बेसरा, नगाड़े की तरह बजते शब्द, पृ. 58-59
21. खून को पानी कैसे लिख दूँ, नगाड़े की तरह बजते शब्द, पृ. 34-35
22. सद्दाम को फाँसी के बाद, बेघर सपने, पृ. 55
23. चुड़का सोरेन से, नगाड़े की तरह बजते शब्द, पृ. 20
24. ये वे लोग हैं जो, नगाड़े की तरह बजते शब्द, पृ. 54
25. बूढ़ी पृथ्वी का दुख, नगाड़े की तरह बजते शब्द, पृ. 31
26. आओ, मिलकर बचाएँ, नगाड़े की तरह बजते शब्द, पृ. 77

27. जब टेबल पर गुलदस्ते की जगह बिसलरी की बोतलें सजती हैं, बेघर सपने, पृ. 65
28. संथाल परगना, नगाड़े की तरह बजते शब्द, पृ. 26
29. वैश्वीकरण के भँवर में आदिवासी भाषा-साहित्य, निर्मला पुतुल, आदिवासी साहित्य विमर्श, सं. गंगा सहाय मीणा, पृ.65
30. बाहामुनी, नगाड़े की तरह बजते शब्द, पृ. 12
31. उतनी ही जन्मेगी निर्मला पुतुल, नगाड़े की तरह बजते शब्द, पृ. 91
32. बिटिया मुर्मू के लिए, नगाड़े की तरह बजते शब्द, पृ. 15
33. वही, पृ. 14
34. धीरे-धीरे, नगाड़े की तरह बजते शब्द, पृ. 84
35. स्त्री होने की सज़ा सब जगह भोगनी पड़ती है, निर्मला पुतुल से प्रोमिला की बातचीत, आदिवासी अस्मिता की पड़ताल करते साक्षात्कार, सं. रमणिका गुप्ता, पृ. 87
36. मैं चाहती हूँ, नगाड़े की तरह बजते शब्द, पृ. 93

सुशीला टाकभौरे की कविताएँ

स्त्री और दलित शोषण की पहचान

हिन्दी के दलित साहित्य में जिन महिला रचनाकारों ने दलित और स्त्री अस्मिता के लिए ज़मीन तैयार की उनमें सुशीला टाकभौरे का नाम अग्रिम पंक्ति में आता है। वे लम्बे समय से साहित्य रचना में संलग्न हैं। कविता, कहानी, उपन्यास, विचारात्मक लेख, आत्मकथा जैसी विधाओं में अपनी रचनात्मकता का परिचय देते हुए उन्होंने हिन्दी साहित्य में सक्रिय हस्तक्षेप किया है। 1970 के दशक में अम्बेडकरवादी चेतना के प्रभाव से दलित साहित्य की जो अलग पहचान बनी उसमें स्त्री स्वर को बहुत गम्भीरता से नहीं लिया गया। यद्यपि शिक्षा, जागरण एवं साहित्य की दृष्टि से दलित चेतना की अलख जगाने वालों में सावित्रीबाई फुले की परिवर्तनकारी भूमिका रही है, फिर भी साहित्यिक मुख्यधारा में दलित रचनात्मक उपस्थिति का प्रादुर्भाव 1988 में भारतीय दलित साहित्य मंच द्वारा प्रकाशित दलित कविताओं के संकलन 'पीड़ा जो चीख़ उठी' से होता है लेकिन जहाँ तक स्त्री-रचनात्मकता का प्रश्न है तो उसमें एकमात्र कवयित्री 'अनुसूया अनु' ही थीं। नब्बे के बाद से इस स्थिति में परिवर्तन आया। पत्र-पत्रिकाओं में दलित स्त्री रचनाकारों की रचनाएँ लगातार प्रकाशित हो रही हैं। अब इस उपस्थिति को अनदेखा करना सम्भव नहीं रहा। दलित स्त्री-रचनाशीलता के इस उन्मेष में सुशीला टाकभौरे साहित्य की सभी विधाओं में एक महत्त्वपूर्ण नाम बनकर उभरीं। अब तक उनके चार कविता संग्रह प्रकाशित हो चुके हैं—'स्वाति बूँद और खारे मोती' (1992), 'यह तुम भी जानो' (1994), 'तुमने उसे कब पहचाना' (1995), 'हमारे हिस्से का सूरज' (2005)।

हिन्दी कविता में सुशीला टाकभौरे की रचनाएँ सामाजिक न्याय के पक्ष में उठने वाली आवाज़ हैं। आज़ादी के बाद (भी) और आज़ादी के बावजूद दलित-जीवन के अन्धकारमय पृष्ठों से यातना और संघर्ष की इबारत मिटाई नहीं जा सकी। इस स्थिति का विवरण देते हुए सुशीला जी लिखती हैं—"दलित शोषण आज भी जारी है। प्रतिदिन ऐसी घटनाएँ घट रही हैं। सवर्ण जातियाँ आज भी दलितों को भयभीत रखने के लिए अमानवीय अत्याचार करती हैं। कहीं उन्हें ज़िन्दा जलाया जाता है

तो कहीं उनकी बस्तियों में आग लगा दी जाती है। क़ानून और पुलिस की सुरक्षा व्यवस्था सवर्णों की मदद करती है। दलितों को कहीं न्याय नहीं मिलता। ऐसा कब तक चलेगा? इस प्रश्न का उत्तर कहीं नहीं मिलता, कोई नहीं दे सकता।"[1] उनकी कविता का प्रस्थान बिन्दु यही वैचारिक उद्वेलन है। दलित साहित्य जिस नए सौन्दर्यशास्त्र की पैरवी करता है उसमें साहित्य का सम्बन्ध संघर्ष और जागृति से है। कविता या साहित्य नुमाइश की वस्तु नहीं, न ही काव्यात्मक चमत्कार उत्पन्न करना उसका लक्ष्य है। इस कविता का लक्ष्य न्याय की पुकार है। जातिवाद, अज्ञानता और आर्थिक विषमता के चक्रव्यूह में फँसे दलित समाज के लिए राजनीतिक स्वाधीनता, पूर्ण मुक्ति का माध्यम नहीं बन सकी। उनके लिए तो स्वाधीनता के बाद की नई व्यवस्था भी समानता सुनिश्चित नहीं कर पाई और पिछड़ी तथा वंचित जातियाँ सवर्ण जातियों का उपनिवेश बनी रह गईं। जागृति एवं संघर्ष के बिना, समतापूर्ण सामाजिक संरचना की आकांक्षा स्वप्न ही रहेगी। दलित-चेतना के कवि इस चक्रव्यूह की हक़ीक़त को समझ रहे थे। सहानुभूति की अपेक्षा स्वानुभूति के अतिरिक्त आग्रह का आधार यही है। 'हमारे हिस्से का सूरज' काव्य-संकलन के मनोगत में सुशीला टाकभौरे अपनी कविताओं के उद्‌देश्य व दलित-कविता की पृष्ठभूमि को स्पष्ट करती हैं—"इनका आधार अम्बेडकरवादी विचारधारा है इनमें शोषण, अन्याय के विरुद्ध विद्रोह और दुश्मनों को ललकारने की चेतना है, इसमें कहीं यातना के स्वर हैं, कहीं चेतना के स्वर हैं। कहीं शोषकों को धिक्कार है तो कहीं अन्याय के विरुद्ध अत्याचारियों से बदला लेने की हुंकार है। दलित कविता के विषय, भाव एक जैसे होने के बाद भी, वे अलग-अलग क्षेत्रों में अलग-अलग दलित वर्ग की भोगी हुई पीड़ा की अभिव्यक्ति हैं।"[2]

बाबा साहब अम्बेडकर दलित साहित्य के प्रेरणा पुरुष हैं। उनके चिन्तन में अपनी बेड़ियों से मुक्ति के लिए सक्रिय एवं आमूल परिवर्तन की आकांक्षा है। वे लगातार जातिवादी व्यवस्था पर आधारित सांस्कृतिक उपनिवेशवाद का विरोध करते रहे। सभ्य समाज के छद्म मूल्यबोध को ख़ारिज करते हुए मानवता का नया इतिहास रचने के लिए उन्होंने साहित्यकारों का आह्वान किया, जिसे डॉ.ओमप्रकाश वाल्मीकि ने अपनी पुस्तक में उद्धृत किया है। उनके अनुसार डॉ. अम्बेडकर ने कहा था, "हमारे जीवन, कर्तव्य और संस्कृति की ओर हमारा ध्यान नहीं है। ऐसी स्थिति में साहित्यकारों का मैं आह्वान करता हूँ कि वे विभिन्न साहित्यिक विधाओं के द्वारा उदात्त जीवन-मूल्यों और सांस्कृतिक मूल्यों को रेखांकित करें। अपने लक्ष्य को मर्यादा में मत बाँधो, उसे और अधिक विशाल बनने दो। वाणी का विस्तार करो, अपनी लेखनी को केवल अपने प्रश्नों तक सीमित मत रखो। उसे तेजस्वी बनाओ जिससे गाँव में फैला अन्धकार दूर हो सके। यह मत भूलो कि इस भारत देश में उपेक्षित दलितों का बहुत बड़ा विश्व है। अपनी रचनाओं के द्वारा उनकी वेदना

को समझकर उनके जीवन को उज्ज्वल बनाने की कोशिश करो। यही मानवता की सच्चाई है।"[3] सामाजिक न्याय की प्रेरणा देने वाले बाबा साहब अम्बेडकर के ये शब्द सुशीला टाकभौरे की कविताओं की भी सृजन भूमि हैं। जातीय उत्पीड़न की अनगिनत परतें तथा स्त्री-जीवन का दोहरा अभिशाप—इन कविताओं के शब्द-शब्द में प्रस्फुटित होता है। अधिकांश कविताओं का विषय-बोध बार-बार इसी घेरे में घूमता है। शायद अनेकदा कहने पर भी पीड़ा पूरी तरह चुकती नहीं। मुक्ति-कामना के लिए अपने अस्तित्व व स्वाभिमान के प्रति इस तरह की सचेतता ही जागरण का उत्स है। सुशीला जी बार-बार अपनी कविताओं में उपेक्षित दलित समुदाय की जड़ मानसिकता पर चोट कर, उन्हें स्वयं को पहचानने का सन्देश देती हैं। वे अपनी कविता की सार्थकता इसी बात में मानती हैं कि सोये हृदयों को आन्दोलित किया जा सके।

दलित जीवन : यातना, संघर्ष और मुक्तिकामना

अन्य दलित रचनाकारों की भाँति सुशीला जी के काव्य में दलितों के यातनामय जीवन के अनेक कारुणिक प्रसंग हैं। शोषण के ये सन्दर्भ अपमान की पीड़ा को जीवित रखते हैं। कवयित्री, वास्तविक जीवन के ऐसे उदाहरण प्रस्तुत करती हैं जिनमें सामाजिक विषमता के तीव्र दंश को साफ़ पढ़ा जा सकता है—

हम दलित

× × ×

आदम रूप होकर
आदम भाषा में पूछना चाहते हैं सवाल
मानव सभ्यता-संस्कृति का इतिहास क्या है?
भारतीय संस्कृति का आधार क्या है
क्यों किया अब तक
हम पर अत्याचार? [4]

अतीत-पीड़ा को झेलते हुए अब सामने की सीधी लड़ाई है। दया और सहानुभूति के पर्दे गिराकर, अपने पर हुए अत्याचारों का हिसाब माँगा जा रहा है। कुछ व्यक्ति या जातियाँ ही कठघरे में नहीं होंगी, पूरे समाज को जवाब देना होगा कि कैसे उसने अपने जनसमूह के एक बड़े भाग को शताब्दियों तक असंख्य यंत्रणाओं की अग्नि में जलने को विवश किया। बरसों से हमारा समाज ऊँच-नीच के सामन्ती ढाँचे से स्वयं को मुक्त करने में अक्षम रहा। शिक्षा, स्वाधीनता, राजनीतिक अधिकारों के बावजूद उनकी स्थितियों में कोई ख़ास परिवर्तन नहीं हो पाया। सुशीला टाकभौरे की

अनेक कविताओं में दलित जीवन का यह दर्द उभरता है। उनके यहाँ स्मृति अपमान का पर्याय बन गई है। पूर्वजों की पीड़ा का संताप तथा वर्तमान में बार-बार जाति के नाम पर भोगा गया अपमान, जीवन अनुभव का सत्य है। 'यातना के स्वर' कविता में उन्होंने साफ़ लिखा कि वर्तमान स्थिति में अन्याय के प्रतिकार की चेतना प्रबल न होने के कारण पीएच.डी. तक शिक्षा प्राप्त प्राध्यापिका भी झाड़ू वाली कही जाती है। ये सब स्थितियाँ घोर अपमानजनक ही नहीं सामाजिक दृष्टि से अस्वीकार्य हैं।

सामाजिक स्थितियों की जड़ता के पीछे, धर्म व संस्कार के नाम पर होने वाले अनुकूलन की विशेष भूमिका है। रामायण-महाभारत जैसे आदि ग्रन्थ ऐसे असुविधाजनक प्रसंगों के साक्षी हैं। रामायण में केवट, निषाद, शबरी की समर्पणशील भक्ति तथा राम द्वारा बालि-वध व शम्बूक की हत्या—ऐसे प्रसंग हैं जिनका पाठ-पुन:पाठ नए विमर्शों की गुंजाइश पैदा करता है। महाकाव्यात्मक अन्विति में ये प्रसंग कथानायक राम के महिमामंडन के लिए रचे गए थे। इनके रचयिता वाल्मीकि आज दलितों के आइकॉन भी हैं। इससे उस साहित्य के पुन:पाठ की और भी सम्भावना बनती है। सुशीला टाकभौरे वाल्मीकि को 'बाल्या' कहकर सम्बोधित करती हैं। झूठा अभिजात त्यागकर दिया गया आत्मीय सम्बोधन। अपने इस 'बाल्या' से भी वह पूछना चाहती हैं कि क्यों उनकी दृष्टि राम पर ही रही, वे शबरी और शम्बूक के सम्मान और प्रगति का नया रचना-विधान क्यों नहीं रच सके? ऐसी ही कथा महाभारत के भील एकलव्य की भी है। गुरु-दक्षिणा में माँगा गया एकलव्य का अँगूठा सवर्ण जातियों के षड्यंत्र का हिस्सा है। कवयित्री के मन की फाँस कहीं और है। वह पूछती हैं—

भील एकलव्य
तुम्हारा तो सिर्फ़
एक अँगूठा कटा था,
पर क्या
पूरे समाज के हाथ भी
काट दिए गए थे? [5]

अपने प्रति होने वाले अन्याय और अपमान के विरुद्ध पूरे वर्ग की सहिष्णुता, विरोधी स्वर का अभाव उस समाज में सवर्णों द्वारा निम्न जातियों के भयंकर अनुकूलन का प्रतीक है। एकलव्य की गुरु-भक्ति क्या सच में जिसे गुरु माना, उसके सम्मान का आदर्श है या पूरी जाति की विवशता का प्रमाण। क्यों ये जातियाँ अपने अधिकार या सम्मान के लिए खड़ी नहीं हो सकीं। इतिहास क्यों इन घटनाओं को इस रूप में दर्ज नहीं कर पाया, यह सवाल आज भी बड़ी चुनौती बना हुआ है। यह अवश्य है कि आज का दलित समाज यह समझ चुका है कि जाति के जिस अभिशाप को

उनकी नियति बनाकर प्रस्तुत किया गया था वह उनकी नियति नहीं बल्कि समाज के एक वर्ग की दुष्ट नीति थी—

यह नियति हमारी नहीं
दुष्ट नीति तुम्हारी
न्याय की तुला में
हमेशा तुम्हारा ही पलड़ा भारी! [6]

इन पंक्तियों में विषम समाज की प्रत्यालोचना रूप धरने लगती है। यातना की स्मृति जिस पृष्ठभूमि का निर्माण करती है उसका अगला स्तर सामाजिक विमर्श की शुरुआत करना है। समाज के स्थापित ढाँचे का अस्वीकार, उसे प्रश्नांकित कर उससे टकराने की कोशिश, दलित साहित्य का नया सौन्दर्यशास्त्र रच रही है। अलग-अलग कविताओं में भिन्न शब्दों और पंक्तियों में एक विचार बार-बार उद्वेलित करता है कि 'दुख हमें, सुख उन्हें /कैसी यह विडम्बना'। इन स्थलों पर कवयित्री का स्वर काफ़ी उत्तेजित हो जाता है। उन्हें लगता है कि यह कुछ ही लोगों-वर्गों की धोखाधड़ी है जो बहुजन समाज को हाशिए पर धकेले हुए है। उन्हें लगातार शहरों की परिधि पर धकेलकर, उतरन व जूठन पर जीने को विवश किया जाता है। सुशीला टाकभौरे की कविताएँ ऐसे ब्योरों से भरी पड़ी हैं जिनमें वर्गों के बीच असमानता की इतनी बड़ी खाई का एहसास है। ऐसे विवरणों में उनका स्वर चुनौतीपूर्ण है—

नहीं रहेंगे अब नत मस्तक
विद्रोह की भावनाएँ
उठने लगी हैं
तूफ़ान बनकर।
बढ़ने लगा है आक्रोश
संघर्ष की दिशा में।

अब तक वे ही
करते रहे विषपान
सागर मन्थन फिर से होगा
अब तुम्हें करना होगा विषपान। [7]

इस कवितांश की अन्तिम पंक्तियाँ साभिप्राय हैं। संघर्ष का रास्ता सिर्फ़ उनके प्रति आक्रोश की अभिव्यक्ति नहीं है। आमूल परिवर्तन की राह जातिगत समीकरण में प्रत्यावर्तन चाहती है। पीड़ा जितनी अधिक है विरोध उतना ही आक्रामक—

रोक लो सूरज के अश्वों को
जागृत वीर वंशजो
पूर्वज पिता से अधिक बल है तुममें
तुम ही तोड़ोगे
परम्परा से बँधा दृश्य,
असमर्थ, निरीह परमुखापेक्षी
अस्पृश्य जीवन की व्यथा।[8]

सुशीला एक ओर दलितों को अपने आत्मसम्मान के लिए अपनी अस्मिता के प्रति सचेत होने का आह्वान करती हैं तो दूसरी ओर सवर्णों को शर्मसार भी करती हैं। यातना के स्वर हुंकार में बदल रहे हैं, इसका आभास देते हुए जताती हैं कि जिनको सवर्णों ने अछूत माना, जिनकी छाया से भी परहेज़ किया वे जब तुम्हारी बराबरी में कुर्सी पर आ बैठे तो तुम्हारा हृदय क्यों फटता है। ये छोटे-छोटे विवरण सामाजिक ताने-बाने पर एक बहस खड़ी करने के साथ-साथ सामाजिक परिवर्तन की प्रक्रिया की पहल भी बनते हैं। इस दृष्टि से 'सुनो विक्रम' महत्त्वपूर्ण कविता है, विक्रम और बेताल के कथा-सफ़र की तर्ज़ पर प्रचलित न्याय, प्रेम की कहानियों की दिशा को अपनी नज़र से देखने को प्रेरित करती यह कविता, विक्रम को ललकारती है—

अब तुम सुनाओ कथा बेताल को
सवार होकर उसके ही कन्धों पर
और पूछो सवाल—
अधिकतम कितना मूल्य है
एक निरीह महिला को
सरेआम नंगा करने का?
एक इनसान को बेबसी की
अन्तिम सीमा तक
पहुँचा देने का?

× × ×

कब बदलेंगे कर्मकांड!
कब मिलेगा सामाजिक न्याय!
पूछो उससे,
अन्यथा
कर दो उसके टुकड़े टुकड़े![9]

आहत मन और आक्रोश की चिनगारी के साथ-साथ कवयित्री बार-बार याद

दिलाती हैं कि दलितों को सामाजिक वर्चस्ववादी रूढ़ियों को तोड़ने का साहस दिखाना होगा। यह पूरी प्रक्रिया दोरुख़ी है, एक ओर उच्च वर्ग की श्रेष्ठता को चुनौती, उनके विरोध में संघर्ष का शंखनाद तथा दूसरी ओर दलितों का उद्‍बोधन, मुक्ति की आकांक्षा। संघर्ष-यातना के असंख्य बिम्ब तो हैं ही 'विज़न' का भी अभाव नहीं। वे जिस भविष्य का स्वप्न देख रही हैं उसमें एक समतापूर्ण समाज की संकल्पना है। प्रतिशोध की अनेक पंक्तियों के बावजूद समन्वय का स्वर उपजाती एक कविता अवश्य मिल जाती है। 'नज़र' कविता में वे लिखती हैं—

बैर जब प्रेम से
ख़त्म हो सकता है,
छोड़ दुराव
बड़प्पन का जिगर रखिए।
× × ×
निकल सकते हैं कुछ रास्ते—
इस पर भी नज़र रखिए। [10]

जिस विचारधारा के प्रति निष्ठा एवं प्रतिबद्धता इन कविताओं को ऊर्जा देती है वह प्राय: उसे दृष्टि के विस्तार का अवसर नहीं देती लेकिन कुछ कविताएँ अपवाद-स्वरूप ही सही ऐसी अवश्य हैं जिनमें कवयित्री का विज़न विस्तृत होता दीख जाता है, जैसे दलित संघर्ष को वे बिरसा मुंडा के संघर्ष से जोड़ लेती हैं।

बुद्ध, कबीर, फुले, अम्बेडकर दलित चेतना के युगपुरुष हैं। अनेक कविताओं में उनका आह्वान किया गया है। उगते अंकुर की तरह ज़ीने, ज्योति दूत बनने की प्रेरणा इनके माध्यम से दी गई है। यातना से विद्रोह तक और विद्रोह से भविष्य के स्वर्णिम स्वप्न तक—ये कविताएँ एक वृत्त पूरा करती हैं।

फिर चाँद मुस्कराएगा
हवा गुनगुनाएगी
अश्रु फूल बनकर
राहों में बिछ जाएँगे
टूटे हुए सपने
फिर से सज जाएँगे! [11]

इस दृष्टिबोध के सुखद एहसास के साथ दलित चेतना का ग्राफ पूरा होता है। दलित साहित्य के सभी प्रमुख रचनाकारों की भाँति 'यातना, संघर्ष और दृष्टिबोध'—ये तीन सोपान सुशीला टाकभौरे की कविता में भी बड़ा इलाका घेरते हैं। इन द्वंद्वों में डूबते-उतराते कविता विकसित होती है। फिर भी कुछ सवाल हैं जो बने रहते हैं।

मसलन इनमें दलित जीवन की, यातना के चित्रण में जो प्रामाणिकता है अन्य विषयों में वैसा ताप नहीं है। संघर्ष के चित्र हुंकार बन जाते हैं तो दृष्टिबोध के प्रवचन-उद्बोधन मात्र। दलित साहित्य में सृष्टि एवं आलोचना के सन्दर्भ में व्यापक विचार हुआ है। दलित अभिव्यक्ति यथार्थ के खुरदरेपन को सतह पर लाती है। यथार्थ का अतिक्रमण करने वाला दृष्टिबोध यहाँ काम्य नहीं है। इसलिए कविता वर्तुलाकार स्थितियों में लगभग फँसकर रह जाती है। बहरहाल इन कविताओं की यह सार्थकता अवश्य है कि ये स्त्री रचनाकार द्वारा रची गई ऐसी कविताएँ हैं जो स्त्री-प्रश्नों से अधिक दलित अस्मिता के सवालों को शिद्दत के साथ उठाती हैं।

दलित स्त्री जीवन : दोहरा हाशियाकरण

दलितों में दलित, पिछड़ों में पिछड़ी, समाज में सबसे संवेदनशील स्थिति स्त्री की ही है। एक स्त्री रचनाकार के नाते सुशीला टाकभौरे स्त्री-जीवन की विडम्बनात्मक स्थितियों, उसकी पीड़ा व संघर्ष की धारदार अभिव्यक्ति करती हैं। ऐसी कविताएँ स्वयं को पहचानने की कोशिश भी हैं अपनी स्थिति से ऊपर उठने-उठाने का संकल्प भी। वे मानती हैं कि मनुप्रणीत नारी धर्म, स्त्री को पुरुष पर निर्भर बनाए रखने का उपक्रम है। उनकी कविताओं का एक हिस्सा स्त्री-जीवन के दुख-दर्द पर केन्द्रित है। दैनन्दिन जीवन की छोटी-बड़ी स्थितियों के आधार पर वे स्त्री-पुरुष के बीच तुलना करते हुए, पुरुष के विशेषाधिकारों के बोझ तले घुटते स्त्री-जीवन की पीड़ा को अभिव्यक्त करती हैं। पुरुष से शिकायत है 'तुमने उसे कब पहचाना' या फिर कवयित्री के पास बहुत से 'अनुत्तरित प्रश्न हैं' जिनमें स्त्री-जीवन के प्रति होने वाले सभी छोटे-बड़े भेदभाव दर्ज हैं—

उपेक्षा की ठंडक और
आक्रोश के तेज़ाब से
नारी व्यक्तित्व को
हमेशा रौंदा जाता है[12]

सबसे बड़ा दर्द यही है कि स्त्री जिस मुक्त आकाश में उड़ना चाहती है, सुरक्षा और परम्परा के नाम पर वह कभी सम्भव नहीं हो पाता। अपनी आत्मकथा 'शिकंजे का दर्द' में उन्होंने विस्तार से अपनी स्थितियों को सामने रखा है। मुझसे साक्षात्कार के समय उन्होंने बताया, "मेरा अपना बचपन और युवावस्था का प्रारम्भ जिस स्थिति और वातावरण में हुआ, वहाँ बन्धन ही बन्धन थे। कहीं परम्परा, कहीं सुरक्षा और कहीं इज़्ज़त लुटने के डर से कभी स्वतंत्र होने का भान भी नहीं होने दिया।"[13] क़दम-क़दम पर रास्ता रोकने वाली कठिनाइयाँ और भीतर का संकल्प

उनके जीवन की गाथा मानो इस दोराहे से अपनी दिशा बनाती है।

दलित लेखन के शुरुआती दौर में यह असमंजस रहा कि दलित साहित्य के बरक्स स्त्री साहित्य को कहाँ रखा जाए। कुछ लोग समस्त स्त्री वर्ग को दलित मानने की पैरवी कर रहे थे तो दूसरा वर्ग स्त्री की पीड़ा को अलग से रेखांकित करने के प्रयत्न को, दलित आग्रहों को कमज़ोर करने की पेशकश मान रहा था, क्योंकि दलित साहित्य का मुख्य मुद्दा जातिगत असमानता के दंश का प्रतिकार था। कुछ विचारकों को लगता रहा कि इसमें लैंगिक अस्मिता के सवालों को जोड़ देने से यह संघर्ष बिखर सकता है। उनका आग्रह स्त्री-पुरुष विवाद के परे सबको जातिगत संघर्ष में शामिल रखने का रहा। दलित वर्ग में लैंगिक असमानता को वे अन्दरूनी मसला मानते थे। इस दुविधा का उत्तर रजनी तिलक के शब्दों में मिलता है—"दलित स्त्रियों की दो दुनिया हैं। एक दुनिया में वह अपने भाई, पति, पिता, साथी, मित्र के साथ जाति-व्यवस्था के ख़िलाफ़ साथ खड़ी है, दूसरी दुनिया में अपने ही घर में, समाज में, आन्दोलन में हाशिये से फिसल गई है, फिर भी वह इसी क्रम में दलित चेतना की सावित्री फुले, अम्बेडकर और बोधिसत्व की विचारधारा से प्रभावित है। वह ब्राह्मणवाद, पितृसत्ता, पूँजीवाद, सामन्तवाद व फासीवाद के विरुद्ध संघर्षरत है, अत: समूचे दलित वर्ग में स्त्री स्वर ने अपनी अलग प्रखर अभिव्यक्ति की दस्तक दी है। दलित कवयित्रियों ने न केवल दलित कविता में बल्कि हिन्दी कविता में अनेक ऐसे बिन्दुओं को छुआ है जिसमें वर्ण, वर्ग, जाति, लिंग, रूप के भेदभाव को नकारकर नए समतामूलक समाज की कल्पना को साकार करने का आह्वान है।"[14]

इस वक्तव्य में रजनी तिलक तीन स्थापनाएँ कर रही हैं—पहला कि जब भी जाति और लिंग का सवाल आएगा तो स्त्री-पुरुष के भेदभाव को भूलकर वे एक पंक्ति में खड़ा होना श्रेयस्कर समझेंगी। यानी प्राथमिकता जाति की होगी, क्योंकि दलित पुरुष भी स्त्री के समान ही शोषित और अपमानित हैं। उन्हें भी जाति के आधार पर तरह-तरह से प्रताड़ित किया जाता है। जातिगत शोषण के ख़िलाफ़ जब भी आवाज़ उठेगी स्त्रियाँ और पुरुष साथ होंगे। दूसरे, अपने परिवारों के बीच सताई जाकर, दलित स्त्री दूसरी तरह के हाशियाकरण का शिकार होती है लेकिन इस विषमता को झेलते हुए भी उसके आइकॉन फुले और अम्बेडकर रहते हैं। फुले और अम्बेडकर, दोनों ने भारतीय समाज में जातिगत भेदभाव और उत्पीड़न के ख़िलाफ़ गहराई से लिखने और बोलने के साथ-साथ लैंगिक भेदभाव के उत्स पर गम्भीरता से विचार किया तथा इन तमाम असमानताओं के विरुद्ध प्रतिरोध की ऐतिहासिक ज़िम्मेदारी को निभाया। तीसरे, दलित स्त्री-कविता ने वर्ण, वर्ग, जाति, लिंग आदि सभी प्रकार की असमानताओं के विरुद्ध आवाज़ उठाई है। यह संघर्ष हर स्तर पर समतामूलक समाज की माँग को लेकर आगे बढ़ रहा है, सुशीला टाकभौरे की कविता इस संघर्ष

में शामिल है। उन्होंने दलित वर्ग के भीतर लिंग आधारित अन्तर्विरोधों को गहराई से महसूस किया और बेझिझक होकर बयान किया।

दलित जीवन में जाति और लिंग के अन्तर पर इस स्त्री की व्यथा-कथा के बिम्ब सुशीला टाकभौरे की कविता में मिल जाते हैं। साथ ही उन्होंने स्त्री प्रश्न को भाषा, धर्म, जाति, लिंग सम्बन्धी भेदभाव से जोड़कर देखा और उनकी जड़ों को पहचानकर उन पर प्रहार किया, यानी जैसी लड़ाई जाति और वर्ग को लेकर है वही लिंग को लेकर भी है। उनकी कविता में स्त्री-जीवन के दो पक्ष हैं—स्त्री के प्रति समाज और परिवार द्वारा असमान व्यवहार और स्त्री का उद्बोधन। उद्बोधन का स्वर स्त्री के संकल्प को दृढ़ करने के लिए है। स्वयं अपमान झेलने वाली दलित स्त्री, पुरुष की पीड़ा को समझती है लेकिन उनके घरों में पितृसत्ता के बल पर स्त्री के प्रति उतना ही भेदभाव और अन्याय होता है जितना सवर्ण जातियों में। शोषित होने का उनका अपना दुख उन्हें यह नहीं समझा पाता कि स्त्री को मुक्त रखें। सुशीला टाकभौरे की कविताओं का उद्देश्य इस स्थिति का विरोध करते हुए स्त्री को प्रोत्साहित करना है। 'मासूम भोली लड़की', 'औरत नहीं मजबूर', 'आज की खुद्दार औरत'—सभी कविताएँ स्त्री चेतना की रचनाएँ हैं जिनमें यह स्वर उभरता है कि स्त्री किसी पर निर्भर नहीं, उसे आगे बढ़कर स्वयं को पहचानना है, अपना अधिकार प्राप्त करना है, और नई भोर के सपने को सच करना है। वह 'नवनीत की पुतली' नहीं 'विद्रोहिणी' है जो स्वयं शक्ति है, पूर्ण महायज्ञ है। स्त्री की विवशता व आकांक्षा की दूरी को पारकर वे स्त्री-जीवन का नया ताना-बाना बुनती हैं—

माँ-बाप ने पैदा किया था
गूंगा!
परिवेश ने लँगड़ा बना दिया

× × ×

मुझे अनंत असीम दिगंत चाहिए,
छत का खुला आसमान नहीं,
आसमान की खुली छत चाहिए
मुझे अनंत आसमान चाहिए।[15]

स्त्री की स्थिति का यह कंट्रास्ट कई कविताओं में है। समाज के रूढ़ ढाँचे में परम्परा-प्रदत्त जीवन की जकड़नें—

वह सोचती है—
लिखते समय कलम को झुका ले
बोलते समय बात को सँभाल ले

और समझने के लिए
सबके दृष्टिकोण से देखे,
क्योंकि वह एक स्त्री है।[16]

स्त्री-जीवन की ये सीमाएँ और उनसे मुक्ति की आकांक्षा, प्रतिकार के लिए उद्बोधन, शक्ति का एहसास सभी भाव एक साथ एक ही कविता में चले आते हैं और ऐसा अधिकांश कविताओं में होता है। इस तरह सुशीला टाकभौरे विषम-भावों का समकोण रचती हैं। उनके यहाँ केवल स्त्री का ही उद्बोधन नहीं, पुरुष का भी आह्वान होता है। सावित्री बाई फुले और ज्योतिबा फुले का आदर्श है, जिन्होंने साथ-साथ सामाजिक परिवर्तन की नींव रखी। यह उदाहरण विशेष महत्त्व रखता है चूँकि पितृसत्ता को चुनौती, पुरुष-विरोध नहीं है। सभी पुरुषों को ज्योतिबा फुले के समान समाज का अग्रदूत बनने की प्रेरणा दी जा रही है।

सामान्यत: सभी कविताओं का ग्राफ़ आगे-पीछे होता हुआ उसी दायरे में चलता रहता है। 'स्त्री' व 'कितने करीब' जैसी कुछेक कविताएँ हैं जिनमें संवेदना का घनत्व महसूस होता है। इन सबके बीच जो एक कविता समस्या उत्पन्न करती है, वह है—'वह मर्द की तरह जी सकेगी'। कविता एकदम भोले मन से लिखी गई है। औरत यदि स्वयं को सजी-सँवरी मानना छोड़ दे और आत्मनिर्भर बने तभी वह पुरुष के समान स्वावलम्बन एवं सम्मान के साथ जी सकेगी। इस स्थिति को उन्होंने लिखा 'मर्द की तरह' जीना। क्या स्त्री-मुक्ति, स्त्री का पुरुष के समान समर्थ या सत्तावान हो जाना है? ऐसा मानने से अनेक समस्याएँ खड़ी हो जाएँगी। जिस स्वामित्व के बड़प्पन से स्त्री का संघर्ष है वह स्वयं उस वर्चस्ववादी ढाँचे में क़ैद नहीं हो सकती। मर्द होना मर्दवाद के अहं से भी जुड़ा है। स्त्री आन्दोलन की सार्थकता इसी में है कि वह स्वयं को इस अहं से बचाए रख सके।

दलित स्त्री-कविता का दृष्टिबोध बिलकुल स्पष्ट है। पहला मसला जातिगत समानता का है लेकिन जाति और लिंग मिलकर जो कठिनाई पैदा करते हैं उस ओर भी इन कवयित्रियों ने ध्यान दिलाया। कौशल्या बैसंत्री की 'दोहरा अभिशाप', सुशीला टाकभौरे की 'शिकंजे का दर्द' जैसी आत्मकथाएँ इन कठिनाइयों के विस्तृत ब्यौरे प्रस्तुत करती हैं। ओमप्रकाश वाल्मीकि ने स्त्री-जीवन के दोहरे संताप के लिए पूरे समाज में फैली लैंगिक असमानता की पारम्परिक सोच को उत्तरदायी बताया—'इसके लिए व्यवस्थाजनित परम्परावादी सोच उत्तरदायी है, जो स्त्री को दूसरे दर्जे का नागरिक ही नहीं, पाँव की जूती समझती है' इसे स्वीकारते हुए उन्होंने कहा—"दलित वर्ग में भी इस व्यवस्था की घुसपैठ है।"[17]

अनीता भारती अपनी पुस्तक 'समकालीन दलित नारीवाद' में दलित स्त्री के जीवन की चुनौतियों का मूल्यांकन अलग श्रेणी में रखकर करने की बात करती

हैं, क्योंकि दलित स्त्री जाति के नाम पर जो मान-अपमान झेलती है वह सवर्ण स्त्रियों को नहीं झेलना पड़ता। दलित स्त्री का एक अपना वर्ग है जो उसे समस्त स्त्री समाज में सबसे अशक्त बनाता है। सवर्ण स्त्रियों का व्यवहार भी दलित स्त्री के प्रति कम क्रूर नहीं है। इसलिए लैंगिक समानता उन्हें एक वर्ग में नहीं बाँधती। उनकी लड़ाई अलग-अलग है।

सुशीला टाकभौरे के यहाँ 'दलित', 'स्त्री', या फिर 'दलित-स्त्री' जैसे वर्गीकरण का कोई ज़िक्र नहीं है, जबकि उनका एक काव्य-संकलन 'तुमने उसे कब पहचाना' मूलत: स्त्री स्वतंत्रता की धुरी पर विकसित है। हाँ, मन की बात की पहली पंक्ति में 'दलित पीड़ित अबला' का संकेत अवश्य है जो सामान्यत: स्त्री की स्थिति के लिए प्रयुक्त हुआ है। यहाँ वे बार-बार सम्पूर्ण समाज में स्त्री की परतंत्र स्थिति पर चिन्ता व्यक्त करती हैं। इस परतंत्रता का कारण 'पितृसत्ता' तथा 'मनुप्रणीत नारी धर्म' है। वे जिरह करती हैं कि स्वाधीनता आन्दोलन में भाषण-जलसों, विरोध–प्रदर्शनों में शामिल स्त्री 'देश के ग़ुलामों की ग़ुलाम' थी और आज जबकि अंग्रेज़ों से देश स्वतंत्र है तब भी स्त्री स्वतंत्र नहीं हो पाई है। पारिवारिक सम्बन्धों में पुरुष के समक्ष वह अब भी ग़ुलाम है। "उसकी यह स्थिति तब तक यथावत् है, जब तक कि समाज में पुरुष प्रधानता को निर्बाध्य मान्यता प्राप्त है।"[18] स्त्री को जिस आत्मविश्वास व आन्तरिक प्रेरणा की आवश्यकता है उनकी कविताएँ वही भावना स्त्री मन में जगाने की आकांक्षी हैं और ऐसा करने में वे जाति के आधार पर कोई भेद नहीं करतीं। 'जानकी जान गई है' में वे पुरुष के वर्चस्ववादी व्यवहार को झेलती स्त्री का प्रतिबिम्ब प्रस्तुत करती हैं। सीता की पीड़ा समस्त स्त्री-जाति की पीड़ा है—

ओ शबरी के राम!
आँखें चुराकर
संवेदना न दिखाओ
तुम्हीं ने सीता को
धरती में समाया था। [19]

और भी कई कविताएँ हैं जिनमें स्त्री के दमन-शोषण के चित्र हैं। शोषण के इन चित्रों में आक्रोश की ध्वनि के बावजूद यह हैरानी की बात है कि इनमें दलित स्त्री के शोषण के मारक चित्र नहीं हैं। राष्ट्रीय महिला आयोग की एक रिपोर्ट के अनुसार दलित महिलाएँ अमानवीय व्यवहार के कई रूप झेलती हैं। अपहरण, दैहिक शोषण, नंगा करके घुमाना, अभद्र भाषा जैसी अनेक स्थितियाँ उनके जीवन को और भी विकट कर देती हैं। दलित स्त्रियों के शोषण का बहुत बड़ा कारण यह भी है कि अपनी सत्ता या ताक़त का आभास देने के लिए सवर्ण जातियों के पुरुष

इन स्त्रियों को हथियार बनाते हैं। पूरे वर्ग को दंडित करने के लिए दलित स्त्रियों का दैहिक शोषण किया जाता है। इस पर घरेलू हिंसा, पारिवारिक दमन, उनकी अस्मिता व अस्तित्व—दोनों के लिए संकट खड़ा करते हैं। सुशीला टाकभौरे की कविता दैहिक, आर्थिक तथा राजनीतिक शोषण की शिकार इस स्त्री की अलग से कोई छवि नहीं प्रस्तुत करतीं। वैसे स्त्री उद्‌बोधन उनकी सभी स्त्री सम्बन्धी कविताओं का मुख्य स्वर है।

राजनीति : अम्बेडकर और गांधी

स्त्री हो या दलित, समस्या का रूप जो भी हो—सुशीला टाकभौरे की कविता का मूल स्वर अपनी अस्मिता को पहचानने और अपनी विवशता का अतिक्रमण कर अपने लिए नए भविष्य के निर्माण का है। इस आमूल परिवर्तन की आकांक्षा को ही वे अम्बेडकरवादी विचारधारा से जोड़ती हैं। अम्बेडकर, क्रान्तिसूर्य हैं। वे दलितों के लिए हमारे हिस्से का सूरज हैं जिसे वर्चस्ववादी ताक़तें किसी भी छद्म से ढकने में असमर्थ रहीं। अम्बेडकर को अनेक कविताओं में अनेक रूपों में याद किया गया है। उनका दर्शन प्रगति एवं सामाजिक परिवर्तन के प्रकाश का आधार है। स्वतंत्रता व लोकतंत्र सब बेमानी है जब तक कि उनकी क्रान्तिदर्शिता को समाज पूरी तरह जज़्ब न करे। दलित जीवन के मसीहा के रूप में कहीं उनका जयघोष है—

हे कर्मशील मानव
आपका नाम असीम है
आज नारा बन गया
जय भीम है, जय भीम है। [20]

कहीं-कहीं कृतज्ञता का भाव भी है क्योंकि दलित जीवन की पीड़ा को विश्व के समक्ष रखने का साहस उन्होंने ही किया—

विश्व के समक्ष डॉ. अम्बेडकर ने
दलितों की पीड़ा को बताया,
समता सम्मान के अधिकार के लिए
उन्हें लड़ना सिखाया [21]

इन भावों की अभिव्यक्ति सुशीला टाकभौरे यह मानकर करती हैं कि ये भाव केवल उनके नहीं, उस पूरे वर्ग के हैं जिनके उत्थान के लिए अम्बेडकर ने आजीवन संघर्ष किया। वे उनके प्रति नतमस्तक, आभारी हैं। अम्बेडकर का गुणगान गांधी से

असहमति के रूप में भी अभिव्यक्त हुआ है। अम्बेडकर बनाम गांधी, दलित साहित्य चिन्तन का महत्त्वपूर्ण मुद्दा है। यह स्वानुभूति बनाम सहानुभूति के समीकरण से भी आबद्ध है। दलित चिन्तन का स्वानुभूति पर अत्यधिक आग्रह है, क्योंकि उनके अनुसार उस यंत्रणा की अभिव्यक्ति सहानुभूति के बल पर हो ही नहीं सकती। सहानुभूतिपूर्ण साहित्य या चिन्तन उनकी नज़र में अप्रामाणिक-अविश्वसनीय है जिससे वह परिवर्तनकामी भूमिका नहीं निभा पाया। इसी भावना के अनुरूप सुशीला टाकभौरे ने लिखा—

"गांधी जी के प्रभाव के कारण अछूत वर्ग के जो लोग डॉ. अम्बेडकर की विचारधारा से नहीं जुड़ सके, उनमें वाल्मीकि जाति और अन्य सभी सफ़ाईकर्मी जातियाँ हैं। उनके बहुत कम लोग शिक्षित होकर अच्छे पदों पर पहुँचे हैं। कुछ लोग अम्बेडकरवादी विचारधारा से भी जुड़ रहे हैं। शेष सम्पूर्ण समाज अपनी पुरानी स्थिति की दलदल में फँसा, दिन-प्रतिदिन अधोगति की ओर बढ़ रहा है।"[22] 'बलि के बकरे' कविता में यह भाव और तीव्रता से व्यक्त हुआ है—

कोई हाथी के पैरों से कुचलता है
कोई जंगल पहाड़ों में
मारता है भटकाकर
बापू आपने भंगी समुदाय की
बस्तियों में पहुँचकर
इस बलि के बकरों की
पीठ पर हाथ फेरा है
बापू आपने इन्हें खूब घेरा है
शान्ति और अहिंसा के साथ
इनके गले पर छुरा फेरा है! [23]

गांधी को दोषी मानने का कारण यही है कि हरिजन उद्धार की उनकी नीतियाँ दलितों को अपनी स्थिति का भान कराने में अक्षम हैं। वह उन्हें अपनी बेड़ियाँ तोड़ने नहीं देते। सहानुभूति-समता, सम्मान और अधिकार की प्रस्तावना नहीं रचतीं जिससे शताब्दियाँ बीत जाने पर भी वे राजनीतिक, आर्थिक या सामाजिक सशक्तीकरण के लिए तैयार नहीं हो पाते। कविता में इस अत्यन्त संवेदनशील मसले पर सुशीला टाकभौरे की यह बेबाक टिप्पणी उनके गहरे राजनीतिक बोध का पता देती है। ऊपर से देखने में उनकी कविताएँ कितनी ही एकरेखीय या सरल क्यों न दिखें उनकी आन्तरिक चेतना गहरे सामाजिक-राजनीतिक जुनून से आबद्ध हैं। स्वीकार भाव की सन्तुष्टि की अपेक्षा, परिवर्तन का जोखिम उसे स्पृहणीय बनाता है।

उदारीकरण व वर्ग विषमता

सामाजिक स्थितियाँ आर्थिक अवस्था पर निर्भर हैं। सुशीला टाकभौरे की कविता में दलित और स्त्री जिन दो वर्गों की दारुण स्थितियों का अंकन है उसका बहुत बड़ा कारण भी उनमें आर्थिक स्वावलम्बन का अभाव है। इन वर्गों में फैली अशिक्षा और बेरोज़गारी का जिम्मा किन आर्थिक नीतियों पर है इसकी पड़ताल भी हमें असुविधाजनक निष्कर्षों की ओर धकेलती है। नब्बे के दशक में जब साहित्य में दलित और स्त्री साहित्य अपनी अलग जगह तलाश रहे थे, उसी समय आर्थिक दृष्टि से भूमंडलीकरण का दौर था। उदारीकरण की नीतियाँ व्यापक जनहित में नहीं थीं। यह विकास का ऐसा मॉडल था जिसमें समाज का एक तबका तो पूँजी के बाज़ार में खरबपतियों की सूची में शामिल हो रहा था जबकि व्यापक जन-समाज, महँगाई की मार झेलते हुए भूख, गरीबी और लाचारी की ज़िन्दगी जीने को विवश था। सुशीला टाकभौरे एकाध कविता में ही सही इस स्थिति की ओर भी संकेत करती हैं—

उदारीकरण
निजीकरण
भूमंडलीकरण के दौर में
श्रम का अवमूल्यन
शिक्षा बहुमूल्य
रोज़गार में स्पर्धा
पहचान मिटने का ख़तरा [24]

उदारीकरण की नीतियाँ अस्मिता के संकट को अस्तित्व के संकट में बदल रही हैं। ग़रीब व्यक्ति के लिए तो महँगाई का सूचकांक देखते-देखते जीना ही असम्भव हो गया है। सब कुछ विश्व-बाज़ार से सम्बद्ध है जिसमें वस्तुओं का मोल जीवन से भी अधिक है।

सुशीला टाकभौरे के यहाँ इन मुद्दों को उठाने वाली बहुत-सी कविताएँ नहीं हैं लेकिन जो हैं वह इस दृष्टि से ज़रूर आश्वस्त करती हैं कि कवयित्री का ध्यान इस ओर है। वे परिस्थितियों से हारते मनुष्य की विडम्बना का त्रासद चेहरा पाठक के समक्ष अवश्य उजागर कर देती हैं। सामाजिक जीवन व सामाजिक विडम्बना के और भी पक्ष हो सकते हैं लेकिन उतने विस्तार या विविधता में जाने का अवकाश कवयित्री के पास नहीं है। उनका सारा ध्यान असमानता की पीड़ा झेलते व्यक्ति पर है, फिर वह विषमता चाहे जाति की हो, लिंग की या अर्थ की, उनका चित्रण एवं उनके प्रतिकार की राजनीति, अपने प्रेरक सक्रिय रूप में यहाँ मौजूद है।

अभिधा का सौन्दर्य

किसी दलित बुद्धिवादी की
क़लम से
जब भी कविता लिखी जाती है,
ऊबड़-खाबड़ पत्थरों के बीच
रसहीन सूखी नदी जैसी
फैली ज़िन्दगी ही
सिमट कर आ जाती है।[25]

कविता और कविता की सोच, सुशीला टाकभौरे के यहाँ अनिर्वायतः जीवन से सम्बद्ध हैं। जीवन भी बहती नदी-सा नहीं, सूखे पठारों-सा, ऊबड़-खाबड़। दलित कविता के लिए यही बड़ी उपलब्धि है कि वे स्वानुभूत अनुभव को ज़िन्दगी की पहचान-सा अपने साहित्य के केन्द्र में ले आए हैं। सुशीला टाकभौरे भी मन में उमड़ते भावों को एक दिशा देने का प्रयत्न कर रही हैं। उनकी कविता इस संघर्ष में उनकी सहचरी है। कविता की सार्थकता यहाँ बिम्बों-प्रतीकों या चमत्कारी शब्दों में न होकर उसकी क्रान्तदर्शी भूमिका में है। कविता-भाषा सम्बन्धी उनकी जितनी भी कविताएँ हैं उनका उद्देश्य साधना दीप प्रज्वलित करना है जो अपने साथियों, वंचितों के हृदय को प्रकाशित कर सके। कला और साहित्य की संकल्पना उनके पास इसी रूप में है—

कला कला के लिए कहने वाले
कैसे करेंगे
जीवन से जुड़ी
कला की पहचान[26]

जीवन की वास्तविकता से जुड़कर उन्होंने अपने सत्यम्, शिवम्, सुन्दरम् स्वयं परिभाषित किए हैं।

हमारा सत्यम्
सामाजिक विषमता का कड़वा सच
हमारा शिवम् कल्याणकारी
मगर युगों से चली आ रही
तुम्हारी परम्पराओं पर भारी

× × ×

हमारा सत्यम्
भाषा का शिल्प सौन्दर्य नहीं

× × ×

विद्रूपता-कठोरता से पूर्ण
कटु यथार्थ है!
सह पाओगे प्रहार?
करो स्वीकार! [27]

कल्पना की सतरंगी उड़ान, शब्दों की साधना का स्वप्न जाल जीवन की कठोर वास्तविकताओं के समक्ष सब बेमानी है। खरी-खरी बेलौस भाषा में दो-टूक बात करने का साहस इस कविता के शब्द-शब्द में झलकता है। उसे उसी के रचे प्रतिमानों पर समझना होगा। कविता की इस धारा ने हिन्दी साहित्य के समक्ष भी नई चुनौती उपस्थित की है। आलोचना की कसौटियों में बड़ा भारी अवरोध पैदा हुआ है जैसे यह कविता माँग करती हो कि उसे उसी की शर्तों पर पढ़ना होगा। डॉ. एन. सिंह का विचार है—"दलित साहित्य का शब्द-सौन्दर्य प्रहार में है, सम्मोहन में नहीं। वह समाज और साहित्य में शताब्दियों से चली आ रही सड़ी-गली परम्पराओं पर बेदर्दी से चोट करता है, वह शोषण और अत्याचार के बीच हताश जीवन जीने वाले दलित को लड़ना सिखाता है, वह सिर पर पत्थर ढोने वाली मज़दूर महिला को उसके अधिकार के विषय में बतलाता है। उसे धर्म की भूल-भुलैया से निकालकर शोषण से मुक्ति का मार्ग दिखाता है। उसके लिए जिस शाब्दिक प्रहार क्षमता की आवश्यकता है, वह उसमें है और वही दलित साहित्य का शिल्प-सौन्दर्य है।"[28] इस दृष्टि से यह मानना पड़ेगा कि सुशीला टाकभौरे के पास शाब्दिक प्रहार करने वाले भाषिक उपकरण मौजूद हैं।

नहीं चाहिए
दान की गाय और
दया की बकरी ये बहिष्कृत जन
घेर लाए हैं
संचेतना की सिंहनी। [29]

गाय, बकरी या सिंहनी के प्रतीक प्रचलित हैं लेकिन उनके पीछे का टोन, बलाघात उन शब्दों में ज्वाला भर देता है—

तुम्हारे हाथों की ज्ञान पुस्तिका
पत्थर हो गई बरसों से
छीन कर तुमसे
हम उसको आज़ाद करेंगे। [30]

जो भी शैली शिल्प अपनाया गया है उसका बल, कथ्य हो या भाषा उसकी जड़ता तोड़कर उसे न्याय की पुकार में बदलने का सफलतम प्रयास है। यह काव्य-सौन्दर्य की बदलती अभिरुचियों में अमिधा के सौन्दर्य की प्रतिष्ठा का अभियान है।

दलित स्त्रीवाद

विमर्शों की दुनिया में सुशीला टाकभौरे की कविता दोराहे पर खड़ी प्रतीत होती है। दलित व स्त्री अस्मिता की स्वतंत्र राहें जैसे एक-दूसरे से होकर गुज़रती हों। "स्त्री-विमर्श और दलित विमर्श के बीच समानता यह है कि स्त्री और दलित दोनों ही भेदभाव, अपमान, कष्ट, अधिकारहीन स्थिति, शोषण, अत्याचार का कष्ट भोगते हैं।...सदियों पुरानी समाज व्यवस्था का नियम समाज में अभी भी मौजूद है। स्त्री को भी शूद्र मानकर पुरुष की अपेक्षा निम्न माना गया है। इस तरह स्त्री-विमर्श और दलित विमर्श में अनेक समानताएँ हैं।"[31] उनकी कविताओं का केन्द्र बिन्दु दलित और स्त्री दोनों हैं। अपमान की पीड़ा तथा संघर्ष का उद्‌बोधन दोनों के लिए है लेकिन उन्होंने यह भी स्वीकार किया कि दलित होने की पीड़ा स्त्री होने की पीड़ा से कहीं बड़ी है, जिन्होंने इस वेदना को झेला है वही जान सकते हैं और इस स्थिति में भी, दलित स्त्री दोहरे शोषण की शिकार है जो उसे झेलना पड़ता है, वह गैरदलित स्त्री की नियति से सर्वथा भिन्न है। वे मानती हैं कि मुख्यधारा के 'स्त्रीवाद' में दलित स्त्रियों को स्थान नहीं मिला, यह देखते हुए ही 'दलित स्त्रीवाद' की चर्चा आजकल अलग से की जा रही है। दलित स्त्रियों द्वारा चलाया जाने वाला यह आन्दोलन, डॉ. भीमराव अम्बेडकर की विचारधारा पर आधारित होने के कारण सम्पूर्ण स्त्री वर्ग का प्रतिनिधित्व करता है। दलित स्त्री की जीवनगत विडम्बना का अनुभव होने पर भी दलित स्त्री की कोई अलग छवि उनकी कविताओं में नहीं मिलती।

स्त्री-कविता की पहचान के लिए सुशीला जी की कविताओं का चुनाव विशेष दृष्टि से हुआ है। यह कविता उस अर्थ में स्त्री-विमर्श के प्रचलित मुहावरे में फिट नहीं होती। स्त्री के शोषण-उत्पीड़न के विरुद्ध सशक्त स्वर बुनते हुए भी इस कविता को 'जेंडर-लेंस' से नहीं देखा जा सकता। अपने समय की अन्य कवयित्रियों के समान इनके यहाँ स्त्री-विमर्श को लेकर कोई सहमति-असहमति भी नहीं है, ऐसे में स्त्री-विमर्श और स्त्री-कविता की उनके यहाँ क्या अवधारणा है यह समझना ज़रूरी है। उनके शब्दों में, "स्त्री-कविता का आशय यही है—स्त्री द्वारा स्त्री के हित में लिखी गई कविता। स्त्री-कविता में स्त्री अपने मन की भावनाओं को, अपने दुख-सुख, आशा-अपेक्षाओं को चित्रित करती है।...यदि स्त्री-कविता को चिरजीवी बनाना है तो उसे समय के साथ भी चलना होगा और अपनी समकालीन 'पुरुष कविता' में उठाए गए विषयों पर भी ध्यान देना होगा। ताकि स्त्री-कविता केवल स्त्री

तक सीमित न रहे, उसमें पूरे समाज का बिम्ब दिखे और वह समाज के हर वर्ग के लिए प्रेरणादायी बनकर अपनी सफलता का सन्देश दे।...स्त्री यदि क्रान्ति की दिशा में स्त्री-कविता लिखे तो समाज पर उसका असर जल्दी होगा और सामाजिक परिवर्तन जल्दी होगा।"[32]

इस तरह, सुशीला टाकभौरे के लिए कविता रचना गहरे दायित्वबोध का काम है। एक समतामूलक मानवीय समाज की संकल्पना तभी सम्भव हो सकेगी जब उसमें सबकी भागीदारी हो। इसमें प्रत्येक व्यक्ति की समान ज़िम्मेदारी है, स्त्री और पुरुष, दलित-ग़ैरदलित सभी को साथ-साथ यह ज़िम्मेदारी निभानी है। सामाजिक परिवर्तन में सामूहिक भागीदारी की बात करते हुए भी उन्होंने अपने साहित्य को अपनी अस्मिता से जोड़कर देखे जाने का आग्रह किया है (स्त्री और दलित दोनों ही अस्मिताएँ उसमें शामिल हैं) क्योंकि अस्मितामूलक साहित्य प्रेरणा का सोपान भी है, उस रूप में उसकी प्रेरक भूमिका की अपनी अहमियत है। सुशीला टाकभौरे की कविता इस दृष्टि से स्त्री-कविता को एक अलग स्वर देती है जिसको गम्भीरता से लेना होगा, यही उसकी सबसे बड़ी सार्थकता है।

सन्दर्भ

1. मनोगत, स्वाति बूँद और खारे मोती, पृ. 17
2. वही, पृ. 17
3. डॉ.अम्बेडकर, दलित साहित्य सम्मेलन पत्रिका; 17 जनवरी, 1973
4. हम दलित, यह तुम भी जानो, पृ. 87
5. भील एकलव्य, यह तुम भी जानो, पृ. 35
6. धर्म, स्वाति बूँद और खारे मोती, पृ. 42
7. व्यंग्य आघात और विषपान, हमारे हिस्से का सूरज, पृ. 141
8. स्वयं को पहचानो, हमारे हिस्से का सूरज, पृ. 139
9. सुनो विक्रम, यह तुम भी जानो, पृ. 38-39
10. नज़र, स्वाति बूँद और खारे मोती, पृ. 106
11. सपने सज जाएँगे, हमारे हिस्से का सूरज, पृ. 154
12. तुमने उसे कब पहचाना, पृ. 60
13. संवाद, नया ज्ञानोदय, नवम्बर, 2017, पृ. 46
14. समकालीन भारतीय दलित महिला लेखन-2 (कविता खंड), पृ. 91-92
15. विद्रोहिणी,तुमने उसे कब पहचाना, पृ. 86
16. स्त्री, यह तुम भी जानो, पृ. 31
17. दलित दख़ल, पृ. 26-29
18. मन की बात-2, यह तुम भी जानो, पृ. 16
19. जानकी जान गई है, यह तुम भी जानो, पृ. 65
20. जय भीम, हमारे हिस्से का सूरज, पृ. 204

21. यातना के स्वर, हमारे हिस्से का सूरज, पृ. 119
22. मनोगत, स्वाति बूँद और खारे मोती, पृ. 18
23. बलि के बकरे, हमारे हिस्से का सूरज, पृ.125
24. महँगाई, स्वाति बूँद और खारे मोती, पृ. 75-76
25. बुद्धिवादी चिन्तन, हमारे हिस्से का सूरज, पृ. 175
26. कला की पहचान, स्वाति बूँद और खारे मोती पृ. 73
27. सत्यम्, शिवम्, सुन्दरम्, स्वाति बूँद और खारे मोती, पृ. 55
28. डॉ. एन. सिंह, दलित साहित्य का सौन्दर्यशास्त्र, पृ. 48
29. आक्रोश, हमारे हिस्से का सूरज, पृ. 164
30. बदलते प्रतिमान, हमारे हिस्से का सूरज,पृ. 190
31. संवाद, नया ज्ञानोदय, नवम्बर, 2017, पृ. 46
32. वही, पृ. 50

नेपथ्य से...

स्त्रीवादी आन्दोलन और विमर्श

स्त्री अस्मिता तथा स्त्री-कविता को केन्द्र में रखते हुए जब हम जेंडर और कविता के रिश्ते को परखना चाहते हैं तो हमारी पड़ताल, स्त्रीवाद की विभिन्न धाराओं से होकर गुज़रती है। स्त्री-कविता को समझने के लिए स्त्री अधिकारों के विकास की पृष्ठभूमि को जानना बेहद ज़रूरी है क्योंकि इस विकास की प्रतिध्वनि स्त्री रचनाकारों की कविताओं में मिलती है। बहुत-सी कविताओं का स्त्री-पक्ष, बहुत महीन रूप में स्त्री सम्बन्धित सामाजिक अन्तर्विरोधों को दर्ज करते हुए, स्त्री के साहस और प्रतिकूल परिस्थितियों में उनके उठ खड़े होने की ताक़त को खुलकर कविता में व्यक्त कर रहा है। समकालीन साहित्य की यह विशेषता है कि वह अपनी मिट्टी में गहरे स्थित होकर भी विश्वजनीन साहित्यिक प्रवृत्तियों से प्रभावित होता है। स्त्री की पीड़ा को पुरज़ोर अभिव्यक्ति देने वाले फेमिनिस्ट डिस्कोर्स इस साहित्य को प्रभावित करते रहे हैं। बौद्धिक प्रतिबद्धता एवं राजनीतिक आन्दोलन के रूप में स्त्रीवाद, स्त्री की जागरूकता का माध्यम बना। मुख्यधारा में व्याप्त पितृसत्ता का विरोध करते हुए वह स्त्री के मौलिक अधिकारों को चर्चा के केन्द्र में लाता है। समकालीन हिन्दी कविता का स्त्री-स्वर, चेतना के इस अभियान का हमक़दम है। कविता की इस धारा ने स्त्री के निजी एकान्त को स्पेस देते हुए उसके अधिकारों की सक्रिय पैरवी की। इस सबसे समाज के स्थापित ढाँचों में तोड़-फोड़ तो हुई है।

बीसवीं सदी, स्त्री की अपनी इच्छाओं, कामनाओं, आत्म-परिभाषा, अस्तित्व को लेकर स्त्रियों में बढ़ती जागरूकता की गवाह रही है। जब भी साहित्य में किसी नई प्रवृत्ति का उद्घोष होता है तब उस पर क्रिया-प्रतिक्रिया होने लगती है। समकालीन हिन्दी कविता में एक ओर इस स्त्री-स्वर का स्वागत गर्मजोशी से हुआ तो दूसरी ओर उसे पाश्चात्य स्त्रीवाद का आयातित विमर्श कहकर ख़ारिज करने की चेष्टा भी हुई। चिन्तन की सभी शाखाओं में पूर्व और पश्चिम की स्थापना दो ध्रुवों के रूप में हुई हैं। बहुधा उन्हें एक-दूसरे के विरोध में स्थापित किया गया। सम्भवत: इसके पीछे लम्बे समय तक चली आई औपनिवेशिक व्यवस्था रही है। जबकि पिछले कुछ वर्षों से तकनीक की नई सुविधाओं के आ जाने से पूरे विश्व में आपसी संवाद बढ़ा है। बहुत-सी बातों में हम दक्षिण एशिया के देशों-समाजों से जिस तरह की

साझेदारी अनुभव करते हैं वैसी ही समानान्तरता, विश्व के अन्य भागों से भी हमें जोड़ती है। स्त्रीवादी विचारधारा ऐसा ही एक संकल्प है।

स्त्री-विमर्श की मूल प्रपत्तियों में प्रमुख है—लिंग और जेंडर का सम्बन्ध। सिमोन द बोउवार ने कहा था कि 'स्त्री पैदा नहीं होती बना दी जाती है' One is not born but rather becomes a woman (The second sex, 1949)। फ्रांस में बैठे हुए सिमोन ने जो कहा, वह केवल विश्व के उस हिस्से की ही सच्चाई नहीं थी। दुनिया के सभी भागों में 'स्त्री के स्त्रीकरण' की प्रक्रिया भयावह है। स्वतंत्र अस्मिता का विचार हो या पारिवारिक मान-मर्यादा की कसौटियाँ, स्त्री से सदा यह अपेक्षा की जाती है कि वह समाज द्वारा निर्धारित कुल-शील की परम्पराओं का पालन करेगी। ईसा के समय से छह शताब्दी पूर्व, थेरियाँ बुद्ध के संघ में किस मुक्ति की तलाश में जाती हैं? आध्यात्मिक मुक्ति के उस पाठ में उनकी सामाजिक स्थिति के अनगिनत अन्तर-पाठ वहाँ समाहित हैं। प्लेटो और अरस्तू जैसे महान विचारक भी अपने पति और बच्चों की सेवा से बढ़कर स्त्री-जीवन की कोई अन्य सामाजिक उपादेयता नहीं पहचान पाते। सिमोन का यह कथन भी द्रष्टव्य है, "इतिहास में हमेशा से औरत पुरुष के अधीनस्थ रही है। औरत के मामले में अन्यता का सवाल निरपेक्ष और अपने आप में पूर्ण है इसलिए प्रतीत होता है कि वह ऐतिहासिक तथ्यों की न तो कोई आकस्मिक घटना है और न किसी सामाजिक बदलाव का परिणाम। यदि औरत की स्थिति प्राकृतिक मान ली जाए तो यह बदलाव की सम्भावना से परे हो जाती है।"[1] परम्परा-मिथक और इतिहास के हज़ारों पृष्ठ, स्त्री के प्रति भेदभाव से रंगे हुए हैं। असमानता का पहला पाठ, स्त्री के स्त्रीकरण की प्रक्रिया से ही आरम्भ होता है। आप जिस भी सभ्यता का इतिहास उठाकर देखें, पुरुष-वर्चस्व स्थापित करने तथा स्त्री को सामाजिक गतिविधियों से बहिष्कृत करने का इतिहास है।

स्त्रीवादी चिन्तन में एक और आधारभूत तत्त्व है—सार्वभौम बहनापा (universal sisterhood)। विश्व-भर की स्त्रियों ने अपनी मुक्ति के लिए एक-दूसरे का हाथ पकड़ना स्वीकार किया। सभी स्त्रियों ने महसूस किया कि अलग-अलग सामाजिक संरचनाओं में वे बार-बार छली गई हैं। उनके विशेष स्त्री-अनुभव अपनी यातना और पीड़ा में उन्हें एक-दूसरे से अभिन्न करते हैं। वे सब लगभग समान रूप से असमानतापूर्ण संरचनाओं की उत्तराधिकारी हैं, जिससे अपने मुक्ति-अभियानों में, वे एक-दूसरे के प्रति साझेदारी अनुभव करती हैं और सिर्फ़ एक-दूसरे से ही नहीं दुनिया के तमाम वंचित समाजों की पीड़ा और मुक्ति-प्रयासों में स्त्री-कविता ने अपनी भागीदारी निभाई है। आज विश्व-भर में स्त्रीवाद, जिस वैचारिकी को अपने भीतर समेटकर आगे बढ़ रहा है वह स्त्री-विमर्श की अपेक्षा एक नया सभ्यता-विमर्श बन गया है, जो ऐसे समाज की स्थापना करना चाहता है जिसमें सबको अपनी अभिव्यक्ति के अवसर मिलें। लिंग-जाति-धर्म-नस्ल किसी भी आधार पर व्यक्ति

की गरिमा को चोट न पहुँचाई जाए। यह एक रल-मिल समाज की संकल्पना है जिसमें भेदभाव और शोषण के स्याह अध्याय लुप्त हो जाएँ।

आधुनिक समय में, पश्चिम में, व्यवस्थित ढंग से स्त्री-चिन्तन की जो शुरुआत हुई उसका सम्बन्ध 1792 में मैरी वॉलस्टोनक्रॉफ़्ट की पुस्तक 'ए विन्डिकेशन ऑफ द राइट्स ऑफ वीमेन' से माना जाता है। मैरी ने अपनी इस पुस्तक में स्त्रियों को पुरुषों की तुलना में कमतर मानने से इनकार किया। उसके अनुसार उनकी सामाजिक हैसियत में जो कमी थी, वह उनमें शिक्षा के अभाव के कारण थी। मैरी ने स्त्री-शिक्षा एवं स्त्री-अधिकारों की पैरवी की। बाद में स्त्री-मुक्ति के जो आन्दोलन हुए उन्होंने मैरी के तर्कों को अपनी पृष्ठभूमि के रूप में स्वीकार किया। मैरी वॉलस्टोनक्रॉफ़्ट के विचारों को व्यापक स्वीकृति पाने में लगभग एक शताब्दी का समय लग गया।

ऐमिली डिकन्सन (1882-1886), वर्जीनिया वुल्फ (1882-1941), सिल्विया प्लॉथ (1932-1963) के जीवन और साहित्य में दर्द की जो लकीर है, उसमें लिंगाधारित सामाजिक विषमता ही उनके जीवन को असहाय बना देती है। विश्व साहित्य में इन रचनाकारों के अलावा भी बहुत-सी स्त्रियों ने स्त्री-समानता के लिए आवाज़ उठाई और केवल स्त्रियाँ ही नहीं, जिन पुरुष विचारकों ने स्त्री-अधिकारों की पैरवी की, उनमें जॉन स्टुअर्ट मिल का नाम विशेष सम्मान से लिया जा सकता है। वे मानते हैं कि स्त्रियों की रुचि और क्षमता को अलग से परखा ही नहीं गया। पुरुष प्रतिनिधि नहीं समझ सकते कि स्त्री क्या चाहती है। स्त्री द्वारा गरिमापूर्ण जीवन जीने के लिए यह आवश्यक है कि स्त्री को आर्थिक स्वतंत्रता मिले। जॉन स्टुअर्ट मिल ने 'स्त्री पराधीनता' के विविध आयामों को संवेदनशील अभिव्यक्ति दी और उसके प्रतिकार के लिए मानसिकता में बदलाव लाने की आवश्यकता पर बल दिया।

पश्चिम में चिन्तन और दर्शन की विविध धाराओं में स्त्री-जीवन की विडम्बनाओं को देखा गया और अपनी-अपनी दृष्टि से स्त्री-मुक्ति की प्रस्तावना रखी। इसी आधार पर स्त्रीवाद की अनेक धाराएँ सामने आईं—उदारवादी स्त्रीवाद, रेडिकल स्त्रीवाद, मार्क्सवादी स्त्रीवाद, मनोविश्लेषणात्मक स्त्रीवाद तथा उत्तर-आधुनिक स्त्री-विमर्श। इन सबमें मुख्य चिन्ता, स्त्री-पुरुष असमानता को पहचानने की रही लेकिन मुक्ति के प्रावधान सबमें अलग-अलग ढंग से प्रस्तावित किए गए, सभी धाराओं में बलाबल का भी अन्तर रहा। इसी तरह से ब्लैक स्त्रीवाद भी इतिहास में एक अहम स्थान रखता है, जिसका तर्क है कि लैंगिकता, वर्ग-विषमता और नस्लवाद अतुलनीय रूप से एक साथ बँधे हैं। साठ के दशक में सिविल राइट्स आन्दोलन में लैंगिक अवधारणाओं की प्रतिक्रिया के परिणामस्वरूप यह अस्तित्व में आया। ब्लैक स्त्रीवाद के पैरोकारों का मानना था कि सामाजिक शक्ति के ढाँचे के भीतर एक ब्लैक स्त्री की स्थिति, श्वेत स्त्री से कहीं जुदा है।

समय की दृष्टि से, पश्चिम में स्त्रीवाद के तीन चरण माने गए हैं जिन्हें अंग्रेज़ी में फर्स्ट वेव, सेकंड वेव तथा थर्ड वेव का नाम दिया गया। स्त्रीवाद की पहली लहर, उन्नीसवीं सदी के आरम्भ के मध्य तक मानी जा सकती है। उस समय स्त्री के लिए पुरुषों के समान अधिकार, लोकतंत्र में मताधिकार, शिक्षा के समान अवसर आदि विषयों पर आवाज़ उठी। इन सभी मुद्दों के साथ महिलाओं ने स्वयं को दास-प्रथा से मुक्ति के आन्दोलन में भी जोड़ा। वह समय स्त्री की स्वतंत्र अस्मिता के पहचान का समय रहा। स्त्री-अधिकारों को मुख्यतः उदार नज़रिए से ही देखा गया।

दूसरी लहर का समय, बीसवीं शताब्दी के छठे दशक से प्रारम्भ होता है। इस समय तक द्वितीय विश्वयुद्ध समाप्त हो चुका था। युद्धोत्तर परिस्थितियों ने स्त्री को घर की चारदीवारी से निकालकर, नौकरी व व्यावहारिक ज़िम्मेदारियाँ निभाने को विवश कर दिया। अमेरिका में कई महिलाओं ने कारख़ानों और शिपयार्ड में काम करना शुरू कर दिया जिससे यह साबित हुआ कि महिलाएँ वे काम कर सकती हैं जो पुरुषों के लिए निर्धारित थे। घर में हिंसा और अपमान झेलती स्त्री के लिए नए कार्यक्षेत्र खुल गए थे, किन्तु यहाँ भी उसने पाया कि उसके श्रम का उचित मुआवज़ा नहीं मिल रहा। शोषण के रूप बढ़ने लगे और स्त्रियों को लिंगाधारित असमानताएँ तीव्रता से महसूस होने लगीं। बैटी फ्राइडन जैसे विचारकों ने 1963 में 'द फेमिनिन मिस्टीक' लिखकर इस युग में स्त्री-आन्दोलन की सैद्धान्तिकी के निर्माण में महत्त्वपूर्ण योगदान दिया। ग्लोरिया स्टाइनम, जर्मेन ग्रीयर, शर्ली चिशोलम ने भी स्त्री के पक्ष में अपनी आवाज़ मुखर की। यह चरण, स्त्री-पुरुष समानता के साथ-साथ स्त्री को समाज की मुख्यधारा में शामिल करने की पैरवी करता है। अमेरिका में विशेष रूप से, ऐसे स्त्री-मुक्ति आन्दोलन सक्रिय हो रहे थे, जो उग्रता से पितृसत्तात्मक व्यवस्थाओं का विरोध कर रहे थे। इसी तरह विश्व-भर में अनेक छोटे-बड़े स्वायत्त आन्दोलन भी शुरू हुए जो परिवार और उसके बाहर, स्त्री की सामाजिक हैसियत पर बहस खड़ी कर रहे थे। इनके मुख्य मुद्दे तलाक, गर्भ-निरोध का अधिकार, स्त्री यौनिकता, प्रजनन एवं स्त्री-स्वास्थ्य से सम्बन्धित थे। इसी समय स्त्रियों ने स्वयं को युद्ध विरोधी, नागरिक आन्दोलनों से भी जोड़ा। स्त्री-मुक्ति के सन्दर्भ में सामाजिक स्तर पर यह सबसे उर्वर और गतिशील समय रहा। मध्यम वर्ग की महिलाओं की आकांक्षाओं और अवसरों के साथ जुड़े होने के कारण इस समय स्त्रीवादी आन्दोलन का काफ़ी विस्तार हुआ। स्त्री-अध्ययन को ज्ञान की अलग शाखा के रूप में स्वीकृति मिली। लैंगिक अध्ययन या स्त्री अध्ययन, न सिर्फ़ साहित्य बल्कि भाषा, समाजशास्त्र, नृविज्ञान, भूगोल, इतिहास, राजनीति विज्ञान, सिनेमा, मीडिया अध्ययन के क्षेत्र में लिंग और लैंगिकता का अध्ययन करता है लेकिन नारीवाद को समझने के क्रम में कहीं-कहीं उग्रता इतनी बढ़ गई

कि पितृसत्ता का विरोध करते-करते स्त्रीवाद का तेवर पुरुष-विरोधी हो गया। एक और मुद्दा जिसे इस समय सम्बोधित नहीं किया जा रहा था वह अन्य सामाजिक वर्गों की भागीदारी का था। नस्ल, जाति, वर्ग के आधार पर होने वाले भेदभाव को यह अपने भीतर समेट नहीं पाया जिससे इस स्त्रीवाद की आलोचना यह कहकर की गई कि यह मुख्यत: श्वेत-मध्यवर्गीय या ऊँची जाति की स्त्रियों का आन्दोलन है जिससे बाक़ी वर्गों की स्त्रियाँ, अपने आप को नहीं जोड़ पा रहीं।

नब्बे के दशक में सूचना और संचार की क्रान्ति के परिणामस्वरूप महिला-आन्दोलनों में एक नई सक्रियता पैदा हुई तथा उसका दायरा भी बढ़ा। विश्व के सभी देशों की स्त्रियों ने एक-दूसरे के साथ, यूनिवर्सल सिस्टरहुड अर्थात् सार्वभौमिक बहनापे का सम्बन्ध स्थापित किया। स्त्री-मुक्ति की दिशा, एकरेखीय न होकर प्रकाश रेखा की तरह असंख्य रश्मियों में विकीर्ण होने लगी। स्त्री-पुरुष यौनिकता के अतिरिक्त अन्य प्रकार की लिंगोन्मुखता रखने वाले लोगों के मुद्दे भी इसमें शामिल कर लिए गए। बाज़ार, स्त्री-देह का जिस रूप में वस्तुकरण कर रहा था उसका प्रतिकार भी आवश्यक लगा। स्त्री ने प्रकृति के साथ एक अभिन्नता महसूस की, जिसके परिणामस्वरूप, ईकोफेमिनिज़्म स्त्री-अध्ययन के अन्तर्गत महत्त्वपूर्ण हो गया। मैरिटल रेप, सेक्सुअल ह्रासमेंट अभी भी ज़रूरी मुद्दे थे। उनके साथ-साथ जाति, नस्ल, वर्ग के सवालों को भी जोड़ दिया गया, जिससे यह आन्दोलन सभी वर्गों का प्रतिनिधित्व कर सके। सामाजिक, आर्थिक, राजनीतिक सभी क्षेत्रों में आधी आबादी के बराबर के अधिकार की माँग करते हुए, यह आन्दोलन एक नए शोषणमुक्त एवं मानवीय समाज की संकल्पना को हक़ीक़त में बदलने की कोशिश का नाम बन गया।

आज हम जिस समय में रहते हैं उसमें देश-दुनिया की कोई भी घटना, केवल उसकी भौगोलिक सीमाओं तक नहीं रहती। उसका प्रभाव विश्वव्यापी हो जाता है, जैसे मलाला यूसुफजाई को पाकिस्तान में गोली मार दी जाती है और उसके शिक्षा के अधिकार को प्रश्नांकित किया जाता है तब वह विश्व भर में स्त्री के साहस का रोल-मॉडल बनकर उभरती है। इसी तरह जूलिया क्रिस्टोवा, फ्रांस में स्त्री सम्बन्धी चिन्तन के जो आयाम खोलती हैं उसकी चर्चा विश्व के सभी भागों में होती है। रचना के अन्तर्पाठ व भाषा की सांकेतिकता पर बल देने वाली जूलिया क्रिस्टोवा के विचारों ने स्त्रीवाद की अवधारणा को भी प्रभावित किया। 'पाठ' व 'भाषा' की मुक्ति का आग्रह साहित्यिक कृतियों तथा सैद्धान्तिकी में किसी भी प्रकार की सरल एकरूपता को ख़ारिज करता है, जिससे स्त्रीवाद की एकआयामी धारणा खंडित होती है। उन्होंने यह माना कि स्त्री अस्मिता की पहचान विविध अस्मिताओं की उपेक्षा करने से अधूरी रहेगी। उसमें अलग-अलग आवाज़ों को सुनना पड़ेगा।

जूडिथ बटलर ने भी जेंडर की अवधारणा को अस्मिता के सवालों से अलग करके देखा। बीसवीं शताब्दी के अन्तिम चरण तथा इक्कीसवीं शताब्दी के आरम्भ में बटलर द्वारा प्रतिपादित स्त्रीवाद, दर्शन एवं संस्कृति के उन सवालों को केन्द्र में लाता है जिससे स्त्री-पुरुष की जेंडर बाइनरीज़ निरस्त हो जाती हैं। उनके अनुसार व्यक्ति का जेंडर उसकी भाषा एवं व्यवहार की छोटी-छोटी आदतों से रूप ग्रहण करता है। बटलर की यह स्थापना आनेवाले समय में क्वीयर तथा एल.जी.बी.टी. अधिकारों की संकल्पना का दृढ़ आधार बनी।

भूमंडलीकरण के नकारात्मक प्रभावों से जूझते हुए भी यह समय ज्ञान के आदान-प्रदान और वैचारिक ऊर्जा का समय है। एक देश में जो घटता है उसकी प्रतिध्वनि, दुनिया के दूसरे कोनों में स्पष्ट रूप से सुनाई पड़ती है। स्त्रीवाद में यूँ भी जिस बहनापे की बात होती है वह एक-दूसरे के लिए सन्दर्भ बनती है। विश्व में सभी जगह अपने परिवेश की आवश्यकताओं के अनुसार, स्त्री-चेतना से जुड़े विभिन्न कार्यक्रम अपनाए गए। स्वायत्त स्त्री संस्थाओं ने आगे बढ़कर इस चेतना को आन्दोलन का रूप दिया और स्त्रियों की स्थितियों में परिवर्तन लाने की कोशिश की। सभी जगह इस दिशा में किए गए प्रयासों के अलग-अलग परिणाम आए जो कहीं बहुत सकारात्मक भी थे और कहीं-कहीं वे कुछ दबाव में दिखे। फिर भी यह सतत विकसित होने वाली चेतना रही है जो स्त्री के अधिकारों को केन्द्र में रखकर आगे बढ़ती रही है। इसकी सबसे बड़ी उपलब्धि यही है कि इसने अपना सम्बन्ध विभिन्न वर्ग की स्त्रियों से जोड़ा है और प्रकारान्तर में स्त्रीवादी चिन्तन को विविध आयामी बनाया है। ब्लैक फेमिनिज़्म को केन्द्रित करनेवाली इंटरसैक्शिनैलिटी की सैद्धान्तिकी भी इसी दिशा में उठनेवाला एक क़दम है। वर्तमान समय में बेल हुक्स, किंबरले क्रेनशॉ, सुरिया नायक आदि सामाजिक कार्यकर्ताओं के लेखन में उठनेवाले सवाल स्त्रीवाद का सम्बन्ध परिवर्तन की उस व्यापक प्रक्रिया से जोड़ते हैं जो वैश्विक स्तर पर समानता व न्याय की आकांक्षी है।

भारतीय पृष्ठभूमि में भी स्त्री चेतना का इतिहास, रोचक तस्वीर पेश करता है। अनेक सामाजिक अन्तर्विरोधों की तरह, भारत में स्त्री-आन्दोलन भी अनेक दुविधाओं-द्वंद्वों से गुज़रते हुए आगे बढ़ता रहा है। हमारे यहाँ पश्चिम की तरह स्त्री-आन्दोलन के विविध रूप या व्यवस्थित इतिहास नहीं है जिससे यह भ्रम होने लगता है कि स्त्री-विमर्श की हमारी अपनी सैद्धान्तिकी नहीं है। इसी से स्त्री-मुक्ति, स्त्री-आन्दोलन तथा स्त्री-विमर्श को पश्चिम की नकल कहकर ख़ारिज किया गया। यह स्थिति हमारी सोच और समाज पर पितृसत्ता की जकड़न का परिणाम है। अगर हम ग़ौर करें तो स्त्री अस्मिता की ध्वनियाँ, हमें वैदिक काल से ही मिलने लगती हैं। समय के अलग-अलग दौर में स्त्रियों ने अपनी अस्मिता को जताया और बराबरी के अधिकार की माँग की जो भारत में स्त्रीवाद की बुनियाद बनी।

वैदिक युग, बौद्धकालीन समाज व्यवस्था या बाद की सामंतशाही, किसी भी समाज में स्त्रियों के प्रति सहृदयता नहीं देखी गई। उस दौर में कुछ स्त्रियों को भले ही शिक्षा का अधिकार मिला हो और हम उस युग पर गर्व करें कि वैदिक युग में स्त्रियाँ स्वतंत्र चेता थीं, शास्त्रार्थ कर सकती थीं तथा बाद में पराधीनता को सहन करते हुए स्त्री-सुरक्षा के नाम पर उन्हें पर्दे की ओट कर दिया गया, किन्तु यह पूरी तरह सच नहीं है। स्त्री की प्रश्नाकुलता और साहस को (गार्गी और मीरां इसकी उदाहरण हैं) हमारी पितृसत्तात्मक व्यवस्थाओं ने कोई जगह नहीं दी।

आधुनिकता की शुरुआत भी भारत में ऐसे समय पर होती है, जब हम एक ओर मध्यवर्गीय मानसिकता से जूझ रहे थे और दूसरी ओर औपनिवेशिक शासन व्यवस्था से। हमारे स्त्रीवाद को भी यह दोहरा अभिशाप झेलना पड़ा। नवजागरण के दौर में स्त्री की स्थिति पर विशेष ध्यान दिया गया। सती प्रथा का उन्मूलन, बाल-विवाह जैसी कुरीतियों का विरोध, विधवा पुनर्विवाह, स्त्री-शिक्षा जैसे सुधारात्मक कार्यों में भी पितृसत्ता को चुनौती नहीं दी जा सकी। स्त्री-शिक्षा की पैरोकारी उसे अपने और अपने समाज की सोच बदलने के लिए नहीं दी जा रही थी, यह सब इसलिए किया जा रहा था कि स्त्री इन सब सुधारों से लाभान्वित होकर एक बेहतर गृहिणी बने और अपने पति और घर-संसार को ख़ुश कर सके। इस सबके बावजूद कुछ स्त्रियों ने इस फ्रेमवर्क को तोड़ने की पहल की।

सावित्रीबाई फुले (1831-1897), पंडिता रमाबाई (1858-1922), रुकमाबाई (1864-1955) जैसी स्त्रियों ने, भारत में स्त्री संघर्ष की ज़मीन तैयार की। सावित्रीबाई फुले ने जाति तथा अशिक्षा के कड़े बन्धनों से स्त्री की मुक्ति के लिए 1848 में पुणे में महिला विद्यालय की स्थापना की। घोर सामाजिक विरोध सहकर भी वे अपने लक्ष्य से पीछे नहीं हटीं। उनके पति ज्योतिबा फुले ने सामाजिक परिवर्तन की इस दिशा में उनका भरपूर साथ दिया। पंडिता रमाबाई ने ऊँची जाति की हिन्दू स्त्री के जीवन-कष्टों का ब्योरा दिया। उनकी किताब 'द हाई कास्ट हिन्दू वीमेन' आज भी प्रासंगिक है। उन्होंने वर्ष 1883 में इंग्लैंड से डॉक्टरी की पढ़ाई की। देश-विदेश घूमकर उन्होंने जो अनुभव हासिल किए उसके बल पर 'शारदा-निकेतन' जैसी संस्था आरम्भ की, जहाँ असहाय महिलाओं को शिक्षा और सहारा दिया जा सके। पंडिता रमाबाई ने अपनी हिन्दू अस्मिता त्यागकर, ईसाई धर्म को अपनाया। इसी से उस समाज की हदबन्दियों और जकड़न का अन्दाज़ा लगाया जा सकता है। लगभग इसी समय, रुकमाबाई ने बचपन में किए गए विवाह को ख़ारिज करने की माँग की और उसके लिए क़ानूनी लड़ाई लड़ी। यह कहने की आवश्यकता नहीं कि उस समय के प्रबुद्ध जन-समाज ने भी उनका साथ नहीं दिया और इसे उनकी अंग्रेज़ी शिक्षा का दोष बताया लेकिन इन जागरूक स्त्रियों ने स्त्री चेतना को लगातार प्रभावित किया।

पूरे राष्ट्रीय आन्दोलन के दौरान, अंग्रेज़ी शासन के विरुद्ध भारतीयता की जिस छवि को विकसित किया गया वह पितृसत्ता की पोषक थी। गांधी जी ने महिलाओं को राष्ट्रीय आन्दोलन से जोड़ा। स्त्री के लिए सामाजिक-राजनीतिक मुख्यधारा से जुड़ने का यह बहुत बड़ा अवसर था किन्तु यहाँ भी उसके लिए कुछ सीमाएँ निश्चित थीं। गांधी जी ने स्त्री के सेवा-भाव और सहन शक्ति को प्राथमिकता दी। इसलिए उनकी भूमिका प्रायः समाज सुधार के कार्यों में निश्चित की गई। असहयोग आन्दोलन तथा नमक सत्याग्रह के दौरान, लगभग अन्तिम चरण में महिलाओं को शामिल किया। सरोजिनी नायडू ने नमक कानून तोड़कर गिरफ्तारी दी। आज़ादी की इस लड़ाई में बहुत से शिक्षित पुरुषों ने अपनी पत्नियों, बेटियों को शिक्षित किया और स्वाधीनता संग्राम में शामिल होने के लिए प्रोत्साहित किया, लेकिन इसके परिणामस्वरूप आज़ादी के बाद उनकी कोई विशेष सामाजिक-राजनीतिक भूमिका नहीं बनी, संविधान के निर्माण के समय उन्होंने स्त्रियों के अलग प्रतिनिधित्व की माँग को स्वयं ही प्रमुखता से नहीं रखा।

आज़ादी के साथ विभाजन की त्रासदी ने महिलाओं को बहुत बड़ा आघात पहुँचाया। सीमा के दोनों ओर फैली हिंसा में स्त्री-देह का निर्मम शोषण हुआ। सामाजिक-राजनीतिक स्तर पर भारत में संविधान के निर्माण के साथ ही महिलाओं को मताधिकार तथा क़ानूनी तौर पर बराबरी का दर्जा अवश्य मिला लेकिन स्त्री-सशक्तीकरण के प्रयासों को अनेक चुनौतियों का सामना करना पड़ा। 1951 में बाबा साहब अम्बेडकर द्वारा तैयार 'हिन्दू कोड बिल' जिसमें विवाह तथा उत्तराधिकार को लेकर स्त्रियों को समान अधिकार दिए गए थे संसद में पास न हो सका। इस पर बाबा साहब ने इस्तीफ़ा दे दिया लेकिन यह हिन्दू स्त्रियों के लिए बहुत बड़ी हार थी क्योंकि इसके माध्यम से अधिकांश स्त्री-जाति के भविष्य को सुरक्षित करने का जो प्रयत्न किया जा रहा था वह ध्वस्त हो गया।

1960 के आसपास जो शिक्षित स्त्रियाँ घर के बाहर, स्कूलों, दफ़्तरों, अस्पतालों में नौकरी कर रही थीं उनके सम्मुख, परिवार और बाहर के सामाजिक आर्थिक व्यवहार, चुनौती बनकर खड़े थे। नौकरी के लिए स्त्री का अपने घर से बाहर आना-जाना, पुरुषों और समाज के लिए नया अनुभव था जिसमें स्त्री अपनी तयशुदा भूमिका से अलग हटकर नए दायित्व सँभाल रही थी। इससे स्थापित मान्यताएँ हिल रही थीं। बावजूद इसके, वह समझ रही थी कि इस नई सामाजिक संरचना में भी उसके हिस्से सिर्फ़ ज़िम्मेदारी का बोझ ही आया है, उसका अपना आसमान अभी भी उसके हाथ नहीं लग सका है। अपने निजत्व के इन बदलते समीकरणों की टकराहट का अनुभव, उसे परेशान कर रहा था। 1974 में भारत में महिलाओं की स्थिति पर 'टुवर्ड्स इक्वलिटी' नाम से जो रिपोर्ट प्रकाशित हुई थी उसने शिक्षा, स्वास्थ्य, राजनीति, अर्थतंत्र हर क्षेत्र में स्त्रियों के प्रति असमान व्यवहार को दर्ज

किया और उनसे मुक्ति के लिए विशेष प्रावधान प्रस्तावित किए। इस रिपोर्ट में स्त्रियों की दृष्टि से घटते लिंगानुपात का हवाला देते हुए महिलाओं के प्रति संवेदनशील योजनाओं की प्रस्तावना की गई थी।

संयुक्त राष्ट्र की ओर से वर्ष 1975 को 'अन्तरराष्ट्रीय महिला वर्ष' घोषित किया गया तथा 1975-1985 तक के दशक को 'महिला दशक' का नाम देने की घोषणा हुई। इसी दशक में सरकारों पर महिलाओं के विकास से जुड़ी नीतियाँ बनाने का दबाव डाला गया। इसी समय में अनेक स्वायत्त संस्थाओं ने ज़ोर पकड़ा तथा दहेज और घरेलू हिंसा के विरोध में प्रदर्शन हुए। बलात्कार की घटनाओं के विरुद्ध, स्त्री-संगठन एकजुट होकर खड़े हुए। तलाक के अधिकार से लेकर अपनी देह पर अपने अधिकार की पैरवी करते हुए, स्त्रियों ने आर्थिक क्षेत्र में समान वेतन व सम्पत्ति के अधिकार को लेकर सफल अभियान चलाए। लगातार किए गए इन प्रयत्नों के बल पर ही आज स्त्री-शिक्षा, नौकरी व व्यवस्था में स्त्रियों की भागीदारी बढ़ रही है किन्तु कन्या भ्रूण-हत्या, घटता लिंगानुपात, दैहिक शोषण व स्त्री सुरक्षा, आज भी चिन्ता का विषय बने हुए हैं। भूमंडलीकरण और उपभोक्तावादी संस्कृति के प्रसार से, देह और सौन्दर्य के बाज़ार ने स्त्री अस्मिता को अपने मुनाफ़े के लिए इस्तेमाल किया है, यह भी आज के वक़्त में एक बड़ी चिन्ता की बात है।

बहरहाल, स्त्री के हक़ में कुछ वैधानिक प्रावधान हुए हैं जो कार्यक्षेत्र में यौन उत्पीड़न से उसकी सुरक्षा के लिए निर्धारित किए गए हैं और साथ ही मातृत्व के विकास के लिए छुट्टी आदि दिए जाने से आर्थिक क्षेत्रों में स्त्री की भागीदारी बढ़ रही है। पंचायतों में स्त्रियों का प्रतिनिधित्व सुनिश्चित किया गया है किन्तु संसद में महिला प्रतिनिधित्व को बढ़ाने के लिए बिल पास नहीं किया जा सका। किसी राजनीतिक पार्टी ने इसकी पहल नहीं की या फिर आगे बढ़कर महिलाओं को अधिक टिकट नहीं दिए। इस तरह लोकतंत्र में स्त्री की राजनीतिक भागीदारी को लेकर अभी भी सामाजिक स्तर पर चेतना का विकास नहीं हुआ है। पितृसत्ता की पैठ यहाँ पर बनी हुई है। राजनीतिक पर्यावरण की तरह प्राकृतिक पर्यावरण भी महिलाओं के अनुकूल नहीं रहा। जब-जब पर्यावरण का संकट गहराता है वह स्त्री को ही सर्वाधिक प्रभावित करता है, इसीलिए चिपको आन्दोलन से लेकर पर्यावरण-संरक्षण के छोटे-बड़े अभियानों में स्त्री ने सक्रिय भूमिका निभाई है। यह अलग बात है कि यहाँ भी स्त्री की भागीदारी को पक्के तौर पर रेखांकित नहीं किया जाता।

इस तरह भारत में स्त्री-संघर्ष का अपना इतिहास है जो माइक्रो तथा मैक्रो लेवल पर काम करता रहा है, भले ही उसमें कोई बड़ी सैद्धान्तिकी निर्मित न की गई हो लेकिन पितृसत्ता, दैहिक शोषण, सामाजिक-आर्थिक आज़ादी के अलावा अपने तईं चुनाव करने का अधिकार, शिक्षा-स्वास्थ्य की बेहतर सुविधाएँ, इन सभी बिन्दुओं पर भारत की महिलाओं ने अपनी दावेदारी दर्ज की है। उमा चक्रवर्ती, कुमकुम

संगारी, सुदेश वैद, शर्मीला रेगे, मधु किश्वर, रूथ वनिता, सुन्दरी राजन, सुसी थारू, के. ललिता, वीणा मजुमदार, लतिका सरकार, इलिना सेन, निवेदिता मेनन, नीरा देसाई आदि बहुत से नाम हैं, जिन्होंने हमारे सामाजिक ढाँचे में स्त्रियों के प्रति होने वाले भेदभाव को रेखांकित किया। इनके साथ मेरी जॉन, कमला भसीन, वृंदा ग्रोवर, अरुणा रॉय, इला भट्ट आदि सामाजिक कार्यकर्ताओं ने महिलाओं की दशा सुधारने के लिए अथक प्रयास किए हैं।

भारतीय परिप्रेक्ष्य में भी स्त्री-अधिकारों की यह लड़ाई अभी ख़त्म नहीं हुई। शिक्षा और जागृति के समान हक़ के साथ स्त्रियाँ कई तरह के सवाल उठा रही हैं जो निश्चित रूप से पितृसत्तात्मक व्यवस्थाओं के लिए असुविधाजनक हैं। इसलिए टकराहटें भी साफ़ सुनाई दे रही थीं। स्त्री को उसकी निश्चित जगह पर रखने के लिए उन पर हिंसा के नए तौर-तरीकों से आक्रमण हो रहे हैं लेकिन अब उनकी गति को रोक पाने में कुछ भी बाधा नहीं बन सकेगा।

स्त्री-कविता के अनचीन्हे पृष्ठों को टटोलते हुए, स्त्री-चेतना के इतिहास की यह यात्रा, विश्व भर की अनेक जागरूक स्त्रियों के अनवरत संघर्षों का पता देती है, जिससे साहित्य की दुनिया का सघन वर्तमान प्रभावित एवं प्रेरित होता रहा है। स्त्री-कविता, स्त्री का रोना-गाना भर नहीं है। स्त्री-रचनाकारों द्वारा रचित इन कविताओं में, विषम समाज में असमानता मिटाने का संकल्प साफ़ तौर पर प्रतिबिम्बित होता है। अनेक रचनाकारों ने अपनी कविताओं को चेतना और जागृति के आह्वान के लिए भी प्रयुक्त किया है।

सन्दर्भ

1. प्रभा खेतान, स्त्री : उपेक्षिता, पृ. 24

स्त्री-कविता का इतिहास

भारतीय साहित्य की समृद्ध परम्परा में स्त्री-रचनाशीलता की अविरल धारा, चिरकाल से चली आई है। वैदिक काल से ही स्त्री मंत्र-द्रष्टाओं का उल्लेख मिलता है। जिन्हें कलान्तर में ऋषिका कहा जाने लगा। ममता, रोमशा, लोपामुद्रा, अदिति, विश्ववारा आत्रेयी, अपाला आत्रेयी, उर्वशी, श्रद्धा कामायनी, सूर्या सावित्री, इंद्राणी, राची पौलोमी, आदि अनेक ऋषिकाओं ने रचना की है। उनकी रचनाओं का सम्बन्ध प्राय: देवताओं की स्तुति और इससे जुड़े विषयों से था। उनमें लोकधर्मिता के दर्शन होते हैं। वे सुपुत्रों व सौभाग्य के लिए उपासना करती हैं। कहीं-कहीं अक्षुण्ण यौवन की भी कामना की गई है। सूर्या सावित्री ने जिन विवाह सूक्तों की रचना की उनमें विवाह बन्धन की पवित्रता एवं एकनिष्ठता पर बल दिया गया है। स्त्री-कविता के इस स्वर में पितृसत्ता का प्रभाव दिखाई पड़ता है। कन्या विवाह की चिन्ता से लेकर सपत्नी डाह आदि ऐसे प्रसंग हैं जो उस समय की इन ऋषिकाओं की रचनाओं में शामिल हैं। सुमन राजे ने अपनी पुस्तक, 'हिन्दी साहित्य का आधा इतिहास' में इस विषय पर विस्तार से चर्चा की है। उन्होंने दो ऋषिकाओं के नाम अलग से लिए हैं जिनका व्यक्तित्व अलग से उभरकर सामने आता है। वीरता की दृष्टि से मुद्गल पत्नी जिसने केवल एक बैल को गाड़ी में जोतकर, चोरों का पीछा किया और चुराई गई गायें वापस लौटाईं और दूसरी है रोमशा, जो अपने पति की गर्वोक्तियों के बाद कहती हैं—'मेरे कामों को अपने से छोटा मत समझो' सम्भवत: यह नारी अस्मिता की प्राचीनतम आवाज़ है।

स्त्री-कविता का अगला महत्त्वपूर्ण पड़ाव बुद्धकालीन, थेरी-गाथाएँ हैं। सुत्तपिटक के खुद्दक निकाय में संकलित थेरी गाथाएँ लगभग सौ थेरियों के उद्गार हैं। इनमें सभी वर्गों व वर्णों की महिलाएँ थीं, जिन्होंने बौद्ध-भिक्षुणियों का जीवन स्वीकार कर लिया था। उन्होंने अपने जीवनानुभवों को गाथा रूप में प्रस्तुत किया। आत्माभिव्यंजना, इस काव्य का सबसे बड़ा गुण है जिसमें उनका स्त्रीत्व साफ़ झलकता है। इन थेरियों ने प्रव्रज्या ग्रहण करने के भौतिक कारणों का उल्लेख किया है जिनमें शोक का निष्कासन, पति द्वारा अपमान, घरेलू श्रम से मुक्ति, मातृत्व के समय स्त्री-देह

की पीड़ा और विपत्तियों का बयान है। ये कविताएँ गहरे दुख की कविताएँ हैं जो करुणा उपजाती हैं।

थेरी-गाथाओं के बाद संस्कृत, प्राकृत और फ़ारसी में स्त्री रचनाकारों की रचनाओं का उल्लेख मिलता है। डॉ. सुमन राजे ने विविध स्रोतों के आधार पर स्त्री काव्य परम्परा का अवलोकन किया है। मध्ययुग के भक्तिकाल में पूरे भारत में महत्त्वपूर्ण स्त्री कवयित्रियों के नाम उभरते हैं। कश्मीर की ललदेद, राजस्थान की मीरां, दक्षिण भारत की अंडाल, कर्नाटक की अक्क महादेवी, महाराष्ट्र की जनाबाई और बहनाबाई, दिल्ली के परीक्षितपुर नामक स्थान में जन्मी भक्त कवयित्री सहजोबाई। डॉ. बलदेव वंशी ने भारतीय नारी संत परम्परा का आकलन करते हुए, इन प्रसिद्ध नामों के अतिरिक्त संत महदम्बा, वेणास्वामी, मुक्ताबाई, कान्होपात्रा, हब्बा खातून आदि अनेक संत कवयित्रियों के साहित्यिक-सामाजिक अवदान का मूल्यांकन किया है। उन्होंने बताया है कि जिस युग में स्त्री मात्र भोग्या बनकर रह गई थी उस समय में कैसे इन नारी संतों को 'ज़लालत-भरी, नारकीय स्थितियों को भोगना पड़ा'। "उन्होंने घर छोड़ दिए, अकेली हो गईं पर झुकी नहीं। पुरुष संत जो प्रायः समाज के निम्न, दलित, उपेक्षित वर्ग से आते हैं, उन्हीं के संग-साथ में रहकर भी नारी संतों ने भगवान को अपनी, अपने वर्ग की आपबीती भी सुनाई, मुक्ति की गुहार भी लगाई। भगवान को उलाहने भी दिए कि कैसे मनुष्यों की दुनिया में उसने उन्हें धकेल दिया।"[1]

इन सभी भक्त कवयित्रियों की कविता का, उनकी सामाजिक-ऐतिहासिक युग से मिलान करने पर वहाँ भक्ति के साथ-साथ, पितृसत्तात्मक, पारिवारिक व्यवस्था का दमनकारी रूप सामने आता है। सभी ने इस व्यवस्था में स्त्री को पहुँचने वाली पीड़ा का ज़िक्र किया है। उनका लिखा बताता है कि उनके लिए, उनके नाते-रिश्तेदार और घर-गृहस्थी, अन्तहीन यंत्रणा बन गई थी, उससे मुक्ति की आकांक्षा बलवती होने लगी तब उन्होंने अपने जीवन के लिए पारम्परिक राह से अलग मार्ग चुना। उनकी भक्ति, ईश्वर में गहन अनुराग एवं समर्पण के साथ ही इस सामाजिक और पारिवारिक व्यवस्था के प्रति विद्रोह का शंखनाद भी है। यही कारण है कि भक्ति के माध्यम से मुक्ति का साहस, स्त्री अस्मिता की अभिव्यक्ति का प्रथम सोपान बना। प्राचीन समय की ये नेत्रियाँ अपनी अस्मिता को समय रहते पहचान कर भक्ति के सहारे ही अपनी आवाज़ मुखर करने में सन्नद्ध हुईं। यह उनका अपना चुनाव था, उन्होंने ऐसा जीवन वरा था जिसकी कल्पना करना भी उस समय की स्त्रियों के बस की बात नहीं थी पर इतना ज़रूर था कि उनकी जगाई अलख आगे चलकर संसार भर की स्त्रियों के भीतर, स्त्री अस्मिता नाम की धार को तेज़ कर सकी। "नारी संत तो दलितों की भी दलित है। उनकी यातनाएँ तो दोहरी-चौहरी हैं, किन्तु अपनी और समूचे मानव समाज की मुक्ति का

मार्ग उन्होंने दिखाया। आत्मछंद को उपलब्ध कर के, स्वच्छन्द हो जाना है, मुक्त हो जाना है।"[2]

सुमन राजे ने अपनी किताब में मीरां के बाद, ताज नाम की कवयित्री का भी उल्लेख किया है। इनका जन्म 1663 में हुआ था। ताज का नाम, पुष्टि-सम्प्रदाय के वार्ता साहित्य में 'ताज बीबी की वार्ता' शीर्षक से मिलता है। चंद्रसखी, गंगास्त्री, यमुनास्त्री नाम की कुछ अन्य कवयित्रियों का उल्लेख भी मिलता है किन्तु मीरां के काव्य की जिस तरह व्याख्या-पुनर्व्याख्या हुई, स्त्री-कविता के इतिहास में वह एक महत्त्वपूर्ण बात मानी जा सकती है। उस युग की स्त्री-कविता को समझने के लिए मीरां की काव्य-दृष्टि तथा काव्य-सृष्टि की ओर देखना आवश्यक है। उनकी भक्ति की प्रबल भावना और उसके ज़रिये सामाजिक विडम्बनाओं के प्रति नकार, उनको स्त्री-कविता के इतिहास में एक सशक्त कवयित्री बनाती है, जिसके बल पर वे परिवार और समाज द्वारा दी जाने वाली यातनाएँ सह लेती हैं या उनके पार उतर जाती हैं। वे स्वयं को 'रण की सूरा' कहती हैं, जिसे प्राणों का मोह नहीं। मीरां ने एक साथ पितृसत्ता व राजसत्ता को चुनौती दी है। उनकी कविता में पुरुष भक्त कवियों की भाँति द्वैत-अद्वैत की जटिल दार्शनिक व्याख्याएँ नहीं हैं बल्कि अनुभवजन्य निकट यथार्थ की अभिव्यक्ति है। मीरां का स्त्रीवादी स्वर केवल विद्रोह में ही नहीं उनके काव्य-बिम्बों में भी है—ऋतु-उत्सव, महल-वाटिका, पति-पत्नी सम्बन्ध, सास-ननद-देवर, सब उनके काव्य में जगह बनाते हैं। उनकी कविता का यह रूप लोक-साहित्य के निकट है, लोक ने ही उन्हें अपने गीतों में जीवित रखा।

हेली मंहासूं हरी बिनि रहयो न जाय
सास लड़े मेरी नन्द खिजावै, राणा रहया रिसाय
पहरो भी राख्यो चौकी बिठारयो, ताला दियो जड़ाय
पूर्व जनम की प्रीत पुराणी, सो क्यूं छोड़ी जाय
मीरां के प्रभु गिरधर नागर और न आने म्हारी दाय [3]

एक किंवदंती के अनुसार मीरां जीव गोसाईं से मिलने जाती हैं। स्त्री होने के कारण वे मीरां से भेंट नहीं करते। इस पर मीरां का यह कहना कि समस्त सृष्टि, प्रकृति है—स्त्री है, पुरुष केवल एक (ईश्वर), समाज के जेंडर्ड ढाँचे की नई व्याख्या प्रस्तुत करता है। इस तरह मीरां अपने युग में एक प्रतीक बनकर समाज के सामने प्रस्तुत होती हैं।

भक्ति कविता को, स्त्री के पक्ष में विद्रोह की कविता के रूप में पढ़ते और समझते-बूझते हुए बहुत सचेत रहने की आवश्यकता है। भक्ति के समाजशास्त्र की समस्या यह है कि कविता की तहों के बीच से झाँकती, युग के सामाजिक जीवन

की तस्वीर बहुत कुछ कहती है। ये अन्तर-पाठ, दलित संतों के लिए जाति-व्यवस्था के पदानुक्रम से मुक्ति का मार्ग दर्शाते हैं तो स्त्रियों के लिए स्त्री-जाति की पीड़ा से मुक्ति की राह सम्भव करते हैं, किन्तु उस युग विशेष में भक्ति उनके लिए सामाजिक विकल्पहीनता का पर्याय नहीं है। भक्ति में अपना सर्वस्व गँवाकर अपने आराध्य में लीन हो जाने की एकनिष्ठता प्राथमिक है। पुरुष हों या स्त्रियाँ, प्रेमा-भक्ति के अन्तर्गत साधक और साध्य के बीच परिणय सम्बन्ध का जो रूपक बाँधते हैं उसमें ईश्वर प्रिय व पति है जिसके प्रति भक्त, पतिव्रता पत्नी होकर, उसे अपनी साँसों का स्वामी मान लेता है। सम्बन्ध के इस रूपक में, स्त्री सदा अनुगता है। हाँ, यह अवश्य है कि प्रेम उसके जीवन को रसमय बनाता है। साधना ही भक्ति और मुक्ति दोनों है। 'अहं' का विसर्जन प्रेम की अनिवार्य शर्त है। भक्त के रूप में स्वयं को अर्जित करने का तात्पर्य, अपने वजूद को भूल जाना है। सामाजिक सम्बन्धों में भी सम्भवत: एक-दूसरे को पाने के लिए अपने 'अहं' को तिरोहित करना, स्त्री-पुरुष दोनों के पक्ष में समान होना चाहिए। भक्तों के यहाँ विरह, ईश्वरीय प्रेम की कसौटी है। भक्त कवयित्रियों में भी विरह साधना का अभिन्न सोपान है। सबके बीच अकेले होने का अनुभव, जो भक्ति के साथ-साथ सामाजिक कारणों से निर्मित है।

मध्यकाल में पीड़ा का एक अन्य स्वर, रत्नावली का भी है। रत्नावली के कुछ ही पद मिलते हैं फिर भी उनकी पीड़ा उद्वेलित करती है—

हाय बदरिका बन भई, हौं बामा विष बेलि
रत्नावली हौं नाम की, रसहिं दियो बिस मेलि
दीनबन्धु कर घर पली दीनबन्धु कर छाँह
तऊ भई हौं दीन अति, पति त्यागी मों बाँह [4]

इस छंद में स्पष्ट है कि तुलसी की प्रेरणा बनने वाली रत्नावली, परित्यक्ता के रूप में कितनी अकेली हो जाती हैं।

रत्नावली के बाद, रीतिकाल में जो कवयित्रियाँ प्रमुख रहीं उनमें कुछ बड़े कवियों की प्रेयसी, प्रेरणा और साथिनें थीं, जैसे आलम के साथ शेख। सोलहवीं शताब्दी में, शेख ने पहली बार, सब वर्जनाओं को तोड़ते हुए श्रृंगार की रचनाएँ कीं। इन रचनाओं में, स्त्री दृष्टि प्रधान नहीं थी बल्कि श्रृंगार युग का स्त्री के प्रति पुरुष दृष्टिकोण ही हावी रहा। आलम और शेख, दोनों ही दरबारी कवि नहीं थे। दरबारी मानसिकता के बग़ैर भी शेख उत्कृष्ट श्रृंगार का चित्रण करती रही। कृष्ण तो श्रृंगारी काव्य के प्रिय थे ही, उन्होंने राम और दुर्गा को भी नमन किया।

बाजबहादुर-रूपमती की प्रेमकथा भी संगीत और कविता के सहारे परवान

चढ़ी। रूपमती की रचनाएँ, राग-रानियों में बद्ध मिलती हैं। साईं-गिरधर कविराय भी ऐसी ही जोड़ी है। इनके अतिरिक्त सुजान, प्रवीणराय, ब्रज कुँवरि बाई आदि अनेक ऐसी कवयित्रियाँ हैं, जिनका उल्लेख डॉ. सावित्री सिन्हा ने अपनी पुस्तक, 'मध्यकालीन हिन्दी कवयित्रियाँ' में किया है।

आधुनिक युग की आधारभूमि समाज सुधारक व देशभक्ति के मिले-जुले स्वर से सप्राण हुई। समाज-सुधार की सारी शक्तियाँ, स्त्री-जीवन के ऐसे दारुण प्रसंगों पर केन्द्रित थीं जो स्त्री के जीने की शर्त को बचाए रखने के लिए ज़रूरी थीं। सती, विधवा जीवन, बाल-विवाह, अशिक्षा और दारिद्रय से जूझती स्त्रियों के लिए जीवन में गहरा अँधेरा छाया हुआ था। ऐसे समय में विभिन्न समाज-सुधार आन्दोलन स्त्री-जीवन के उत्थान के लिए सक्रिय हुए। स्त्री-शिक्षा पर बहुत बल दिया गया। हालाँकि शिक्षा के लिए जिस स्वरूप को प्राथमिकता मिली वह आदर्श गृहिणी बनने की शिक्षा थी। राजनीतिक पराधीनता के उस दौर में अंग्रेज़ी समाज की सुशिक्षित महिला छवि के बरक्स भारतीय आदर्श को प्रस्तावित करने वाली जिस गुणवंती सौभाग्यशाली स्त्री-रूप को प्रमुखता मिली, वह स्त्री सशक्तीकरण से अधिक पितृसत्तात्मक मूल्यों का प्रतिनिधित्व करता था। इसके बावजूद शिक्षा के प्रभावस्वरूप कुछ महिला रचनाकारों ने अपनी सामाजिक व्यवस्था को प्रश्नांकित कर चुनौती दी। मराठी में ताराबाई शिंदे द्वारा लिखित 'स्त्री-पुरुष तुलना' (1882) पारिवारिक व्यवस्था में स्त्री-पुरुष असमानता के एक-एक बिन्दु को तार्किक ढंग से प्रस्तुत करती है और पुरुष को मिले विशेषाधिकारों की बखिया उधेड़ती है।

1887 में पंडिता रमाबाई 'हिन्दू स्त्री' की जीवनगत विडम्बनाओं व सामाजिक अन्तर्विरोधों का अनावरण करती हैं। 1908 में प्रकाशित रुकैया सख़ावत हुसैन की रचना 'सुल्ताना का सपना' स्त्रियों के लिए बनाए गए 'ज़नाना' की तर्ज़ पर 'मर्दाना' की कल्पना करती हैं। उनके अनुसार स्त्री को दिया गया पर्दा, पितृसत्तात्मक परम्पराओं की वह ओट है जिससे स्त्री के लिए अपने संसार से इतर दूसरे किसी भी संसार की सम्भावना ही ख़त्म हो जाती है। फैंटेसी के शिल्प में रची इस कहानी में, लेखिका कल्पना करती है कि जब पुरुष 'मर्दाना' में बन्द कर दिए जाएँगे तो स्त्री अपनी प्रतिभा, अपनी शक्तियों से एक वैकल्पिक संसार बनाएगी जो अधिक सहृदय होगा। वैचारिक ऊर्जा वाली इन रचनाओं के समान्तर अलग-अलग भाषाओं में आत्मकथात्मक रचनाएँ, स्त्री-जीवन के अन्त:संघर्ष तथा बाह्य सामाजिक संघर्ष को सामने लाती हैं, जिनमें पुरुष-केन्द्रित, पारिवारिक व्यवस्था का उत्खनन लक्षित किया जा सकता है। जकड़बन्दियों के उस समय में, ऐसी परिवर्तनकामी सोच, बहुत साहस की माँग करती है, इन सभी स्त्रियों ने वह साहस दिखाया किन्तु आगे आने वाले समय में स्त्री-जागरण

की तमाम कोशिशों के बावजूद इन स्त्री-रचनाकारों को केन्द्र में रखकर सच्चे-खरे आकलन कम हुए तथा स्वर में तल्ख़ी की अपेक्षा पीड़ा भरा मुलायमपन प्रधान होने लगा। ये तीनों रचनाएँ, कविता न होकर भी स्त्री-रचनाशीलता में मील-स्तम्भ के समान हैं।

इस युग की अन्य महत्त्वपूर्ण आवाज़ सावित्रीबाई फुले की है। इनका जीवनकाल 1831-1897 है। उन्होंने अपने जीवनकाल में स्त्री-शिक्षा के क्षेत्र में अभूतपूर्व योगदान दिया। अपने पति ज्योतिबा फुले की प्रेरणा से 1848 में उन्होंने पुणे में ग़रीब पिछड़े वर्ग की लड़कियों के लिए भारत के पहले कन्या विद्यालय की शुरुआत की जिसमें वे स्वयं शिक्षिका बनीं। 1852 में अछूत बालिकाओं के लिए विद्यालय की स्थापना की। उन्होंने मराठी में जो कविताएँ लिखी, उनका प्रकाशन उनकी मृत्यु के बाद हुआ। उनकी कविताओं का मुख्य विषय, शिक्षा के महत्त्व को प्रतिपादित करना व जातिगत असमानता मिटाना है। कुछ कविताओं में उन्होंने ज्योतिबा फुले की प्रशंसा की है। वे जाति-भेद मिटाने के लिए अंग्रेज़ी पढ़ने की भी प्रेरणा देती हैं—

अंग्रेज़ी पढ़कर जातिभेद की
दीवारें तोड़ डालो
फेंक दो भट-ब्राह्मणों के
षडयंत्री शास्त्र-पुराणों को [5]

जाति-भेद मिटाने का सबसे कारगर तरीका उन्हें अंग्रेज़ी-शिक्षा के रूप में नज़र आता है। वैसे उस समय का प्रधान स्वर, देशभक्ति है जिसमें अंग्रेज़-राज का विरोध तथा राजनीतिक पराधीनता से मुक्ति की सम्भावना को लक्ष्य किया गया।

इनके अतिरिक्त, डॉ. सुमन राजे बीसवीं सदी के पूर्वार्द्ध में सक्रिय हिन्दी कवयित्रियों में जिनकी गणना करती हैं, उनमें प्रमुख हैं—राजरानी देवी, बुन्देल बाला, गोपाल देवी, तोरन देवी शुक्ल 'लली', राजकुमारी चौहान आदि सभी की कविताओं में स्वदेश प्रेम झलकता है। तोरण देवी शुक्ल 'लली' की कविता, 'जय स्वदेश' की पंक्तियों में देश के प्रति समर्पण भाव को सहज लक्षित किया जा सकता है—

जय जय भारत, जय जय स्वदेश
जय शोभित सुन्दर तिलक भाल,
अति भव्य मूर्ति लोचन विशाल,
अतुलित बलधारी अति दयाल
जय जगत शिरोमणि वीर वेश [6]

राष्ट्रवाद के उस युग में भारत कोकिला सरोजिनी नायडू ने अंग्रेज़ी में कविताएँ लिखी जिन्हें विशेष सराहना मिली। अनेक भारतीय भाषाओं के साथ हिन्दी तथा उर्दू में भी देश और राष्ट्र के प्रति अपने प्रेम की अभिव्यंजना को ही कविता में प्रधानता मिली।

राष्ट्रीय जागरण के साथ-साथ स्त्री-पराधीनता से मुक्ति का स्वर भी लगातार बना रहा। कुछ कविताएँ प्रकृति की अनुपम छटा को प्रस्तुत करती हैं तो कहीं छायावादी रहस्यात्मकता के दर्शन होते हैं। कुछ कवयित्रियों ने गांधी को समर्पित रचनाएँ भी लिखीं। सुमित्राकुमारी सिन्हा की लिखी कविता, 'बापू के निधन पर' विशेष रूप से उल्लेखनीय है। इनके अतिरिक्त होमवती देवी, विद्यावती 'कोकिल', तारादेवी पांडे, रत्नकुँवरि देवी, आदि कुछ नाम हैं जिन्होंने उस युग की कविता में अपना अभूतपूर्व योगदान दिया और न केवल अपने युग को बल्कि आने वाले अनेक युगों को प्रभावित किया।

इसके बाद जिन दो कवयित्रियों ने हिन्दी कविता की परम्परा को समृद्ध किया उनके नाम थे—सुभद्रा कुमारी चौहान और महादेवी वर्मा। दोनों समकालीन होते हुए भी अपनी भावधारा एवं अभिव्यक्ति में एक-दूसरे से एकदम भिन्न हैं। सुभद्राकुमारी चौहान ने झाँसी की रानी लक्ष्मीबाई को राष्ट्रीय काव्यधारा का आइकॉन बना दिया। वीरता, मातृत्व तथा प्रकृति के मिले-जुले रंगों से उनकी कविता झिलमिलाती है। स्त्रीत्व की महीन डोर इन भावों को कुशलता से बाँधे रखती है। उनकी कविताओं में दृढ़ता से भरा कोमल स्त्री-मन, बार-बार झलक जाता है।

महादेवी का रचना संसार सुभद्राकुमारी चौहान के कविता संसार से बहुत भिन्न है। उनकी प्रतिष्ठा मुख्यत: उनकी छायावादी कविता एवं गम्भीर सामाजिक आलोचना से सम्पन्न गद्य के कारण है। हिन्दी कविता के इतिहास में महादेवी का काव्य, स्वयं एक प्रतिमान है। प्रसाद, पंत, निराला के साथ उनका नाम छायावाद के चार स्तंभों में सम्मान के साथ लिखा जाता है। उनकी कविता एवं गद्य दोनों ही साहित्य की मुख्यधारा में शामिल हैं। सुमन राजे ने 'बीसवीं सदी का हिन्दी महिला लेखन' (खंड-1) के अन्तर्गत उनके द्वारा रचे गए अनेक देशभक्ति के गीतों को भी शामिल किया है जो उन दिनों प्रभातफेरियों के समय गाए जाते थे। 'पूछता क्यों शेष कितनी रात' जैसे गीतों में भी पराधीनता की अँधेरी रात बीतने का संकेत है।

महादेवी की कविता का प्राण वह वेदनानुभूति है जो जन-जन के प्रति उनकी व्यापक सहानुभूति से उत्पन्न होकर करुणा का प्रतीक बन जाती है। दीपक उनके काव्य का प्रिय प्रतीक है। अनेक कविताओं में उसका उल्लेख बार-बार हुआ है—'मधुर-मधुर मेरे दीपक जल', 'दीप मेरे जल अकंपित घुल अचंचल', 'यह मन्दिर का दीप इसे नीरव जलने दो,' 'धूप-सा तन दीप-सी मैं' आदि। दीप में आत्मदान

व समर्पण का भाव है। वह स्वयं जलकर-घुलकर औरों का पथ आलोकित करता है। उसकी छोटी-सी लौ अन्धकार के वर्चस्व को तोड़कर, निराशा का खंडन करती है। महादेवी अपनी कविताओं में ऐसे दीपक का गान करती हैं। विरह एवं प्रकृति उनकी कविता का अभिन्न अंग हैं। उन्होंने बिम्बधर्मिता से रची नई भाषा को अपनी कविता द्वारा सम्भव बनाया।

महादेवी की स्त्री-दृष्टि को समझने के लिए उनके गद्य की ओर देखना होगा जहाँ अपने आसपास की अनेक वंचित महिलाओं के रेखाचित्र हैं। स्त्री के प्रति, समाज के अन्यायपूर्ण व्यवहार की उन्होंने तीखी आलोचना की है। उन्होंने स्वयं ग्यारह वर्ष की आयु में किए गए अपने विवाह को निबाहने से इनकार कर दिया। सामाजिक परिवेश में वे स्त्री-पुरुष की बराबरी की पक्षधर हैं। 'शृंखला की कड़ियाँ' के निबन्धों में उन्होंने स्त्री-अधिकारों की माँग को ऊर्जस्वित स्वर में अभिव्यक्त किया। अपने आदर्श को स्पष्ट करते हुए उन्होंने लिखा—"हमें न किसी पर जय चाहिए न किसी पर प्रभुता, न किसी का प्रभुत्व, केवल अपना वह स्थान, वह स्वत्व चाहिए जिनका पुरुषों के निकट कोई उपयोग नहीं परंतु जिसके बिना हम समाज का उपयोगी भाग बन नहीं सकेंगी।"[7] इस तरह, स्त्री को श्रद्धा मानने वाले युग में महादेवी ने स्त्री चेतना का प्रखर रूप प्रस्तुत किया।

हिन्दी कविता के इतिहास में छायावाद के बाद प्रगतिवाद का दौर आया। उस समय में महादेवी की कविताओं का प्रकाशन होता रहा। उन्होंने कुछ महत्त्वपूर्ण अनुवाद भी किए। इस समय में केदारनाथ अग्रवाल, नागार्जुन आदि के समान किसी स्त्री रचनाकार का उल्लेख नहीं मिलता। यहाँ तक कि 1943 में तार-सप्तक में भी किसी स्त्री कवयित्री को शामिल नहीं किया गया। दूसरे, तीसरे तथा चौथे सप्तक में अवश्य ही कुछ स्त्री कवयित्रियाँ शामिल हुई हैं। वे हैं क्रमशः शकुन्त माथुर, कीर्ति चौधरी तथा सुमन राजे।

स्वतंत्रता के बाद स्त्री-कविता, नए राष्ट्र में अपने को फिर से स्थापित करने की कोशिश में लगी नज़र आती है। स्वाधीनता के साथ ऐतिहासिक परिवर्तन हुए जिनका प्रभाव स्त्री-जीवन व लेखन पर पड़ा। नए राष्ट्र के नए संविधान में स्त्री को पुरुष के समान नागरिक अधिकार दिए गए। यह एक बहुत बड़ी सामाजिक उपलब्धि थी किन्तु यह भी उतना ही सच था कि जो कुछ प्रस्तावित था और जो समाज में घट रहा था उसमें एक बहुत बड़ी फाँक दिखाई पड़ती है। रीति-रिवाज़ों व परम्परा की जकड़न स्त्री-मुक्ति के रास्ते अवरुद्ध कर रही थी। स्वाधीनता आन्दोलन में जो स्त्रियाँ सड़कों पर उतरी थीं और पुरुषों के साथ कन्धे से कन्धा मिलाकर चल रही थीं, राजनीतिक स्वतंत्रता ने उनकी उस भागीदारी को ख़त्म कर दिया। उन पर लगातार पितृसत्तात्मक संरचना हावी रही, जिससे सरोजिनी नायडू जैसी समाज की अगुवाई करने वाली महिलाओं ने यह स्वीकारते हुए भी कि स्त्री को

उसका मान-सम्मान व समाज में उचित स्थान मिले, उनके राजनीतिक प्रतिधिनित्व की माँग नहीं की। अवज्ञा, प्रतिरोध व विद्रोह का जज़्बा जो स्वाधीनता संघर्ष की प्रधान प्रवृत्ति थी, स्त्रियों के सन्दर्भ में उसे सचेत भाव से बिखर जाने दिया गया। इस परिवेश में स्त्री रचनाकार भी अपनी पहचान, स्त्री-पुरुष से पहले व्यक्ति रूप में ही करती है।

कथा-साहित्य में तो अनेक जीवन-स्थितियों के चित्रण में स्त्री-जीवन के अन्तर्विरोध सामने आते हैं लेकिन कविता इस दृष्टि से मौन रही। इस दृष्टिकोण का परिणाम यह भी हुआ कि तत्कालीन स्त्री-कविता की हिन्दी आलोचना में कोई ख़ास जगह नहीं बनी। ऐसा नहीं था कि इनकी कविताओं में उल्लेख्य विशेषताएँ न हों फिर भी इन्हें साहित्येतिहास में वह स्थान नहीं मिला जो अपेक्षित था।

नई कविता के दौर में कुछ और स्त्री-कवयित्रियों के नाम भी सामने आए, जैसे इन्दु जैन, स्नेहमयी चौधरी, अमृता भारती, ज्योत्स्ना मिलन आदि। इनकी कविताएँ स्त्री अस्मिता से अधिक, व्यक्ति अस्मिता को महत्त्वपूर्ण मानती हैं। अमृता भारती की कविताएँ भीतर के अकेलेपन की कविताएँ हैं, जिनमें गहरी दार्शनिकता झलकती है। इंदु जैन की कविता एक नए सौन्दर्यबोध को प्रतिष्ठित करती है। बाक़ी सभी कवयित्रियाँ भी अपनी निजी विशेषताओं के साथ कविता रच रही थीं। उस युग की कविता में संवेदना के साथ-साथ शिल्प के प्रति भी सचेतता दिखाई पड़ती है। वे प्रौढ़ मन की परिपक्व कविताएँ हैं। अकविता आन्दोलन के साथ जो दो नाम जुड़े हैं उनमें मोना गुलाटी तथा मणिका मोहिनी का नाम शामिल रहा लेकिन आज इनकी ज़्यादातर कविताएँ उपलब्ध नहीं हैं। इन सबने निजता और सामाजिकता के अपने चुने हुए मानदंडों के अनुसार, स्त्री-कविता को व्यापक आधार प्रदान किया।

नब्बे के बाद के दशक में एक बड़ा परिवर्तन आया। अनामिका और सविता सिंह ने स्त्री-कविता की नई ज़मीन तैयार की। इनकी कविताओं में रचनाकार ही स्त्री नहीं थी अधिकांश कविताओं का विषय भी स्त्री-जीवन ही है। इनकी कविताएँ अपने-अपने ढंग से स्त्रीत्व व स्त्रीवाद की पहचान बनती हैं। दोनों की कविताओं का स्त्रीवादी स्वर, एक-दूसरे से भिन्न है लेकिन लिंगाधारित असमानता का बोध और उसकी टूटन समान रूप से अनुभव होती है। अनामिका के यहाँ परम्परा, श्रुति-स्मृति से जीवन्त होता काव्य-संसार, सामाजिक अन्तर्विरोध को उजागर करता है। वर्तमान-अतीत, इतिहास-किंवदंतियाँ सब मिलकर, 'घुमरी परैया-सा नाच' करने लगते हैं। कवयित्री अपनी व्यथा-कथा को बतरस के ढंग से कहते हुए उसे लोक-संस्कृति के निकट ले आती है। एक बड़ा कैनवस है जिसमें दुनिया-भर की औरतों से साझेदारी का अनुभव हैं। अनामिका की स्त्री-कविता, वर्चस्व के समक्ष न हारने वाली संकल्प शक्ति की कविता है।

सविता सिंह ने अपनी कविता-यात्रा का आरम्भ स्त्री के उस सामाजिक सवाल से किया जो शताब्दियों से समय के परिदृश्य पर टँगा था—'मैं किसकी औरत हूँ' और उसके प्रत्युतर में स्वयं को सब सम्बन्धों से मुक्त करते हुए 'अपनी औरत' घोषित करती हैं। सविता की कविताएँ नई स्त्री की तलाश में हैं जो प्यास की घाटियाँ लाँघते हुए अपने यथार्थ को बदल देना चाहती हैं। यह कविता मात्र, स्त्री-मुक्ति की कविता न होकर, मानव-मुक्ति का काव्य है जिसकी साझेदारी सारे दमित और वंचित समाज से है।

स्त्री-चेतना का जो अलख इन स्त्री कवयित्रियों ने जगाया उसके प्रभावस्वरूप उनके समानान्तर और उनके बाद बहुत-सी कवयित्रियों ने स्त्रीवाद को अपनी कविता का मुख्य स्वर बनाया। स्त्रीवाद की भी कोई सर्वसम्मत निश्चित परिभाषा नहीं है, जाति और वर्ग के आधार पर उसका स्वरूप बदलता रहता है। जैसे एक प्रिज़्म से रोशनी की लकीर गुज़रे और असंख्य रश्मियों के रूप में विकीर्ण हो जाए। सुशीला टाकभौरे, रजनी तिलक, रजनी दिसोदिया, अनीता भारती, रजत रानी मीनू, रजनी अनुरागी आदि कवयित्रियों ने स्त्री अस्मिता को दलित अस्मिता से जोड़कर प्रस्तुत किया। स्त्री संघर्ष की तुलना में दलित स्त्री की पीड़ा कहीं अधिक है। इन स्त्री-रचनाकारों की कविताओं में दलित वर्ग को मज़बूत स्वर मिला है। इसी तरह से ग्रेस कुजूर, निर्मला पुतुल के बाद युवा कवयित्री जसिंटा केरकट्टा आदि स्त्री कवयित्रियों ने आदिवासी पीड़ा को अपनी लेखनी द्वारा मुखर अभिव्यक्ति दी।

इनके साथ-साथ नीलेश रघुवंशी, रंजना जायसवाल, पूनम सिंह, निवेदिता झा, विपिन चौधरी, पंखुरी सिन्हा, ज्योति चावला, सुजाता, बाबुशा कोहली, अनुपम सिंह आदि अनेक नाम हैं जो आज की कविता में सक्रिय हैं। इनकी कविताएँ किसी एक विषय तक सीमित नहीं हैं। वे अपने समय और परिवेश से अलग-अलग स्तर पर संवाद करती हैं। स्त्री-कविता का फलक लगातार विस्तृत होता गया है, स्त्रियों के ढेरों अनुभव के अतिरिक्त सामाजिक और राजनीतिक अनुभव भी उसमें समाहित होते गए। आज की स्त्री-कविता अपने लिए निर्धारित मापदंडों से कहीं आगे निकल गई है और वह अपनी पूरी अस्मिता और धमक के साथ हिन्दी साहित्य के संसार में मौजूद दिखाई देती है।

सन्दर्भ

1. बलदेव वंशी, भारतीय नारी संत परम्परा, फ्लैप से
2. वही
3. मीरां की पदावली, पद 42

4. रत्नावली, सुमन राजे, हिन्दी साहित्य का आधा इतिहास, पृ. 160
5. अंग्रेज़ी पढ़ो, सावित्रीबाई फुले की कविताएँ, पृ. 57
6. सम्पादक सुमन राजे, बीसवीं सदी का हिन्दी महिला लेखन, पृ. 53
7. महादेवी वर्मा, शृंखला की कड़ियाँ, पृ. 21

पुस्तक सूची

आधार पुस्तकें

अनामिका, 1998, अनुष्टुप, किताबघर प्रकाशन, नई दिल्ली
अनामिका, 2002, बीजाक्षर, किताबघर प्रकाशन, नई दिल्ली
अनामिका, 2007, दूब-धान, भारतीय ज्ञानपीठ, नई दिल्ली
अनामिका, 2008, कवि ने कहा, किताबघर प्रकाशन, नई दिल्ली
अनामिका, 2010, खुरदरी हथेलियाँ, राजकमल प्रकाशन, नई दिल्ली
अनामिका, 2012, पचास कविताएँ, वाणी प्रकाशन, नई दिल्ली
अनामिका, 2012, त्रिया चरित्र: उत्तरकाण्ड, आधार प्रकाशन, पंचकूला
अनामिका, 2014, टोकरी में दिगंत: थेरीगाथा 2014, राजकमल प्रकाशन, नई दिल्ली
कात्यायनी, 1999, इस पौरुषपूर्ण समय में, वाणी प्रकाशन, नई दिल्ली
कात्यायनी, 2002, जादू नहीं कविता, वाणी प्रकाशन, नई दिल्ली
कात्यायनी, 2004, राख-अँधेरे की बारिश में, परिकल्पना प्रकाशन, लखनऊ
कात्यायनी, 2006, फुटपाथ पर कुर्सी, परिकल्पना प्रकाशन, लखनऊ
कात्यायनी, 2008, सात भाइयों के बीच चंपा, परिकल्पना प्रकाशन,
कात्यायनी, 2008, कवि ने कहा, किताबघर प्रकाशन, नई दिल्ली
गिल, गगन, 1989, एक दिन लौटेगी लड़की, राजकमल प्रकाशन, नई दिल्ली
गिल, गगन, 1996, अँधेरे में बुद्ध, राजकमल प्रकाशन, नई दिल्ली
गिल, गगन, 1998, यह आकांक्षा समय नहीं, राजकमल प्रकाशन, नई दिल्ली
गिल, गगन, 2000,थपक-थपक दिल थपक-थपक, राजकमल प्रकाशन, नई दिल्ली
पुतुल, निर्मला, 2004, अपने घर की तलाश में, रमणिका फाउंडेशन
पुतुल, निर्मला, 2005, नगाड़े की तरह बजते शब्द, भारतीय ज्ञानपीठ,
पुतुल, निर्मला, 2014, बेघर सपने, आधार प्रकाशन, पंचकूला, हरियाणा
रघुवंशी, नीलेश, 1997, घर-निकासी, किताबघर प्रकाशन, नई दिल्ली
रघुवंशी, नीलेश, 2004, पानी का स्वाद, किताबघर प्रकाशन, नई दिल्ली
रघुवंशी, नीलेश, 2008, अंतिम पंक्ति में, किताबघर प्रकाशन, नई दिल्ली
सिंह, सविता, 2003, अपने जैसा जीवन, राजकमल प्रकाशन, नई दिल्ली
सिंह, सविता, 2005, नींद थी और रात थी, राधाकृष्ण प्रकाशन, नई दिल्ली
सिंह, सविता, 2013, स्वप्न समय, राधाकृष्ण प्रकाशन, नई दिल्ली
सिंह, सविता, 2012, पचास कविताएँ, वाणी प्रकाशन, नई दिल्ली
टाकभौरे, सुशीला, 2013, यह तुम भी जानो, स्वराज प्रकाशन, नई दिल्ली

टाकभौरे, सुशीला, 2013, तुमने उसे कब पहचाना, स्वराज प्रकाशन, नई दिल्ली
टाकभौरे, सुशीला, 2014, स्वाति बूँद और खारे मोती, स्वराज प्रकाशन, नई दिल्ली
टाकभौरे, सुशीला, 2014, हमारे हिस्से का सूरज, स्वराज प्रकाशन, नई दिल्ली

सहायक पुस्तकें

अनामिका, 1999, स्त्रीत्व का मानचित्र, सारांश प्रकाशन, दिल्ली
अनामिका, 2007, कहती हैं औरतें, इतिहास बोध प्रकाशन, इलाहाबाद
अनामिका, 2007, कविता में औरत, इतिहास बोध प्रकाशन, इलाहाबाद
अनामिका, 2012, स्त्री विमर्श का लोकपक्ष, वाणी प्रकाशन, नई दिल्ली
अनामिका (सं.), 2015, बीसवीं सदी का हिंदी महिला लेखन खंड 2 उत्तरार्ध की कविताएँ, साहित्य अकादमी, नई दिल्ली
अंबेडकर, भीमराव, 1998, संपूर्ण वाङ्मय, अंबेडकर प्रतिष्ठान, कल्याण मंत्रलय, भारत सरकार
अरविंदाक्षन, ए, 2001, समकालीन हिंदी कविता, राधाकृष्ण प्रकाशन, नई दिल्ली
अरविंदाक्षन, ए, 2001, कविता का थल और काल, किताबघर प्रकाशन, नई दिल्ली
अरविंदाक्षन, ए, 2003, कविता का यथार्थ (सं) हिंदी विभाग, कोच्चि विज्ञान व प्रौद्योगिकी विश्वविद्यालय, कोच्चि
आर्य साधना, मेनन, निवेदिता, लोकनीता, जिनी, 2001, नारीवादी राजनीति: संघर्ष एवं मुद्दे, हिंदी माध्यम कार्यान्वयन निदेशालय, दिल्ली
इस्सर, देवेन्द्र, 2009, स्त्री-अस्मिता के प्रश्न, संवाद प्रकाशन, नई दिल्ली
कमल, अरुण, 2002, कविता और समय, वाणी प्रकाशन, नई दिल्ली
कस्तवार, रेखा, 2006, स्त्री चिंतन की चुनौतियाँ, राजकमल प्रकाशन, नई दिल्ली
गर्ग, निर्मला, 2000, कबाड़ी का तराजू, राधाकृष्ण प्रकाशन, नई दिल्ली
गर्ग, निर्मला, 2000, यह हरा गलीचा, राधाकृष्ण प्रकाशन, नई दिल्ली
कात्यायनी, 1998, दुर्ग द्वार पर दस्तक, परिकल्पना प्रकाशन, लखनऊ
कात्यायनी, 2006, कुछ जीवंत : कुछ ज्वलंत, परिकल्पना प्रकाशन, लखनऊ
कालिया, ममता, 2008, खाँटी घरेलू औरत, वाणी प्रकाशन, नई दिल्ली
कालिया, ममता, 2015, स्त्री विमर्श का यथार्थ, किताब वाले, नई दिल्ली
कुमार, राधा, 2005, स्त्री-संघर्ष का इतिहास, वाणी प्रकाशन, नई दिल्ली
कुमार, विजय, 1996, कविता की संगत, आधार प्रकाशन, पंचकूला, हरियाणा
कुमार, विजय, 2002, सदी के अंत में कविता (संपा.) स्वराज प्रकाशन, नई दिल्ली
के.पी. प्रमिला, 2015, स्त्री अध्ययन की बुनियाद, राजकमल प्रकाशन, नई दिल्ली
के.पी. प्रमिला, 2011, स्त्री अस्मिता और समकालीन कविता, सामयिक बुक्स, नई दिल्ली
खेतान, प्रभा, 2004, बाज़ार के बीच, बाज़ार के ख़िलाफ़—भूमंडलीकरण और स्त्री प्रश्न, वाणी प्रकाशन, नई दिल्ली
खेतान, प्रभा, 2004, उपनिवेश में स्त्री, राजकमल प्रकाशन, नई दिल्ली
गीताश्री, 2010, स्त्री आकांक्षा के मानचित्र, सामयिक प्रकाशन, नई दिल्ली
गुप्ता, रमणिका, 2004, स्त्री-विमर्श: कलम और कुदाल के बहाने, शिल्पायन प्रकाशन, नई दिल्ली
गुप्ता, रमणिका, 2012, स्त्री-मुक्ति संघर्ष और इतिहास, सामयिक प्रकाशन, नई दिल्ली
गुप्ता, रमणिका (सं.), 2012, दलित चेतना: साहित्य, नवचेतन प्रकाशन, दिल्ली

गुप्ता, रमणिका (सं.), 2012, दलित चेतना : सोच, जोतिलोक प्रकाशन, दिल्ली
गुप्ता, रमणिका (सं.), 2012, दलित चेतना : कविता, जोतिलोक प्रकाशन, दिल्ली
ग्रीयर, जर्मेन, (अनु- मधु बी-जोशी), 2005, बधिया स्त्री, राजकमल प्रकाशन, नई दिल्ली
चतुर्वेदी, जगदीश्वर, 2000, स्त्रीवादी साहित्य विमर्श, अनामिका पब्लिशर्स एंड डिस्ट्रीब्यूटर्स प्राइवेट लिमिटेड, नई दिल्ली
चतुर्वेदी, जगदीश्वर, सिंह, सुधा, (सं.) 2006, स्त्री काव्यधारा, अनामिका पब्लिशर्स एंड डिस्ट्रीब्यूटर्स प्राइवेट लिमिटेड, नई दिल्ली
चौधरी, उमाशंकर, 2009, हिस्सेदारी के प्रश्न-प्रतिप्रश्न, अनामिका पब्लिशर्स एंड डिस्ट्रीब्यूटर्स, नई दिल्ली
चौबे, देवेंद्र, 2009, आधुनिक साहित्य में दलित विमर्श, ओरियंट ब्लैकस्वान, नई दिल्ली
जायसवाल, रंजना, 2011, स्त्री और सेंसेक्स, सामयिक प्रकाशन, नई दिल्ली
जैन, अरविन्द, 2009, औरत अस्तित्व और अस्मिता, राजकमल प्रकाशन, नई दिल्ली
जैन, अरविंद, 2005, न्यायक्षेत्रे : अन्यायक्षेत्रे, राजकमल प्रकाशन, नई दिल्ली
जैन, अरविंद, कमला प्रसाद, (सं) 2004, स्त्री : मुक्ति का सपना, वाणी प्रकाशन, नई दिल्ली
जोशी, राजेश, 2004, एक कवि की नोटबुक, राजकमल प्रकाशन, नई दिल्ली
टाकभौरे, सुशीला, 2012, शिकंजे का दर्द, वाणी प्रकाशन, नई दिल्ली
तिलक, रजनी,(सं) 2015, समकालीन भारतीय दलित महिला लेखन (कविता खंड), स्वराज प्रकाशन, नई दिल्ली
त्रिपाठी, अरविंद, 2004, कवियों की पृथ्वी, आधार प्रकाशन, पंचकूला, हरियाणा
त्रिपाठी, कुसुम, 2010, औरत इतिहास रचा है तुमने, कल्याणी शिक्षा परिषद्
थोरात, विमल, 2008, दलित साहित्य का स्त्रीवादी स्वर, अनामिका पब्लिशर्स एंड डिस्ट्रीब्यूटर्स
देसाई, नीरा, ठक्कर, उषा, 2009, भारतीय समाज में महिलाएँ, नेशनल बुक ट्रस्ट, इंडिया
दुबे, अभयकुमार, (सं) 2003, भारत का भूमंडलीकरण, वाणी प्रकाशन, नई दिल्ली
दुबे, अभयकुमार,(सं) 2005, आधुनिकता के आइने में दलित, वाणी प्रकाशन, नई दिल्ली
दुबे, श्यामाचरण, 1991, परम्परा, इतिहास बोध और संस्कृति, राधाकृष्ण प्रकाशन, नई दिल्ली
दुबे, श्यामाचरण, 2006, समय और संस्कृति, वाणी प्रकाशन, नई दिल्ली
नसरीन, तसलीमा, 2009, औरत का कोई देश नहीं, वाणी प्रकाशन, नई दिल्ली
पवन, करण, 2005, स्त्री मेरे भीतर, राजकमल प्रकाशन, नई दिल्ली
पचौरी, सुधीश,1994, नई कविता का वैचारिक आधार, राधाकृष्ण प्रकाशन, नई दिल्ली
पचौरी, सुधीश, 2000, आलोचना से आगे, राधाकृष्ण प्रकाशन, नई दिल्ली
पचौरी, सुधीश, 2000, इक्कीसवीं सदी का पूर्वरंग, आत्माराम एंड संस, दिल्ली
पचौरी, सुधीश, 2003, स्त्री देह के विमर्श, आत्माराम एंड सन्स, नई दिल्ली
पचौरी, सुधीश, 2004, उत्तर-यथार्थवाद, वाणी प्रकाशन, नई दिल्ली
पचौरी, सुधीश, 2005, उत्तर आधुनिक : साहित्यिक विमर्श, वाणी प्रकाशन, नई दिल्ली
पल्लव (सं.), 2007, मीरा : एक पुनर्मूल्यांकन, आधार प्रकाशन, पंचकूला, हरियाणा
पाण्डे, मृणाल, 1987, स्त्री देह की राजनीति से देश की राजनीति तक, राधाकृष्ण प्रकाशन, नई दिल्ली
पाण्डे, मृणाल, 1996, परिधि पर स्त्री, राधाकृष्ण प्रकाशन, नई दिल्ली
पाण्डे, मृणाल, 2012, स्त्री : लम्बा सफ़र, राधाकृष्ण प्रकाशन, नई दिल्ली
पंडिता, रमाबाई, (अनु. जोशी, शंभू) 2006, हिंदू स्त्री का जीवन, संवाद प्रकाशन, मेरठ
प्रसाद गोविन्द, 2013, कविता का पार्श्व, शिल्पायन प्रकाशन, नई दिल्ली

बेचैन, श्यौराज सिंह (सं.), 2014, सामाजिक न्याय और दलित साहित्य, वाणी प्रकाशन, नई दिल्ली
पांडेय, मैनेजर, 2005, साहित्य और इतिहास-दृष्टि, वाणी प्रकाशन, नई दिल्ली
पांडेय, मैनेजर, 2002, संकट के बावजूद (अनु.), वाणी प्रकाशन, नई दिल्ली
बोउवार, सीमोन द (अनु: प्रभा खेतान), 2000, स्त्री उपेक्षिता, हिंद पॉकेट बुक्स, नई दिल्ली
भारती, कंवल, 2002, दलित विमर्श की भूमिका, इतिहासबोध प्रकाशन, इलाहाबाद
भारती, अनिता (सं.), (अनु.) पवार, शेखर, शाह, फ़ारुख, 2015, सावित्री बाई फुले की कविताएँ, स्वराज प्रकाशन, नई दिल्ली
भारती, अनिता, 2013, समकालीन नारीवाद और दलित स्त्री का प्रतिरोध, स्वराज प्रकाशन, नई दिल्ली
मालती, के. एम., 2010, स्त्री-विमर्श भारतीय परिप्रेक्ष्य, वाणी प्रकाशन, नई दिल्ली
माहेश्वरी, सरला, 1998, नारी-प्रश्न, राधाकृष्ण प्रकाशन, नई दिल्ली
मिल, जॉन स्टुअर्ट, (अनु. : युगांक धीर), 2008, स्त्रियों की पराधीनता, संवाद प्रकाशन, मेरठ
मीणा, गंगासहाय, (सं.) 2014, आदिवासी साहित्य विमर्श, अनामिका पब्लिशर्स एंड डिस्ट्रीब्युटर्स, नई दिल्ली
यादव, वीरेंद्र सिंह, 2010, नई सहस्त्राब्दी का स्त्री विमर्श साहित्यिक अवधारणा एवं यथार्थ, राधा पब्लिकेशन, दिल्ली
यादव, राजेन्द्र, 2010, पितृसत्ता के नए रूप, राजकमल प्रकाशन, दिल्ली
राजे, सुमन, 2003, हिंदी साहित्य का आधा इतिहास, भारतीय ज्ञानपीठ, नई दिल्ली
राजे, सुमन (सं.), 2007, बीसवीं सदी का हिंदी महिला लेखन खंड 1 पूर्वार्ध की कविताएँ, साहित्य अकादमी, नई दिल्ली
रुस्तगी, मंजु, 2015, अनामिका का काव्य आधुनिक स्त्री विमर्श, वाणी प्रकाशन, नई दिल्ली
वर्मा, अर्चना, 2008, अस्मिता-विमर्श का स्त्री-स्वर, मेधा बुक्स, दिल्ली
वर्मा, महादेवी, 2001, श्रृंखला की कड़ियाँ, लोकभारती प्रकाशन, इलाहाबाद
वंशी, बलदेव, 2011, भारतीय नारी संत परम्परा, वाणी प्रकाशन, नई दिल्ली
वाजपेयी, अशोक, 1992, कविता का जनपद, राधाकृष्ण प्रकाशन, नई दिल्ली
वाजपेयी, अशोक, 2007, फिलहाल, राजकमल प्रकाशन, नई दिल्ली
वाल्मीकि, ओमप्रकाश, 2005, दलित साहित्य का सौंदर्यशास्त्र, राधाकृष्ण प्रकाशन, नई दिल्ली
विश्वास, विनय, 2009, आज की कविता, राजकमल प्रकाशन, नई दिल्ली
शर्मा, क्षमा, 2008, स्त्रीवादी विमर्श : समाज और साहित्य, राजकमल प्रकाशन, नई दिल्ली
शर्मा, नासिरा, 2014, औरत के लिए औरत, सामयिक प्रकाशन, नई दिल्ली
सिन्हा, मृदुला, 2009, मात्र देह नहीं है औरत, सामयिक प्रकाशन, नई दिल्ली
सेतिया, सुभाष, 2009, स्त्री-अस्मिता के प्रश्न, कल्याणी शिक्षा परिषद्, दिल्ली
श्रीवास्तव, परमानंद (सं.), 1990, समकालीन हिंदी कविता, साहित्य अकादमी, दिल्ली
श्रीवास्तव, परमानंद, 2004, कविता का उत्तर जीवन, राजकमल प्रकाशन, नई दिल्ली
श्रीवास्तव, परमानंद,1999, कविता का अर्थात, वाणी प्रकाशन, नई दिल्ली

अंग्रेज़ी पुस्तकें

Anamika, 2007, Feminist Poetics: 'As Kingfishers Catch Fire', Research and Publishing House, New Delhi
Basu, Amrita,(Ed) 1995, The Challenge of Local Feminisms, Oxford

University Press, New Delhi
Bhasin, Kamla, Khan Nighat Said, 1989, Feminism and its Relevance in South Asia, Kali for Women, New Delhi
Chaudhuri, Maitrayee, 2004, Feminism in India, Kali for Women, New Delhi
Donovan, Josephine, 2012, Feminist Theory: The Intellectual Traditions, Continuum International Publishing Group, New York
Hooks, Bell, 2000, Feminist Theory From Margin to Center, Pluto Press, London
Mahajan, Sneh, 2010, Issues in Twentieth-Century World History, Macmilan Publishers, India
Menon, Nivedita, 1999, Gender and Politics in India, Oxford University Press, New Delhi
Peters, Julie, Wolper, Andrea, 1995, Women's Rights Human Rights, Routledge London
Rao, Anupama, (Ed.) 2003, Issues in Contemporary Indian Feminism: Gender and Caste, Kali for Women, New Delhi
Sangari, Kumkum, Vaid, Sudesh,(Ed) 1989, Recasting Women, Kali for Women, New Delhi
Sangari, Kumkum, 1999, Politics of the Possible, Tulika, New Delhi
Tharu, Susie, Lalita, K, 1991, Women Writing in India 600 B.C. to the Present, Vol.I, Oxford University Press, New Delhi
Tharu, Susie, Lalita, K, 1993, Women Writing in India 600 B.C. to the Present, Vol.II, Oxford University Press, New Delhi
Walters, Margaret, 2007, Feminism: A Very Short Introduction, Oxford University Press, New Delhi

पत्रिकाएँ

मंडलोई, लीलाधर, (सं.) 2017 नया ज्ञानोदय, मार्च, अप्रैल, मई, जून, जुलाई, भारतीय ज्ञानपीठ, नई दिल्ली
गुप्ता, रमणिका (सं.), युद्धरत आम आदमी, पूर्णांक-108 हाशिये उलाँघती स्त्री, रमणिका फ़ाउंडेशन, नई दिल्ली
मंडलोई, लीलाधर, सिंह, नामवर, सिंह, केदारनाथ, (सं.) 2000, वर्तमान साहित्य, अंक-5-6, संयुक्तांक, (शताब्दी कविता विशेषांक), शिल्पायन, नई दिल्ली
श्रीवास्तव, परमानंद (सं.) 2001, आलोचना, सहस्राब्दी अंक-4, राजकमल प्रकाशन, नई दिल्ली